CRAMMING ENGLISH GRAMMAR

가장 필요로 하는 문법 사항 및 어휘 철저히 분석

벼락치기 영문법

노이균 저

(주)백산출판사

머리말

먼저 이 책을 쓸 수 있는 능력을 허락하신 하나님과 천국에 계신 나의 부모님께 한없는 감사를 드린다.

올해로 영어 교육에 입문한 지 만 34년이 지났다. 수많은 제자들을 교육하면서 오히려 그들로부터 배운 것이 더 많았던 시간이었다. 나의 제자들이자 동시에 스승이었던 그들에게도 고마운 마음을 전한다.

이 땅에서 영어 공부로 고생하는 수험생과 TOEIC READING SKILLS로 고생하는 대학 새내기들에게 도움을 주기 위해 영문학과 TESOL 공부를 통해 익힌 수많은 경험과 지식 그리고 그동안 여러 계층을 대상으로 가르치기 위해 준비해 두었던 자료 및 2016년 5월부터 시행된 신토익을 분석한 자료들을 모아 책으로 내게 되었다.

이 책은 수능 영어 시험과 TOEIC READING SKILLS에서 가장 필요로 하는 문법적인 사항과 어휘 그리고 TOEIC READING COMPREHENSION Part 5, 6을 철저히 분석하였기 때문에 영문법에 관한 폭넓은 지식뿐만 아니라 TOEIC READING COMPREHENSION Part 7도 쉽게 익힐 수 있도록 만들었다.

오늘의 결실이 있기까지 물심양면 큰 도움을 주신 백석학원 장종현 이사장님과 백석예술대학교 윤미란 총장님께 결초보은의 마음으로 감사의 말씀을 드린다.

이 책은 나의 가족들의 헌신으로 만들어졌다. 특히 꼼꼼한 교정을 통해 이 책의 내용을 더욱 알차게 만들어 준 사랑하는 딸 노사라와 늘 옆에서 성실하게 내조하고 기도로 도와주며 동역해 오고 있는 아내와 언제나 아빠를 격려해주는 참으로 든든한 아들 노요한에게 고마운 마음을 전한다.

2021년 1월 29일

영원한 안식이 있는 천국에서 자식들을 위해 기도하고 계실 부모님을 기리며

송암(松巖) 노이균 씀

영원히 영원히 기쁨만 있는 천국에서

자식들을 위해 기도하고 계실

나의 어머님께 이 책을 바친다.

차례

CHAPTER

1 동사의 종류

출제경향

자동사와 타동사를 구별하고, 자동사와 전치사가 결합한 문제, 보어의 개념 및 문장 전환의 특징을 구분 · 파악할 수 있어야 한다. 지각동사 · 사역동사가 쓰이는 문장 구조는 반드시 숙지하도록 한다.

I 동사의 종류 및 용법

ENGLISH GRAMMAR

A 자동사

1. 완전 자동사: 보어 및 목적어를 필요로 하지 않는 동사

(1) 주어 + 동사 + (부사 또는 전치사구): '부사 또는 전치사구'는 문장의 형식에 포함되지 않는다.

- Patience **pays**. (인내는 그 열매가 달다.)
- My brain **works** well today. (오늘은 머리가 잘 돌아간다.)
- Money **talks** everywhere. (돈이면 다 된다.)

(2) There[Here] + 동사 + 주어[일반 명사]

- There **goes** the last bus! (저기 막차가 떠난다!)
- Here **is** news for you. (너에게 들려줄 말이 있다.)

2. 불완전 자동사: 보어는 갖지만 목적어를 취하지 않는 동사. 보어의 자리에는 '명사 · (분사형) 형용사 · 부정사'가 올 수 있다.

(1) 주어 + 동사 + 보어(명사 · 형용사 · 분사형 형용사)

- He has **become** a scientist. (그는 과학자가 되었다.)
- The real reason **lies** deeper. (진짜 이유는 더 깊은 곳에 있다.)
- She then **seemed** puzzled. (그러자 그녀는 뭐가 뭔지 모르는 듯 했다.)
- I **remained** standing there. (나는 여전히 거기 서 있었다.)

(2) 주어 + 동사 + 보어(부정사): 이 경우 'to be'는 생략할 수 있다.

- The experiment **proved** (to be) successful. (실험은 성공적이었다.)
- He **seems** (to be) a kind man. (그는 친절한 사람 같다.)
- They **look** (to be) happy. (그들은 행복해 보인다.)

3. 어형변화에 주의해야 할 자동사와 타동사

i) lie-lay-lain: 눕다, 놓여 있다

- The land **lies** high. (그 지방은 높은 곳에 있다.)
- He **lay** down on the grass. (그는 잔디 위에 누웠다.)

ii) lie-lied-lied: 거짓말을 하다

- Mirages **lie** to us. (신기루는 우리 눈을 속인다.)
- Mr. Trump **lied** to me. (트럼프 씨는 나에게 거짓말을 하였다.)

iii) lay-laid-laid: 놓다, 두다, 누이다

- Please **lay** your head upon the pillow. (베개를 베세요.)
- She **laid** her hand on her chest. (그녀는 가슴 위에 손을 얹었다.)

iv) rise-rose-risen: 일어서다, 일어나다, 오르다

- Stocks **rise** in price. (주가가 오른다.)
- Smoke **rose** up. (연기가 피어올랐다.)

v) raise-raised-raised: 올리다, 일으키다, 기르다, 재배하다

- The landlord **raised** the rent. (집주인이 집세를 올렸다.)
- Mary **raises** five children. (메리는 다섯 아이를 키운다.)

vi) fall-fell-fallen: 떨어지다, 넘어지다

- The baby **fell** to the ground. (아기가 땅바닥에 넘어졌다.)
- Ripe apples **fell** off the tree. (익은 사과가 나무에서 떨어졌다.)

vii) fell-felled-felled: 베다, 쓰러뜨리다, 죽이다

- He **felled** the trees. (그는 나무들을 베어 내었다.)

- She **felled** her opponent. (그녀는 상대방을 쓰러뜨렸다.)

viii) sit-sat-sat: 앉다, 착석하다

- Please **sit** at the table. (식탁에 앉아 주세요.)
- The bird **sat** on a branch. (새가 나뭇가지에 앉았다.)

ix) seat-seated-seated: 앉히다, 착석시키다

- Please **seat** yourself on the chair. (의자에 앉아 주세요.)
- Mom **seated** her kids at the table. (엄마는 애들을 식탁에 앉혔다.)

B 타동사

1. 완전 타동사: '주어 + 동사 + 목적어'로 문장을 구성하는 동사

(1) 명사 · 대명사가 목적어 자리에 오는 경우

- He **drinks** all his earnings. (그는 수입 전부를 술을 마셔 없애 버린다.)
- We **read** a dream. (우리는 꿈을 해몽한다.)

(2) 부정사 · 동명사가 목적어 자리에 오는 경우

- We **plan** to visit Europe this summer. (올 여름 우리는 유럽 여행을 할 계획이다.)
- Nancy **enjoys** cooking and dancing. (낸시는 요리와 춤을 즐긴다.)
- I **remember** meeting her once. (나는 그녀와 한 번 만난 적이 있다.)
- I won't **forget** to attend the meeting. (나는 모임에 꼭 참석하겠습니다.)

(3) 명사절이 목적어 자리에 오는 경우

- I **understand** what you have said. (말씀하신 것을 이해합니다.)
- I **remember** (that) I met her once. (그녀와 한 번 만난 적이 있다.)
- I won't **forget** (that) I will attend the meeting. (모임에 꼭 참석하겠습니다.)

(4) 타동사구 뒤에 명사가 오는 경우

- Parents **take care of** their kids. (부모는 애들을 돌본다.)
- Mr. Trump **laughed at** Mr. Obama. (트럼프 씨는 오바마 씨를 비웃었다.)

(5) 재귀 대명사가 목적어 자리에 오는 경우: 어떤 동작을 가하는 사람과 받는 사람이 동일인일 때 사용되는 대명사로 주어와 목적어가 동일인물이다.

- He taught **himself**. (그는 독학을 하였다.)
- She saw **herself** in the mirror. (그녀는 거울 속의 자신을 보았다.)

2. 수여동사 및 불완전 타동사

(1) 수여동사: '주어 + 동사 + 간접목적어 + 직접목적어'로 문장을 구성하는 동사를 '수여동사'라고 하며, 수여동사에는 'give, send, ask, bring, offer, lend, show' 등이 있다.

① 명사가 직접목적어 자리에 오는 경우
- He showed me **his photos**. (그는 내게 그의 사진을 보여 주었다.)
- Please lend me **five dollars**. (5달러만 빌려 주십시오.)
- She asked me **a favor**. (그녀가 나에게 부탁을 하나 했다.)

② 명사구가 직접목적어 자리에 오는 경우
- He taught me **how to use**. (그는 나에게 사용법을 가르쳐 주었다.)
- Please tell me **where to go**. (제가 어디로 가야할지 말해 주세요.)
- I didn't know **what to do** then. (나는 그 당시 무엇을 해야 할지 몰랐다.)

③ 명사절이 직접목적어 자리에 오는 경우
- She asked me **whether[if] I was single**. (그녀는 나에게 미혼인지를 물었다.)
- Tom asked me **where I was born**. (톰은 나에게 어디서 태어났는지 물었다.)
- I knew **that he was sly**. (나는 그의 교활함을 알고 있었다.)

(2) 불완전 타동사: '주어 + 동사 + 목적어 + 목적보어'로 문장을 구성하는 동사

① 명사 · 형용사가 목적보어 자리에 오는 경우
- He called me **a fool**. (그는 나를 바보라고 불렀다.)
- We elected him **president**. (우린 그를 회장으로 선임했다.)
- Who left the door **open**? (누가 문을 열어 놨어?)

② 부정사가 목적보어 자리에 오는 경우
- I want you **to get there**. (나는 당신이 거기에 갔으면 합니다.)
- Mom ordered me **to clean my room**. (엄마는 나에게 내 방을 치우라고 말씀하셨다.)

③ '사역 · 지각동사'는 목적보어 자리에 'to 없는 부정사'를 취하는데, 이를 '원형부정사'라고 부른다. 대표적 사역동사에는 'let, make, have' 등이 있으며 '~에게 ~하게 시키다'라고 해석한다. 또한 감각을 나타내는 동사를 '감각동사 또는 지각동사'라고 하는데 대표적 지각동사에는 'feel, hear, notice, observe, see, watch' 등이 있다.
- I **had** my student **report** it. (나는 내 학생에게 그것을 보고하게 했다.)
- I **watched** Bob **teach** Mary. (나는 밥이 메리를 가르치는 것을 지켜보았다.)
- Please **let** me **know** what to do. (제가 무엇을 해야 할지 가르쳐 주세요.)

④ 분사가 목적보어 자리에 오는 경우: '현재분사는 능동'의 뜻으로 해석하고 '과거분사는 수동'의 뜻으로 해석한다.

- She kept me **waiting** long. (그녀는 나를 오랫동안 기다리게 했다.)
- I heard my name **called** behind me.
  (나는 누군가가 뒤에서 내 이름을 부르는 것을 들었다.)

⑤ 'find, think, hear' 등과 같은 동사는 '주어 + 동사 + 가목적어 + 목적보어 + 진목적어'로 된 문장을 구성하기도 한다.

- I found **it** difficult **to study English**. (나는 영어 공부가 어렵다는 것을 알았다.)
- I think **it** wrong **to tell a lie**. (나는 거짓말 하는 것이 나쁘다고 생각한다.)
- We heard **it** said **that time is money**. (우리는 시간은 돈이라고 들었다.)

m/e/m/o

Ⅱ 기본 문형 5형식

ENGLISH GRAMMAR

1. **1형식 문장(주어 + 동사 + 부사 또는 전치사구):** 보어 및 목적어를 필요로 하지 않는 완전 자동사가 사용된다. '부사 또는 전치사구'는 문장의 형식에 포함되지 않는다.
- The sun **rises** in the east. (해는 동쪽에서 뜬다.)
- The product **sells** well nowadays. (요즘 이 물건이 잘 팔린다.)
- She **smiled** happily. (그녀는 행복하게 웃었다.)

2. **2형식 문장(주어 + 동사 + 보어):** 보어는 갖지만 목적어를 취하진 않는 불완전 자동사가 만드는 문형이다.
- He **looks** young for his age. (그는 나이에 비해 젊어 보인다.)
- She will **make** a good partner. (그녀는 훌륭한 동반자가 될 것이다.)
- I remained **silent**. (나는 조용히 있었다.)

(1) 불완전 자동사로 사용된 '감각동사의 보어는 부사가 아니라 반드시 형용사'를 보어로 취한다.
- Nancy **looks** *happy*. (낸시는 행복하게 보인다.)
- His face **became** *pale*. (그의 얼굴이 창백해졌다.)
- Good medicine **tastes** *bitter* in the mouth. (좋은 약은 입에 쓰게 느껴진다.)
- **Stand** *still*! (그대로 가만히 서 있어!)

(2) 2형식의 주요 동사: 'be 동사와 상태 · 상태의 변화'를 나타내는 동사가 여기에 속한다.

① 상태 동사(~한 상태에 있다): 'keep, continue, seem, appear, look, sound, stand, taste, remain, smell, feel, sit, stay, live, die, lie' 등이 여기에 속한다.
- She **kept** silent to the last. (그녀는 끝까지 침묵을 지켰다.)
- The cloth **feels** soft. (이 천은 감촉이 부드럽다.)
- The music **sounds** sweet. (음악 소리가 달콤하게 들린다.)
- Mother **stayed** neutral. (어머니는 중립을 지키셨다.)

② 상태의 변화를 나타내는 동사(~하게 되다): 'get, grow, come, fall, turn, go, make, prove, run, become' 등이 있다.
- The stream **runs** clear. (시냇물이 맑다.)
- He **turned** pale at the news. (그 소식을 듣고 그는 얼굴이 창백해졌다.)
- The food **went** wrong. (음식이 상했다.)
- Things will **come** all right. (만사가 잘 될 것이다.)

3. 3형식 문장(주어 + 동사 + 목적어): 목적어를 취하지만 보어를 갖지 않는 완전 타동사가 사용된다.

- I **have** a dream. (저에겐 꿈이 있어요.)
- I **hope** that you will pass the civil service exam. (나는 당신이 공무원 시험에 합격하기를 바랍니다.)

(1) 공급동사 + 목적어(사람) + with + 사물
= 공급동사 + 사물 + for[to] + 목적어(사람): '~에게 ~을 공급하다'로 해석한다.

- The cow **provides** us **with** milk.

= The cow **provides** milk **for[to]** us. (젖소는 우리에게 우유를 제공해 준다.)

(2) '분리 · 제거 · 박탈 · 정보전달 동사' + 사람 + of + 사물: '~에게 ~을/를 빼앗다[전달하다]' 등으로 해석한다. 'rob, rid, deprive, clear, strip, inform, remind, heal, cure, accuse, warn' 등이 여기에 속한다.

- I **cleared** my mind **of** doubt. (나는 마음속에 의심을 없앴다.)
- She **reminds** me **of** my mother. (그녀를 보니 내 어머니 생각이 납니다.)
- I **informed** him **of** her success. (나는 그에게 그녀의 성공을 알렸다.)

(3) '막다 · 방해하다' 의미를 지닌 동사는 '동사 + 사람 + from + 동명사'의 문형을 가진다. 'keep, prevent, prohibit, stop, hinder, ban, deter' 등이 여기에 속한다.

- The heavy rain **kept** us **from** going out. (폭우로 우리는 외출을 하지 못했다.)
- Nothing can **deter** him **from** (doing) his duty. (어떤 일도 그의 의무수행을 막을 수는 없다.)

4. 4형식 문장(주어 + 동사 + 간접목적어 + 직접목적어): 간접목적어 · 직접목적어를 동시에 취하는 수여동사가 사용되고, '~에게 ~을/를'로 해석한다. 이때 4형식 문장의 간접목적어를 '전치사 + 간접목적어' 형태로 문장 뒤로 보내면, 전치사가 동반되기 때문에 전치사구가 되어 3형식의 문장이 된다.

- Please **give** me another chance. (한 번만 더 기회를 주세요.)
- Grandma **told** me a story. (할머니께서 저에게 이야기를 하나 해 주셨어요.)

(1) 4형식 문장을 3형식 문장으로 전환하기

① 'to'를 사용하는 동사(대부분의 수여동사가 여기에 해당됨): 대체로 '주고 · 받고 · 보내는' 동사가 여기에 속한다. 'give, bring, show, tell, teach, write, send, lend, sell, read, offer, owe, award, pass, pay, take, feed, promise' 등이 있다.

- He sent me a gift.

= He **sent** a gift **to** me. (그가 나에게 선물을 하나 보냈다.)

② 'for'를 사용하는 동사: '노동력 또는 재화(財貨)'가 수반되어서 상대에게 주는 동사가 여기에 속한다. 'make, buy, cook, spare' 등이 있다.

- Father bought me a book.

= Father **bought** a book **for** me. (아버지가 나에게 책을 한 권 사 주셨다.)

③ 'of'를 사용하는 동사: '질문 · 간청 · 요구 · 안부' 등을 묻는 의뢰동사가 여기에 속한다. 'ask, beg, demand, inquire' 등이 있다.

- He asked me a question.

= He **asked** a question **of** me. (그는 나에게 질문을 했다.)

④ 'on'을 사용하는 동사: 'play, impose, confer, bestow' 등이 있다.

- He played me a trick.

= He **played** a trick **on** me. (그는 나에게 장난을 쳤다.)

5. 5형식 문장(주어 + 동사 + 목적어 + 목적보어): 목적어를 보충 설명해 주는 목적격 보어를 필요로 하는 불완전 타동사가 사용된다.

- We **advised** her to come. (우리는 그녀에게 오라고 조언했다.)
- Mom **made** me what I am. (오늘날 나를 만든 것은 우리 어머님이시다.)
- I **think** *it* wrong *to tell a lie*. (나는 거짓말하는 것이 잘못이라고 생각한다.)
- They **found** his claim (to be) reasonable. (그들은 그의 주장이 정당하다는 것을 알았다.)

m/e/m/o

실력평가문제

CRAMMING ENGLISH GRAMMAR

※ 다음 밑줄 친 곳에 가장 알맞은 것을 고르시오.

01 Good medicine _____ bitter in the mouth.

① tastes ② becomes

③ grows ④ makes

해설 이처럼 어휘 관련 문제는 주어진 문장 안에 해답과 연관될 수 있는 단어가 반드시 주어진다. 이를 연어(連語·collocation)라고 한다. 주어진 문제에서 '입에는(in the mouth)'과 어울리는 연어로는 감각동사가 필요하다.
• bitter 맛이 쓴, 쓰라린, (바람 · 추위 등이) 지독한, 모진

해석 양약은 입에 쓰다.

정답 ①

02 Min-su played me a joke.

= Min-su played a joke _____.

① to me ② for me

③ on me ④ of me

해설 4형식 문장을 3형식 문장으로 전환할 때 'on'을 사용하는 동사 문제이다. 이러한 동사에는 'play, impose, confer, bestow' 등이 있다. • joke 농담; 농담하다, 놀리다

해석 민수가 나에게 농담을 던졌다.

정답 ③

03 Urgent business _____ me from coming.

① enabled ② brought

③ changed ④ kept

해설 '막다 · 방해하다' 동사는 전치사 'from'을 동반한다. 이러한 동사에는 'keep, prevent, prohibit, protect, stop, hinder, ban, deter' 등이 있다. • urgent 긴급한

해석 급한 일로 나는 갈 수가 없었다.

정답 ④

04 He _____ down on the bed.

① lain ② laid

③ lie ④ lay

해설 자동사와 타동사를 구별하는 문제이다. ③은 주어가 3인칭 단수이므로 현재형 동사 'lies'가 되어야 한다.

해석 그는 침대에 누웠다.

정답 ④

05 The supervisor made us _____ on the weekend.

① works ② work

③ worked ④ to working

해설 '사역동사'에 관한 문제이다. '사역동사 · 지각동사'는 '사역동사 · 지각동사 + 목적어 + 목적보어'의 문형을 구성하는데, 목적보어의 자리에는 원칙적으로 '원형동사'가 온다. • supervisor 관리자, 감독관

해석 감독관은 주말에 우리를 일하게 하였다.

정답 ②

06 An assembly worker noticed the foreman _____ the production floor early.

① to leave ② to leaving

③ leave ④ leaves

해설 '지각동사'에 관한 문제이다. '사역동사 · 지각동사'는 '사역동사 · 지각동사 + 목적어 + 목적보어'의 문형을 구성하는데, 목적보어의 자리에는 '원형동사'가 원칙적으로 온다. • assembly 집회, 의회, 조립 • notice 인지하다, 알아채다 • foreman (노동자의) 십장(什長), 직장(職長), 공장장, 감독 • production floor 작업장

해석 조립라인 근로자는 작업반장이 일찍 작업장을 떠나는 것을 알아차렸다.

정답 ③

07 Please leave word _____ my assistant, if you have any important news.

① with ② in

③ to ④ for

해설 • leave A to B A를 B에게 맡기다[위임하다] • leave word[a message] with ~에게 전갈을 남기다

해석 무슨 중대한 소식이 있으면 비서에게 전해 주세요.

정답 ①

08 May I ask you a favor?

= May I ask a favor _____ you?

① with ② of

③ to ④ by

해설 4형식 문장을 3형식 문장으로 전환할 때 전치사 'of'를 사용하는 동사 문제이다. '질문 · 간청 · 요구 · 안부' 등과 같은 의뢰동사는 4형식에서 3형식으로 전환할 때 전치사 'of'를 사용한다.

해석 부탁을 하나 드려도 될까요?

정답 ②

09 Mr. Crowe is inspecting the engine room to find out if any repairs _____.

① has been required ② requiring

③ are required ④ to be required

해설 빈칸은 if절의 동사 자리이므로 먼저 동사가 아닌 ②와 ④는 정답에서 제외한다. if절의 주어(any repairs)가 복수이므로 수가 일치되는 ③이 정답이다. • inspect 조사하다 • repair 수리(하다) • require 요구하다

해석 Crowe 씨는 어떠한 수리가 필요한지 알아보기 위해 엔진실을 점검하고 있다.

정답 ③

10 Any companies which _____ recycled materials will be exempt from some taxes from the local government.

① respond ② capture

③ hold ④ use

해설 빈칸은 앞의 명사 companies를 수식하는 관계대명사절의 동사 자리로, 문맥상 세금이 면제되는 것은 '재활용 자재를 사용하는 회사'일 것이므로 '사용하다, 쓰다'라는 뜻의 ④가 정답이다. • recycled material 재활용 자재 • be exempt from ~이 면제되다 • respond 응답하다 • capture 사로잡다

해석 재활용 자재를 사용하는 회사는 지방 정부로부터 일부 세금을 면제받을 것이다.

정답 ④

11 An investment of $9 billion has _____ Sunny Power Corporation to build a nuclear power plant in North Carolina.

① considered ② enabled

③ declined ④ released

해설 문맥상 빈칸 앞의 90억 달러 투자와 뒤의 원자력 발전소 건설을 관련지어, '투자가 ~ 건설하는 것을 가능하게 했다'라는 의미로 전개되는 것이 적절하므로 '가능하게 하다, 할 수 있게 하다'라는 뜻의 ②가 정답이다. • investment 투자 • nuclear power plant 원자력 발전소 • consider 고려하다 • decline 줄어들다, 감소하다, 거절하다 • release 발표하다, 공개하다, 풀어주다

해석 90억 달러의 투자가 Sunny Power Corporation이 노스캐롤라이나에 원자력 발전소를 건설하는 것을 가능하게 했다.

정답 ②

12 The real estate market has been _____ rapidly despite the governmental regulation.

① grow ② grows

③ grown ④ growing

해설 be동사 바로 뒤에 동사원형과 3인칭 단수 동사는 들어갈 수 없으므로 ①과 ②는 먼저 정답에서 제외한다. ③이 빈칸에 들어가서 been grown이 되면 grow가 타동사로 쓰인 것인데, 타동사 grow는 '(동물을) 사육하다, (식물을) 기르다'라는 의미를 가지므로 문맥상 적절하지 않다. 따라서 자동사 grow로 쓰여서 '부동산 시장이 빠르게 성장해 오고 있다'라는 의미가 되는 것이 적절하므로 현재 분사형인 ④가 정답이다. • real estate 부동산 • rapidly 빠르게 • despite ~에도 불구하고 • governmental 정부의 • regulation 규제

해석 정부 규제에도 불구하고 부동산 시장이 빠르게 성장해 오고 있다.

정답 ④

13 The store manager should set up a special exhibition stand next week because Betree Electronics products _____.

① expectation ② were expecting

③ expect ④ are expected

해설 두 절이 접속사 because로 연결되어 있고, 빈칸은 부사절의 본동사 자리이므로 명사인 ①은 정답이 될 수 없다. ②와 ③은 능동태이고 ④는 수동태인데, 주어인 Betree Electronics products가 예상하는 것이 아니라 '(들어올 것으로) 예상되는'이라는 수동의 의미가 되어야 하므로 ④가 정답이다. • exhibition stand 전시대

해석 Betree Electronics 제품이 들어올 것으로 예상되기 때문에 매장 관리자는 다음 주에 특별 전시대를 설치해야 한다.

정답 ④

14 Ms. Yoshida's starting day at Jean Bistro _____ her birthday, so all kitchen staff celebrated it.

① asked for ② reacted to

③ coincided with ④ transferred to

해설 문맥상 모든 주방 직원들이 축하했던 이유가 될 만한 것으로 '업무 시작일이 생일과 일치했다'라는 의미로 전개되는 것이 적절하므로 '~와 일치하다, ~와 동시에 일어나다'라는 뜻의 ③이 정답이다.
• react to ~에 반응하다 • transfer to ~로 이전하다, 전근 가다

해석 Jean Bistro에서의 Yoshida 씨의 업무 시작일이 그녀의 생일과 일치해서, 모든 주방 직원들이 그것을 축하했다.

정답 ③

15 The antique desk was _____ at less than half of what was expected because it had been repaired.

① evaluation ② evaluator

③ evaluating ④ evaluated

해설 빈칸을 be동사의 보어인 명사 자리로 보면 주어인 The antique desk와 명사인 ①, ②가 동격 관계가 되므로 문맥상 적절하지 않다. 따라서 빈칸은 be동사 was와 함께 동사를 이루는 자리로 봐야 하는데, 주어인 골동품 책상이 '평가되었다'라는 의미가 되어야 적절하므로 과거 분사형인 ④가 정답이다.
• antique 골동품인 • expect 예상하다

해석 그 골동품 책상은 수리되었기 때문에 예상했던 것의 절반 미만으로 평가되었다.

정답 ④

16 To open a new branch in Montauk in July, Simmons' Groceries will have to _____ at least a dozen new sales staff.

① propose ② celebrate

③ recruit ④ restart

해설 to 부정사를 완성할 동사로, 문맥상 뒤에 제시된 new sales staff와 관련하여 '신입 판매 사원들을 모집하다'라는 의미로 전개되는 것이 적절하므로 '모집하다, 뽑다'라는 뜻의 ③이 정답이다. • branch 지점 • at least

적어도 • dozen 12(개, 명 등) • propose 제안하다 • celebrate 축하하다, 기념하다 • restart 재개하다

해석 7월에 몬턱에서 새 지점을 열기 위해 Simmons' Groceries는 적어도 12명의 신입 판매 사원들을 모집해야 할 것이다.

정답 ③

17 The seminar's registration deadline will be _____ for a week due to a lack of early enrollment.

① promoted ② assigned

③ deferred ④ removed

해설 빈칸 앞의 명사 deadline과 빈칸 뒤의 기간을 나타내는 for a week이 단서로, 문맥상 '등록 마감일이 일주일 연기될 것이다'라는 의미로 전개되는 것이 적절하므로 '연기하다, 미루다'라는 뜻의 ③이 정답이다.
• lack 부족 • enrollment 등록 • promote 홍보하다, 승진시키다 • assign 맡기다, 배정하다
• remove 제거하다, 없애다

해석 세미나의 등록 마감일이 조기 등록의 부족으로 인해 일주일 연기될 것이다.

정답 ③

18 Timmy's Burger Shack _____ a self-order kiosk system to reduce the overhead cost of staff member salaries.

① was introduced ② being introduced

③ having been introducing ④ has introduced

해설 빈칸은 문장의 동사 자리이므로 먼저 동사 형태가 아닌 ②와 ③은 정답이 될 수 없다. 빈칸 뒤에 목적어(a self-order kiosk system)가 있고 주어가 셀프 주문 키오스크 시스템을 '도입했다'는 능동의 의미가 적절하므로 능동의 현재완료 시제 동사인 ④가 정답이다. • overhead cost 간접비 • introduce 도입하다

해석 Timmy's Burger Shack은 직원 급여의 간접비를 줄이기 위해 셀프 주문 키오스크 시스템을 도입했다.

정답 ④

19 Professor Belmont's article on the history of Sioux City will be _____ in the journal *Westward Tales*.

① published ② learned

③ decided ④ understood

해설 주어인 article(기사)과 관련하여 문맥상 '기사가 저널에 게재될 것이다'라는 의미로 전개되는 것이 적절하므로 '발표하다, 출판하다'라는 뜻의 ①이 정답이다. • article 기사, 논설 • journal 신문, 잡지, 일지

해석 수 시티의 역사에 관한 Belmont 교수의 기사가 저널 *Westward Tales*에 게재될 것이다.

정답 ①

20 Recently, Mr. Mackey has applied for a loan to _____ his business venture.

① attract ② touch

③ spend ④ fund

해설 대출 신청을 한 목적이 되는 to 부정사를 완성해 줄 알맞은 동사를 골라야 하는데, 문맥상 '벤처 사업에 자금을 대기 위해 대출을 신청했다'라는 의미로 전개되는 것이 적절하므로 '자금을 대다'라는 의미의 ④가 정답이다.
해석 최근에 Mackey 씨는 그의 벤처 사업에 자금을 대기 위해 대출을 신청했다. • apply for 신청하다, 지원하다 • loan 대출 • fund 자금; 자금을 공급하다 • business venture 벤처 사업
정답 ④

21 People who are ______ about a high risk on the stock market often rely on financial products which the bank developed.

① concern ② concerns
③ concerning ④ concerned

해설 명사가 be동사의 보어 자리에 오면 주어와 동격이 되어야 하는데, 'people(사람들) = concern(우려, 걱정)'은 적절하지 않으므로 명사로 쓰일 수 있는 ①과 ②는 오답이다. 따라서 be동사 are와 함께 관계대명사절의 동사를 이룰 수 있는 ③과 ④ 중 뒤에 전치사 about과 함께 '~에 관해 우려하는 사람들'이라는 의미로 전개되는 것이 적절하므로 ④가 정답이다.
• risk 위험 • stock market 주식 시장 • rely on ~에 의존하다 • financial 재정의, 금융의
해석 주식 시장의 높은 위험성에 관해 우려하는 사람들은 종종 은행이 개발한 금융 상품에 의존한다.
정답 ④

22 Bonuses will _____ depending on how long employees have worked at Wilmont Used Auto.

① vary ② claim
③ supply ④ offer

해설 문맥상 '상여금이 ~에 따라 달라질 것이다'라는 의미로 전개되는 것이 적절하므로 '달라지다, 다르다'라는 뜻의 ①이 정답이다. • depending on ~에 따라 • claim 주장하다, 청구하다
해석 상여금은 직원들이 Wilmont Used Auto에서 얼마나 오래 일했는지에 따라 달라질 것이다.
정답 ①

23 The monetary donations made at the annual benefit dinner _____ the expectations of the charity members.

① exceeding ② exceeded
③ having exceeded ④ to exceed

해설 문장의 주어는 The monetary donations이고 made부터 dinner까지가 앞의 명사를 수식하는 구조이므로 빈칸은 동사 자리이다. 따라서 현재 분사 형태인 ①과 ③, to 부정사 형태인 ④는 모두 정답이 될 수 없고, 과거 시제 동사인 ②가 정답이다. • monetary 금전적인 • donation 기부 • expectation 예상, 기대 • charity 자선 단체 • exceed 뛰어넘다, 능가하다
해석 연례 자선 만찬에서 이루어진 금전적 기부는 자선 단체 회원들의 예상을 뛰어넘었다.
정답 ②

24 Ms. Farley _____ some issues on the upcoming merger during the meeting tomorrow morning.

① to discuss ② discuss

③ discussing ④ will discuss

해설 빈칸은 some issues를 목적어로 취하는 동사 자리이다. 따라서 준동사인 ①과 ③은 먼저 정답에서 제외된다. 주어(Ms. Farley)가 단수이고 뒤에 미래를 나타내는 표현인 tomorrow morning이 있으므로, 미래 시제 동사인 ④가 정답이다. • issue 사안, 쟁점 • merger 합병

해석 Farley 씨는 내일 아침 회의 동안 곧 있을 합병에 관한 몇 가지 사안을 논의할 것이다.

정답 ④

25 The blades of your Big Bear Lawnmower should _____ after each use to prevent them from rusting.

① clean ② be cleaned

③ have cleaned ④ cleaning

해설 빈칸은 문장의 본동사 자리로 앞에 조동사 should가 있으므로 먼저 원형이 아닌 ④는 정답이 될 수 없다. ①과 ③은 능동태이고 ②는 수동태인데, 주어인 칼날이 청소하는 것이 아닌 '청소되어야 하는' 수동의 의미가 적절하므로 ②가 정답이다. • lawnmower 잔디 깎는 기계 • blade 칼날 • prevent A from -ing ~하는 것을 방지하다 • rust 녹슬다

해석 귀하의 Big Bear Lawnmower 사(社)의 잔디 깎는 기계의 칼날은 녹스는 것을 방지하기 위해 매 사용 후 청소해 주어야 합니다.

정답 ②

26 A new boarding pass had to be reissued because the original one _____.

① misplace ② misplaces

③ was misplaced ④ has misplaced

해설 먼저 접속사 because로 연결된 절의 주어가 단수(the original one)이므로 수 일치가 되지 않는 ①은 오답이고, 빈칸에 들어갈 동사인 misplace는 타동사인데 빈칸 뒤에 목적어가 없으므로 능동태인 ②와 ④도 오답이다. 따라서 단수형 수동태 동사인 ③이 정답이다. • boarding pass 탑승권 • reissue 재발급하다 • original 원래의 • misplace 어디에 두고 잊어버리다

해석 원래 탑승권을 어디에 두고 잊어버려 새것이 재발급되어야 했다.

정답 ③

27 The updated Power Sphere gaming system will be _____ at the Gaming Expo scheduled to open in June.

① detached ② decreased

③ unveiled ④ appointed

해설 문맥상 주어인 업데이트된 게임 시스템이 'Gaming Expo에서 공개될 것이다'라는 의미로 전개되는 것이 적절하므로 '공개되다'라는 뜻의 ③이 정답이다. • detach 분리하다, 파견하다 • decrease 감소하다, 감소시키다

• appoint 임명하다, (시간 · 장소를) 정하다 • unveil ~의 베일[덮개]를 벗기다, ~의 제막식을 거행하다, (비밀 등을) 밝히다, 발표하다

해석 업데이트된 Power Sphere 게임 시스템은 6월에 개막할 것으로 예정된 Gaming Expo에서 공개될 것이다.

정답 ③

28 Dawson Manufacturing halted production of mobile accessories and will _____ more on home appliances.

① to concentrate ② concentration

③ concentrates ④ concentrate

해설 빈칸은 접속사 and로 연결된 동사 자리로, 앞에 조동사(will)가 있으므로 그 뒤에는 동사원형이 와야 한다. 따라서 동사원형인 ④가 정답이다. • halt 중단시키다, 멈추다 • home appliance 가전제품 • concentrate 집중하다

해석 Dawson Manufacturing은 휴대 전화 액세서리의 생산을 중단시켰고 가전제품에 더 집중할 것이다.

정답 ④

29 The customer service rating of Palm Beach Bank _____ significantly in the last two months.

① increase ② increasing

③ has increased ④ will increase

해설 빈칸은 문장의 본동사 자리이므로 먼저 동사 형태가 아닌 ②는 오답이며, 단수 주어(The customer service rating)와 수 일치되지 않는 복수 동사인 ①도 정답이 될 수 없다. 빈칸 뒤에 과거의 기간을 나타내는 in the last two months 표현이 있으므로 미래 시제인 ④ 또한 오답이다. 따라서 단수형 현재완료 시제 동사인 ③이 정답이다. • customer 고객 • rating 등급 • significantly 상당히, 꽤, 심각하게 • increase 증가하다, 증가시키다; 증가

해석 Palm Beach Bank의 고객 서비스 등급이 지난 두 달 동안 상당히 증가했다.

정답 ③

30 A certificate is issued to participants who have _____ two weeks of workshop programs on human resources.

① convinced ② permitted

③ predicted ④ completed

해설 빈칸은 앞의 명사 participants를 수식하는 관계대명사절의 동사 자리로, 문맥상 수료증 발급과 관련하여 '워크숍 프로그램을 이수한 참가자들'이라는 의미로 전개되는 것이 적절하므로 '이수하다, 끝마치다'라는 뜻의 ④가 정답이다. • certificate 수료증, 인증서 • human resource 인적 자원 • convince 납득시키다 • permit 허가하다 • predict 예측하다

해석 수료증은 인적 자원에 관한 2주간의 워크숍 프로그램을 이수한 참가자들에게 발급된다.

정답 ④

31 Those who _____ the new tax code are urged to come to the city council meeting.

① write ② commit
③ oppose ④ earn

해설 관계대명사절의 동사 자리로, 문맥상 시 의회 회의에 오도록 촉구되는 사람들은 '새로운 세법에 반대하는 사람들'일 것이므로 '반대하다'라는 뜻의 ③이 정답이다. • tax code 세법 • be urged to + 동사원형 ~하도록 촉구되다 • city council 시 의회 • commit 저지르다, 맡기다, 전념하다 • earn 얻다, (돈을) 벌다
해석 새로운 세법에 반대하는 사람들은 시 의회 회의에 오도록 촉구된다.
정답 ③

32 Bodesta Manufacturing should _____ a round of governmental inspection every year to certify that it observes state laws.

① communicate ② allocate
③ undergo ④ examine

해설 빈칸은 governmental inspection을 목적어로 취하는 동사 자리로, 문맥상 '매년 정부의 점검을 받아야 한다'라는 의미로 전개되는 것이 적절하므로 '겪다, 받다'라는 뜻의 ③이 정답이다. • inspection 점검 • certify 증명하다 • observe 지키다 • communicate 의사소통하다 • allocate 할당하다 • examine 조사하다
해석 Bodesta Manufacturing은 주의 법을 지키고 있는 것을 증명하기 위해 매년 한 차례 정부의 점검을 받아야 한다.
정답 ③

33 Dr. Stone strongly believes that an anti-influenza vaccine _____ one of the most effective ways to avoid getting flu.

① to remain ② remaining
③ should remain ④ which remains

해설 빈칸은 that절의 동사 자리이므로 준동사인 ①과 ②, 관계대명사가 포함된 동사인 ④는 모두 정답이 될 수 없다. 따라서 주어(an anti-influenza vaccine) 뒤 동사 자리에 들어갈 수 있는 형태인 ③이 정답이다. • strongly 강하게, 강경히 • anti-influenza vaccine 유행성 감기 예방 백신 • get flu 독감에 걸리다
해석 Stone 박사는 유행성 감기 예방 백신이 독감에 걸리는 것을 피할 가장 효과적인 방법 중 하나로 남아 있어야 한다고 굳게 믿는다.
정답 ③

34 Freddie Alcott's Web series teaches campers how to deal with any situation they might _____ while outdoors.

① encounter ② settle
③ judge ④ preserve

해설 문맥상 상황에 대처하는 방법과 관련하여 '야외에 있는 동안 맞닥뜨릴 수 있는'이라는 의미로 전개되는 것이 적절하므로 '맞닥뜨리다, 직면하다'라는 뜻의 ①이 정답이다. • camper 야영객 • settle 해결하다, 정착시키다 • judge 판단하다 • preserve 지키다, 보호하다

해석 Freddie Alcott의 웹 시리즈는 야영객에게 야외에 있는 동안 맞닥뜨릴 수 있는 상황에 대처하는 방법을 가르친다.

정답 ①

35 **다음 중 문법에 맞는 것은?**

① His daughter married with a rich man.

② We don't object his joining our choir.

③ How many of you attended at the concert?

④ He excels me in chemistry.

해설 ① 'married'는 타동사이므로 전치사가 필요 없다.
② 'object'는 자동사이므로 전치사 'to'가 필요하다.
③ 'attend'는 타동사이므로 전치사가 필요 없다.

해석 ① 그의 딸은 부자와 결혼했다.
② 그가 우리 성가대에 참여하는 것을 우리는 반대하지 않는다.
③ 너희들 중 몇 명이 음악회에 참석을 하였느냐?
④ 그는 화학 과목에선 나를 앞선다.

정답 ④

CHAPTER 2

동사의 시제

출제경향

동사의 기본 12시제를 중심으로 주절과 종속절의 어법상 알맞은 동사 어형 선택, 동사의 전용에 따른 문장 전환, 영작 등의 형태로 매년 출제되고 있다. 동사의 시제에 따른 변형과 기본 시제의 법칙, 시제 일치의 예외 13가지 그리고 완료 시제의 계속 용법 등을 중점적으로 공부해야 한다. 무엇보다도 명사절과 부사절을 정확하게 구별할 수 있는 능력을 키워야 한다.

I 동사의 기본 시제

ENGLISH GRAMMAR

A 현재 시제

1. 현재의 상태 · 동작 · 사실 등을 표현할 때 사용된다.
- Here **comes** the bus. (버스가 여기로 온다.)
- He **oversees** this department. (그가 이 부서를 감독한다.)

2. 현재의 습관적 · 반복적인 동작 등을 표현할 때 사용된다: 현재 시제와 함께 자주 쓰이는 표현들로는 'always, usually, generally, every[each], often, regularly' 등이 있다.
- They *always* **collaborate** on projects. (그들은 프로젝트에 있어 늘 협력한다.)
- I *usually* **go** to bed at nine at night. (나는 보통 밤 9시에 잠자리에 든다.)
- We **have** three meals *a day*. (우리는 하루에 세 끼를 먹는다.)

3. 불변의 진리 · 속담 · 격언 등을 표현할 때 사용된다.
- Two and two **is** four. (2 더하기 2는 4이다.)

- Birds of a feather **flock** together. (유유상종 · 類類相從)
- I *learned* that two and two **make(s)** four. (나는 2 더하기 2는 4라고 배웠다.)
- Columbus *believed* the earth **is** round. (지구는 둥글다고 콜럼버스는 믿었다.)

> **심화학습**
>
> Noah **found** the earth **was** dry. (노아는 대지가 마른 것을 알게 되었다.) 이 문장의 경우 'the earth was dry.'는 당시의 상황이므로 과거형 동사를 사용하고 있다.

4. 미래의 예정: 'go, come, arrive, leave, start, reach, return, sail, ride, depart, end' 등과 같은 '왕래발착(往來發着) 동사'가 '미래를 나타내는 부사(구)'와 함께 쓰일 때 '가까운 미래'를 나타낸다.

- Britta **starts** for Spain **tomorrow**.

= Britta **will start** for Spain **tomorrow**. (브리타는 내일 스페인으로 떠난다.)

> **심화학습**
>
> '현재 진행형'도 '미래를 나타내는 부사(구)'와 함께 쓰일 때 '가까운 미래'를 나타낸다:
>
> - I **am leaving** for London **tomorrow**.
>
> = I **will leave** for London **tomorrow**. (나는 내일 런던으로 출발합니다.)

5. 시간이나 조건을 나타내는 '부사절'에서는 항상 현재 시제가 미래 시제를 대신한다.

- **If** it **rains** *tomorrow*, I will stay at home. 〈조건 부사절〉
  (내일 비가 온다면, 나는 집에 있겠다.)
- We will leave here **when** it **stops** raining. 〈시간 부사절〉
  (비가 그치면 우린 떠날 것이다.)

> **심화학습**
>
> '명사절과 형용사절'에서는 미래 시제를 그대로 사용해야 한다:
>
> - I don't know ***if** it **will** rain tomorrow*. 〈'know'의 목적절로 명사절〉
>   (내일 비가 올지 안 올지 나는 모르겠다.)

- I don't know the time ***when*** *she* ***will*** *come.* 〈'time'을 수식하는 형용사절〉
  (나는 그녀가 올 시간을 알지 못한다.)

B 과거 시제

1. 과거의 동작 · 상태 등을 표현할 때 사용된다.

- It **rained** cats and dogs *yesterday.* (어제 비가 억수같이 쏟아졌다.)
- I **stayed** up late *last night.* (어젯밤 늦게까지 잠자리에 들지 못했다.)

2. 과거의 불규칙적인 습관 · 반복적인 동작을 표현할 때 사용된다.

- She **would** *often* come to see me. (그녀는 종종 나를 보러 오곤 했다.)
  해설 조동사 'would'가 빈도부사 'often 또는 sometimes'와 함께 사용되면 과거의 '불규칙적인 습관'을 나타낸다.
- She **used to** visit her mother. (그녀는 종종 어머니를 방문하곤 했다.)
  해설 조동사 'used to'는 과거의 '규칙적인 습관'을 나타낸다.

3. 역사적 사실을 표현할 때 사용된다.

- World War II **broke** out in 1939. (제2차 세계대전은 1939년에 일어났다.)
- Columbus **discovered** America in 1492. (콜럼버스는 미국을 1492년에 발견했다.)

심화학습

과거의 일을 '생동감' 있게 표현하는 경우 '현재 시제'가 사용되기도 한다(역사적 현재):

- Napoleon **leaves** the Island of Elba. (나폴레옹이 엘바섬을 떠난다.)
- Admiral Lee **defeats** the Japanese fleet.
  (이순신 장군이 일본 함대를 쳐부수고 있다.)

4. 과거완료[대과거]의 대용으로 사용된다: 'after, before, as soon as' 등과 함께 시간의 전후 관계가 분명할 때 과거완료를 대체할 수 있다.

- **As soon as** she **saw** me, she ran away. (그녀는 나를 보자마자 도망쳤다.)
- **After** he **finished** his work, he went home.

= After he **had finished** his work, he went home. (일을 마치고 그는 집으로 갔다.)

C 미래 시제

1. 단순미래

(1) 평서문: 1 · 2 · 3인칭 주어에 모두 'will'이 사용된다. 영국식 영어에서는 1인칭 주어에 'shall'이 사용되기도 한다.

- It **will** be fine tomorrow. (내일은 날씨가 좋을 것이다.)
- I **will** be twenty (years old) next year. 〈미국식〉
  (내년이면 전 스무 살이 됩니다.)
- I **shall** be twenty in August. 〈영국식〉
  (8월이면 저는 스무 살이 됩니다.)
- You **will** be in time if you hurry. (서두르면 너는 제 시간에 맞출 수 있을 거야.)
- She **will** be fine soon. (그녀는 곧 좋아질 겁니다.)

(2) 의문문: 1 · 2 · 3인칭 주어에 모두 'will'이 사용된다. 영국식 영어에서는 1인칭 주어에 'shall'이 사용되기도 한다.

- **Will** it be fine tomorrow? (내일 날씨가 좋을까요?)
- **Will** you be twenty next year? (내년이면 넌 스무 살이 되니?)
- **Will** she be busy tonight? (오늘 저녁 그녀가 바쁠까요?)
- **Will** we be in time for the KTX? (우리가 KTX 시간에 맞출 수 있을까요?)
- **Shall** I succeed? (제가 성공할 수 있을까요?)

2. 의지미래: 의지미래는 '주어의 의지', '말하는 사람의 의지(話者意志)', '듣는 사람의 의지(聽者意志)'로 나누어진다.

(1) 주어의 의지를 나타낸다: 주어의 인칭에 관계없이 모두 'will'이 사용되고, 'will'에 강세가 온다.

- I **will** do what I can. (제가 할 수 있는 것을 하겠습니다.)
- The boy **will** not listen to me. (그 꼬마는 저 말을 들으려하지 않을 겁니다.)
- You **will** please do so. (당신은 그렇게 하실 겁니다.)
- The door **will** not open. (그 문은 열리지 않습니다.)

(2) 화자의 의지를 나타낸다: 1인칭 주어에는 'will'이 사용되며, 2 · 3인칭 주어에는 'shall'이 사용된다.

- I **will** leave here, rain or shine. (비가 오건 말건, 나는 떠나요.)
- You **shall** have this book. (이 책을 제가 드리겠습니다.)
  = I **will** give you this book.

- **He shall** go there. (그곳으로 그 사람을 가게끔 하겠습니다.)
  = **I will let** him go there.

(3) 청자의 의지를 묻는다: 의문문 형식으로 1 · 3인칭 주어에는 'shall'이 사용되며, 2인칭 주어에는 'will'이 사용된다.

- **Shall I** turn the light on? (불을 켜도 될까요?)
  = **Do you want me to** turn the light on?
- **Shall we** eat now? (식사 하실래요?)
  = **Let's** eat now.
- **Shall he** start at once? (그를 즉시 출발하게끔 할까요?)
  = **Do you want me to let** him start at once?
- **Will you** do me a favor? (부탁을 하나 들어주시겠습니까?)

m/e/m/o

Ⅱ 동사의 완료 시제

ENGLISH GRAMMAR

A 현재완료

'have + 과거분사'의 형태로 과거 어느 시점부터 현재까지의 동작의 '완료 · 경험 · 결과 · 상태의 계속'을 나타낸다.

1. 완료: '(방금) ~해 버렸다'로 해석된다. 'just, now, already, lately, today, yet, this morning' 등과 같은 부사(구)가 동반된다.

• I **have** not **finished** it *yet*. (나는 아직 그것을 끝내지 못했다.)
• Mother **has** *just* **come** home. (엄마가 방금 집에 오셨다.)
• I **have been to** the barber's. (나는 이발소에 다녀왔다.)

2. 결과: '~해 버렸다. (그 결과 지금은 ~하다)'는 의미로 해석된다.

• He **has lost** his watch.
= He **lost** his watch, and he **doesn't have** it **now**.
(그는 시계를 잃어 버렸다. 그래서 지금은 시계가 없다.)

• She **has gone** to Japan.
= She **is gone** to Japan, and therefore she **is not** here **now**. (그녀는 일본으로 떠나 버렸다. 그 결과 지금은 여기에 없다.)

> **심화학습**
>
> 특히 'have gone to'는 '3인칭 주어'와 어울려야 한다. 그리고 'come, arrive, go, finish, fall' 등과 같은 '왕래발착 동사'는 'have + 과거분사'로 나타내는 대신 'be + 과거분사'로 나타낼 수 있으며 '상태'를 나타낸다:
>
> • Winter **is gone**.
> = Winter has gone. (겨울은 가버렸다.)
> • All hope **is gone**.
> = All hope has gone. (모든 희망은 물거품이 되어버렸다.)

3. 계속: '(계속) ~해 오고 있다'는 의미로 해석된다. 기간을 나타내는 부사(구) 또는 부사절이 동반된다.
   - She **has been** ill *since last week*. (지난주부터 그녀는 쭉 아팠다.)
   - There **has been** no one *since you left*. (당신이 떠난 이후로 아무도 없었다.)

     해설 'since' 뒤에 '과거의 시간을 나타내는 부사절 또는 부사(구)'가 오면, 주절의 시제는 '현재완료' 또는 '현재완료 진행형'이 되어야 한다.
   - She **died** three years **ago**. (그녀는 삼 년 전에 죽었다.)

   = She **has been dead for** three years. (그녀가 죽은 지 삼 년이 되었다.)

   = Three years **have passed since** she **died**. (그녀가 죽은 지 삼 년이 지났다.)

   = It **is[has been]** three years **since** she **died**. (그녀가 죽은 지 삼 년이 되었다.)

비교 'from'은 '시작하는 시점'만 나타내므로 '현재의 상황은 알 수 없으며', 'since'는 '지금까지 계속'됨을 나타내므로 '현재의 상황이 계속되고 있음'을 알 수 있다:
- She **began** working at the agency **from** last week.
  (그녀는 지난주부터 그 대리점에서 일하기 시작했다. 지금도 일하는지는 알 수 없다.)
- She **has been working** at the agency **since** last week.
  (그녀는 지난주부터 그 대리점에서 일해 오고 있다. 지금도 일을 하고 있다.)

4. 경험: '(지금까지) ~한 적이 있다'는 의미로 해석된다. 'ever, never, once, often, seldom, twice' 등과 같은 '빈도부사'가 동반된다.
   - I **have ever been to** Europe. (유럽에 가본 적이 있다.)

     비교 I **have been to** the station to see him off. 〈완료〉
     (그를 배웅하기 위해 역에 갔다 왔다.)
   - I **have never been to** Africa. (아프리카에 가본 적이 없다.)
   - She **has been in** Australia. (그녀는 호주에 있은 적이 있다.)

B 과거완료

'had + 과거분사'의 형태로 과거 이전부터 과거 어느 시점까지의 '동작의 완료 · 경험 · 결과 · 상태의 계속'을 나타낸다.

1. 대과거: '과거의 사실'보다 '한 시제 앞선 내용'을 나타낼 때 사용된다.

(1) 완료: '(과거 이전에) ~해 버렸다'로 해석된다. 'just, now, already, lately, today, yet, this morning' 등과 같은 부사(구)가 동반된다.

- I **had** *just* **finished** my work *when you came in.* (당신이 들어올 때 나는 내 일을 막 끝마쳤다.)
- He **had** *already* **gone** to bed *when I came home.*
  (내가 집에 도착했을 때 그는 이미 잠자리에 들었다.)

(2) 결과: '(과거 이전에) ~해 버렸다'로 해석된다.
- I *found* then that I **had lost** my purse. (그때 나는 내 지갑을 잃어버렸다는 것을 알아챘다.)

(3) 계속: '(계속) ~하고 있었다'로 해석된다.
- He **had been** ever so healthy *till then.* (그는 그때까지 매우 건강했다.)
- She **had been** in Paris **for** two years *when the war broke out.*
  (전쟁이 발발했을 때 그녀는 2년 동안 파리에 있었다.)

(4) 경험: '~한 적이 있었다'로 해석된다. 'ever, never, once, often, seldom, twice' 등과 같은 '빈도부사'가 동반된다.
- Sarah **had** *once* **been** to London *before she went to college.*
  (사라는 대학에 가기 전에 런던에 한 번 갔다 온 적이 있었다.)
- Britta **had** *never* **seen** a koala *before she came to Australia.*
  (브리타는 호주에 오기 전에 코알라를 한 번도 본 적이 없었다.)

(5) '형용사절'에서 '과거의 사실'보다 '한 시제 앞선 내용'을 나타낼 때 사용된다.
- I *lost* the watch my brother **had given** me. (형이 나에게 준 시계를 나는 분실했다.)

심화학습

1 '뚜렷한 과거를 나타내는 부사(구)'는 '현재완료'와 함께 쓰지 못한다.
- *I have met him **yesterday**. (x)

→ I met him **yesterday**. (o)
- 과거 시제의 부사(구): yesterday, when, last year, ago, in the past, at that time, just now 등이 있다.

2 의문부사 'when'은 '현재완료'와 함께 쓰지 못한다.
- ***When** has he finished it? (x)

→ **When** did he finish it? (o)

3 '1 · 2인칭'에 'have gone'을 쓰지 못한다.
- *I[You] have gone to New York. (x)

2. 과거완료의 주의할 용법들

(1) '과거완료의 부정 + 시간/거리 + before[when] + 주어 + 과거 동사': '미처 ~하지도 않아 ~하였다'로 해석된다.

- I **had not gone** a mile **before** it **began** to rain. (1마일도 채 가기 전에 비가 내리기 시작했다.)
- I **had not waited** long **when** he **came**. (얼마 기다리지 않아 그가 왔다.)

(2) 'No sooner + had + 주어 + 과거분사 + than + 주어 + 과거 동사': '~하자마자 곧 ~하였다'로 해석된다.

= Hardly[Scarcely] + had + 주어 + 과거분사 + before[when] + 주어 + 과거 동사
= 주어 + had no sooner + 과거분사 + than + 주어 + 과거 동사
= As soon as + 주어 + 과거 동사, 주어 + 과거 동사

- **As soon as** she **saw** me, she **ran** away.

= She **had no sooner seen** me **than** she **ran** away.
= **No sooner had** she **seen** me **than** she **ran** away.
= **Hardly[Scarcely] had** she **seen** me **before[when]** she **ran** away.
(그녀는 나를 보자마자 도망갔다.)

(3) 'hope, expect, intend, want, desire' 등과 같은 '희망 또는 소망의 뜻이 담겨져 있는 동사의 과거완료 + 단순부정사'는 '과거에 이루지 못한 사실'을 나타낸다. 이는 또 '희망 또는 소망 동사의 과거형 + 완료부정사'로 나타낼 수 있다.

- I **had hoped** *to marry* her.

= I **hoped** *to have married* her.
= I **hoped** *to marry* her, but I **didn't**. (나는 그녀와 결혼하기를 희망했다. 그러나 나는 그녀와 결혼을 하지 못했다.)

C 미래완료

'will[shall] + have + 과거분사'의 형태로 미래 어느 시점까지의 동작의 '완료 · 경험 · 결과 · 상태의 계속'을 나타낸다. 'by + 미래를 나타내는 시간의 부사(구)'가 오면 반드시 미래완료 시제가 쓰여야 한다.

1. 완료

- I **shall have finished** my work **by** six this afternoon.
(오늘 오후 여섯 시까지는 일을 끝마칠 것이다.)

2. 결과

- She **will have left** here **by the time** when you are here.
  (네가 이곳에 올 때쯤이면 그녀는 이미 이곳을 떠나고 없을 것이다.)

3. 계속

- She **will have been** ill in bed **for** a week **by next Monday**.
  (다음 월요일까지면 그녀가 앓아누운 지 1주일이 된다.)

4. 경험

- I **shall have read** the Bible twice **if** I **read** it again.
  (내가 성경을 다시 한 번 읽는다면 두 번을 읽는 셈이 될 것이다.)

m/e/m/o

III 동사의 진행 시제

ENGLISH GRAMMAR

'be + 현재분사'로 '진행 중인 동작'이나 동일 행위의 '반복 · 예정 · 계획 · 결의' 등을 나타낸다.

A 현재 진행형[am/are/is + 현재분사]

1. 현재 진행 중인 동작 및 반복적인 동작을 나타낸다.
 - She **is** always **speaking** ill of others. (그녀는 언제나 남의 험담을 한다.)
 - Mom **is working** in the garden. (어머니는 정원에서 일하고 계시다.)

2. 가까운 미래를 나타낸다.
 - The flowers **are opening** soon.
 = The flowers **will open** soon. (꽃이 곧 필 것이다.)

3. 예정 · 계획 · 의도를 나타낸다.
 - My son **is going to** buy a new house. (우리 아들은 새집을 사려고 한다.)

B 과거 진행형[was/were + 현재분사]

1. 과거의 진행 중이었던 동작 · 습관을 나타낸다.
 - She **was** always **complaining** about me. (그녀는 늘 나에 대해 불평을 했다.)

2. 과거의 어느 시점을 기준으로 하여 가까운 미래의 예정 · 의도를 나타낸다.
 - Britta **was giving** a party that evening. (브리타는 그 날 저녁 파티를 열 예정이었다.)

C 미래 진행형[will/shall be + 현재분사]

1. 미래의 시점에 진행 중일 동작 · 예정을 나타낸다.
 - Sarah **will be staying** in Spain this summer. (올 여름 사라는 스페인에 머무르고 있을 것이다.)
 - My wife **will be reading** the Bible when her son goes to bed.
 (우리 아들이 잠자리에 들 때 내 아내는 성경책을 읽고 있을 것이다.)

D 현재완료 진행형[have/has been + 현재분사]

1. 과거의 어느 시점부터 현재까지의 동작의 계속을 나타낸다.
- She **has been watching** TV **for** two hours. (그녀는 두 시간 동안 TV를 시청하고 있다.)
- I **have been teaching** English **over** 30 years. (나는 30년 이상 영어를 가르쳐 오고 있습니다.)

E 과거완료 진행형[had been + 현재분사]

1. 과거의 이전부터 과거의 어느 시점까지의 동작의 계속을 나타낸다.
- Harald **had been working** for Samsung **for** three years.
  (하랄드는 3년 동안 삼성에서 근무했었다.)
- I **had been wanting** to see that play, so I was pleased when I won the ticket.
  (그 연극을 보고 싶어 했었는데 연극표를 구하고 나니 나는 기뻤다.)

m/e/m/o

실력평가문제

CRAMMING ENGLISH GRAMMAR

※ 다음 밑줄 친 곳에 가장 알맞은 것을 고르시오.

01 If it _____ tomorrow, I will stay at home.

① rains　　② is rain

③ will rain　　④ will be rain

해설 반드시 이해하고 넘어가야 할 문제이다. '시간이나 조건을 나타내는 부사절'에서는 '현재 시제가 미래 시제를 대신한다는 미래 시제 대용'에 관한 문제이다.

해석 내일 만약 비가 온다면, 나는 집에 있겠다.

정답 ①

02 Sarah and Britta began to play tennis at 3 p.m. It is 5 p.m. now and they are still playing. Sarah and Britta _____ tennis for two hours.

① are playing　　② have been playing

③ have been played　　④ played

해설 '진행 시제'에 대한 문제이다. 동사의 시제를 보았을 때 과거에서 시작되어 현재까지 진행되고 있는 사실을 나타내고 있다.

해석 사라와 브리타는 오후 3시에 테니스를 시작했다. 지금은 5시이며 아직도 그들은 테니스를 하고 있다. 사라와 브리타는 두 시간 동안 계속 테니스를 하고 있다.

정답 ②

03 It will not be long before _____ to the Mars.

① we will have a trip　　② we can have a trip

③ we will go to have a trip　　④ we went a trip

해설 '시간이나 조건을 나타내는 부사절'에서는 '현재 시제가 미래 시제를 대신한다는 미래 시제 대용'에 관한 문제이다. '머지않아 ~할 것이다'라고 해석된다. • Mars 화성(火星)

해석 머지않아 우리는 화성으로 여행갈 수 있을 것이다.

정답 ②

04 The edifice _____ to him now.

① is belonged　　② is belonging

③ is belong　　④ belongs

해설 '소유동사 · 지각동사 · 상태동사 · 인식동사'는 '진행형 시제'를 쓸 수 없다. • edifice 건물, 체계

해석 그 건물은 지금 그의 소유이다.

정답 ④

05 The store _____ open for 20 years.

① had been ② have been

③ has been ④ will have been

해설 'for + 기간'은 '~ 동안'이라는 의미로 '현재완료 시제'와 같이 사용된다.

해석 그 가게는 20년 동안 운영되어 왔다.

정답 ③

06 After I _____ the products, I decided to refund them.

① will purchase ② will have purchased

③ have purchased ④ had purchased

해설 구매한 것이 결정한 것보다 먼저 일어난 사건이다. 결정한 것이 '과거 시제'이므로, 구매한 것은 더 이전인 '과거완료 시제[대과거]'를 사용해야 한다. • refund 환불하다; 환불 • purchase 구입하다, 구매하다; 구입(물), 구매

해석 내가 그 제품을 구매한 후에, 나는 그것들을 환불하기로 결정했다.

정답 ④

07 Mr. Brauer has been supervising the production schedule since he _____ appointed factory manager.

① was ② to be

③ will be ④ been

해설 'since 이하가 시간을 나타내는 부사절 또는 부사구'를 이끌 경우, 주절의 시제는 '현재완료 시제 또는 현재완료 진행 시제'가 되며 since 이하의 부사절은 과거 시제를 이끈다. • supervise 관리[감독]하다 • appoint 지명하다, 임명하다, (일시 · 장소 따위를) 정하다 • factory 공장; 공장의

해석 브라우어 씨는 공장 매니저로 임명된 이후로 생산 일정을 감독해 오고 있다.

정답 ①

08 Dr. Lee, an expert in the chemistry field, _____ recently elected Mayor of Daejeon.

① were ② was

③ will be ④ have been

해설 'recently'는 '과거 시제 또는 현재 시제' 둘 다에 사용될 수 있다. 주어가 3인칭 단수라는 것을 감안하면 쉽게 답을 찾을 수 있다. • expert 전문가 • chemistry 화학, 공감대 • elect (투표 따위로) 선거하다, 뽑다

해석 화학 분야에서의 전문가인 이 박사는 최근에 대전 시장으로 선출되었다.

정답 ②

09 We always _____ your efforts to improve the quality of products.

① are appreciating ② will appreciate

③ appreciated ④ appreciate

해설 'always'는 '빈도부사'로 '현재 시제'와 함께 사용된다.
• effort 노력 • improve 개량[개선]하다 • quality 품질
해석 우리는 항상 제품의 품질을 향상시키고자 하는 당신의 노력에 감사한다.
정답 ④

10 Customers usually _____ to my store due to its excellent customer service and low fees.

① returned ② have returned
③ return ④ returns

해설 'usually'는 '빈도부사'로 '현재 시제'와 함께 사용된다. 주어가 '복수'임에 주의할 것.
• due to ~ 때문에 • excellent 훌륭한 • fee 요금, 수수료
해석 고객들은 훌륭한 고객 서비스와 저렴한 수수료 덕택에 대개 나의 가게로 돌아온다.
정답 ③

11 Since he joined the company, our sales _____.

① increased ② have increased
③ had increased ④ will have increased

해설 'since + 시간의 부사절'의 경우 주절의 시제는 '현재완료 시제 또는 현재완료 진행 시제'가 되어야 한다.
• increase 증가하다, 증가시키다; 증가
해석 그가 회사에 들어온 이래로, 우리의 판매가 증가했다.
정답 ②

12 Until Ms. Rankin _______ from the conference, Mr. No will deal with all hotel reservations.

① returned ② return
③ had returned ④ returns

해설 '시간 · 조건의 부사절'에서는 '미래 시제를 현재 시제'로 바꿔야 한다. 주어가 '3인칭 단수'임에 주의한다.
• conference 회의 • deal with ~처리하다, ~다루다 • reservation 예약
해석 랭킨 씨가 회의에서 돌아올 때까지, 노선생이 모든 호텔 예약을 처리할 것이다.
정답 ④

13 For the past two months, attendance at this lecture _____ dramatically.

① has increased ② increased
③ had increased ④ increases

해설 'for the past + 기간'은 '현재완료 시제'와 같이 쓰인다.
• attendance 출석, 출석자, 참석자 • lecture 강의 • dramatically 극적으로
해석 지난 두 달 동안, 이 강의의 참석자가 극적으로 증가했다.
정답 ①

14 Over the past decade, KB Corporation _____ the high-definition television.

① offers ② will be offering
③ has offered ④ had offered

해설 'over the past + 기간'은 '현재완료 시제'와 같이 쓰인다.
• high-definition television[HDTV] 고선명 텔레비전
해석 지난 10년에 걸쳐서, KB 사(社)는 고화질 TV를 제공했다.
정답 ③

15 Each month, the magazine _____ a notable musician from a different province.

① profiles ② was profiling
③ having profiled ④ will have profiled

해설 단서는 each month(매월)이며 '반복되는 상황'을 나타내므로 현재 시제가 어울린다. • notable 유명한, 주목할 만한, 유명한 사람 • profile ~의 윤곽을 그리다, 인물평을 쓰다 • province 지방, (학문의) 범위, 분야
해석 매월 이 잡지는 다른 지방 출신인 유명한 음악가의 프로필을 싣는다.
정답 ①

16 While you _____ a tour of the school, you will be given a chance to attend a pre-school program.

① will take ② had taken
③ take ④ to take

해설 단서는 while(~하는 동안에)과 주절의 동사(will be given) 시제이다. 주절의 시제가 will be given(미래 시제)이므로 종속절의 시제도 미래를 표현해야 한다. 그러나 while은 시간을 나타내는 부사절 접속사로, 시간을 나타내는 부사절에서는 미래 대신 현재 시제를 써야 하므로 ③이 정답이다. 즉, 때나 조건을 나타내는 부사절에서는 현재가 미래를 대신한다. • preschool 취학 전의, 유아원, 유치원
해석 당신이 학교를 탐방하는 동안 당신에게 유치원 프로그램에 참석할 수 있는 기회가 주어질 것이다.
정답 ③

17 Maintenance checks are performed _____ to make sure the machine delivers reliable, quality service to the user.

① essentially ② regularly
③ shortly ④ finely

해설 빈칸의 부사가 수식하는 것은 are performed, 즉 현재 시제이므로 regularly와 어울린다. 동사와 연결해서 해석하면 '정기적으로 수행된다'가 되어 문맥상 자연스럽다. • perform 수행하다 • make sure 확인하다, 확신하다 • reliable 믿을 만한
해석 그 기계가 믿을 수 있는 양질의 서비스를 사용자에게 확실히 제공하도록 정비검사는 정기적으로 수행된다.
정답 ②

18 The 10th annual Somerville Spring Festival _____ next Sunday.

① will begin ② begin

③ began ④ has begun

해설 '수 일치 → 능동/수동 → 시제'의 순서로 살펴본다. next Sunday(다음 주 일요일)는 미래 시점을 나타내는 부사이므로 미래 시제가 정답이다.

해석 제10회 연례 소머빌 봄 축제는 다음 주 일요일에 시작할 것입니다.

정답 ①

19 We _____ the equipment last month and it is scheduled to be delivered next Monday.

① ordered ② have ordered

③ will order ④ were ordered

해설 단서는 last month(지난달)로, 정확한 과거 시점을 나타낸다. 정확한 과거 시점을 나타내는 부사는 과거 시제와 함께 쓰인다. • equipment 장비 • deliver 배달하다

해석 우리는 지난달에 장비를 주문했고 그것은 다음 주 월요일에 배달될 예정이다.

정답 ①

20 Wilson, Inc., is very pleased that its sales performance _____ increasing over the last three quarters.

① could be ② has

③ has been ④ is

해설 over the last three quarters(지난 3분기)가 단서이며, 'over the last/past + 기간 표현'은 '지난 -동안'이라는 의미로 과거부터 현재까지 계속된 상황을 표현하므로 현재완료 시제와 어울린다. • Inc.[Incorporated] 기업명 뒤에 붙여서 ~사(社)를 나타낸다 • performance 실행, 성과, 공연, 성능 • quarter 분기(分期)

해석 윌슨 사(社)는 지난 3분기 동안 회사의 판매 실적이 계속 증가한 것에 대해 매우 만족한다.

정답 ③

21 Mr. Barnes _____ to many different countries since he was promoted to the position of regional director.

① will be ② has been

③ was ④ is

해설 'since + 주어 + 과거동사' 표현이 있으므로 빈칸에는 현재완료 시제가 어울린다.
• promote 승진시키다, 진척시키다, 판촉하다 • regional 지역의

해석 반즈 씨는 지사장으로 승진된 이래로 많은 다른 나라를 다녔다.

정답 ②

22 The amount of trash in our neighborhood has increased noticeably _____ the past decade.

① during ② behind
③ into ④ above

해설 동사의 시제가 현재완료(has increased)이고 빈칸 뒤에 기간을 나타내는 명사 표현(the past decade)이 왔으므로 빈칸에는 전치사 during이 알맞다. 'during/for/over the last/over the past + 기간 표현'은 현재완료 시제와 잘 어울린다. • trash 쓰레기 • noticeably 두드러지게, 현저하게 • decade 10, 10년간
해석 지난 10년간 우리 동네의 쓰레기의 양이 눈에 띄게 증가했다.
정답 ①

23 Various local business owners _____ about purchasing the restaurant before a fire burned it down Saturday night.

① inquiring ② had inquired
③ will have inquired ④ would be inquiring

해설 before 뒤에 연결된 동사의 시제가 과거(burned)이므로 빈칸에는 과거 이전에 일어난 시제, 즉 과거완료 시제가 적절하다. • local 지방의, 지역의 • inquire 묻다, 문의하다
해석 여러 지역 사업가들이 토요일 밤에 화재로 식당이 불타 버리기 전에 식당 구매와 관련하여 문의를 했다.
정답 ②

24 By the time his boss got back from the business trip, Mr. Sheridan _____ the final project.

① starts ② will start
③ started ④ had started

해설 단서는 By the time(~할 때쯤에)과 동사(got back)의 시제이다. 'By the time + 주어 + 과거 시제, 주어 + 과거완료 시제' 형태는 반드시 암기하도록 한다. • business trip 출장
해석 그의 상사가 출장에서 돌아왔을 때쯤에 셰리던 씨는 마지막 프로젝트를 시작하였다.
정답 ④

25 By the time our new Italian restaurant is ready to open, its interior _____ elegantly.

① was decorated ② is decorated
③ decorating ④ will have been decorated

해설 가장 전형적인 미래완료 시제 문제로 'By the time + 주어 + 현재 시제, 주어 + 미래완료 시제' 형태를 반드시 암기하도록 한다. • interior 안쪽의, 내부의, 오지의, 국내의 • elegantly 우아하게 • decorate 장식하다
해석 우리의 새 이탈리아 식당이 개점할 준비가 될 때쯤에 실내는 우아하게 꾸며져 있을 것이다.
정답 ④

26 In the event that you experience a problem with your device, one of our customer care representatives _____ to assist you with any questions you may have.

① are pleased ② have pleased

③ is being pleased ④ would be pleased

해설 '수 일치 → 능동/수동 → 시제'의 순서로 살펴본다. 그리고 주어가 one of our customer care representatives(고객 관리 담당자 중 한 명)로 사람이 주어일 때 감정을 나타내는 표현은 진행형으로 쓸 수 없다. • device 계획, 장치, 기기 • representative 직원, 대표자, 대리인 • please 기쁘게 하다

해석 귀하의 기기에 문제가 발생하였을 경우 우리 고객 관리 담당자 중 한 명이 귀하가 갖게 될 수 있는 궁금한 점에 대해 기꺼이 도와드릴 것입니다.

정답 ④

27 Simon Corporations _____ its new line of athletic gear on the market next month.

① will be introduced ② will have introduced

③ will be introducing ④ has introduced

해설 단서는 next month(다음 달)로, 미래 시점을 나타낸다. 미래완료 시제와 미래진행 시제 모두 미래 시점을 표현하지만, 미래완료 시제의 경우 미래의 한 사건보다 앞서 발생한 미래 상황 또는 미래에 완료되는 상황을 나타내므로 또 다른 미래 시점이나 기간 표현이 함께 제시되어야 한다. 반면에 미래진행 시제는 미래 시제와 거의 혼용한다. • line 제품, 품종, 직업 • athletic 운동의, 체육의 • gear 기구, 도구, 용구, 의복

해석 사이먼 코퍼레이션스는 다음 달에 자사의 새로운 운동기구 제품을 소개할 예정이다.

정답 ③

28 The professional medicine association _____ research grant proposals until the end of next month.

① was accepting ② to accept

③ have accepted ④ will be accepting

해설 until the end of next month(다음 달 말까지)라는 미래 시점을 나타내는 단서가 제시되어 있으므로 미래 시제를 골라야 한다. • association 협회 • grant 하사금, 보조금

해석 전문 의료 협회는 다음 달 말까지 연구 보조금 기획안을 받을 것이다.

정답 ④

29 The National Child Safety Association has _____ that every parent consider seriously the risks of allowing children to watch violent TV shows.

① specified ② created

③ asked ④ noticed

해설 that절에서 주어가 every parent로 단수인데 동사원형이 쓰인 것으로 보아 주장 · 명령 · 요구 · 제안의 의미를 나타내는 동사의 목적절에서 동사를 '(should) + 동사원형'으로 쓴 것임을 알 수 있다. 따라서 빈칸에는 주장 · 요구를 나타내는 asked가 들어가야 한다.

해석 전국아동안전협회는 아이들이 폭력적인 텔레비전 프로그램을 볼 수 있게끔 허락하는 것의 위험성을 모든 부모는 심각하게 고려해야 한다고 요구하였다. • risk 위험 • allow 허락하다 • violent 폭력적인

정답 ③

30 It is absolutely _____ that no one be allowed into this center without proper identification.

① substantial ② essential

③ immediate ④ powerful

해설 It은 가주어, that절이 진주어인 문장이다. that절에서 주어가 no one으로 단수 취급을 하는 부정대명사인데 동사원형(be)이 쓰인 것으로 보아 빈칸에는 '의무'를 나타내는 형용사가 와야 함을 알 수 있다. 가주어/진주어 구문에서 형용사가 '의무'를 나타낼 때 that절의 동사는 '(should) + 동사원형'의 형태로 쓰인다.
• absolutely 절대적으로, 전적으로 • proper 적당한, 타당한, 올바른

해석 이 센터에 출입을 하려면 전적으로 적절한 신분증을 필수적으로 가지고 있어야 한다.

정답 ②

CHAPTER

3 조동사

출제경향

기본적인 조동사의 용법을 익히고 부정어와 관련된 문제, 문법상 틀린 용법을 찾는 문제, 문장에 적합한 조동사를 선택하는 문제, 관용어를 활용한 문장 전환 및 시제와 관련된 문제 등에 초점을 맞추어서 공부해야 한다. 특히 'would, should'의 특수 용법은 출제 빈도가 아주 높다.

I Do, Does, Did

ENGLISH GRAMMAR

1. 의문문이나 부정문을 만든다: '일반 동사'가 들어 있는 문장에서 사용된다.
  - **Does** she **study** Korean hard? (그녀는 한국어 공부를 열심히 합니까?)
  - She **does not[doesn't] eat** peas. (그녀는 완두콩을 먹지 않습니다.)
  - **Do** you **like** spinach? (당신은 시금치를 좋아하나요?)
  - I **do not[don't] drink** alcohol. (저는 술을 마시지 않습니다.)
  - **Did** they **listen** to you? (그들이 당신 말을 듣던가요?)
  - He **did not[didn't] agree** with me. (그는 나와는 마음이 안 맞았다.)

2. 강조 용법에 사용된다: '본동사' 앞에 사용되어 의미를 강조한다.
  - I ***do*** **love** you. (나는 정말 그대를 사랑합니다.)
  - He ***does*** **like** beer. (그는 맥주를 정말 좋아합니다.)

3. 어순 도치에 사용된다: '부정 부사(구)를 강조'하기 위하여 문두(文頭)로 가져가는 경우에는 조동사 'do, does, did'를 사용한다. 도치가 될 경우 문장 구성은 '부정 부사(구) + do[does, did] + 주어 + 원형동사'의 어순을 따른다.

- I *little* dreamed of it.

= ***Little* did** I **dream** of it. (나는 꿈에도 그것을 생각하지 못했다.)

- He came *only* yesterday.

= ***Only* yesterday did** he **come.** (그는 그저 어제 왔을 뿐이다.)

- I *never* saw such a fine view.

= ***Never* did** I **see** such a fine view. (나는 그렇게 멋진 경치를 결코 본 적이 없다.)

4. 대동사에 사용된다: '동사의 반복'을 피하기 위하여 사용된다. 대동사는 앞에 나온 동사와 그 관련 어구를 모두 받는다.

- A: Do you *love* her? (그녀를 사랑하나요?)
  B: Yes, I ***do.*** (네, 저는 그녀를 사랑합니다.) 〈do = love her〉

m/e/m/o

Ⅱ Will, Would

ENGLISH GRAMMAR

1. will

(1) '1인칭의 의지미래'로 사용된다: '~할 작정이다'로 해석된다.

- I **will** write as soon as possible. (가능한 한 바로 편지를 쓰겠습니다.)
- We **will** not stay longer than two hours. (우리는 두 시간 이상 머물지 않을 겁니다.)

(2) '2인칭과 3인칭의 단순미래'로 사용된다: '~할[일] 것이다'로 해석된다. 1인칭의 경우 미국에서는 will을, 영국에서는 shall을 사용하지만, 영국에서도 구어체 문장에서 will을 사용하는 경향이 강해지고 있다.

- You **will** be in time if you hurry. (너는 서두르면 시간에 맞출 수 있을 것이다.)
- It **will** be fine tomorrow. (내일은 날이 갤 것이다.)
- I **will** be twenty next year. (내년이면 저는 20살이 됩니다.)

(3) '2인칭이 주어가 되는 의문문'에서 '상대방의 의지'를 묻거나 '의뢰 · 권유' 등을 나타낸다: '~할 작정입니까, ~해 주시겠습니까' 등으로 해석된다.

- **Will you** come tomorrow? (내일 오시겠어요?)
- **Will you** pass me the pepper? (그 후추 좀 건네주시겠어요?)

= Pass me the pepper, **won't you**?

> **심화학습**
>
> 일반적으로 명령문의 부가 의문문은 'will you?'를 사용하지만, 위와 같이 '의뢰 · 권유' 등을 나타내는 문장은 비록 그 문장이 명령문의 형태를 띠고 있어도 부가 의문문은 'won't you?'를 사용해야 한다:

- **Will[Won't]** you have some coke? (콜라 좀 드세요.)

= Have some coke, **won't you**?

(4) '말하는 사람의 추측'을 나타낸다: '(아마도) ~일 것이다'로 해석된다.

- You **will** be Mr. Baker, I think. (베이커 선생님이시죠?)
- The game **will** be finished by now. (지금쯤 경기가 끝났을 것이다.)
- She **will** be around thirty years old. (그녀는 나이가 서른쯤 되었을 것이다.)

(5) '주어의 주장이나 고집'을 나타낸다: '~하려고 하다'로 해석된다.

- You **will** have your own way. (자네는 멋대로 고집을 부리는군.)
- He **won't** consent. (그는 한사코 승낙하지 않는다.)
- This door **won't** open. (이 문은 아무리 해도 열리지 않는다.)

(6) '습성 · 경향 · 불가피 · 필연적 사태' 등을 나타낸다: '~하는 법이다'로 해석된다.

- Accidents **will** happen. (사고는 발생하기 마련이다.)
- Boys **will** be boys. (사내아이는 역시 사내아이이다.)
- Oil **will** float on water. (기름은 으레 물 위에 뜬다.)

(7) 'will do'의 관용적 용법으로 사용된다. 이 경우는 '충분하다(be enough), 적당하다(be suitable), 알맞다(be fitting)'로 해석된다.

- Three dollars **will do** for snacks. (간식으로 3달러면 충분합니다.)
- That **will do**. (그것으로 적당합니다.)
- These shoes **won't do** for tennis. (이 신발은 테니스용으로 맞지 않습니다.)

(8) '반복 행위나 습관'을 나타낸다: '곧잘 ~하다'로 해석된다.

- He **will** often sit up all night. (그는 곧잘 밤을 새우곤 한다.)
- She **will** talk for hours on end. (그녀는 계속해서 몇 시간 동안 이야기하곤 한다.)

(9) '제안 · 지시' 등을 나타낸다: '~합시다, ~해 주세요'로 해석된다.

- The class **will** rise. (전원 기립해 주세요.)

2. would

(1) '1인칭의 의지미래'의 '시제의 일치'에 사용된다: '~하겠다'로 해석된다.

- I **decided** I **would** leave tomorrow. (나는 내일 떠나기로 마음먹었다.)

(2) '2인칭과 3인칭의 단순미래'의 '시제의 일치'에 사용된다: '~일 것이다'로 해석된다.

- I **knew** that **you would** be in time. (나는 당신이 제 시간에 맞출 것이라는 것을 알고 있었다.)
- He **said** he **would** be here by seven. (그는 7시까지 여기에 올 것이라고 말했다.)

(3) '2인칭이 주어가 되는 의문문'에서 상대방에 대한 '의뢰 · 권유 · 초대'를 나타낸다: '~해 주시지 않겠습니까, ~하지 않으시겠습니까?'로 해석된다. 'Will you ~ ?'보다는 더 공손하고 정중한 어법이다.

- **Would you** like to have lunch with me? (저와 같이 점심을 같이 해 주시겠습니까?)
- **Would you** (please) show me the way to Seoul station?
  (저에게 서울역 가는 길을 좀 가르쳐 주시겠습니까?)

(4) 조건절의 내용을 언외(言外)에 함축시켜 표현을 완곡하게 하여 주어의 강한 희망 · 선택을 나타낼 때 사용되며 주로 문어체에서 사용된다: '~하고자 한다'로 해석된다.

- The membership is composed of those who **would** prevent unfair elections.
  (회원은 부정 선거를 방지하고자 하는 사람들로 구성되어 있다.)

(5) '말하는 사람의 과거에 대한 추측'을 나타낸다: '(아마도) ~이었을 것이다'로 해석된다.

- She **would** be thirty when she made her way in the world.
  (그녀가 출세했을 때 나이가 서른이었을 것이다.)
- He **would** be eighty when he died. (그가 죽었을 때 80세는 되었을 것이다.)

(6) '과거의 의지 · 주장 · 거절 · 고집' 등을 나타낸다: '(기어코) ~하려고 했다'로 해석된다.

- He **would** go despite my warning. (나의 경고에도 불구하고 그는 간다고 우겼다.)
- The door **wouldn't** open. (문이 도무지 안 열렸다.)
- I **would** have nothing to do with it. (나는 그것과 얽히고 싶지 않았다.)

(7) '과거의 불규칙적인 습관'을 나타낸다: '~하곤 했다'로 해석된다. 과거의 반복적 동작을 나타내지만 '상습적 · 영속적 색채'가 약하기 때문에 'often, sometimes' 등과 함께 잘 쓰인다.

- After lunch he **would** take a nap. (점심 식사 후에 그는 흔히 낮잠을 잤다.)
- He **would** **(often)** go fishing in the river when he was a child.
  (어렸을 때 그는 (자주) 강에 낚시질을 가곤 했었지.)

비교 'used to'는 '과거의 규칙적인 습관'을 나타낸다. 즉, '과거의 상습적 동작 및 과거에서의 영속적 상태'를 나타낸다. '늘 ~했다; 원래는[이전에는, 옛날에는] ~했었다'로 해석된다.

- The bell **used always to** ring at six. (전에는 언제나 여섯 시에 벨이 울렸다.)
- We **used to** go fishing **on Sundays**. (우리는 일요일마다 낚시를 하러 가곤 했다.)
- There **used to** be owls in the wood. (이 숲에는 전에 올빼미가 있었지.)

(8) 관용적 표현에 사용된다.

① would like (to): '소원(wish)'을 나타낸다.

- She **would like** (to have) a cup of milk. (그녀는 우유를 마시고 싶어 한다.)
- I **would like to** go there. (나는 그 곳에 가고 싶다.)

② would rather + 원형동사(B) + than + 원형동사(A): '(A) 하느니 차라리 (B) 하는 것이 더 낫다'로 해석된다.

= had better + 원형동사(B) + than + 원형동사(A)
= would sooner + 원형동사(B) + than + 원형동사(A)
= prefer + 동명사(B) + to + 동명사(A)

- I **would rather** die **than** live in dishonor.

= I **prefer** dying **to** living in dishonor. (불명예스럽게 사느니 차라리 죽는 게 더 낫다.)

③ would (that) + 가정법 과거(완료)형: '~면 좋을 텐데(I wish)'로 해석된다.

= would to God (that) + 가정법 과거(완료)형

= would rather (that) + 가정법 과거(완료)형

- **Would (that)** she **were** here. (그녀가 여기 있으면 좋을 텐데.)
- **Would (that)** it **had been** true! (그게 사실이었더라면 좋으련만.)

m/e/m/o

III Shall, Should

ENGLISH GRAMMAR

1. shall

(1) '1인칭의 단순미래'로 사용된다: '~일[할] 것이다'로 해석된다.

- I **shall** be twenty in August. (8월이면 저는 스무 살이 됩니다.)
- We **shall** be very happy to see you. (당신을 뵙게 되면 우리는 매우 기쁘겠습니다.)

(2) '2 · 3인칭에 대한 화자의 의지 · 약속 · 협박'을 나타낼 때 사용된다: '~하게 하겠다, ~하게 할 테다'로 해석된다.

- He **shall** not die. (그를 죽게 하진 않겠다.)
- = **I will** not let him die.
- **You shall** sign the contract. (계약서에 서명해 주어야 되겠소.)
- = **I will** make you sign the contract.

(3) 'Shall I[we] ~?'의 형태로 사용되어, '상대방의 의사 · 결단'을 물어볼 때 사용된다: '~할까요, ~하면 좋을까요?'로 해석된다.

- **Shall** I help you? (도와 드릴까요?)
  (이러한 경우는 Yes, please 또는 No, thank you로 대답한다.)
- **Shall we** go out for shopping? (쇼핑하러 나가실까요?)
- = **Let's** go out for shopping.
  (이러한 경우는 Yes, let's 또는 No, let's not으로 대답한다.)

(4) 'Shall he[she, it, they] ~?'의 형태로 사용되어, '상대방의 의향 · 의지'를 물어볼 때 사용된다: '~에게 ~하게 할까요'로 해석된다.

- **Shall the boy** go first? (소년을 먼저 보낼까요?)

(5) 문어적 문맥으로 '명령 · 금지'를 나타낼 때 사용된다: 'You shall ~'의 형태로 사용되며, '~할지니라, ~할지어다'로 해석된다. 성경 구절에 주로 사용되고 있다.

- Thou **shalt** love thy neighbor as thyself.1) (네 이웃 사랑하기를 네 자신과 같이 사랑하라.)

(6) 문어적 문맥으로 운명적인 '필연 · 예언'을 나타낼 때 사용된다: 'He[She, It, They] shall ~'의 형태로 사용되며, '~하리라, ~이리라'로 해석된다. 성경 구절에 주로 사용된다.

- All men **shall** die. (모든 사람은 죽으리라.)

---

1) 'shall'의 직설법 2인칭 단수 현재형인 'shalt'는 고어(古語)로 주어가 'Thou'일 때 사용된다.

- Heaven and earth **shall** pass away, but my words **shall** not pass away.
  (천지는 없어지겠으나, 내 말은 없어지지 아니하리라.)

(7) 문어적 문맥으로 '명령 · 규정'을 나타낼 때 사용된다: '~하여[이어]야 한다'로 해석된다.
- The fine **shall** not exceed $400. (벌금은 4백 달러를 넘지 않는 것으로 한다.)
- All records of this meeting **shall** be destroyed. (이 회의의 기록은 모두 파기되어야 한다.)

(8) 문어적 문맥으로 '수사적 의문문'으로 사용된다: '누구라(서) ~할 수 있을 것인가, 아무도 ~않다[못하다]'로 해석된다.
- Who **shall** ever unravel the mysteries of the sea? (누가 바다의 신비를 풀 수 있을 것인가?)

2. should

(1) 직접 화법의 'shall'을 간접 화법으로 전환시킬 때 '시제의 일치'에 의해 종속절 안에서 사용된다.
- I **promised** I **should** be back before 5 o'clock.
= I promised, "I shall be back before 5 o'clock." (나는 5시 전에 돌아온다고 약속하였다.)
- I **said** that I **should** be well soon.
= I said, "I shall be well soon." (나는 내 병이 곧 나을 거라 말했다.)

(2) '시제의 일치'에 의해 직설법에서 '단순미래'를 나타내는 'shall'의 과거형으로 종속절 안에서 사용된다.
- I **was** afraid I **should** be late. (지각하지나 않을까 하고 나는 걱정했다.)
- The doctor **said** that I **should** be quite well in a couple of days.
  (의사 선생님은 내가 2, 3일 지나면 아주 좋아질 것이라고 말씀하셨다.)

(3) 인칭에 관계없이 '의무 · 당연'을 나타낼 때 사용된다: '~하여야 한다'로 해석된다: 'ought to, must'보다는 뜻이 약하며, 종종 의무보다는 '권고'를 나타낸다.
- You **should** do as he says. (그가 말하는 대로 넌 해야만 해.)
- Young men **should** not yield up to any temptation.
  (젊은이는 어떠한 유혹에도 져서는 안 된다.)

(4) '주어 + should + have + 과거분사'의 형태로 '과거에 ~했어야 했는데[하는데] 실제로는 하지 않았음'을 나타낸다.
- You **should have seen** the game. (자네는 그 경기를 보았어야 했는데.)
= You *had to see* the game, but you *didn't*.
  (자네는 그 경기를 보았어야 했는데 그러나 보지를 않았다.)
- We **should have left** an hour ago. (우리는 한 시간 전에 출발했어야 했다.)

- I **should not have come** here. (나는 여기 오지 말았어야 했는데.)
- He **should not have listened** to her then.
  (그때 그는 그녀의 말을 듣지 말았어야 했는데.)

(5) 주절에 '이성적 판단이나 감정적 판단'을 나타내는 '동사 · 명사 · 형용사'가 사용될 경우, 종속절에는 '슬픔 · 기쁨 · 놀라움 · 이상함 · 유감' 등을 나타내는 'should'가 사용되어야 한다: 이성적 판단이나 감정적 판단을 나타내는 동사 · 명사 · 형용사에는 'regret, wonder, a pity, strange, wonderful, wrong, regrettable, surprising, unthinkable, sorry, lucky, marvelous, inconceivable, unfortunate, unlikely' 등이 있다. '~하다니, ~(이)라니'로 해석된다.

- It is ***strange*** that you **should** say this to me. (당신이 이것을 나에게 말하다니 이상한 일이다.)
- I'm ***surprised*** that your father **should** object. (너의 아버지가 반대했다니 놀랍다.)
- It is ***lucky*** that the weather **should** be so fine. (날씨가 이렇게 좋다니 행운이다.)
- I'm ***sorry*** you **should** think I spoke ill of you. (내가 당신을 모함했다고 생각하다니 유감이다.)

(6) 주절에 'necessary, essential, right, natural, imperative, proper, important, reasonable, impossible' 등과 같은 형용사가 사용될 경우에도 종속절에는 '필요 · 당연' 등을 나타내는 'should'가 사용되어야 한다. 이러한 경우에는 '~하는 것은'으로 해석된다.

- It is ***essential*** that he **should** be prepared for this.
  (그가 이 일에 대해 마음의 준비를 하는 것은 꼭 필요한 일이다.)
- It is ***right*** that he **should** be punished. (그가 벌을 받는 것은 정당하다.)
- It is not ***necessary*** that I **should** go there. (내가 거기로 갈 필요는 없다.)
- It is ***natural*** that he **should** have refused our requests.
  (그가 우리의 요구를 거절한 것은 당연하다.)
- It is ***important*** that she **should** learn to control her temper.
  (그녀가 자신의 감정을 다스릴 줄 아는 것이 중요하다.)

(7) 주절의 동사가 '제안 · 요구 · 명령 · 결정 · 동의 · 고집 · 충고' 등을 나타낼 때, 종속절에는 'should'가 사용되어야 한다. 구어체 문장에서는 이때의 'should'가 생략되기도 한다: 'demand, decide, insist, order, suggest, recommend, require' 등의 동사가 이 범주에 속한다. '~하도록, ~할 것을'로 해석된다.

- I ***insisted*** that nothing **should** start till he arrived. (나는 그가 도착할 때까지 아무것도 시작하지 말 것을 주장했다.)
- She ***suggests*** that you **should** join us. (그녀는 당신이 우리에게 가담할 것을 권하고 있습니다.)
- I ***am anxious*** that the affair **should** be settled down.
  (나는 그 문제가 해결되기를 바라고 있다.)

심화학습

'제안 · 요구 · 명령 · 결정 · 동의 · 고집 · 충고' 등을 나타내는 명사절 속에서는 주절과 종속절의 관계가 아닐지라도 조동사 'should'가 사용되어야 한다:

- I declined his ***request*** that *I* ***should*** *attend the conference.*
  (나는 회의에 참석하라는 그의 요청을 거절했다.)
- The ***proposal*** that *she* ***should*** *resign from her position* was reasonable.
  (그녀가 사임해야 한다는 제안은 타당했다.)

(8) 의문사 'when, where, how, why와 더불어 강한 의문'을 나타낸다. '당연의 뜻을 강조'하여 '대체 (언제 · 어디서 · 어떻게 · 어째서 등) ~인가; ~해야(만) 하나'로 해석된다.

- **How** on earth **should** I know it? (대체 내가 그것을 어떻게 안단 말인가?)
- **Why should** he go for you? (어째서 그가 자네 대신 가야 하는가?)
- **Why should** they have destroyed those buildings?
  (대체 어째서 그들은 저 건물들을 허물어뜨렸는가?)

(9) 의문사 'who[what] ~ but ~의 구문'에서 '놀라움 · 우스움'을 나타내어 '대체 ~말고는 누가[무엇이] ~했을까, 다름 아닌 ~이지 않은가?'라고 해석된다.

- **Who should** come in **but** the mayor himself!
  (들어온 사람은 다름 아닌 시장 자신이었다.)
- **What should** happen **but** my elevator stopped halfway.
  (내가 탄 승강기가 웬걸 중간에서 서 버렸지 않은가.)

(10) 'lest ~ should'로 계속되는 종속절에서 '~하지 않도록'으로 해석된다. 구어체 문장에서는 흔히 'should'를 생략한다.

- We made haste **lest** we **should** be late.

= We made haste **for fear** (that) we **should** be late.
  (우리는 시간에 늦지 않도록 서둘렀다.)

Ⅳ Can, Could

ENGLISH GRAMMAR

1. 능력(ability)을 나타낸다: '~할 수 있다'로 해석된다.

(1) can: 과거형은 'could' 또는 'was[were] able to + 원형동사, was[were] capable of + 동명사', 미래형은 'will be able to + 원형동사'로 나타낸다.

• Our team **can** beat your team.
= Our team **is able to** beat your team.
= Our team **is capable of** beating your team. (우리 팀은 너희 팀을 이길 수 있다.)
• She **could** find the ruins.
= She **was able to** find the ruins.
= She **was capable of** finding the ruins. (그녀는 유적을 발견할 수 있었다.)
• He **can not** run that fast.
= He **is not able to** run that fast.
= He **is not capable of** running that fast. (그는 그렇게 빨리 뛰지 못합니다.)
• You **will be able to** solve the issue. (당신은 그 문제를 해결할 수 있을 것이다.)

2. 허락 · 허가(permission)를 나타낸다: '~해도 좋다[된다]'로 해석된다. 구어체에서는 'may'보다 더 일반적으로 사용되고 있다. 과거형은 'was[were] allowed[permitted] to + 원형동사', 미래형은 'will be allowed[permitted] to + 원형동사'로 나타낸다.

• You **can** go. (자네는 가도 좋아.)
= You **are allowed to** go.
= You **are permitted to** go.
• You **can not** smoke here. (여기서 담배 피우면 안 된다.)
= You **are not allowed to** smoke here.
= You **are not permitted to** smoke here.

3. 의문문 형식으로 강한 추측을 나타낸다: '~할[일] 리가 있을까, (도)대체 ~일까?'로 해석된다. 과거형은 'can + have + 과거분사'로 나타낸다.

• **Can** it be true? (도대체 그게 사실일까?)
= **Is it possible** that it is true?
= **It is impossible** that it is true.
• Who **can** he be? (대체 그는 누구일까?)

• **Can** he **have killed** her? (정말로 그는 그녀를 죽일 수가 있었을까?)
• What **can** he be doing? (대체 그는 무엇을 하고 있는 거야?)

4. 부정문 형식으로 강한 부정의 추측을 나타낸다: '~할[일] 리가 없다, ~(이)면 곤란하다'로 해석된다. 과거형은 'cannot + have + 과거분사'로 나타내며, '~했을 리가 없다, ~이였을 리가 없다'로 해석된다.

• It **cannot be** true. (사실일 리가 없다.)
• It **cannot have been** true. (사실이었을 리가 없다.)
• This **can't** happen. (이런 일이 있으면 곤란하다.)
• She **cannot have done** such a thing. (그녀가 그런 짓을 하였을 리가 없다.)
• He **cannot be** rich. (그가 부자일 리가 없다.)
= **It is impossible** that he **is** rich.
= **I am sure** that he **is not** rich.

5. 긍정문의 형식으로 이론상의 가능성 또는 추측을 나타낸다: '~이 있을 수 있다, ~할[일] 때가 있다'로 해석된다.

• He **can** be rude sometimes. (녀석은 때때로 무례한 짓을 할 때가 있다.)
• Anybody **can** make mistakes. (누구나 실수할 수가 있다.)
• The road **can** be blocked. (그 길은 막힐 때가 있다.)
= **It is possible** for the road to be blocked.

6. 'Can you ~?'의 형식으로 '부탁 · 의뢰'를 나타낸다: '~해 주(시)겠습니까?'로 해석되며, 'Could you ~?'라고 하는 것이 더 공손한 표현이다.

• **Can you** give me a ride? (저 좀 태워주지 않겠습니까?)
• **Could you** speak up, please? (큰 소리로 말씀해 주시겠습니까?)

7. 관용적 표현에 사용된다.

(1) cannot ~ too (much) ~: '아무리 ~하여도 지나치지 않다'로 해석된다.

• You **cannot** be **too** careful in driving a car.
= You **cannot** drive a car **too** carefully. (차를 운전할 때는 아무리 주의해도 지나치지 않다.)
• I **cannot** thank you **too much**. (아무리 감사해도 오히려 부족합니다.)
• We **cannot** be **too** careful of our health. (우리의 건강에 대해 아무리 조심해도 지나치지 않는다.)

(2) cannot + but + 원형동사: '~하지 않을 수 없다'로 해석된다.

= cannot choose but + 원형동사

= cannot help + -ing[동명사]

= do nothing but + 원형동사

= have no choice[alternative] but + to 부정사

= There is nothing for it but + to 부정사

• He **could not but** laugh. (그는 웃지 않고는 배길 수가 없었다.)

= He **couldn't help** laughing.

(3) not[never] + 원형동사 + without + -ing[동명사]: '~하면 반드시 ~하다'로 해석된다.

• **No** one **can** pass in or out **without** being seen.
(눈에 띄지 않고 아무도 출입할 수 없다.)

• He **cannot** go there **without** meeting her. (그는 거기에 가면 반드시 그녀를 만난다.)

= He **cannot** go there **but** he meets her.

= **Whenever** he goes there, he meets her.

• They **never** meet **without** quarreling. (그들은 만나기만 하면 꼭 다툰다.)

= **Whenever** they meet, they quarrel.

m/e/m/o

V Must

ENGLISH GRAMMAR

1. 의무 · 필요 · 당연을 나타낸다: '~해야 한다'로 해석된다.

- We **must** eat to live. (사람은 살기 위해 먹어야 한다.)
- You **must** keep the regulations. (너는 그 규칙을 지켜야 한다.)
- I **must** be going now. (이제 가야겠습니다.)

해설 이 경우로만 사용되는 'must'에 한해서 'have to'로 변용될 수 있고, 부정어는 'don't have to, need not'으로 표현된다. '~할 필요가 없다'로 해석된다.

2. 금지를 나타낸다: '~해서는 안 된다'로 해석된다.

- You **must not** tell a lie. (넌 거짓말을 해서는 안 된다.)
- Visits **must not** walk on the grass. (방문객들은 잔디 위를 걸어서는 안 된다.)

3. 강한 긍정의 추측을 나타낸다.

(1) must + 원형동사: 현재 사실에 대한 강한 추측으로 '~임[함]에 틀림없다'로 해석된다.

- He **must** be at home. (그는 집에 있는 것이 틀림없다.)
- You **must** know this! (너는 틀림없이 이것을 알고 있을 테지!)
- The report **must** be true. (그 기사는 진실임이 틀림없다.)

= **It is certain** that the report **is** true.

해설 이 경우로 사용되는 'must + 원형동사'의 부정어는 'cannot + 원형동사'로 '~일 리가 없다'로 해석된다:

- The report **cannot be** true. (그 기사는 사실일 리가 없다.)

(2) must have + 과거분사: 과거 사실에 대한 강한 추측으로 '~이였음[하였음]에 틀림없다'로 해석된다.

- The report **must have been** true. (그 기사는 진실이었음에 틀림없다.)
- What a sight it **must have been**! (틀림없이 장관이었을 것이다!)
- That man **must have stolen** it. (그 사람이 그것을 훔쳤음에 틀림없다.)

해설 이 경우로 사용되는 'must have + 과거분사'의 부정어는 'cannot + have + 과거분사'로 '~이었을 리가 없다'로 해석된다:

- That man **cannot have stolen** it. (그 사람이 그것을 훔쳤을 리가 없다.)

VI May, Might

ENGLISH GRAMMAR

1. 허락 · 허가를 나타낸다: '~해도 좋다, ~해도 괜찮다'로 해석된다.
- You **may** go now. (이제 가셔도 됩니다.)
- Visitors **may not** take photographs. (관람객께서는 사진 촬영을 삼가 주시기 바랍니다.)

2. 약한 추측을 나타낸다.

(1) may + 원형동사: 현재 사실에 대한 약한 추측으로 '~일[할]지도 모른다'로 해석된다.
- He **may** come, or he **may not**. (그는 올지도 모르고 안 올지도 모른다.)
- Mother is afraid that I **may[might]** catch a cold.[2)]
  (어머니는 내가 감기에 걸릴까봐 걱정하신다.)

(2) may have + 과거분사: 과거 사실에 대한 약한 추측으로 '~이었[하였]을지도 모른다'로 해석된다.
- It **may have been** true. (사실이었을지도 모른다.)
- Her weight **may have gone** down. (그녀의 체중이 줄었을지도 모른다.)
- He **may have known** the truth. (그는 진실을 알고 있었을지도 모른다.)
- = It **is** possible that he **knew** the truth.

3. 타당성 · 가능성을 나타낸다: '~할 수 있다'로 해석된다. 일반적으로 'can'이 사용된다.
- Life **may** be compared to a voyage. (인생은 항해에 비유될 수 있으리라.)
- It is possible that he **may** come tomorrow. (그는 혹시 내일 올지도 모른다.)

4. 목적 · 결과를 나타내는 that절에 사용된다: '~하기 위하여, ~할 수 있도록'으로 해석된다. 'so'가 없는 형식은 문어적이며 미국에서는 종종 'may' 대신에 'can, will, shall'이 사용된다.
- Let's agree on this proposal **(so)** that[in order that] we **may** go home safely.
  (집에 무사히 갈 수 있도록 이 제안에 동의합시다.)
- He is working hard **(so)** that[in order that] he **may** pass the examination.
  (그는 시험에 합격하고자 열심히 공부하고 있다.)

---

2) 가능성이 희박할 때는 'might'를 사용한다.

5. 양보를 나타낸다.

(1) 뒤에 등위 접속사 'but' 등이 동반된다: '~일지도[할지도] 모르지만, ~라고 해도 좋다[좋으나]'로 해석된다.

- Times **may** change **but** human nature stays the same.
  (세월은 변할지언정 사람의 본성은 변하지 않는다.)
- He **may** be rich **but** he isn't refined.
  (그가 부자인지는 몰라도 세련되지는 않다.)
- You **may** call him a genius, **but** you cannot call him a man of character.
  (그를 천재라고 말할 수 있을지 모르지만 인격자라고 말할 수는 없다.)

(2) 양보의 부사절에 사용된다: '비록 ~일지라도, 설사 ~라 할지라도'로 해석된다.

- Try as he **may**, he will not succeed.
  (그가 아무리 노력해 봤자 성공하지 못할 것이다.)
- However tired you **may** be, you must do it.
  (아무리 지쳤더라도 너는 그것을 해야 한다.)
- Whoever[No matter who] **may** say so, you need not believe it.
  (누가 그렇게 말하더라도 넌 그것을 믿을 필요는 없다.)
- Wherever[No matter where] you **may** go, I'll follow you.
  (당신이 어디를 가든 저는 따라가겠어요.)

6. 감탄문에서 기원 · 소망 · 저주를 나타낸다: '바라건대 ~하기를[있으라], ~할 지어다, ~하여 주소서' 등으로 해석된다. 이 용법에서는 'may'가 항상 주어 앞에 온다. 3인칭에서는 'may'가 자주 생략된다.

- **May** you rest in peace! (그대여 고이 잠드소서!)
- Long **may** he live! (그의 장수를 빈다!)
- (**May**) Heaven protect thee! (신의 가호가 있길!)
- (**May**) God bless you! (하나님의 은총이 그대에게 있기를!)

7. 관용적 표현에 사용된다.

(1) may well + 원형동사: '~하는 것은 당연하다, ~라고 해도 무방하다'로 해석된다.

- You **may well** think so. (네가 그렇게 생각하는 것도 당연하다.)

= You **have a good reason to** think so.

= **It is natural** that you **should** think so.

- He **may well** be proud of his kids.
  (그가 자신의 아이들을 자랑스러워하는 것은 당연하다.)

(2) may[might] (just) as well + 원형동사: '차라리 ~하는 편이 좋아[낫다]'로 해석된다.

- You **might as well** go out. (넌 외출하는 것이 낫다.)
- = You **had better** go out.
- You **may as well** rid your mind of any intention of seeing all.
  (모든 것을 한꺼번에 보겠다는 생각은 버리는 것이 좋을 거야.)
- You **might just as well** talk to your son. (아드님에게 말을 하는 것이 좋겠습니다.)
  'may just as well'보다 완곡한 표현이다.
- We **might just as well** have stayed at home. (차라리 아예 집에 있는 편이 나았는데.)
- You **may as well** remain silent. (너는 침묵하는 것이 더 좋겠다.)

(3) may[might] as well + 원형동사(B) + as + 원형동사(A): '(A) 하느니 차라리 (B) 하는 편이 더 낫다'로 해석된다. 'may'는 실현 가능성이 있을 때 사용되고, 'might'는 실현 가능성이 없을 경우에 사용된다.

- One **may as well** be hanged for a sheep **as** a lamb.
  (바늘 도둑보다 소도둑으로 죽는 편이 낫다.)
- One **may as well** not know a thing at all **as** know it but imperfectly.
  (어중간하게 아느니 차라리 전혀 모르는 편이 낫다.)
- One **might as well** throw money away **as** spend it in betting.
  (내기에 돈을 거느니 차라리 그냥 내다버리는 것이 낫겠다.)
- You **might as well** expect the river to flow backward **as** expect me to agree.
  (내 동의를 기대하느니 차라리 강물이 거꾸로 흐르는 것을 기대해라.)

m/e/m/o

Ⅶ 기타 조동사

1. ought to + **부정사**: '의무 · 책임 · 당연'을 나타낸다. '~해야 한다, ~할 의무가 있다, ~하는 것이 당연하다'로 해석된다. 'should'보다는 다소 뜻이 강하고, 'must'보다는 뜻이 약하다.

- Every citizen **ought to** help. (모든 시민이 도와야 한다.)
- He **ought to** be punished. (그는 처벌받아 마땅하다.)
- Such things **ought not to** be allowed. (그런 일이 허용되어서는 안 된다.)

2. ought to + **완료부정사**: '후회 · 유감 · 비난'을 나타낸다. '~해야 했는데 하지 못했다'로 해석된다.

- You **ought to have consulted** with me. (너는 내게 상의했어야 했다. 그런데 하지 않았다.)
= You *had to consult* with me, but you *didn't*.
- You **ought not to have broken** the rules. (너는 규칙을 어기지 말았어야 했다.)
= You *had not to break* the rules, but you *did*.
- She **ought to have consulted** with me. (그녀는 나와 상의했어야 했다.)
= She *had to consult* with me, but she *didn't*.

3. used to + 부정사

(1) '과거의 규칙적인 습관'을 나타낸다: '~하곤 했다'로 해석된다. 참고로 'would'는 '과거의 불규칙적인 습관'을 나타낸다.

- He **used to** go fishing on Saturdays. (그는 토요일엔 낚시를 하러 가곤 했다.)
- The bell **used always to** ring at six. (전에는 언제나 여섯 시에 벨이 울렸다.)

(2) 현재와 대조적으로 '이전의 사실 · 상태'를 나타낸다: 'There used to be ~'로 보통 시작되며, '전에 ~이 있었다'로 해석된다.

- **There used to** be a storehouse here. (원래는 여기에 창고가 있었다.)
- **There used to** be owls in the wood. (이 숲에는 전에 올빼미가 있었지.)
- He is not the man that he **used to** be. (그는 예전의 그가 아니다.)
= He is not *what he was*.

4. need

(1) 의문문에서는 조동사로 사용되기도 한다: '~할 필요가 있다, ~해야 하다, ~하지 않으면 안 되다'로 해석된다.

- **Need** he go? (그는 가야 합니까?)
= **Does** he **need to** go?

(2) 부정문에서는 조동사로 사용되기도 한다: '~할 필요가 없다'로 해석된다.
- He **need not[needn't]** come so soon. (그렇게 급히 그가 올 필요는 없다.)
= He **doesn't need to** come so soon.

(3) 'need not have + 과거분사'로 사용된다: '~할 필요가 없었는데 (사실은) 하였다'로 해석된다.
- He **need not have come** so soon. (그렇게 급히 그가 올 필요가 없었다. 그런데 급히 왔다.)
- You **need not have been** in such a hurry.
(당신은 그렇게 서두르지 않아도 되었는데 서둘렀다.)

(4) 긍정문에서는 일반 동사로 사용된다: '~할 필요가 있다, ~해야 한다, ~하지 않으면 안 된다'로 해석된다.
- You **need to** obey the rules. (너는 그 규칙에 따라야만 한다.)
- She **needs to** be punctual. (그녀는 시간을 잘 지켜야만 한다.)

심화학습

'need + 동명사'는 'need to + 수동형 부정사'로 변환시킬 수 있다. 이러한 형태로 사용될 수 있는 동사로는 'want, require, deserve' 등이 있다:
- My camera **needs** *repairing*. (내 카메라는 고칠 필요가 있다.)
= My camera **needs** *to be repaired*.
- Your shoes **want** *mending*. (네 신발은 수선해야겠다.)
= Your shoes **want** *to be mended*.
- The problem **deserves** *solving*. (그 문제는 풀어볼 가치가 있다.)
= The problem **deserves** *to be solved*.
- This garden **requires** *watering*. (이 정원에 물을 좀 뿌려야겠다.)
= This garden **requires** *to be watered*.

5. dare

(1) 의문문에서는 조동사로 사용되기도 한다: '감히 ~하다'로 해석된다.
- How **dare** you say such a thing? (네가 감히 어찌 그런 말을 할 수 있나?)
- **Dare** he do it? (그가 감히 그것을 할 수 있을까?)
= **Does** he **dare to** do it?

(2) 부정문에서는 조동사로 사용되기도 한다: '감히 ~하지 못하다'로 해석된다.

- He **dare not[daren't]** tell me. (그는 내게 말할 용기가 없다.)

(3) 긍정문에서는 일반 동사로 사용된다: '감히 ~하다, ~을 무릅쓰다'로 해석된다.

- He **dared to** doubt my sincerity. (무례하게도 그는 나의 성실성을 의심했다.)
- She **dares** any danger. (그녀는 어떤 위험이라도 무릅쓴다.)

6. had better + **원형부정사**: '~하는 편이 좋다[낫다]'로 해석된다.

- She **had better** *go*, **hadn't she?**. (그녀가 가는 편이 좋겠습니다, 안 그래요?)
- He **had better not** *go*, **had he?** (그가 가지 않는 편이 좋겠습니다, 그렇죠?)
- You **had better** *mind* your own business. (네 일이나 걱정하는 게 좋겠다; 남의 일에 참견 말라.)

심화학습

부정사의 부정은 부정사 바로 앞에 'not'을 두면 된다:

- He ordered the boy **not** *to go* out.
  (그는 그 소년에게 밖에 나가지 말라고 명령했다.)
- I think you had better **not** *park* your car here.
  (여기에 당신의 차를 주차시키지 않는 것이 좋다고 생각한다.)

m/e/m/o

실력평가문제

CRAMMING ENGLISH GRAMMAR

※ 다음 밑줄 친 곳에 가장 알맞은 것을 고르시오.

01 Regulations require that every student _____ at least 90% of the lectures.

① attends ② attend

③ attended ④ will attend

해설 '충고 · 제안 · 소망 · 주장 · 고집 · 명령 · 동의' 동사들이 주절에 사용될 때 종속절의 형태는?
• regulation 규정, 규칙 • require 요구하다 • lecture 강의

해석 규정에 따르면 모든 학생들은 적어도 강의의 90%를 이수해야 한다.

정답 ②

02 She _____ come to the station to see me off.

① needs not ② need not

③ need not to ④ doesn't need

해설 'need'는 부정문 · 의문문에서는 조동사로 쓰인다. • see ~ off 배웅하다

해석 그녀가 나를 전송하러 역에 올 필요는 없다.

정답 ②

03 Britta's uncle insisted _____ in this hotel.

① not staying ② not to stay

③ she not stay ④ staying not

해설 주어 + '제안 · 요구 · 명령 · 결정 · 고집 동사' + that + 주어 + (should) + 원형동사 ~

해석 브리타의 삼촌은 그녀가 이 호텔에 머물지 말도록 주장했다.

정답 ③

04 Since the ditch is full of water, _____ last night.

① it must have rained

② it must be raining

③ there might have been

④ there might have been rain

해설 'must have + 과거분사'는 과거 사실에 대한 강한 긍정적 추측으로 '~이었음에 틀림없다'로 해석된다.
• ditch 도랑; 도랑을 파다

해석 도랑에 물이 가득 찼기 때문에 지난밤에 비가 왔음에 틀림없다.

정답 ①

05 Nancy! You are so lazy! This job _____ hours ago.

① had to finish　　② must have finished
③ should finish　　④ should have been finished

해설　과거에 끝마쳤어야만 했는데 그렇게 하지 못한 것에 대한 유감을 나타내는 조동사는?
해석　낸시! 너는 정말 게으르구나! 이 일은 몇 시간 전에 끝마쳤어야만 했어.
정답　④

06 He who _____ search for pearls must dive deep.

① may　　② should
③ will　　④ would

해설　조건절의 내용을 언외(言外)에 함축시켜 표현을 완곡하게 하여 주어의 강한 희망 · 선택을 나타낼 때 사용되며 '~하고자 한다'로 해석되는 조동사는?　• pearl 진주　• deep 깊은; 깊게
해석　진주를 찾기 원하는 사람은 깊이 잠수해야 한다.
정답　④

07 Our holidays were ruined by the weather; _____ have stayed at home!

① it may be well to　　② we might just as well
③ it was just as well　　④ we might do as well

해설　• may well + 원형동사 ~하는 것은 당연하다
　　　• may as well + 원형동사 ~하는 게 더 낫다
해석　날씨 때문에 휴가를 망쳤다. 차라리 집에 있었다면 좋았겠다.
정답　②

08 There _____ be a tall tree on the hill then.

① will　　② might
③ used to　　④ be used to

해설　과거에 ~가 있었는데(과거의 상태)를 나타내는 조동사는?
해석　그때 그 언덕에는 키 큰 나무 한 그루가 있었지.
정답　③

09 The management report must _____ detailed methods of deserting ineffective procedures.

① including　　② inclusion
③ included　　④ include

해설　조동사 must 뒤에는 동사원형이 와야 한다.
　　　• detailed 상세한　• desert 버리다　• ineffective 효과가 없는　• procedure 절차
해석　경영 보고서는 효과 없는 절차를 버리는 것의 자세한 방법을 포함해야 한다.
정답　④

10 Immediate measures should _____ in order to deal with the increasing number of complaints from customers.

① be taken　　② took

③ are taken　　④ take

해설 조동사 should 다음에는 동사원형이 와야 한다. 보기 중 동사원형으로 된 것은 ①과 ④이다. 주어 immediate measures는 '즉각적인 조치'를 의미하는데, 사물이 주어로 올 경우 본동사는 거의 수동태 문장으로 사용되며, ④의 take는 타동사로 뒤에 목적어가 반드시 수반되어야 한다. 그러므로 수동태 문형인 동시에 동사원형의 형태를 갖춘 것이 정답이다. • immediate 직접의, 즉석의, 즉시의 • measure 조처, 방법 • complaint 불평, 불만

해석 고객들로부터 증가하는 불만 건수들을 처리하기 위해서 즉각적인 조처가 취해져야 합니다.

정답 ①

11 Our editor-in-chief has to make sure that each article doesn't _____ the length limits set by the newspaper company.

① exceeds　　② exceed

③ exceedingly　　④ exceeding

해설 조동사 doesn't 다음에는 동사원형이 와야 한다. editor-in-chief 편집장 • make sure ~을 확인하다, 확실히 하다 • article 기사, 논문, 조항 • length 길이 • exceed (수 · 양 · 정도 · 한도를) 넘다, 능가하다 • exceeding 엄청난, 대단한 • exceedingly 매우, 대단히

해석 편집장은 각각의 기사가 신문사에 의해 정해진 길이 제한을 넘지 않도록 확실히 해 둬야 한다.

정답 ②

12 Please _____ the consumer needs assessment questionnaire and return it to our customer service office.

① complete　　② completed

③ completely　　④ completion

해설 Please로 시작하는 문장은 '~하세요'라는 의미의 명령문이다. 빈칸에는 please와 함께 명령문을 이루는 동사원형이 와야 한다. • customer 고객 • assessment 평가, 사정 • questionnaire 설문지 • complete 완성하다

해석 소비자 요구 평가 설문지를 작성해 주시고 그것을 다시 저희 고객서비스 사무실로 보내주세요.

정답 ①

13 Office furniture can only _____ after someone in the Accounting Office has given his or her written permission.

① purchasing　　② to purchase

③ were purchased　　④ be purchased

해설 can은 조동사이므로 뒤에는 동사원형이 와야 한다.
• written 문자로 된, 서면으로 된, 성문의 • permission 허락, 허가 • furniture 가구

해석 사무용 가구는 회계부서의 누군가가 서면 허가를 해준 후에 오직 구입될 수 있다.

정답 ④

14 All of these vitamins do not necessarily ______ the amount of energy that a person has even if the individual consumes them every day.

① boosts ② boosted
③ boost ④ to boost

해설 부정을 만드는 do not 다음에는 동사원형이 와야 한다. • necessarily 반드시 • boost 증가시키다 • individual 개인; 개인의 • consume 소비하다, 다 마셔[먹어] 버리다
해석 매일 비타민을 섭취한다고 해도 이 모든 비타민들이 개인이 가지고 있는 에너지의 양을 반드시 증가시키는 것은 아니다.
정답 ③

15 A letter containing the schedule for the annual summer festival programs ______ to the new supervisor.

① have been sent ② being sent
③ will be sent ④ are sent

해설 문장에 동사가 없으므로 빈칸은 동사 자리이다. 따라서 동사가 아닌 ②는 오답이다. 주어를 찾아 주어와 수 일치가 되는 보기가 무엇인지 확인해 보면, 주어는 A letter이고 containing ... programs까지가 앞의 letter를 수식하므로 단수주어(letter)와 ①과 ④는 어울릴 수 없다. 조동사는 주어와 수 일치 법칙에 영향을 받지 않으므로 ③이 정답이 된다. • contain 포함하다 • annual 1년의, 해마다의 • supervisor 관리인, 감독자
해석 연례 여름 축제 프로그램에 대한 일정표를 포함하고 있는 편지가 새로운 관리자에게 보내질 것이다.
정답 ③

16 Western Trade Credit Union assured its clients that it ______ confidentiality of personal records regardless of changes in government regulations.

① to maintain ② will maintain
③ maintain ④ maintaining

해설 빈칸은 that절의 동사 자리이므로 동사가 아닌 ①과 ④는 오답이다. 주어가 3인칭 단수(it)이므로 주어와 수 일치되지 않는 ③도 오답이다. • trade union 노동조합 • assure 보증하다, 보장하다 • confidentiality 비밀, 기밀사항 • regardless of ~에 상관없이 • regulation 규정
해석 웨스턴 신용 조합은 정부 규정의 변화에 상관없이 개인 기록의 기밀을 유지할 것이라고 고객들에게 보장하였다.
정답 ②

17 Many courts are now switching their systems to digital recording technology to ensure that every piece of evidence presented ______ reliably preserved.

① have been ② being
③ are ④ will be

해설 to ensure의 목적어인 that절에서 주어는 piece이며 빈칸 앞의 presented는 동사가 아닌 evidence를 수식하는 형용사이므로 빈칸은 that절의 동사 자리이다. 따라서 동사가 아닌 ②는 오답이며, 나머지 동사 보기 중 주어 piece와 수 일치되는 ④가 정답이다. • digital recording technology 디지털 녹화 기술 • ensure 안전하게

하다, 보장하다 • evidence 증거 • presented 제출된 • reliably 신뢰할 수 있게, 확실하게 • preserve 보존하다

해석 많은 법원이 제출된 모든 증거들이 확실히 보관될 수 있다는 사실을 보장하기 위해 시스템을 디지털 녹화 기술로 지금 바꾸고 있다.

정답 ④

18 It is natural that you _____ be nervous.

① should ② would

③ shall ④ will

해설 'It is + 필요 · 당연 · 진위를 표현하는 형용사 + that + 주어 + (should) + 동사원형 ....(~하는 것은 당연하다)'의 문형이다. • nervous 긴장한, 초조한

해석 당신이 초조한 것은 당연하다.

정답 ①

19 The English are used to _____ on the left.

① drive ② driving

③ have driven ④ be driven

해설 'be used to + 동명사(~ing)' 구문이다. • be used to + ~ing ~에 익숙하다. 참고로 동의어인 be accustomed to 뒤에는 동사원형 또는 동명사 둘 다 올 수 있다.

해석 영국인들은 좌측으로 운전하는 데 익숙하다.

정답 ②

20 We _____ better work overtime this week, if we want to finish the project on time.

① should ② will

③ had ④ must

해설 'had better + 동사원형(~하는 것이 낫다[좋다], ~해야 한다)' 구문이다.
• work overtime 초과근무를 하다

해석 그 과제를 제 시간에 마치고자 한다면 우리는 이번 주 초과근무를 하는 것이 좋다.

정답 ③

21 A: Do you smoke?

B: No, _____.

① but I used it ② but I was used to it

③ I used to do ④ but I used to

해설 질문이 현재형이므로 지금은 담배를 피우지 않지만, 과거에는 담배를 피웠다는 대답이므로 but이 필요하다. used to 뒤에는 do so가 생략되었다. 'used to + 동사원형(~하곤 했다)' 구문이다.

해석 A: 담배 피우십니까? B: 아니오, 하지만 예전에는 피웠었어요.

정답 ④

22 다음 중 문법적으로 틀린 문장은?

① I proposed that money be spent on library books.

② It is natural that you should get angry.

③ She is surprising at the news.

④ The train started 10 minutes ago.

해설 ① 제안동사 + that + 주어 + (should) + 원형동사
② It is + 필요 · 당연 · 진위를 표현하는 형용사 + that + 주어 + should + 원형동사
③ 주체가 사람이고 감각동사가 올 때는 항상 과거분사로 표현된다. • be surprised at ~에 놀라다
④ 'ago'는 과거 시제 동사를 수반한다.

해석 ① 나는 이 돈이 도서관 책을 구입하는데 쓰이도록 제안하였다.
② 당신이 화내는 것도 당연하다.
③ 그녀는 그 소식을 듣고 놀랐습니다.
④ 열차가 10분 전에 출발하였다.

정답 ③

23 다음 문장 중 옳은 것을 고르면?

① The baby did nothing but cry all day long.

② You had better not to go to such a place.

③ You have nothing to be afraid.

④ I must to carry the box for her.

해설 ① do nothing but + 원형부정사 단지 ~하기만 하다
② had better not to go → had better not go. 부정사의 부정은 부정사 바로 앞에 'not'을 둔다.
③ be afraid of ~을 두려워하다
④ 조동사 다음에는 바로 원형동사가 와야 한다.

해석 ① 그 아기는 하루 종일 울기만 하였다.
② 그러한 곳엔 네가 안 가는 것이 낫다.
③ 너는 두려워 할 것이 하나도 없다.
④ 그녀 대신 내가 그 박스를 옮겨야 됩니다.

정답 ①

24 다음 제시된 문장의 would와 같은 어법으로 쓰인 것은?

From time to time a rock *would* roll down into the valley.

① Work hard if you *would* succeed.

② She said she *would* come here anytime we liked.

③ *Would* you please lend me the book for a few days?

④ When young, he *would* often go fishing.

해설 ① 소망의 would
② 시제 일치의 would
③ 공손한 어법의 would
④ 과거의 불규칙적인 습관의 would

해석 ① 성공하고 싶으면 열심히 일하라.
② 우리만 좋다면 그녀는 언제든 여기로 오겠다고 말했다.
③ 저에게 책을 며칠 동안 빌려주시겠습니까?
④ 젊었을 때 그는 낚시를 자주 가곤 했다.

정답 ④

25 주어진 문장의 내용이 뜻하는 것은?

You should have attended the meeting.

① It is natural that you didn't attend the meeting.

② It is a pity that you didn't attend the meeting.

③ You must have attended the meeting.

④ It is a matter for regret that you attended the meeting.

해설 should have + 과거분사: 과거에 못 이루었던 행위에 대한 후회 · 비난 · 유감 · 책임 등을 나타낸다.

해석 당신은 그 모임에 참석했어야만 했다.

정답 ②

CHAPTER

4 부정사

출제경향

부정사는 일반적으로 'to + 원형동사' 형태이지만, 'to'가 붙지 않는 부정사도 있다. 전자를 'to 부정사'라고 하고 후자를 'to가 없는 부정사' 또는 '원형부정사'라고 한다. 부정사가 영어에서 차지하는 비중은 매우 크다. 기본적인 용법은 물론이고 단문형에서 복문형의 절로 변환시키는 문장 전환 연습을 철저히 해야 한다. 단순부정사와 완료부정사의 시제상의 차이, 준동사의 의미상의 주어와 부정어의 위치, 원형부정사의 용법, 그리고 부정사와 동명사와의 차이 비교, 'It ~ for[of] ~ to 부정사' 용법 등이 주된 출제 방식이다.

I to 부정사의 용법

ENGLISH GRAMMAR

to 부정사는 문장 안에서의 역할에 따라 명사적 · 형용사적 · 부사적 용법의 3가지로 구분된다. 부정형은 'to' 앞에 'not'을 붙여 'not to' 형태로 나타낸다.

A 명사적 용법

To + 원형동사: 문장 내에서 주어 · 목적어 · 보어 역할을 한다.

1. 주어로 사용되는 경우: '~하는 것은'으로 해석된다.

- To love one's enemies is a Christian duty. (적을 사랑하는 것은 기독교도의 의무이다.)
- To succeed in politics is not easy. (정계에서 성공하는 것은 쉽지 않다.)

> **심화학습**
>
> 주부가 길어질 때는 'It'을 주어로 하고 부정사를 뒤로 보낼 때가 많다. 이 'It'을 형식 주어 또는 '가주어', 뒤에 있는 부정사를 '진주어'라고 한다:
>
> • **To be a civil servant** is my dream. (공무원이 되는 것이 나의 꿈이다.)
>
> = **It** is my dream **to be a civil servant**. 〈It = to be a civil servant〉
>
> • **To study Chinese** is challenging. (중국어 공부는 힘이 든다.)
>
> = **It** is challenging **to study Chinese**. 〈It = to study Chinese〉

2. 목적어로 사용되는 경우: '~을, ~를'로 해석된다.

(1) 타동사의 목적어로 사용되는 경우

- He began **to cry**. (그는 울기 시작했다.)
- I decided **to marry** her. (나는 그녀와 결혼하기로 결심했다.)
- She expected **to pass** the exam for a job. (그녀는 취업 시험에 합격하기를 바랐다.)
- We hate **to meet** those corrupted politicians. (우리는 부패한 정치인들을 만나는 것을 증오한다.)

  해설 부정사를 목적어로 취하는 동사: want, expect, choose, refuse, decide, determine, seek, intend, wish, agree, hope, contrive, promise, pretend, ask, fail, learn, plan, threaten, manage, etc.

> **심화학습**
>
> 부정사가 불완전 타동사의 목적어가 될 때는 'it'을 목적어로 하고 부정사가 이끄는 어구를 보어 뒤로 놓아 'it ... to 부정사'의 형태로 만들어야 한다. 이 'it'을 형식 목적어 또는 '가목적어'라 하고, 뒤의 부정사를 '진목적어'라고 한다. 'think, make, find, believe, consider' 등의 동사가 대표적인 불완전 타동사이다:
>
> • I *think* **it** necessary **to inform** you of our plan.
> (당신에게 우리 계획을 알려 줄 필요가 있다고 생각합니다.)
>
> • Sarah *makes* **it** a rule **to go** to bed early. (사라는 일찍 자는 것을 규칙으로 하고 있다.)
>
> • They *found* **it** hard **to persuade** Mr. Trump.
> (그들은 트럼프를 설득하는 것이 어렵다는 것을 깨달았다.)

3. 전치사의 목적어로 사용되는 경우

(1) '주어 + … but[about, save, except, than, besides] + to 부정사[원형동사]'의 구문으로 표현된다.

• He never came to visit *except* **to borrow** something.
(그는 무엇을 빌리기 위한 경우 아니고는 절대로 오지 않았다.)

• There was nothing for it *but* **to obey** him. (그에게 복종할 도리밖에 없었다.)

• I can't *but* **laugh** at the sight. (나는 그 광경에 웃지 않을 수 없다.)

4. 보어로 사용되는 경우

(1) 주격 보어로 사용되는 경우: 주어를 보충 설명하는 보어. '~것'으로 해석된다.

• Your fault is **to talk** big. (자네의 결점은 허풍 떠는 것일세.)

• My plan is **to make** a good husband. (나의 계획은 멋진 남편이 되는 것이지.)

> **심화학습**
>
> 이 경우 주어에 'all, best' 등이 있으면 회화체 문장에서는 보어인 부정사의 'to'가 생략될 때가 많다:
>
> • All you have to do is **(to) admit** it. (당신은 그것을 인정만 하면 된다.)

(2) 목적격 보어로 사용되는 경우: 목적어를 보충 설명하는 보어. '동사 + 목적어 + to 부정사' 구문으로 목적어와 부정사 사이에는 '주어 + 동사'의 관계가 있다.

• I advised him **to quit** smoking. (나는 그에게 금연할 것을 충고했다.)

• He wanted me **not to attend** the meeting.
(그는 내가 그 회의에 참석하지 않길 원했다.)

5. '의문사 + 부정사'가 명사구로 사용되는 경우

(1) 의문사 + 부정사
= 의문사 + 주어 + **should** + 원형동사

• You must decide **what to do**.
= You must decide **what you should do**. (너는 무엇을 해야 할지 결정해야 한다.)

• I don't know **where to put** the car.
= I don't know **where I should put** the car. (나는 차를 어디다 두어야 할지 모르겠다.)

• Tell me **which** way **to choose**.

= Tell me **which** way I **should choose**. (어느 방법을 선택해야 할지 가르쳐 달라.)

• He advised me **whom to select**.

= He advised me **whom I should select**. (누굴 골라야 하는지 그가 내게 조언해 주었다.)

• She showed me **how to type**.

= She showed me **how I should type**. (타이프 치는 방법을 그녀가 내게 가르쳐 주었다.)

B 형용사적 용법

To + 원형동사: 문장 내에서 명사를 수식하는 형용사 역할을 한다. 한정적 용법과 서술적 용법이 있다.

1. 한정적 용법으로 사용되는 경우: 명사 바로 뒤에 와서 그 명사를 수식한다.

(1) 명사가 부정사에 대해 주어 관계가 된다: '~해야 할, ~하는, ~하기 위한'으로 해석된다.

• I have no *friend* **to help** me.

= I have no *friend* **who can help** me. (나를 도와 줄 친구가 하나도 없다.)

• She was the *last* **to arrive**. (그녀가 마지막으로 온 사람이었다.)

(2) 명사가 부정사에 대해 목적어 관계가 된다: '~해야 할, ~하는, ~하기 위한'으로 해석된다.

• I have a *family* **to support**.

= I have a *family* **that I have to support**. (나에겐 부양할 가족이 있다.)

• I have *something* **to tell** you. (당신에게 할 말이 있다.)

• He has *nothing* **to eat**. (그는 먹을 것이 하나도 없다.)

심화학습

이 경우 'to 부정사'에 사용되는 동사는 반드시 '타동사' 또는 '자동사 + 전치사'로 이루어진 '타동사구'가 되어야 한다. '자동사'만으로는 비문법적인 구문을 형성하게 된다:

• He has no *house* **to live in**.

= He has no *house* which he **live in**. (그는 기거할 집이 없다.)

• I have no *money* **to buy** it **with**. (나는 그것을 살 돈이 없다.)

• She has no *friend* **to talk with**. (그녀는 대화할 친구가 전혀 없다.)

(3) 부정사가 명사와 동격 또는 내용을 설명한다: '~한다는, ~하는, ~할'로 해석된다.

- He made a *promise* **to come** soon. (그는 곧 오겠다고 약속했다.)
- I have a *plan* **to go** hiking. (나는 도보 여행갈 계획이 있다.)
- There is no *need* **to be** in a hurry. (서두를 필요는 없다.)
- I have no *idea* **to be** rich. (나는 부자가 될 생각은 없다.)

(4) 수식어에 의한 도치 구문으로 사용된다.

- The *time* has come **to show** your ability. (너의 능력을 발휘할 때가 왔다.)

2. 서술적 용법으로 사용되는 경우

(1) 'be + to 부정사' 용법으로 사용되는 경우: 이러한 경우의 구문은 '예정 · 의무 · 가능 · 의도 · 운명' 등으로 해석된다.

① 예정(will, be going to): '~할 예정이다'로 해석된다.

- He **is to** meet her *tonight*. (오늘 저녁 그는 그녀를 만날 예정이다.)
- He **is to** make a speech at the conference *tomorrow morning*.
(내일 아침 회의에서 그는 연설을 할 예정이다.)

해설 위와 같은 예정 구문에서는 주로 미래를 나타내는 시간의 부사(구)가 동반된다.

② 의무(must, should, ought to): '~해야 한다'로 해석된다.

- You **are to** keep the *regulations*. (너는 규칙을 지켜야 해.)
- We **are** all **to** *obey rules*. (우리 모두는 규칙에 따라야 한다.)
- We **are to** *observe* good *manners*. (우리는 예절을 지켜야 한다.)

해설 위와 같은 의무 구문에서는 주로 'keep, obey, follow, observe' 등과 같은 동사가 사용될 수 있으며, '명령 · 규칙 · 예절 · 법' 등과 같은 명사가 주로 수반된다.

③ 가능(be able to, be capable of): '~할 수 있다'로 해석된다.

- **Not** a star **was to** *be seen* in the sky. (하늘엔 별이 전혀 보이지 않았다.)
- My hat **was nowhere to** *be found*. (내 모자는 아무데도 보이지 않았다.)
- **No** one **was to** *be seen* in the street. (거리에 사람이라고는 보이지 않았다.)

해설 위와 같은 가능 구문은 주로 '부정 주어 + be to + be + 과거 분사'의 문형을 구성한다.

④ 의도(intend to): '~하려고 하다'로 해석된다.

- *If* you **are to** succeed in your new job, you must work hard now.
(새로운 일에 성공하고자 한다면, 지금 열심히 일해야 하네.)
- *If* you **are to** live, speak out the truth. (네가 살려면, 진실을 말해라.)
- *If* he **is to** blame, blame me. (만일 그가 나쁘다면, 나를 탓하시오.)

해설 위와 같은 'if' 조건절 속의 'be to'는 '의도'로 해석된다.

⑤ 운명(be doomed to, be destined to): '~할 운명이다'로 해석된다.
- He **was** *never* **to** come back to his country again.
  (그는 두 번 다시 조국에 돌아오지 못할 운명이었다.)
- She **was** *never* **to** see her family again. (그녀는 가족을 다시는 못 볼 운명이었다.)

  해설 위와 같은 운명 구문에서는 보통 과거 시제가 사용되며, 'never'와 같은 부정 부사가 동반된다.

⑥ 'be' 동사 이외의 주격 보어로 사용된다: 'seem, appear' 등의 보어가 된다.
- He *seems* **to be** a good husband. (그는 좋은 남편인 것 같다.)
- I *happened* **to be** out when he came. (그가 왔을 때 나는 공교롭게도 외출 중이었다.)
- The news *proved* **to be** false. (그 소식은 가짜로 판명되었다.)
- She *appears* **to be** aware of the fact. (그녀는 그 사실을 아는 것처럼 보인다.)

(2) 목적격 보어로 사용된다: 목적어에 부가적인 설명을 덧붙여 주는 역할을 한다.
- They believe *him* **(to be)** *honest*. (그들은 그가 정직하다고 믿는다.)
- I want you **to come** at once. (당신이 즉시 와 주었으면 한다.)

C 부사적 용법

To + 원형동사: 문장 내에서 형용사 · 부사 · 동사를 수식하는 부사 역할을 한다.

1. 목적 용법으로 사용되는 경우: '~하기 위해'로 해석된다.
- She went to Spain **to meet** Britta. (그녀는 브리타를 만나기 위해 스페인으로 갔다.)

심화학습

'~하기 위해'라는 의미를 확실히 나타내기 위해 'in order to, so as to, so that ~ may, for the purpose of, with a view to' 등으로 위에 주어진 문장을 변화시킬 수 있다:

- She went to Spain **in order to** meet Britta.

= She went to Spain **so as to** meet Britta.

= She went to Spain **so that** she **might** meet Britta.

= She went to Spain **for the purpose of** meeting Britta.

= She went to Spain **with a view to** meeting Britta.

2. 판단의 근거로 사용되는 경우: '~하다니'로 해석된다.

- He **must be** *nuts* **to say** like that. (그렇게 말하다니 그는 정신이 나갔어.)
- She **must be** *mad* **to do** that. (저런 짓을 하다니 그녀는 틀림없이 회까닥한 모양이군.)
- You **must be** *out of your mind* **to act** in that way.
  (그런 식으로 행동하다니 자넨 제정신이 아님에 틀림없다.)

  해설 판단의 근거로 사용되는 경우 보통 'must be'와 함께 사용된다.

3. 원인 · 이유의 근거로 사용되는 경우: '~해서'로 해석된다. 주로 감정을 나타내는 형용사 및 동사와 함께 사용된다.

- He felt *nice* **to hear** of her success. (그녀의 성공 소식을 듣고서 그는 기뻐하였다.)
- I am *glad* **to meet** you. (당신을 만나서 반갑습니다.)
- I *regret* **to hear** of her failure. (그녀의 실패 소식을 들어 애석하다.)

  해설 감정을 나타내는 형용사 및 동사로는 'glad, sorry, pleased, happy, surprised, sad, angry, regret, laugh, smile, weep, rejoice, disappointed' 등이 있다.

4. 결과로 사용되는 경우

(1) '~해서 ~하다'로 해석되는 경우

- He grew up **to be** a professor. (그는 자라서 교수가 되었다.)
- My aunt lived **to be** ninety. (나의 이모는 살아서 90살이 되셨다. 즉, 90살까지 사셨다.)

> **심화학습**
>
> '주어 + live[dream, awake, grow up, etc.] + to 부정사'는 '~해서 ~하다'로 해석된다:
>
> - He awoke up in the morning **to find** himself famous.
>   (그는 아침에 깨어서야 비로소 자신이 유명해진 것을 알았다.)

(2) '~했지만 ~했다'로 해석되는 경우

- She tried her best **only to fail**. (그녀는 최선을 다했지만 실패했다.)

= She tried her best but she **failed**.

- I went to your house in the rain, **only to find** you out.
  (빗속에 너의 집에 갔더니, 공교롭게도 집에 없더라.)

= I went to your house in the rain, but I **found** you out.

(3) '매우 ~해서 그 결과 ~하다'로 해석되는 경우

- He got up **so** early **as to** catch the first train.
  (그는 아주 일찍 일어났기 때문에 첫 기차를 탈 수 있었다.)
= He got up **so** early **that** he **could** catch the first train.
- He spoke **so** loudly **as to** be heard by everyone.
  (그가 매우 큰소리로 말했기 때문에 모든 사람이 그의 말을 들을 수 있었다.)
  비교 He spoke loudly **so as to** be heard by everyone.
  (모든 사람이 들을 수 있도록 하기 위해 그는 큰소리로 말을 하였다.)

5. 조건 · 가정으로 사용되는 경우: '~하면'으로 해석된다. 이때의 부정사 구문은 'If + 주어 + 동사'의 조건절로 바뀔 수 있으며, 주절에는 주로 과거형 조동사가 수반된다.
- **To hear him speak**, you ***would*** mistake him for a fool.
  (만약 당신이 그의 말을 들으면, 당신은 그를 바보라고 오해할 겁니다.)
= **If you heard him speak**, you ***would*** mistake him for a fool.
- **To hear her sing**, you ***might*** take her for a young girl.
  (그녀의 노래를 들으면 너는 그녀를 어린 소녀로 생각할지도 모른다.)

6. 양보로 사용되는 경우: '~할지라도'로 해석된다.
- **To do his best**, he couldn't succeed. (그가 최선을 다했을지라도 그는 성공할 수 없었다.)
= **Though he did his best**, he couldn't succeed.

7. '형용사 + to 부정사'로 'to 부정사'가 형용사를 수식하는 경우
- She is *ready* **to leave**. (그녀는 떠날 준비가 되어 있다.)
- This book is *difficult* **to understand**. (이 책은 이해하기가 어렵다.)
- He is *sure* **to come**. (그는 반드시 온다.)
  해설 'be sure to 부정사'는 '반드시 ~하다'는 의미로 '말하는 사람(話者)의 의지'를 나타낸다. 'be bound to 부정사'도 같은 의미로 사용된다. 그리고 'be sure of -ing'는 '~을 확신하다'는 의미로 '주어의 확신'을 나타낸다:
- He **is sure to** win the race. (그는 틀림없이 경기에서 이길 것이다.)
= **I am[We are] sure** that **he will** win the race.
= **It is certain** that **he will** win the race.
- He **is sure of** winning the race. (그는 자신이 그 경기에서 이길 것이라고 확신한다.)
= He **is sure** that **he will** win the race.
- I **am sure of** *his* success. (나는 그가 성공하리라고 확신한다.)
= I **am sure** that *he* **will** succeed.

8. '형용사[부사] + enough to 부정사'로 'enough to 부정사'가 앞의 형용사[부사]를 수식하는 경우: '~할 만큼 충분히'로 해석된다.

- She is *rich* **enough to** go abroad. (그녀는 해외로 나갈 정도로 부자다.)
- = She is **so** *rich* **that** she **can** go abroad.
- = Her wealth **enables** her **to** go abroad.
- = **As** she is *rich*, she **can** go abroad.
- He worked *hard* **enough to** succeed. (그는 성공할 만큼 열심히 일했다.)

9. 'too + 형용사[부사] + to 부정사'로 사용되는 경우: '너무 ~해서 ~할 수 없다'로 해석된다.

- He is **too** *young* **to** *solve* the problem. (그는 너무 어려서 그 문제를 풀 수 없다.)
- = He is **so** *young* **that** he **can't** solve the problem.
- = His youth **keeps[prevents]** him **from** *solving* the problem.
- = **As** he is **young**, he **can't** solve the problem.
- I exercised **too** *hard* **to** *sleep* well. (너무 심하게 운동해서 잠을 잘 잘 수가 없었다.)

m/e/m/o

Ⅱ 원형부정사의 용법

ENGLISH GRAMMAR

'to 없는 부정사'를 원형부정사라고 한다. 원형부정사는 조동사 뒤에 쓰이는 것 외에 다음과 같은 용법이 있다.

A 지각[감각]동사의 보어로 사용되는 경우

'see, hear, feel, find, notice, watch, observe' 등의 지각동사는 목적격 보어로 원형부정사를 취한다: '~가 ~하는 것을 보다[듣다]' 등으로 해석된다.

- He **heard** a bird **sing** in his garden. (그는 새 한 마리가 그의 집 정원에서 지저귀는 소리를 들었다.)
- I have never **seen** her **smile**. (그녀가 웃는 것을 나는 본 적이 없다.)

심화학습

1 '주어 + 지각동사 + 목적어 + 목적격 보어'의 구문에서 목적격 보어 자리에 '원형동사'가 오면 '완료의 의미'를 가지며, '진행형 동사'가 오면 그 당시의 동작을 강조하는 '진행의 의미'를 가진다. 그리고 '과거분사'가 오게 되면 '수동의 의미'를 지닌다.

- I **saw** him **enter** the room. (그가 방에 들어가는 것을 나는 보았다.)
- I **saw** him **entering** the room when I opened the door. (내가 문을 열었을 때 그가 방에 들어가고 있는 것을 나는 보았다.)
- I **heard** my name **called** behind. (나는 등 뒤에서 내 이름이 불리는 것을 들었다; 나는 누군가가 내 등 뒤에서 내 이름을 부르는 것을 들었다.)

2 '주어 + 지각동사 + 목적어 + 원형동사'로 이루어진 능동태의 문장을 수동태로 전환시킬 경우 원형동사 앞에 'to'가 반드시 수반되어야 한다.

- They **heard** her **play** the piano. (그들은 그녀가 피아노 치는 소리를 들었다.)

→ She was **heard to play** the piano. (그녀가 피아노 치는 소리가 들렸다.)

B 사역동사의 보어로 사용되는 경우

'let, make, have' 등의 사역동사의 목적격 보어로 사용된다: '~에게 ~하게 시키다'라고 해석된다.

1. They **made** her **sing** a song.
= They **compelled** her **to sing** a song. (그들은 그녀가 노래를 부르도록 시켰다.)
= She **was made to sing** a song. (그녀가 노래를 부르도록 만들었다.)

2. He **let** his daughter **go** abroad.
= He **allowed** his daughter **to go** abroad. (그는 딸이 해외로 가는 것을 허락했다.)
= His daughter **was allowed to go** abroad. (그녀의 딸은 해외로 가는 것을 허락받았다.)
해설 사역동사 'let'은 수동태로 전환시켜 사용할 수 없다.

3. I will **have** my assistant **report** it. (나는 내 비서에게 그것을 보고하도록 하겠다.)
해설 사역동사 'have'는 수동태로 전환시켜 사용할 수 없다.

심화학습

- 주어 + have + *목적어(생물체)* + **원형부정사**
= 주어 + get + *목적어(생물체)* + to **부정사**
- I will **have** *him* **do** it.
= I will **get** *him* **to do** it. (나는 그에게 그 일을 하도록 하겠다.)

C 준사역동사의 보어로 사용되는 경우

준사역동사 'bid, help'의 목적격 보어로 사용된다: '주어 + bid[help] + 목적어 + (to) 부정사'의 문형을 취한다.

1. He **bade** me **(to) clean** the room.
= He **ordered** me **to** clean the room. (그는 나에게 방을 치우라고 하였다.)

2. I **helped** my students **(to) clean** the campus.
(나는 학생들이 캠퍼스를 깨끗하게 하는데 도움을 주었다.)

D 원형부정사의 관용적 표현

- You **had better** *sit* still. (너는 가만히 앉아 있는 편이 낫다.)

- I **would rather** *die*. (차라리 죽고 싶다.)
- I **would rather** *die* **than** *live* in dishonor.
= I **may as well** *die* **as** *live* in dishonor.
= I **prefer** *dying* **to** *living* in dishonor. (불명예스럽게 사느니 차라리 죽는 편이 낫다.)
- He **did nothing but** *cry*.
= He had **only to** *cry*. (그는 울기만 했다.)
- I **cannot but** *laugh* at the sight.
= I **cannot help** *laughing* at the sight.
= I **have no choice but to** *laugh* at the sight. (나는 그 광경에 웃지 않을 수 없었다.)
- You **may well** *be* proud of your son.
= **Well** you **may** *be* proud of your son.
= You **have a good reason to** *be* proud of your son.
= It is **natural** that you **should** *be* proud of your son.
(당신이 아들을 자랑스러워하는 것은 당연하다.)

E 독립부정사로 사용되는 경우 문장 전체를 수식하며 관용적으로 사용된다

- sad to say: 슬프게도
- to conclude: 결론적으로
- needless to say: 말할 필요 없이
- strange to say: 이상한 이야기지만
- to be sure: 확실히(certainly, surely)
- to do one's justice: 공정히 평가한다면
- so to speak: 말하자면(that is to say, as it were)
- to tell the truth: 진실을 말하자면(if I tell the truth)
- to make matters worse: 설상가상으로(what is worse)
- to begin with: 우선(above all, in the first place, most of all)
- to be frank with you: 솔직히 말한다면(to be plain with you)
- to say nothing of: ~은 말할 것도 없이(not to mention, let alone)
- to make a long story short: 간단히 말해서(in short, in brief, in a word)

Ⅲ 주의해야 할 부정사의 용법

ENGLISH GRAMMAR

A 부정사의 의미상의 주어

부정사는 동작이나 상태를 나타내는데, 그 동작이나 상태의 주체가 문장의 주어와 일치할 때나 막연한 대상을 나타낼 때는 생략된다. 그러나 그 외 부정사의 의미상의 주어를 특별히 나타낼 필요가 있을 때는 'for ~, of ~'로 나타낸다.

1. 'for ~'을 부정사 앞에 놓는다: 부정사의 의미상의 주어로 해석된다.

(1) 명사적 용법으로 사용되는 경우

- It is time **for** *you* **to go** to bed. 〈주어〉
  (네가 잠자리에 들 시간이다.)
- The best thing is **for** *you* **to stay** here till six o'clock. 〈보어〉
  (가장 좋은 일은 당신이 6시까지 여기 있는 것이다.)
- I thought it impossible **for** *him* **to escape**. 〈목적어〉
  (나는 그가 도망치는 것은 불가능하다고 생각했다.)

(2) 형용사적 용법으로 사용되는 경우

- There wasn't any need **for** *me* **to meet** her. (내가 그녀를 만날 필요가 전혀 없었다.)

(3) 부사적 용법으로 사용되는 경우

- Our summers are too *cool* **for** *most grains* **to ripen**.
  (이곳의 여름은 곡물이 여물기에는 너무 서늘하다.)
- = Our summers are **so** *cool* **that** most grains **cannot ripen**.
  (이곳의 여름은 너무 서늘해서 대부분의 곡식이 여물 수 없다.)
- This book is *cheap* enough **for** *students* **to buy**. (이 책은 학생들이 살 수 있을 만큼 싸다.)
- = This book is **so** *cheap* **that** *students* **can buy** it. (이 책은 너무 싸서 학생들이 살 수 있다.)

2. 'of ~'을 부정사 앞에 놓는다: 사람의 '성질 또는 행위에 대한 칭찬 · 비난'을 나타내는 형용사가 올 때는 부정사의 의미상의 주어로 'of ~'가 부정사 앞에 온다. 사람의 성질 또는 행위에 대한 칭찬 · 비난을 나타내는 형용사로는 'kind, wise, stupid, careful, careless, nice, honest, clever, foolish, polite, cruel' 등이 있다.

- It was *careless* **of** *you* **to say** so. (네가 그렇게 말한 것은 부주의했다.)
- It was *great* **of** *him* **to have** no prejudice. (그는 편견이 없었다는 점에서 훌륭했다.)

B 부정사의 시제

1. (단순)부정사: 본동사의 시제와 부정사의 시제가 같을 경우에 사용된다. 'to + 원형동사[능동 단순부정사]' 또는 'to + be + 과거분사[수동 단순부정사]'로 사용된다.

- She *seems* **to be** sick.

= It *seems* that she **is** sick. (그녀는 아픈 것 같다.)

- She *seemed* **to be** sick.

= It *seemed* that she **was** sick. (그녀는 아팠던 것 같았다.)

2. 완료부정사: 본동사의 시제보다 부정사의 시제가 한 시제 앞설 때는 '완료부정사'가 사용된다. 'to + have + 과거분사[능동 완료부정사]' 또는 'to + have + been + 과거분사[수동 완료부정사]'로 나타낸다.

- She *seems* **to have been** sick.

= It *seems* that she **was[has been]** sick. (그녀는 아팠던 것 같다.)

- She *seemed* **to have been** sick.

= It *seemed* that she **had been** sick. (그녀는 아팠었던 것 같았다.)

심화학습

1 소망동사(expect, hope, intend, mean, want, wish, promise, etc.) 뒤에 단순부정사가 오면 미래의 뜻을 갖는다.

- I **hope** *to recover soon.*

= I **hope** that I **shall** recover soon. (내 건강이 곧 회복되기를 바란다.)

2 주어 + 소망동사의 과거 + to 완료부정사: 실현하지 못한 과거의 행위에 대한 유감을 나타낸다. '~하려고 했으나 ~하지 못했다'로 해석된다.

= 주어 + had + 소망동사의 과거분사 + to 단순부정사

= 주어 + 소망동사의 과거형 + to 단순부정사, but 주어 + didn't

- I **hoped** *to have gone there.*

= I **had hoped** *to go there.*

= I **hoped** *to go there*, but I *didn't.* (나는 거기 가고 싶었지만 가지 못했다.)

C 기타 부정사

1. 부정사의 부정: 부정사 앞에 'not, never'를 놓는다.
- She tried **not** *to smile*. (그녀는 웃지 않으려고 애썼다.)
- You had better **not** *park* your car here. (여기에 당신의 차를 주차시키지 않는 것이 좋겠다.)

2. 대부정사: 동사의 반복을 피하기 위해 'to 부정사'의 'to'만을 쓰는 형태다. 일종의 생략으로 이것을 '대부정사'라고 하며 회화체 문장에 많이 쓰인다.
- You may go if you want **to[to go]**. (네가 가기를 원한다면 가도 좋다.)
- I asked him to come, but he didn't want **to[to come]**.
  (나는 그에게 오라고 했으나 그는 오기를 원치 않았다.)

3. 분리부정사: 'to + 부사 + 원형동사'의 형태로 부정사의 동사를 부사가 수식할 경우 사용된다.
- Sarah agreed **to calmly discuss** the affair. (사라는 그 일을 침착하게 논의하는 것에 동의했다.)
  해설 Sarah agreed to discuss the affair **calmly**. 이 문장의 경우 부사 'calmly'가 본동사 'agreed'를 수식하는지 아니면 부정사의 동사인 'discuss'를 수식하는지 알 수가 없다. 이럴 경우에 '분리부정사'가 필요하게 된다:
- Sarah **agreed calmly** to discuss the affair. (사라는 그 일을 논의하는 것에 침착하게 동의했다.)

m/e/m/o

실력평가문제

CRAMMING ENGLISH GRAMMAR

※ 다음 밑줄 친 곳에 가장 알맞은 것을 고르시오.

01 I found it difficult _____ the work in a month.

① finished ② to finish
③ finishing ④ to finished

해설 타동사 'find, think, make, believe, consider' 등의 동사는 부정사를 바로 목적어로 취하지 않고 목적어 자리에 가목적어 'it'을 취한다. 'it(가목적어) + 보어 + 진목적어(to 부정사)' 형태로 쓰인다.
해석 나는 그 일을 한 달 안에 끝마치기 어렵다는 것을 알았다.
정답 ②

02 Does your husband ____ you spend your household money as freely as you'd like?

① allow ② leave
③ let ④ get

해설 목적보어 자리에 원형부정사 'spend'를 가져올 수 있는 동사는?
해석 당신 남편은 당신이 원하는 만큼 가계비를 자유롭게 쓰게 하나요?
정답 ③

03 I would like _____ the passage.

① you to read ② you read
③ for you to read ④ to you to read

해설 일반 동사는 '동사 + 목적어 + 목적보어(to 부정사)'의 형태를 지닌다.
해석 당신이 그 부분을 읽어주면 좋겠군요.
정답 ①

04 The book is said to _____ in the thirteenth century.

① be published ② publish
③ have published ④ have been published

해설 본동사의 시제는 현재(is), 부정사의 시제는 과거(13세기). 본동사와 부정사 사이에 시제의 차이가 있고 주어가 사물일 경우 어떤 부정사를 취할까? • publish 출판하다, 발표[공표]하다
해석 이 책은 13세기에 출판되었다고 한다.
정답 ④

05 It was careless _____ to do such a thing.

① for you ② of you

③ for your ④ of your

해설 성격 형용사가 올 때 부정사의 의미상의 주어는 어떤 형태를 취할까? • careless 부주의한, 무관심한
해석 당신이 그런 일을 한 것은 부주의했다.
정답 ②

06 I remained silent, but I wished _____.

① saying ② to say

③ to have said ④ to said

해설 소망동사가 과거형(wished)이고 과거에 이루지 못한 소망을 나타낼 때는 어떤 형태의 부정사가 필요할까?
해석 나는 침묵을 지켰으나, 말을 하고 싶었다.
정답 ③

07 It seems that he died in Japan.
= He _____ in Japan.

① seems to die ② seemed to die

③ seemed to have died ④ seems to have died

해설 주절의 시제(seems)와 종속절의 시제(died)가 다를 경우 어떤 부정사가 필요할까?
해석 그가 일본에서 사망한 것으로 보인다.
정답 ④

08 You had better _____.

① not to do it again ② go not at all

③ go at once ④ to take an umbrella with you

해설 '~하는 편이 낫다'로 해석되는 'had better' 뒤에는 어떤 형태의 부정사가 올까?
해석 당장 가보시는 것이 좋겠습니다.
정답 ③

09 It is impossible _____ to win the game.

① for you ② of you

③ by you ④ in you

해설 부정사의 의미상의 주어는 어떤 형태로 표현될까?
해석 네가 그 게임을 이기는 것은 불가능하다.
정답 ①

10 He worked hard so that he might not fail.

= He worked hard _____.

① to not fail ② for fear of failure

③ in order to fail ④ so as to fail

해설 '~하지 않도록'으로 해석되는 표현으로는 'for fear of, so as not to, in order not to' 등이 있다.

해석 그는 실패하지 않기 위해 열심히 일했다.

정답 ②

11 Kipling Bank installed several new security checks on its online accounts page _____ that all customer information is kept safe from electronic theft.

① will ensure ② ensure

③ to ensure ④ is ensuring

해설 보기로 여러 형태의 동사들이 제시되어 있으므로 빈칸이 동사 자리인지 먼저 확인한다. 주어가 Kipling Bank이며 동사가 installed이므로 빈칸은 동사 자리가 아니다. 따라서 ①, ②, ④ 모두 오답이다. '보장하기 위해서'라는 의미의 to ensure가 문맥상 적절하다.

• install 설치하다 • security check 보안 검사 • account 계좌 • electronic theft 전자 절도

해석 키플링 은행은 전자 절도로부터 모든 고객의 정보가 안전하게 지켜지게 하는 것을 보장하기 위해 자사의 온라인 계좌 페이지에 몇몇의 새 보안 검사를 설치했다.

정답 ③

12 The restaurant reserves the right _____ service to anyone who is not wearing the appropriate attire.

① refuse ② to refuse

③ has refused ④ refused

해설 명사 right(권한)는 뒤에서 to 부정사의 수식을 받아 '~할 수 있는 권한'을 뜻한다. 따라서 to refuse가 정답이 된다. • reserve (권한을) 갖다, 보유하다, 예약하다 • right 권리 • refuse 거절하다, 거부하다 • appropriate 적절한 • attire 의복, 복장

해석 그 식당은 적절한 복장을 착용하지 않은 그 어떤 사람에게도 서비스 제공을 거부할 권리를 가진다.

정답 ②

13 Four Cities Bus Company wants _____ its costs by fifteen percent within six months.

① reduction ② reduced

③ to reduce ④ has reduced

해설 동사 want 뒤에 빈칸이 있으므로 동사의 목적어 자리에 올 수 있는 것을 선택한다. 명사 reduction과 to 부정사 to reduce 중에서 빈칸 뒤 목적어(its costs)를 가질 수 있는 것은 to 부정사이므로 to reduce가 정답이다. • reduce 줄이다 • cost 비용

해석 Four Cities Bus 회사는 6개월 이내에 비용을 15% 줄이기를 원한다.

정답 ③

14 The goal of the Legal Department ____ any disputes concerning matters of the law, such as copyright infringement, that happen to arise.

① is to resolve ② had resolved
③ is resolved ④ resolve

해설 빈칸은 동사 자리이고 주어가 3인칭 단수(goal)이므로 수 일치가 되지 않는 ④는 오답이다. 뒤에 목적어(any disputes)가 있으므로 수동태인 ③도 오답이다. ①은 '해결하다'라는 의미이고 ②는 '해결했다'라는 의미인데, '목표(goal)는 어떤 논쟁들이라도 해결하는 것이다'가 문맥상 적절하므로 is to resolve가 정답이다.
• the Legal Department 법무부 • resolve (문제들을) 해결하다, 결정하다, 결심하다, 분해하다
• dispute 논쟁 • copyright infringement 저작권 침해 • happen to + 동사원형 혹시 ~하다
• arise 발생하다, 유발되다

해석 법무부의 목표는 혹시라도 발생하는 저작권 침해 같은 법 문제들에 대한 어떤 논쟁들이라도 해결하는 것이다.

정답 ①

15 The restaurant does its best to serve guests quickly and in a courteous manner to _____ its excellent reputation.

① maintain ② maintaining
③ maintained ④ maintains

해설 빈칸 앞에 to가 단서이다. to가 전치사라면 뒤에 명사 형태가 오고, to가 to 부정사의 to이면 뒤에 동사원형이 와야 하는데, '좋은 평판을 유지하기 위해서 손님들을 대접하는 데 최선을 다한다'라는 문맥이 알맞으므로 '~하기 위해서'라는 부사적 의미로 쓰인 to 부정사가 알맞다. 따라서 동사원형인 maintain이 정답이다.
• do one's best 최선을 다하다 • quickly 빨리, 신속히 • in a courteous manner 정중하게 • maintain 유지하다 • reputation 평판, 명성

해석 그 식당은 좋은 평판을 유지하기 위해서 빠르고 정중한 방법으로 손님들에게 대접하는 데 최선을 다한다.

정답 ①

16 The Managers' Guide provides managers with innovative strategies _____ new employees with the transition.

① will help ② have helped
③ to help ④ helped

해설 주어는 Managers' Guide, 동사는 provides로 provide A with B 형태가 쓰였다. 따라서 빈칸은 동사 자리가 아니므로 동사인 ①, ②, ④는 오답이다. 문맥상 '신입사원들을 도와주는' 표현이 적절하므로 to help가 정답이다. • provide A with B A에게 B를 제공하다 • strategy 전략 • help A with B A가 B하는 것을 돕다 • transition 변천, 과도기

해석 관리자 지침서는 업무 인수하는 신입사원들을 도와주는 혁신적인 전략들을 관리자들에게 제공한다.

정답 ③

17 All workers are required to handle all customer complaints courteously _____ gain high level of customer satisfaction.

① to ② will

③ on ④ so

해설 빈칸 뒤에 동사원형(gain)이 있는 것으로 보아 ①과 ②가 가능한데, 문장의 동사(are required)가 이미 있으므로 접속사 없이 또 동사(will gain)가 올 수 없다. 따라서 'to + 동사원형' 형태의 to 부정사를 이루어 '~하기 위해'라고 쓸 수 있는 to가 정답이다. • handle 다루다, 처리하다 • complaint 불평 • courteously 공손하게 • gain 얻다 • satisfaction 만족

해석 모든 직원들은 높은 수준의 고객 만족을 얻기 위해 모든 고객 불평을 공손하게 처리해야 한다.

정답 ①

18 The professionals at Martin Architectural Firm strive ____ the lives of their clients by designing homes that fit their unique personalities.

① enhanced ② to enhance

③ enhancing ④ enhancement

해설 동사 strive 뒤에 빈칸이 있으므로 동사의 목적어 자리에 올 수 없는 ①은 우선 제외한다. 빈칸 뒤에 the lives라는 목적어가 있으므로 명사 ④도 오답이다. 남은 보기인 to 부정사와 동명사 중에서, strive는 '~하려고 분투하다'라는 의미로 to 부정사를 목적어로 취하는 동사이므로 ②가 정답이 된다. • professional 전문가 • enhance 향상시키다 • fit 맞추다

해석 마틴 건축회사의 전문가들은 고객들만의 개성에 맞춘 집을 디자인하면서 고객들의 삶을 향상시키려고 노력한다.

정답 ②

19 Flint Co. plans to ____ storage capacity on all of its new smart phone models by the end of the year.

① increase ② increased

③ will increase ④ increasing

해설 동사 plan은 to 부정사를 목적어로 취해서 '~하는 것을 계획하다'라는 의미로 쓰인다. 빈칸 앞에 to가 있으므로 동사원형인 increase가 정답이다. • Co.[Company] 회사 • storage 저장 • capacity 용량

해석 플린트 회사는 올해 말까지 모든 새 스마트 폰을 대상으로 저장 용량을 늘릴 것을 계획한다.

정답 ①

20 A lecture he attended on the Asian markets inspired the CEO ____ several new branches in Beijing.

① to open ② opening

③ opened ④ openness

해설 inspire는 to 부정사를 목적격 보어로 가지는 5형식 동사이므로, 빈칸 자리에는 to 부정사가 와야 한다. 따라서 to open이 정답이 된다. • attend 참석하다 • inspire 영감을 주다 • several 여러 개의 • branch 지점

해석 그가 참석한 아시안 시장에 관한 강의는 베이징에 새로운 여러 지점을 열도록 최고경영자에게 영감을 주었다.

정답 ①

21 SDL processes and ships all orders within 24 hours after purchase in an effort to _____ customer satisfaction.

① enhance ② enhancing

③ enhanced ④ enhancement

해설 'in an effort to + 동사원형(~하기 위한 노력으로)'의 문형이다. 따라서 빈칸에는 동사원형이 와야 하므로 enhance가 정답이 된다. • process 방법, 진행, 과정; 가공하다, 처리하다 • ship 수송하다 • enhance 높이다, 향상시키다

해석 SDL은 고객 만족을 높이기 위한 노력으로 구매 후 24시간 이내에 모든 주문들을 처리하고 배송한다.

정답 ①

22 All packages ordered prior to December 20 are scheduled _____ before our offices close for the Christmas holiday.

① to arrive ② will arrive

③ arriving ④ has arrived

해설 'be scheduled to + 동사원형(~하기로 예정되어 있다)'의 문형이다. 따라서 to arrive가 정답이다. • package 꾸러미, 소포, 일괄, 종합 정책 • prior to ~전에

해석 12월 20일 이전에 주문한 모든 상품은 크리스마스 휴일을 위해 저희 사무실이 휴업하기 전에 도착할 예정입니다.

정답 ①

23 Those who want to apply for this position are requested to _____ their research interests by checking the appropriate boxes on the form.

① indicating ② indication

③ indicated ④ indicate

해설 'be requested to + 동사원형(~해야 한다)'의 문형이다. 따라서 indicate가 정답이다. • those who + 동사 ~하는 사람들 • apply for ~지원하다, ~을 신청하다 • indicate 표시하다, 나타내다 • research 연구, 조사 • interest 흥미, 관심 • appropriate 적절한 • form 양식

해석 이 자리에 지원하기를 원하는 사람들은 양식에 있는 적절한 네모 칸에 표시함으로써 자신들의 연구 관심사를 표시해야 한다.

정답 ④

24 Our KSE sponsorship program is an excellent way _____ business to present their goods and services to those in a managerial position.

① of ② as

③ for ④ by

해설 빈칸은 명사 앞에 알맞은 전치사를 넣는 문제이다. 빈칸부터 position까지가 way를 수식해서 '사업체들이 상품과 서비스를 제시할 수 있는 방법'이라는 의미를 나타내는 구조이다. 따라서 business가 to 부정사의 행위를 하는 주체가 되는 셈이다. to 부정사의 의미상 주어는 'for + 명사'로 나타내므로 for가 정답이다. 참고로, 의미상의 주어 앞에 형용사 또는 명사가 사람의 성격이나 행위에 대한 칭찬 · 비난을 나타내면 to 부정사의 의

미상 주어는 'of + 명사'로 나타낸다. • sponsorship 후원 • present 보여주다, 제시하다 • managerial 경영의, 관리의

해석 우리의 KSE 후원 프로그램은 관리직에 있는 사람들에게 사업체들이 그들의 상품과 서비스를 제시할 수 있는 훌륭한 방법이다.

정답 ③

25 _____ customers to receive a full refund, they must present a valid receipt.

① So that ② That

③ In order for ④ By

해설 빈칸은 뒤(customers to receive a full refund)가 불완전한 문장이므로 ①과 ②는 올 수 없다. 빈칸 뒤에 to 부정사(to receive)가 있고 전액 환급을 받는 주체가 고객들이므로 빈칸은 to 부정사의 의미상 주어를 나타낼 수 있는 표현이 와야 함을 알 수 있다. 'in order to + 동사원형(~하기 위해서)'의 의미상 주어는 'in order for + 명사 + to + 동사원형' 형태로 나타내므로 In order for가 정답이다. • full refund 전액 환불 • present 제시하다 • valid 유효한 • receipt 영수증

해석 전액 환급을 받기 위해서 고객들은 유효한 영수증을 제시해야만 한다.

정답 ③

26 Although Mr. Benoit studied at one of the most prestigious universities and had a distinguished academic record, he failed _____.

① recruiting ② to recruit

③ recruits ④ to be recruited

해설 동사 fail은 to 부정사를 목적어로 취한다. to recruit는 to 부정사의 능동형, to be recruited는 to 부정사의 수동형이므로 문맥상 어울리는 것을 선택해야 한다. 능동형인 to recruit는 뒤에 목적어가 있어야 하는데 빈칸 뒤에 목적어가 없으므로 오답이다. '그는 고용되는 것에 실패했다'가 문맥상 적절하므로 to be recruited가 정답이다. • prestigious 명성 있는 • distinguished 유명한, 눈에 띄는, 출중한 • fail to + 동사원형 ~하지 못하다, ~하는 데 실패하다 • recruit 채용하다

해석 비록 베노이트 씨는 명문 대학 중 한 곳에서 공부하고 출중한 성적을 거두었음에도 불구하고 채용되지 못했다.

정답 ④

27 **다음 중 밑줄 친 부분이 잘못된 것은?**

① She needs a wooden bowl <u>to drink with</u>.

② He had no friend <u>to talk about the matter with</u>.

③ He looked for the knife <u>to open the tin with</u>.

④ There are many interesting books <u>to read with</u>.

해설 to 부정사가 형용사적 용법으로 사용될 경우 부정사의 동사로 주의해야 할 부분은?

해석 ① 그녀는 물을 마실 그릇이 필요하다.
② 그는 그 문제에 대해 이야기할 친구가 전혀 없었다.
③ 그는 깡통을 열 칼을 찾았다.
④ 재미있게 읽을 책이 많이 있다.

정답 ④(to read with → to read)

28 다음 주어진 문장과 의미가 같은 것은?

They believe that he was innocent.

① It was believed that he was innocent.

② He is believed to be innocent.

③ He is believed to have been innocent.

④ It is believed that he is innocent.

해설 주절의 시제(believe)와 종속적의 시제(was)가 다를 경우 어떤 부정사가 필요할까?
They believe that he was innocent.
= It is believed that he was innocent.
= He is believed to have been innocent.

해석 사람들은 그가 무죄였다고 생각한다.

정답 ③

29 다음 주어진 문장과 의미가 같은 것은?

It seems that nobody took care of him.

① He seems not to have been taken care of by anybody.

② He seems to have been taken care of by nobody.

③ Nobody seems to take care of him.

④ He seems to be taken care of nobody.

해설 주절의 시제(seems)와 종속적의 시제(took)가 일치하지 않으므로 완료부정사가 필요하며 'nobody'는 전치사의 목적어로 사용될 수 없다는 점에 주의해야 한다. 'by nobody' → 'not ~ by anybody'로 표현되어야 한다. 그리고 부정사를 부정할 경우 'not, never'를 어디에다 두어야 할지를 생각해야 한다.

해석 아무도 그를 돌보지 않았던 것 같아 보여요.

정답 ①

CHAPTER 5

동명사

출제경향

동명사는 동사의 원형에 '-ing'를 붙여 만들므로 형태는 현재분사와 같다. 그러나 현재분사가 '동사와 형용사' 역할을 하는데 비해 동명사는 '동사와 명사'의 역할을 한다. 그러므로 동명사의 개념과 기능을 숙지하고 동명사나 부정사를 목적어로 취하는 동사, 동명사의 단순시제와 완료시제 및 태에 주의해야 한다. 관용어를 활용한 문장 전환에 따른 시제 변화도 중요하다. 부정어의 위치, 부정사와의 의미상 차이 등이 주된 출제 형식이며, 동명사의 능동, 수동의 의미를 묻는 문제와 관용어는 출제 빈도가 대단히 높다.

I 동명사의 용법

ENGLISH GRAMMAR

동명사는 문장 속에서 명사적 용법과 형용사적 용법으로 사용된다.

A 명사적 용법

동명사는 명사와 같이 문장의 주어 · 보어 · 목적어 역할을 한다. 동사로서의 성질도 있으므로 보어 · 목적어 · 수식어를 취할 수도 있다.

1. 주어로 사용되는 경우

- **Smoking** is dangerous to health. (흡연은 건강에 해롭다.)
- **Crying** won't do any good. (울어도 소용없다.)

심화학습

동명사는 일반적인 경향 또는 추상적인 내용을 나타내고 부정사는 구체적인 행위를 나타낸다:

- **Driving** *on a muddy road* **is** dangerous. 〈일반적 경향〉
  (진흙길에서 운전하는 것은 위험하다.)
- **To drive** *on a muddy road* **was** dangerous. 〈구체적 행위〉
  (진흙길에서 운전하는 것이 위험하였다.)

2. 보어로 사용되는 경우: 'be' 동사의 보어가 된다. 진행형과 혼동하지 않도록 한다.
   - My job is **teaching** students. 〈보어: My job = teaching students〉
     (내 직업은 학생들을 가르치는 것입니다.)
     비교 I am **teaching** students. 〈진행형: I ≠ teaching students〉
     (나는 학생들을 가르치고 있습니다.)

3. 동사의 목적어로 사용되는 경우
   - It began **raining**. (비가 오기 시작했다.)

4. 전치사의 목적어로 사용되는 경우: 동명사와 관련된 관용어구는 출제 빈도가 높기 때문에 필수적으로 암기해야 한다.
   - What is the best way **of getting** there?
     (그곳에 갈 수 있는 가장 좋은 방법은 무엇입니까?)

B 형용사적 용법

동명사는 명사 앞에 놓여 형용사처럼 명사를 수식할 수 있다. 이 경우 동명사는 '용도 · 목적'의 관계를 나타낸다. 이 용법은 현재분사의 형용사적 용법과 혼동하기 쉬우므로 주의한다.

1. 형용사로 사용되는 동명사: 목적 또는 용도를 나타내며 '~하기 위한' 것으로 해석된다.
   - This is a **smóking** room.

   = This is a room **for smoking**. (여기는 흡연실입니다.)

   해설 이러한 경우 동명사 뒤에 오는 명사는 주로 '무생물체'이다. 그리고 이러한 경우에는 '동명사'에 강세를 둔다.

2. 형용사로 사용되는 현재분사: 진행의 의미를 가지며 '~하고 있는' 것으로 해석된다.
   - Look at the **crying** báby.

   = Look at the baby **who is crying**. (울고 있는 저 아기를 보아라.)

해설 현재분사 뒤에 오는 명사는 주로 '생물체'이다. 그리고 이러한 경우에는 현재분사 뒤에 오는 '명사'에 강세를 둔다.

심화학습

• a **dáncing** girl 〈동명사〉
= a girl whose job is dancing: 무용수
• a dancing **gírl** 〈현재분사〉
= a girl who is dancing: 춤추고 있는 소녀

• a **wálking** stick 〈동명사〉
= a stick for walking: 지팡이
• a walking **díctionary** 〈현재분사〉
= a dictionary that walks: 걸어 다니는 사전

C 동명사 앞의 전치사 생략

1. have + trouble[difficulty, a hard time, struggle, a job] + (in) -ing
= have + trouble[difficulty, a hard time, struggle, a job] + with + 명사
: '~하기가 힘들다'로 해석된다.
• I **had trouble (in) solving** the issue.
= I **had trouble with** the issue. (이 문제를 해결하는데 애먹었다.)

2. spend[pass, waste] + 목적어 + (in) -ing
= spend[pass, waste] + 목적어 + on + 명사
: '~하는데 ~을 쓰다'로 해석된다.
• He **spends** a lot of money **(in) buying** books.
= He **spends** a lot of money **on** books. (그는 책을 사는 데 돈을 많이 쓴다.)

3. be busy + (in) -ing: '~하느라 바쁘다'로 해석된다.
• She **was busy (in) preparing** for dinner. (그녀는 저녁 준비하느라 바빴다.)

4. be late + (in) -ing: '~하느라 늦다'로 해석된다.
• We must not **be late (in) getting** home. (우린 집에 늦게 와서는 안 된다.)

Ⅱ 동명사의 의미상 주어와 시제 및 부정

ENGLISH GRAMMAR

A 동명사의 의미상 주어

1. 동명사의 의미상 주어를 명시하지 않는 경우

(1) 일반적 주어

- **Smoking** is dangerous to health. (흡연은 건강에 해롭다.)

(2) 주절의 주어와 일치하는 경우

- **He** is proud of **being** rich. (그는 자신이 부자라는 것을 자랑스러워한다.)

(3) 본문의 목적어와 일치하는 경우

- I don't blame **you** for **leaving** him. (나는 네가 그를 떠난 것을 비난하지 않는다.)
- Excuse **me** for **being** late. (늦어서 죄송합니다.)

(4) 명시하지 않아도 알 수 있는 경우

- **Having been idle** is the cause of her failure. (게을렀던 것이 그녀가 실패한 원인이다.)

2. 동명사의 의미상 주어를 명시하는 경우: 일반적으로 본문의 주어와 다른 경우 동명사 앞에 소유격을 쓴다.

(1) 소유격을 쓰는 것이 원칙이다.

- Do you mind **my smoking** here?
  (제가 여기서 담배 피는 것이 당신은 싫습니까?)
- He is proud of **his father's[his father] being** rich.
  (그는 자신의 아버지가 부자라는 것을 자랑스러워한다.)

> 심화학습
>
> 동명사의 의미상 주어가 명사일 때 명사 형태 그대로 나타낼 수가 있다. 회화체 문장에 주로 사용된다:
>
> - I don't approve of **girls** smoking. (나는 여성 흡연에 찬성하지 않는다.)

(2) 목적격을 쓰는 경우

① 무생물이 동명사의 주어일 때
• Tom complained of **the train being** late.
(톰은 기차가 연착하는 것을 불평했다.)

② 부정대명사가 주어일 때
• I remember **each of them saying** the same thing.
(나는 그들이 각각 같은 것을 말하고 있던 것을 기억한다.)

B 동명사의 시제 · 태 · 부정

1. 동명사의 시제

(1) (단순)동명사[원형동사 + -ing]를 사용하는 경우

① 본동사의 시제와 동명사의 시제가 같은 경우에 사용된다.
• He **is** ashamed of **being** scolded.
= He **is** ashamed that he **is** scolded. (그는 야단맞는 것을 부끄러워한다.)
• He **was** ashamed of **being** scolded.
= He **was** ashamed that he **was** scolded. (그는 야단맞은 것을 부끄러워했다.)

② 'remember[forget, recall, regret, deny] + -ing': '기억 · 망각 · 후회 · 부인' 등과 같은 동사 뒤에 단순동명사가 나오면 본동사의 시제보다 한 시제 앞선다.
• I **remember meeting** her.
= I **remember** that I **met** her. (나는 그녀를 만났던 것을 기억한다.)

비교 '기억 · 망각 · 후회 · 부인' 등과 같은 동사 뒤에 오는 단순부정사는 미래 시제로 해석된다:
• I **remember to meet** her.
= I **remember** that I **will** meet her. (나는 그녀를 만나기로 한 것을 기억한다.)

(2) 완료동명사[having + 과거분사]를 사용하는 경우: 본동사의 시제보다 동명사의 시제가 한 시제 앞선 경우에 사용된다.
• He **is** ashamed of **having met** her.
= He **is** ashamed that he **met[has met]** her. (그는 그녀를 만났던 것을 부끄러워한다.)
• He **was** ashamed of **having met** her.
= He **was** ashamed that he **had met** her. (그는 그녀를 만났었던 것을 부끄러워했다.)

2. 동명사의 태

(1) 'need[want, require, deserve, be worth, be worthy of] + -ing': 형태는 능동형이지만 이러한 구문은 수동의 의미로 해석된다.

- The garden **needs watering**.

= The garden **needs to be watered**. (그 정원은 물을 뿌려 주어야 한다.)

- My watch **requires mending**.

= My watch **requires to be mended**. (내 시계는 수리가 필요하다.)

(2) 수동형 단순동명사: 'being + 과거분사'로 표시되며 본동사의 시제와 동명사의 시제가 같을 경우에 사용된다. 단, '기억 · 망각 · 후회 · 부인' 등과 같은 동사 뒤에 수동형 단순동명사가 나오면 본동사의 시제보다 한 시제 앞선다.

- John **is** afraid of **being** taken to a strange place.

= John **is** afraid that he **is** taken to a strange place.
(요한이는 낯선 곳에 데려가지는 것을 무서워한다.)

- John **was** afraid of **being** taken to a strange place.

= John **was** afraid that he **was** taken to a strange place.
(요한이는 낯선 곳에 데려가졌던 것을 무서워했다.)

- Sarah does not **remember being** taken to L.A. as a kid.

= Sarah does not **remember** that she **was** taken to L.A. as a kid.
(사라는 아이일 때 L.A.에 데려가진 것을 기억하지 못한다.)

(3) 수동형 완료동명사: 'having been + 과거분사'로 표시되며 본동사의 시제보다 동명사의 시제가 한 시제 앞선 경우에 사용된다.

- He **denies having been** punished.

= He **denies** that he **was[has been]** punished. (그는 벌 받았던 사실을 부인한다.)

- The room **showed** no sign of **having been** broken into.

= The room **showed** no sign that it **had been** broken into.
(그 방은 누군가가 침입한 흔적이 전혀 보이지 않았다.)

3. 동명사의 부정: 동명사의 부정은 동명사 앞에 'not'을 붙여 부정형으로 만든다.

- He complains of **not having** time to read. (그는 독서할 시간이 없다는 것을 불평한다.)
- I am fond of **not being** disturbed. (저는 방해받지 않는 것을 좋아합니다.)

Ⅲ 동명사와 부정사

ENGLISH GRAMMAR

A 동명사와 명사적 용법의 부정사

모두 '~하는 것'이라는 의미로 명사 역할을 하므로 다음과 같을 때는 동명사와 부정사를 서로 바꿔 쓸 수 있다.

1. 주어 · 보어가 되는 경우

(1) 주어
- **Smoking** is dangerous to health.
= **To smoke** is dangerous to health. (흡연은 건강에 해롭다.)

(2) 보어
- My dream is **becoming** a singer.
= My dream is **to become** a singer. (내 꿈은 가수가 되는 겁니다.)

2. 'begin, like' 등의 목적어가 되는 경우: 동사가 'begin, continue, hate, like, love, prefer, propose, start' 등일 때는 동명사와 부정사를 모두 목적어로 사용할 수 있고 의미도 달라지지 않는다.
- It began **raining[to rain]**. (비가 오기 시작했다.)
- I continued **reading[to read]** the Bible. (나는 계속해서 성경을 읽었다.)

B 동명사와 부정사의 차이

동명사나 부정사는 동사의 목적어가 되지만 의미에 차이가 있을 수 있다. 또한 동사에 따라서 동명사나 부정사 한 쪽만을 취하는 것이 있다.

1. 동명사나 부정사일 때 의미의 차이가 생기는 동사
- He tried **kicking**. 〈실제로 찬 경우〉
  (그는 그것을 차보았다.)
- He tried **to kick**. 〈실제로 찼는지 분명치 않음〉
  (그는 그것을 차려고 했다.)

- I like **playing** tennis. 〈일반적인 사실〉
  (나는 테니스를 좋아한다.)
- I like **to play** tennis. 〈현재의 심정, 구체적인 사실이나 행동〉
  (나는 테니스를 하고 싶다.)

- Don't forget **to attend** the meeting. 〈미래의 일〉
  (모임에 꼭 참석해 주시오.)
- I will never forget **seeing** her at the party. 〈과거의 일〉
  (파티에서 그녀를 만난 것을 잊지 못할 것이다.)

- I like **swimming** but I don't like **to swim** here. 〈일반적 사실 + 현재의 심정〉
  (나는 수영을 좋아하지만 여기서 수영하는 것은 싫다.)

2. 동명사만을 목적어로 취하는 동사

(1) 주요 동사 암기법

"동명사의 '연습(practice)'은 '연기(postpone)'하거나 '회피(avoid, evade, escape)'하지 말고 '중단(stop, quit)'없이 '계속(keep)' '즐기어(enjoy)' '끝내(finish)'라는 '제안(suggest)'을 '놓치(miss)'거나 '거절(deny, reject)'하지 말고 잘 '고려(consider)'해서 '받아들여야(admit, permit)' 한다."

- I **practice** *playing* tennis regularly. (나는 규칙적으로 테니스 연습을 한다.)
- He narrowly **escaped** *being* killed. (그는 구사일생으로 살아났다.)

(2) 2어 동사: 'give up, put off, go on, keep on, fall to' 등이 있다.

- I **gave up** *smoking*. (나는 담배를 끊었다.)
- **Keep on** *running*! (계속 뛰어라!)

3. 부정사만을 목적어로 취하는 동사: 주로 '소망 · 기대 · 약속 · 계획' 등을 나타내는 동사로서 'wish, hope, desire, mean, plan, expect, promise, refuse, hesitate, pretend, choose, decide, agree, want, seek, resolve, care' 등이 있다.

- I **hesitated** *to take* the offer. (나는 그 제의를 받아들이기를 망설였다.)
- She **pretended** *not to know* me. (그녀는 나를 모르는 체했다.)
- Would you **care** *to go* for a walk? (산책하실래요?)
- He firmly **determined** *to try* again. (그는 한 번 더 해보려고 굳게 결심했다.)
- Noah **sought** *to satisfy* their needs. (노아는 그들의 필요를 충족시키려고 노력했다.)

IV 동명사의 관용적 표현

ENGLISH GRAMMAR

1. be accustomed to *-ing*, be used to *-ing*: ~하는데 익숙하다
   - John **is accustomed to** *rising* early. (요한이는 일찍 일어나는데 익숙하다.)

2. look forward to *-ing*: ~을 기대하다
   - She is **looking forward to** *seeing* you. (그녀는 너를 만날 것을 기대하고 있다.)

3. contribute to *-ing*: ~에 공헌하다
   - Sarah **contributed** greatly **to** *helping* the poor.
     (사라는 가난한 이들은 돕는데 큰 공헌을 하였다.)

4. object to *-ing*, be opposed to *-ing*: ~에 반대하다
   - I strongly **object to** *smoking*.
   = I **am** strongly **opposed to** *smoking*. (저는 흡연에 강력히 반대합니다.)

5. What do you say to *-ing*: ~하는 것이 어때요?
   - **What do you say to** *going* to the movies?
   = **How[What] about** *going* to the movies?
   = **What do you think about** *going* to the movies? (영화 보러 갈래요?)

6. with a view to *-ing*, with a view of *-ing*, for the purpose of *-ing*: ~할 목적으로
   - We opened a charity hospital **with a view to** *saving* the poor sick people.
     (우리는 가난한 환자들을 구할 목적으로 자선 병원을 열었다.)

7. It is no use[good] *-ing*, There is no use[good] *-ing*: ~해도 소용없다
   - **It is no use** *talking*.
   = **It is of no use** *to talk*. (말해도 소용없다.)
   - **There is no use** *trying* to do so. (그렇게 하려 해도 소용없는 일이다.)

8. There is no *-ing*: ~하는 것은 불가능하다
   - **There is no** *saying* what will happen in front of us.
   = **It is impossible** *to say* what will happen in front of us.

= We cannot *say* what will happen in front of us.
(우리들 앞에 어떤 일이 일어날지를 말하는 것은 불가능하다.)

9. cannot help *-ing*: ~하지 않을 수 없다
• She could not help *accepting* his proposal.
= She could not but *accept* his proposal.
= She could not choose but *accept* his proposal.
= She had no choice[alternative] but *to accept* his proposal.
= She could not do nothing but *accept* his proposal.
(그의 청혼을 그녀는 받아들이지 않을 수 없었다.)

10. feel like *-ing*: ~하고 싶다
• I feel like *talking* to her.
= I feel inclined *to talk* to her. (나는 그녀에게 말을 걸고 싶다.)

11. It is worth while *-ing*, be worth *-ing*: ~할 가치가 있다
• The Bible is worth *reading*.
= The Bible is worthy of *reading*.
= It is worth while *reading* the Bible.
= It is worth while *to read* the Bible. (성경은 읽을 가치가 있다.)

12. of one's own *-ing*: 자신이 직접 ~한
• This is the picture of my own *painting*.
= This is the picture *painted* by myself.
= This is the picture which I myself *painted*. (이 그림은 내가 직접 그린 것이다.)

13. On *-ing*: ~하자마자
• On *seeing* me, she ran away.
= As soon as she *saw* me, she ran away.
= No sooner had she *seen* me than she ran away.
= Hardly[Scarcely] had she *seen* me when[before] she ran away.
(나를 보자마자 그녀는 달아났다.)

14. not[never] ~ without *-ing*: ~하면 반드시 ~하다
• It never rains without *pouring*.

= It **never** rains **but** it *pours*. (비가 오기만 하면 꼭 억수같이 퍼붓는다.)

• **No** one **can** pass in or out **without** *being* seen. (눈에 띄지 않고 아무도 출입할 수 없다.)

• They **never** meet **without** *quarreling*.

= **Whenever** they meet, they *quarrel*.

= **When** they meet, they **always** *quarrel*.

= They **never** meet **but** they *quarrel*. (그들은 만나면 반드시 싸운다.)

15. It goes without *saying* that: ~은 말할 필요도 없다

• **It goes without** *saying* **that** he is a walking dictionary.

= **It is needless** *to say* **that** he is a walking dictionary.
(그가 학식이 뛰어나다는 것은 말할 것도 없다.)

16. far from *-ing*: 결코 ~아니다

• She **is far from** *blaming* her husband.

= She **never** *blames* her husband.

= She **is above** *blaming* her husband. (그녀는 절대로 남편을 비난하지 않는다.)

17. make a point of *-ing*: ~하는 습관이 있다

• I **make a point of** *playing* tennis on weekends.

= I **make it a rule** *to play* tennis on weekends.

= I **am in the habit of** *playing* tennis on weekends. (나는 주말에 늘 테니스를 한다.)

18. come near (to) *-ing*: 거의 ~할 뻔하다

• He **came near** (to) *being* run over.

= He **narrowly escaped** *being* run over. (그는 하마터면 차에 치일 번 했다.)

19. prevent ~ from *-ing*: ~에게 ~하지 못하게 하다

• The rain **prevented** me **from** *playing* tennis.

= I **could not** *play* tennis **because of** the rain.

= I **could not** *play* tennis **because** it rained. (비로 인해 나는 테니스를 할 수 없었다.)

20. be sure of *-ing*: ~을 확신하다. 〈주어의 확신을 나타냄〉

• He **is sure of** *winning* the prize.

= **He is sure** that **he will** *win* the prize. (그는 자신이 상을 탈 것이라고 확신한다.)

실력평가문제

CRAMMING ENGLISH GRAMMAR

※ 다음 밑줄 친 곳에 가장 알맞은 것을 고르시오.

01 I remember _____ her tonight.

① to meet ② met

③ meeting ④ having met

해설 'remember' 동사 뒤에 부정사가 올 경우와 동명사가 올 경우 어떤 차이가 있을까?
해석 나는 오늘 저녁 그녀를 만나기로 한 것을 기억한다.
정답 ①

02 There is no knowing his age.
= It is impossible to know _____ he is.

① how far ② how old

③ how long ④ how much

해설 There is no + -ing = It is impossible to 부정사 ~하는 것은 불가능하다
해석 그의 나이를 알 수 없다.
정답 ②

03 Technology will play a key role in _____ future life styles.

① to shape ② shaped

③ shape of ④ shaping

해설 전치사 뒤에 동사적 의미가 올 때는 동명사를 사용한다.
해석 기술은 미래의 생활양식을 형성하는데 주요한 역할을 할 것이다.
정답 ④

04 He is sure that he will win the race.
= He is _____ the race.

① sure to win ② sure of win

③ sure of winning ④ sure to winning

해설 be sure of: '~을 확신하다'는 의미로 주어의 확신을 나타낸다. 'be sure to 부정사'는 '반드시 ~하다'는 의미로 말하는 사람(話者)의 의지를 나타낸다. He is sure to win. = I am sure that he will win. = We are sure that he will win. = It is certain that he will win. (그는 반드시 승리할 것이다.)
해석 그는 자신이 그 경기를 이길 것이라고 확신한다.
정답 ③

05 Whenever I see this photo, I am reminded of your mother.

= I _____ see this photo _____ of your mother.

① always, without reminding

② never, without being reminded

③ can't, to be reminded

④ always, without being reminded

해설 never ~ without -ing ~하면 반드시 -ing하다. A reminds B of C: 'A는 B에게 C를 생각나게 한다'는 문장을 수동태로 전환시킨 문제이다. → B is reminded of C (by A): (A로 인해) B는 C를 생각하게 된다

해석 이 사진을 볼 때마다 나는 네 어머님을 떠올리게 된다.

정답 ②

06 The battery needs changing.

= The battery needs _____.

① to change

② changed

③ being change

④ to be changed

해설 need[want, require, deserve] + -ing = need[want, require, deserve] + to + be + 과거분사

해석 이 배터리는 교체해야 합니다.

정답 ④

07 **다음 중 어법상 옳은 것은?**

① I am looking forward to dating with you.

② He objected to treating like that.

③ She practiced hard with a view to win the prize.

④ What do you say to go out for a stroll?

해설 부정사에 사용되는 'to'와 동명사에 사용되는 전치사 'to'를 구분하는 문제이다.

② object to + -ing ~하는 것을 반대하다. 'treating'는 타동사이므로 뒤에 목적어가 나와야 하는데 주어진 문제에서는 목적어가 없으므로 수동태 문장인 것을 알 수 있다. 그러므로 'being treated'로 바뀌어야 한다.

③ with a view to + -ing ~하기 위하여. win → winning

④ What do you say to + -ing ~하는 게 어떤가? go → going

해석 ① 나는 당신과 데이트하기를 기대하고 있습니다.

② 그는 그렇게 취급당하는 것에 반대했다.

③ 그녀는 그 상을 타기 위해서 열심히 연습했다.

④ 산책하러 나가는 것 어떻게 생각하세요?

정답 ①

08 다음 빈 칸에 쓸 수 없는 것은?

Britta _____ doing her homework.

① stopped ② finished

③ sought ④ enjoyed

해설 동명사를 목적어로 취할 수 있는 동사에 관한 문제이다. 일반적으로 '희망 · 계획 · 약속' 등을 나타내는 동사는 목적어로 부정사를 취한다. 그러므로 주어진 문장은 'Britta sought to do her homework.'로 고쳐야 한다.

해석 브리타는 숙제를 하려고 노력하였다.

정답 ③

09 다음 문장 중 틀린 것은?

① Would you mind my smoking here?

② He is not accustomed to getting up early.

③ She used to take a walk every morning.

④ He gave up to smoke for good.

해설 부정사와 동명사를 구분하는 문제이다.

④ give up + -ing ~을 포기하다. 그러므로 주어진 문장은 'He gave up smoking for good.'으로 고쳐야 한다.

해석 ① 제가 여기서 담배를 피워도 좋겠습니까?

② 그는 일찍 일어나는 데 익숙하지 않다.

③ 매일 아침 그녀는 산책하곤 했다.

④ 그는 담배를 아주 끊었다.

정답 ④

※ 다음 밑줄 친 곳에 들어갈 알맞은 것을 고르시오.

10 Would you mind _____ this box.

① my opening ② I open

③ me to open ④ I opening

해설 동명사의 의미상 주어는 동명사 앞에 '소유격'으로 표시한다.

해석 제가 이 박스를 열어도 괜찮겠습니까?

정답 ①

11 She couldn't help _____ her lot.

① satisfying with ② satisfy with

③ being satisfied with ④ be satisfied with

해설 • cannot help + -ing = cannot but + 원형동사 ~하지 않을 수 없다 • be satisfied with ~에 만족하다
해석 그녀는 자신의 운명에 만족하지 않을 수 없었다.
정답 ③

12 Mother never goes downtown _____ something to eat.

① without to buy ② without buying
③ but buying ④ but buy

해설 • never ~ without + -ing ~하면 반드시 -ing하다
해석 어머니는 시내에 가실 때면 언제나 먹을 것을 사신다.
정답 ②

13 Mr. Jameson emphasized that _____ contracts with clients in Asia is at the top of his list of things to do.

① was secured ② secured
③ securing ④ is securing

해설 that절의 주어는 빈칸부터 Asia이며 동사는 is이므로 빈칸은 동사 자리가 아니다. 따라서 동사인 ①과 ④는 오답이다. secured가 들어가면 형용사 역할을 하여서 명사인 contracts를 수식하기 때문에 주어가 contracts가 되어 동사 is와 수가 일치되지 않으므로 역시 오답이다. securing contracts의 동명사 주어 형태가 되면 동사와 수 일치될 뿐만 아니라 '계약을 하는 것'이라는 의미로 문맥상으로도 적절하다. 따라서 securing이 정답이다. • emphasize 강조하다 • secure a contract 계약을 따내다 • client 고객
해석 제임슨 씨는 아시아에 있는 고객들과 계약을 맺는 것이 자신이 해야 할 일 목록 가운데서 가장 위에 있는 것이라고 강조했다.
정답 ③

14 Thanks to a large grant that was given to the lab last year, its scientists have been working on _____ a vaccine for the Ebola virus.

① develop ② develops
③ development ④ developing

해설 on은 전치사이므로 뒤에 명사 형태가 온다. 빈칸 뒤에 목적어(a vaccine)가 있으므로 목적어를 취하는 동명사 형태인 developing이 정답이 된다. • thanks to ~ 덕분에 • grant 보조금 • lab(laboratory) 실험실
해석 작년에 실험실에 주어진 많은 보조금 덕분에 그곳의 과학자들은 에볼라 바이러스의 백신을 개발하는 연구를 해오고 있다.
정답 ④

15 While the managers were considering how to increase profits, one of them suggested _____ later in the evening as a way to attract more customers.

① would close ② closing
③ closed ④ will close

해설 빈칸은 동사 suggest의 목적어 자리이다. suggest의 목적어 자리에 올 수 있는 것은 동명사이므로 closing이 정답이 된다. • manager 운영자, 경영자 • consider 고려[고심]하다, 생각하다 • profit 이익, 수익 • suggest 제안하다 • attract (주의 · 흥미 등을) 끌다, 매혹하다 (사물을) 끌어당기다 • customer 고객

해석 수익을 증가시키는 방법을 운영자들이 고심하는 동안에 그들 중 한 명이 더 많은 고객들을 유치하는 방법으로써 더 늦게 문을 닫는 것을 제안했다.

정답 ②

16 For the past three months, we have been working primarily on ______ a solution to the problem with the internal communications system.

① find ② to find

③ finding ④ found

해설 on은 전치사이므로 뒤에는 명사 형태(명사/동명사/명사절)가 와야 한다. 따라서 동사인 find와 found는 오답이다. '전치사 + ----- + a + 명사' 형태이므로 뒤의 명사구를 목적어로 취하는 동명사인 finding이 정답이다. • past 지난 • primarily 주로 • solution to ~에 대한 해결책 • problem with ~에 있는 문제 • internal 내부의

해석 지난 3개월 동안 우리는 내부통신 시스템의 문제에 대한 해결 방안을 찾는 데 우선적으로 일을 해왔다.

정답 ③

17 FineWed.com is well known for _____ outstanding resources for online wedding planning.

① to offer ② offer

③ offered ④ offering

해설 for는 전치사이므로 뒤에는 명사 형태(명사/동명사/명사절)가 와야 한다. '전치사 + 형용사 + 명사' 형태인 for offered outstanding resources도 될 수 있고, '전치사 + 동명사 + 목적어' 형태인 for offering outstanding resources도 될 수 있으므로 문맥에 적절한 것을 선택해야 한다. FineWed.com은 '뛰어난 자료를 제공하는 것으로 알려져 있다'가 문맥상 적절하므로 offering이 정답이다. • be well know for ~로 잘 알려져 있다, ~로 유명하다 • offer 제공하다 • outstanding 뛰어난 • resource 자료, 자원, 재료

해석 FineWed.com은 온라인 결혼 계획을 위한 뛰어난 자료들을 제공하는 것으로 잘 알려져 있다.

정답 ④

18 Engineers must start the process by _____ removing the power source to ensure that there is no electric charge that can harm them.

① careful ② care

③ carefully ④ caution

해설 빈칸 앞에 by는 전치사, 뒤에 연결된 removing은 동명사이므로 빈칸은 동명사를 수식하는 부사 자리이다. by carefully removing은 '조심스럽게 제거함으로써'가 되어 문맥상으로도 적절하다. 따라서 carefully가 정답이 된다. • engineer 기술자 • process 절차, 과정 • carefully 주의 깊게, 신중하게 • remove 제거하다 • power source 전력원 • ensure 보장하다 • electric charge 전하(電荷) • harm 해를 끼치다

해석 기술자들은 자신들에게 해를 끼칠 수 있는 전하가 없다는 것을 보장하기 위하여 조심스럽게 전력원을 제거함으로써 그 과정을 시작해야만 한다.

정답 ③

19 Responsibilities of this managerial position include _____ delivery schedules and arranging payments to a number of distributors.

① to coordinate ② coordinating

③ coordinate ④ coordination

해설 빈칸은 동사 include의 목적어 자리이다. include는 to 부정사가 아닌 동명사를 목적어로 취하는 동사이므로 coordinating이 정답이 된다. 명사는 또 다른 명사를 취할 수 없으므로 coordination은 오답이다.
• responsibility 책임, 의무 • managerial 관리의 • include 포함하다 • coordinate 조정하다 • arrange 정리하다, 배열하다, 마련하다 • a number of 많은 • distributor 유통업자, 유통업체

해석 이 관리직의 책무는 배송 일정을 조정하고 많은 유통업체들에게 지불금을 배정하는 것을 포함한다.

정답 ②

20 As the new manager, Ms. Moi will be responsible for handling a team of 60 people ____ supervising the entire Northeast sector.

① therefore ② in addition to

③ as a result ④ whereas

해설 보기 중에 접속부사, 전치사, 접속사가 있는데 동명사구는 명사 역할을 하기 때문에 앞에 전치사가 와야 한다. 보기 중 전치사는 ②번 밖에 없으므로 in addition to가 정답이다. • be responsible for ~을 담당하다 • handle 통솔하다, 다루다 • supervise 감독하다 • entire 전체의 • Northeast 북동의 • sector 도시의 지역, 지구

해석 새 관리자로서 모이 씨는 북동 지구 전체를 감독하는 것뿐만 아니라 60명의 팀원을 통솔하는 일을 담당할 것이다.

정답 ②

21 We at German Auto Repair are _____ to providing you with the best possible repair service for your automobile.

① scheduled ② committed

③ advised ④ asked

해설 보기는 각각 be scheduled to + 동사원형(~하도록 예정되어 있다), 'be committed to + 명사/동명사(~에 헌신하다)', be advised to + 동사원형(~하도록 권고받다), be asked to + 동사원형(~하도록 요청받다) 형태로 쓰인다. 빈칸 뒤에 to + 동명사의 형태가 있으므로 committed가 정답이 된다. • provide A with B A에게 B를 제공하다 • repair 수리, 수선 • automobile 자동차

해석 저희 게르만 자동차 정비는 당신의 자동차를 위한 가능한 한 최선의 정비 서비스를 당신에게 제공하는 데 전념한다.

정답 ②

22 Despite _____ that the defective machine be replaced immediately, the company did not give any response.

① requested ② to request

③ having requested ④ will request

해설 despite는 전치사이므로 뒤에는 명사 형태(명사/동명사/명사절)가 와야 한다. having + p.p.는 주절의 시제보다 한 시제 앞선 동명사이며 동사 request는 빈칸 뒤의 that절을 목적어로 취하므로 having requested가 정답이다. • despite ~에도 불구하고 • request 요청하다 • defective 결함이 있는 • replace 교체하다 • immediately 즉시 • response 응답

해석 그 결함 있는 기계는 즉시 교환되어야 한다고 요청했음에도 불구하고 그 회사는 어떠한 답변도 주지 않았다.

정답 ③

23 ____ us of your own opinions about our new card model will be highly appreciated.

① Your informing ② You inform

③ Your informed ④ Your information

해설 문장의 동사는 will be이다. 따라서 '주어 + 동사' 형태인 You inform은 오답이다. 빈칸 뒤에 대명사 us가 있으므로 Your information은 올 수 없다. informing은 동명사로 주어 역할을 하며, 동명사의 의미상 주어는 소유격으로 나타내므로 Your informing이 정답이 된다. • inform A of B A에게 B를 알리다, 통보하다 • opinion 의견 • appreciate 고맙게 여기다, 감사하다, 감상하다

해석 우리의 새 카드 모델에 대한 당신의 의견을 당신이 우리에게 알려 주신다면 매우 감사하겠습니다.

정답 ①

24 According to the hotel policy, guests need to check out by noon to avoid ____ for an extra night's stay.

① to charge ② being charged

③ charged ④ has charged

해설 빈칸은 to avoid의 목적어 자리이다. avoid는 to 부정사가 아닌 동명사를 목적어로 취하는 동사이므로 being charged가 정답이 된다. 참고로, being + p.p.는 동명사의 수동태이다. • according to ~에 따르면 • policy 정책, 방침 • check out 퇴숙하다, 퇴실하다 • by noon 정오까지 • avoid 피하다 • charge 부과하다 • extra 추가의 • stay 체류

해석 호텔 방침에 의하면 투숙객들은 추가 1박에 대한 요금이 부과되는 것을 피하기 위하여 정오까지 퇴실해야 한다.

정답 ②

25 다음 중 밑줄 친 부분의 용법이 서로 다른 것은?

① a *sleeping* car ② a *walking* stick

③ a *dining* car ④ a *sleeping* baby

해설 '동명사 + 명사'는 목적 · 용도 표시 → '명사 + for + 동명사'; '현재분사 + 명사'는 진행 · 상태를 표시. a sleeping car = a car for sleeping(침대차), a walking stick = a stick for walking(지팡이), a dining car = a car for dining(식당차)

정답 ④

CHAPTER

6 분사

출제경향

현재분사와 과거분사의 의미상의 차이를 우선 알아야 한다. 분사 구문을 부사절로, 부사절을 분사 구문으로 전환하는 데 의미상의 주어와 주절의 주어가 일치하는지 먼저 확인하고, 시제 및 태에 각별히 주의해야 한다. 분사 구문의 강조와 부대상황의 분사 구문은 그 의미와 뜻을 정확히 파악하고 있어야 실수하지 않는다.

I 분사의 용법과 기능

ENGLISH GRAMMAR

분사는 동사와 형용사의 성질을 겸하고 있는 것으로, 현재분사와 과거분사가 있다. 또 분사가 형용사처럼 명사 앞이나 뒤에서 명사를 수식하는 역할을 하는 것을 분사의 '한정 용법'이라 하고 분사가 형용사처럼 보어로 쓰이는 용법을 '서술 용법'이라고 한다.

A 분사(동사의 기능 + 형용사 기능)

종류	형태	의미
현재분사	원형동사 + ing	자동사: 진행(~하고 있는, ~하는) 타동사: 능동, 사역(~하게 하는)
과거분사	원형동사 + ed 불규칙 동사의 과거분사	자동사: 완료(~한, ~해 버린) 타동사: 수동(~된, ~당한)

• a **sleeping** baby 〈자동사의 현재분사〉
= a baby **who is sleeping**(자고 있는 아이)
• **amazing** grace 〈타동사의 현재분사〉

= grace **which is amazing**(놀라게 하는 은총)
- a **fallen** angel 〈자동사의 과거분사〉
= an angel **which has fallen**(타락한 천사)
- an **abandoned** kid 〈타동사의 과거분사〉
= a kid **who is abandoned**(버림받은 아이)

B 분사의 용법

1. 분사의 한정적 용법: 명사 전 · 후에서 형용사처럼 그 명사를 수식한다.
- 전치 수식: 분사 단독으로 수식할 경우
- 후치 수식: 분사에 다른 어구가 수반될 경우

(1) 현재분사: 능동의 의미를 지닌다.

① 명사 앞에서 수식하는 경우[전치 수식]
- A **rolling** stone gathers no moss.
= A stone **which is rolling** gathers no moss. (구르는 돌에는 이끼가 끼지 않는다.)

② 명사 뒤에서 수식하는 경우[후치 수식]
- Look at the doggie **sleeping** under the tree.
= Look at the doggie **which is sleeping** under the tree. (나무 아래서 자고 있는 강아지를 보세요.)

심화학습

분사는 원래 동사이기 때문에 목적어 · 보어 · 수식어를 수반할 수 있다. 이 경우 명사 뒤에서 그 명사를 수식한다:
- People **visiting the place** are increasing. 〈분사 뒤에 목적어가 수반된 경우〉
= People **who are visiting the place** are increasing.
(그 장소를 방문하는 사람들이 늘고 있다.)
- There lived a lady **named Annabel Lee**. 〈분사 뒤에 보어가 수반된 경우〉
= There lived a lady **who was named Annabel Lee**.
(애나벨 리라는 이름의 아가씨가 살고 있었지.)
- I found a man **sitting on the rocking chair**. 〈분사 뒤에 수식어가 수반된 경우〉
= I found a man **who was sitting on the rocking chair**.
(나는 흔들의자에 앉아 있던 한 남자를 보았다.)

(2) 과거분사: 수동의 의미를 지닌다.

① 명사 앞에서 수식하는 경우[전치 수식]

• There were no **printed books** in those days.

= There were no books **which were printed** in those days. (당시에는 인쇄된 책이 없었다.)

② 명사 뒤에서 수식하는 경우[후치 수식]

• Here are some **books printed** in those days.

= Here are some **books which were printed** in those days.
(여기 당시에 인쇄된 책이 몇 권 있다.)

• I have a **doggie called** Coco.

= I have a **doggie which is called** Coco. (나에게는 코코라고 불리는 강아지가 있다.)

2. 분사의 서술적 용법: 주격 보어나 목적격 보어로 사용된다.

(1) 주격 보어로 사용되는 경우: '주어 + 동사 + 분사'의 형태로 분사가 불완전 자동사의 보어로 사용된다. 이 경우 분사는 주어의 동작 · 상태를 나타낸다. 현재분사는 주어와의 관계가 능동, 과거분사는 주어와의 관계가 수동이다.

■ 주어 + lie[stand, keep, come, go, appear, look, feel, remain] + -ing / -ed

• She sat **reading** the Bible. (그녀는 성경을 읽으며 앉아 있었다.)
• She sat **surrounded** by her students. (그녀는 학생들에 둘러싸여 앉았다.)

(2) 목적격 보어로 사용되는 경우: 지각 · 사역 · 희망 · 요구 · 인식 등을 나타내는 동사의 보어로 많이 사용된다. '주어 + 동사 + 목적어 + 분사'의 형태로 불완전 타동사의 보어로 쓰이며 분사는 목적어의 동작 · 상태를 나타낸다. 즉, 보어로 사용되는 분사는 목적어와 '주어 + 동사'의 관계를 이룬다. 보어로 사용되는 현재분사는 목적어와의 관계가 능동, 과거분사는 목적어와의 관계가 수동이다.

■ 주어 + 지각동사[have, get, keep, leave, set, catch] + 목적어 + -ing

• The mother **watched** her kids **swimming** in the pool.
(그 어머니는 자기 아이들이 수영장에서 수영을 하고 있는 것을 바라보았다.)
• I **found** her **reading** the Bible. (나는 성경을 읽고 있는 그녀를 발견했다.)

■ 주어 + 지각동사[사역동사, find, get, want] + 목적어 + -ed

- I **heard** my name **called**. (나는 내 이름이 불리는 것을 들었다.)
- My wife doesn't like to **see** her kids **disappointed**.
  (내 아내는 우리 아이들이 실망하는 것을 보고 싶어 하지 않는다.)
- I **found** her **surrounded** by children. (나는 아이들에게 둘러싸여 있는 그녀를 발견했다.)

심화학습

'have[get] + 목적어(무생물) + 과거분사'의 문형에서 'have, get'의 경우는 주어에 이익이 되는 일일 때는 '~을 ~하게 시키다'라는 사역의 의미로, 주어에게 손해가 되는 일일 때는 '~을 ~당하다'라는 수동의 의미로 해석한다:

- I **had[got]** my shoes **mended**. 〈사역의 의미〉
  (나는 신발 수선을 맡겼다.)
- I **had[got]** my watch **stolen**. 〈수동의 의미〉
  (나는 시계를 잃어 버렸다.)

C 분사의 특수 용법

1. 형용사-현재분사: 복합 형용사 역할을 한다. 이 경우 두 단어는 '-'로 연결한다.
   - I met a **good-looking** guy. (나는 멋진 남자를 만났어.)

2. 유사분사: '형용사-명사'의 형태에서 명사에 '-ed'가 붙는다. 한정적으로 사용되어 성질을 표시한다. 이 경우는 '~을 가진'의 의미로 해석된다.
   - I got married to a **kind-hearted** lady. (나는 마음이 따스한 아가씨와 결혼을 하였다.)
   - She was a **middle-aged** woman. (그녀는 중년 부인이었다.)

3. 분사의 형용사화: 분사가 동사적 성질은 없어지고 완전한 형용사처럼 사용되는 경우를 말한다.
   - The game was **interesting**. (그 경기는 재미있었다.)
   - The weather is **promising**. (날씨가 좋아질 것 같다.)
   - I am all **exhausted**. (나는 완전히 기진맥진한 상태다.)

4. 분사의 전치사화

- The chairperson said nothing **concerning[about]** the future. (의장은 미래에 대하여 아무것도 말하지 않았다.)

5. 분사의 부사화

- The weather was **burning** hot. (날씨가 타는 듯이 덥다.)

6. The + 분사: 상황에 따라 단수 명사, 복수 명사, 또는 추상 명사 역할을 하기도 한다.

- the accused (피고인)
- the disabled (장애우들)
- the wounded (부상자들)
- the deceased (고인 · 故人)
- the unknown (미지의 세계)
- the pursued (추적당하는 사람)
- the unexpected (예상치 못한 일)
- the missing = missing people (실종자들)

m/e/m/o

Ⅱ 분사 구문

ENGLISH GRAMMAR

A 분사 구문이란?

현재분사와 과거분사를 이용해서 복문의 종속절[부사절]을 간단히 단문으로 만든 문장을 분사 구문이라고 한다. 분사 구문은 접속사와 동사의 역할을 겸하여 부사구를 만드는 것으로, 대부분 접속사가 이끄는 부사절로 전환시켜 사용할 수 있다. 또한 분사 구문은 3가지 위치를 가진다.

분사 구문 만드는 법

① 접속사를 없앤다.
② 주어를 없앤다(주절의 주어와 다를 때는 생략하지 않는다).
③ 동사를 분사로 고친다.
④ 시제가 다를 경우 완료형을 쓴다(**having** + 과거분사).
⑤ 부정문의 경우 **'not, never'**를 분사 앞에 둔다.

- As **I** didn't know it, **I** got puzzled.

= **Not** *knowing*, **I** got puzzled. (그것을 몰라서, 나는 당황했다.)

- As **the dog** barked at me, **I** ran away.

= **The dog** *barking* at me, **I** ran away. (개가 짖어서, 나는 도망갔다.)

1. 주절 앞에 오는 경우: 분사 구문 속의 동작이 주절 속의 동작보다 전에 일어난 것을 나타내는 경우가 많다.
   - **Hearing this**, she laughed loudly. (이 말을 듣자, 그녀는 크게 웃었다.)

2. 주절 속에 삽입되는 경우: 분사 구문 속의 동작이 주절의 동작과 동시 또는 그 전에 일어난 것을 나타낸다.
   - The boy, **playing the guitar**, did not hear the noise.
     (소년은 기타를 치고 있었기 때문에 그 시끄러운 소리를 듣지 못했다.)

3. 주절 뒤에 있는 경우: 분사 구문 속의 동작이 주절과 동시에 또는 그 후에 일어난 것을 나타낸다.
   - Two comets appeared, **traveling side by side**. (2개의 행성이 나란히 움직이며 나타났다.)
   - I wrote him a letter, **asking him for a job**.
     (나는 그에게 편지를 써 그에게 일자리를 하나 부탁하였다.)

B 분사 구문의 의미

분사 구문으로 쓰인 문장의 의미는 먼저 문장의 앞뒤 관계를 보고 생략된 접속사가 무엇인지 판단하면 그 의미를 파악할 수 있다. 대개 분사 구문은 '때 · 이유 · 조건 · 양보 · 부대상황' 등의 의미를 나타낸다.

1. 때를 나타내는 경우: '~할 때'라고 해석되며, 때를 나타내는 접속사로 바꿔 쓸 수 있다.
   - **Walking** along the street, I met Mr. Milton.
   = **When I walked** along the street, I met Mr. Milton. (길을 걷고 있을 때 밀턴 씨를 나는 만났다.)
   - **Finishing** breakfast at six, I left for my study.
   = **After I finished** breakfast at six, I left for my study. (6시에 아침을 먹고 나는 연구실로 향했다.)

2. 원인 · 이유를 나타내는 경우: '~하기 때문에'로 해석되며, 'as, because, since' 등으로 바꿔 쓸 수 있다.
   - **Being** sick, I stayed at home.
   = **Because[As]** I **was** sick, I stayed at home. (아파서 집에 있었다.)
   - **Having felt** tired, she **calls** in sick.
   = **Since** she **felt** tired, she **calls** in sick. (피곤함을 느꼈기 때문에 그녀는 병가를 낸다.)

3. 조건을 나타내는 경우: '~한다면'으로 해석되며 'if'로 바꿔 쓸 수 있다. 이 경우 주절에는 미래 조동사 'will'이 수반된다.
   - **Turning** to the right, you **will** find the post office.
   = **If you turn** to the right, you **will** find the post office. (오른쪽으로 돌면, 우체국을 찾을 겁니다.)
   - **Time permitting**, I'll play tennis tomorrow.
   = **If time permits**, I'll play tennis tomorrow. (시간이 허락한다면, 나는 내일 테니스를 할 겁니다.)

4. 양보를 나타내는 경우: '~임에도 불구하고'로 해석되며 'though, although' 등으로 바꿔 쓸 수 있다.
   - **Living** near his house, I have never seen him.
   = **Though I live** near his house, I have never seen him.
   (그의 집 근처에 살지만 그를 만난 적은 없다.)

5. 부대상황[동시 동작]을 나타내는 경우: 주절 속의 동작과 동시에 일어나고 밀접한 관련이 있는 동작을 말한다. '~하면서'로 해석되며 'as, and, while' 등으로 바꿔 쓸 수 있다.

- **Saying** "good-bye," he went out of the house.

= He went out of the house **as** he **said** "good-bye." (그는 작별 인사를 하면서 집을 나섰다.)

- She was standing **closing** her eyes.

= She was standing **with** her eyes **closed**. (그녀는 눈을 감고 서 있었다.)

6. 서술의 계속을 나타내는 경우: 'and'를 이용해서 바꿔 쓸 수 있다.

- The train leaves at nine, **arriving** at Busan at noon.

= The train leaves at nine **and** it **arrives** at Busan at noon.
(그 열차는 9시에 출발하여 정오에 부산에 도착한다.)

C 주의해야 할 분사 구문

1. 수동태 분사 구문: 'being + 과거분사' 또는 'having been + 과거분사' 형태로 된 수동태 분사 구문에서는 'being' 또는 'having been'은 생략될 수 있다.

- **(Being)** encouraged, he continued his research.

= **As he was** encouraged, he continued his research. (용기를 얻어 그는 연구를 계속했다.)

- The doggie was miserable, **(being)** shut up in the car for hours.

= The dog was miserable **as it was** shut up in the car for hours.
(그 강아지는 장시간 차 안에 갇혀 있어서 비참했다.)

- **(Having been)** let alone, I began to read the Bible.

= **As I had been** let alone, I began to read the Bible.
(혼자 남아 있게 되고 나서 나는 성경을 읽기 시작했다.)

심화학습

형용사 앞에서도 'being'은 생략된다:

- **(Being)** penniless, he sold his estate.

= **As he was** penniless, he sold his estate. (돈이 없어서 그는 땅을 팔았다.)

2. 분사 구문의 부정: 'not'을 분사 앞에 놓는다.

- **Not** knowing what to do, he asked for help.

= **As he did not** know what to do, he asked for help.
(무엇을 하면 좋을지 몰라 그는 도움을 청했다.)

3. 완료형 분사 구문: 주절의 시제보다 앞의 일을 나타낸다.

- **Having eaten** the food, the boy **watched** television.

= **After he had eaten** the food, the boy **watched** television.

(음식을 먹은 후에 그 소년은 텔레비전을 보았다.)

- **Having taken** off his hat, he **entered** the room.

= **After he had taken** off his hat, he **entered** the room.

(모자를 벗고 나서 그는 방에 들어갔다.)

4. 접속사 + 분사 구문: 분사 구문의 의미를 보다 명확하게 전달하기 위해 분사 앞에 접속사를 놓는다.

- **While swimming**, she was drowned. (그녀는 수영하다가 익사했다.)
- **While working** there, he began writing for the newspaper.
  (거기서 일하고 있는 동안 그는 신문에 기사를 쓰기 시작했다.)

> **심화학습**
>
> 'though, while, when, as if, because, unless, till, before' 등이 이끄는 부사절에서 주절의 주어와 부사절의 주어가 같을 때는 형용사나 명사 앞에 있는 부사절의 '주어 + be 동사'가 종종 생략된다:
>
> - When (**I was**) a boy, I used to swim in the river.
>   (어렸을 때 나는 강가에서 수영을 하곤 했다.)

5. 부대상황의 부사구: 'with + 목적어 + 분사[형용사, 전치사구]'로 표시된다. '~한 채로'라고 해석된다.

- Do not speak **with** your mouth **full**. (입에 잔뜩 물고 말하지 말아라.)
- He was standing **with** his hands **in his pocket**. (그는 주머니에 손을 넣은 채 서 있었다.)
- She was lying **with** her eyes **closed**. (그녀는 눈을 감고 누워 있었다.)

6. 분사 구문의 강조

(1) 현재분사 + as + 주어 + do: '사실 ~이므로'의 뜻으로 사용된다.

- **Living as** he **does** so remote from the town, he rarely has visitors.
  (도시로부터 매우 외딴 곳에 살고 있으므로, 그는 방문객이 거의 없다.)

(2) 과거분사 + as + 주어 + be: '사실 ~이므로'의 뜻으로 사용된다.

- Written as it is in easy style, this book has many readers.
  (실제로 쉽게 쓰였기 때문에, 이 책은 독자가 많습니다.)

D 독립 분사 구문

1. 주절의 주어와 분사 구문의 주어가 일치하지 않을 때 분사 구문의 주어를 생략하지 않고 분사 앞에 놓는다. 이것을 독립 분사 구문이라고 한다.

- As **it** was a fine day, **we** went on a picnic.
= **It being** a fine day, **we** went on a picnic. (날씨가 좋아 우린 소풍을 갔다.)

  해설 분사 구문으로 만들 부사절의 주어가 'it'이고 주절의 주어는 'we'로 주어가 서로 다르다. 이 경우 분사 구문 'being' 앞에는 'it'을 반드시 명시해 주어야 한다. 시험에 자주 출제되는 문형이다.

- **Two days having elapsed**, **we** again set forward.
= **After two days had elapsed**, we again set forward. (이틀이 지나고 우리는 다시 출발했다.)

2. 관용적 독립 분사 구문: 독립 분사 구문의 주어가 '일반인'이거나 '말하는 자신(話者)'인 경우 주절의 주어와 일치하지 않더라도 분사 구문의 주어가 관용적으로 생략된다. 독립 부정사의 용법과 같이 조건이나 양보를 나타낸다.

- **Generally[Frankly] speaking**, **it** is easier to read English than to speak it.
= If **we** speak generally[frankly], **it** is easier to read English than to speak it.
  (일반적으로 말해서 영어를 말하는 것보다 읽는 것이 더 쉽다.)
- **Judging from[by]** his accent, **he** must be drunk.
= If **we** judge from[by] his accent, **he** must be drunk.
  (그의 어투로 판단하건대, 그는 틀림없이 취했다.)

> **심화학습**
>
> 이외에 strictly speaking(엄격히 말하면), talking of(~에 대해 말하자면), granting that(~라고 하더라도), including(~을 포함해서), considering(~을 감안하면) 등의 표현이 있다.

3. with + 독립 분사 구문: 'with + (대)명사 + 분사'는 부대상황을 나타낸다. 이 경우 'with'는 없어도 무방하다. (대)명사는 분사의 의미상 주어이고 분사가 현재분사이든 과거분사이든 '(대)명사를 ~하고, ~하면서, ~인 채로'의 뜻으로 사용된다.

- (With) night **coming** on, they started for home.

= They started for home **with** night **coming** on. (밤이 되자, 그들은 집으로 향했다.)

비교 독립 분사 구문이 아닌 경우, 즉 문미에 사용되는 'with + (대)명사 + 분사' 구문에서는 'with'를 생략할 수 없다:

- The man was deep in thought **with** his eyes **closed**.

= (With) his eyes **closed**, the man was deep in thought.
(그 남자는 눈을 감고 깊은 생각에 잠겼다.)

m/e/m/o

실력평가문제

CRAMMING ENGLISH GRAMMAR

※ 다음 밑줄 친 곳에 가장 알맞은 것을 고르시오.

01 He was sitting alone, and he was folding his arms.

= He was sitting alone _____.

① with his arms folded ② his arms folded

③ with his arms folding ④ his arms folding

해설 'and' 이하를 부대상황으로 고치면 'folding his arm' 또는 'with his arms folded'가 된다. 팔은 스스로 접을 수 없으므로 'his arms'가 의미상 주어로 사용되면 분사는 수동의 의미를 지닌 과거분사가 와야 한다.
• fold 접다

해석 그는 팔짱을 낀 채로 혼자 앉아 있었다.

정답 ①

02 On the contrary, she seems to be kind of _____ in him.

① disappoint ② disappointed

③ disappointment ④ disappointing

해설 감정동사는 주어를 사람으로 만나면 현재분사와 과거분사 중 어떤 것이 될까? • contrary 반대의, 적합치 않은; 정반대 • on the contrary 이에 반하여, 그러하기는커녕 • disappoint 실망시키다

해석 오히려 그녀는 그에게 다소 실망한 듯이 보인다.

정답 ②

03 I was _____ to hear him _____ of actors and actresses.

① impress, talking ② impressing, talk

③ impressed, talked ④ impressed, talk

해설 사람이 주어일 때 감정동사는 과거분사가 되고, 지각동사의 목적격 보어는 목적어와 능동의 관계를 이룰 때는 원형동사가 된다. • actor 남자 배우 • actress 여배우 • impress ~에게 (깊은) 인상을 주다, 감동시키다

해석 나는 그가 남녀 배우들에 대해 이야기하는 것을 듣고 감명을 받았다.

정답 ④

04 She felt her eyes _____ by a blaze of light.

① dazzle ② dazzling

③ dazzled ④ to dazzle

해설 지각동사의 목적격 보어는 목적어와 능동의 관계일 땐 원형동사가 되며, 수동의 관계가 되면 과거분사가 된다. 그리고 주어진 문제에선 전치사 'by'를 제시해서 수동의 관계임을 힌트로 주고 있다. • blaze 불꽃, 섬광, (감

정 등의) 확 타오름 • dazzle 눈부시게 하다, (아름다움 · 화려함 등이) 현혹시키다, 감탄시키다, 압도하다

해석 그녀는 강렬한 빛으로 눈이 부셨다.

정답 ③

05 His work _____, Dr. No went out with Dr. Jang.

① has been done ② was done

③ is done ④ done

해설 종속절의 시제가 주절의 시제보다 앞서므로 완료분사 구문 형태를 취하고, 분사 구문의 의미상 주어가 사물이므로 수동 형태를 취해야 한다. 수동태 분사 구문에서 'being' 또는 'having been'은 생략 가능하므로 His work having been done → His work done

해석 일을 마친 후 노 박사님은 장 박사님과 함께 외출을 하셨습니다.

정답 ④

06 _____ no taxi on the street, I had to go home by subway.

① There was ② There being

③ Now that it was ④ As it was

해설 이유를 나타내는 부사절을 분사 구문으로 문장 전환시키는 문제이다. 종속절의 주어와 주절의 주어가 다르기 때문에 유도부사 'There'로 이끌리는 독립 분사 구문이 적합하다. As there was no taxi on the street → There being no taxi on the street

해석 거리에 택시가 전혀 없었기 때문에 나는 지하철을 타고 집에 가야 했다.

정답 ②

07 _____ under a microscope, a fresh snowflake has a delicate six-pointed shape.

① Seen ② Seeing

③ To see ④ Having seen

해설 종속절의 주어와 주절의 주어가 동일하기 때문에 분사 구문에 의미상 주어가 필요 없다. 그리고 주절의 주어가 무생물이므로 분사 구문은 수동태가 되어야 한다. As a fresh snowflake is seen under a microscope → (Being) seen under a microscope • microscope 현미경 • snowflake 눈송이 • delicate 섬세한, 정밀한, 정교한 • six-pointed shape 6각형

해석 현미경으로 보면, 깨끗한 눈송이는 정교한 6각형 형태를 하고 있다.

정답 ①

08 So far as she _____, the result of the examination was quite disappointed.

① was concerning ② concerns

③ was concerned ④ concerning

해설 일종의 관용 어구로 암기해야 할 문제이다. • so[as] far as + 주어 + be + concerned ~에 관한 한

해석 그녀에 관한 한 시험 결과는 꽤 실망스러웠다.

정답 ③

09 _____, we went on a picnic.

① It being fine ② Being fine

③ Its being fine ④ Fine

해설 날씨에 관한 내용이므로 비인칭 주어 'It'가 이끄는 문장이 필요하다. 또한 주절의 주어와 분사 구문의 주어가 다르기 때문에 분사 앞에 의미상 주어 'It'이 명시되어야 한다. As it was fine → It being fine

해석 날씨가 좋았기 때문에 우리는 소풍을 갔다.

정답 ①

10 _____ as I do so remote from town, I rarely have visitors.

① Live ② Living

③ To live ④ Lived

해설 분사 구문의 강조형 문장은 두 가지가 있다.

• remote (거리 · 시간적으로) 먼, 원격의; 멀리 떨어져 • rarely 드물게, 좀처럼 ~하지 않는

해석 이런 외진 시골에 내가 살고 있다 보니 찾아오는 사람도 드물다.

정답 ②

11 Branch director Sarah Bowers will call a special meeting to go over the _____ lending policy of Lonola Credit Union.

① revised ② revision

③ revise ④ revising

해설 빈칸 앞에는 관사 the, 뒤에는 복합명사 lending policy(대출 정책)가 있으므로 빈칸은 뒤의 명사를 수식하는 형용사 자리이다. 보기 중 ①과 ④가 형용사이므로 둘 중에 수식받는 명사에 어울리는 보기를 정답으로 선택해야 한다. 대출 정책이 '검토하는 것'이 아니라 '검토되는 것'이므로 p.p.형 형용사 revised가 정답이 된다.

• branch 지점, 지사 • call a meeting 회의를 소집하다 • go over ~을 검토하다 • credit union 신용조합

해석 지점장인 사라 바워스는 로놀라 신용조합의 개정된 대출 정책을 검토하기 위해서 특별 회의를 소집할 것이다.

정답 ①

12 New Tech, Inc., _____ in domestic appliances, is a small electronics firm located in London.

① specialize ② has specialized

③ specializing ④ will specialize

해설 문장의 주어는 New Tech, Inc.이고 동사는 is이므로 빈칸은 동사 자리가 아니다. 따라서 동사인 ①은 오답이며, '~을 전문으로 하는'이라는 의미로 앞의 New Tech, Inc.를 수식하는 specializing이 정답이 된다.

• Inc.[Incorporated] 주식회사 • specialize in ~을 전문으로 하다 • domestic 국내의, 가정의

• appliance 가전기기 • electronics 전자제품 • firm 기업, 회사

해석 뉴 테크 사(社)는 런던에 위치한 가정용 기기를 전문으로 하는 작은 전자제품 회사이다.

정답 ③

13 The summer that Chet Daniels spent at the ancient temple site made him _____ in pursing a degree in archaeology.

① interest ② interests

③ interested ④ has interest

해설 문장의 주어는 summer이고 동사는 made이다. 빈칸은 5형식 동사 made의 목적격 보어 자리로서 형용사나 명사가 올 수 있는데, 명사가 오면 '목적어=목적격 보어'라는 공식이 성립되므로 문맥상 명사는 올 수 없다. 따라서 과거분사형인 interested가 와서 '그를 흥미롭게 만들다'라는 의미가 되는 것이 적절하므로 ③이 정답이 된다. • ancient 고대의 • temple 절, 사원 • site 부지, 용지, 집터, 위치, (사건 따위의) 장소 • purse 추적하다, 추구하다, (일 · 연구 등을) 수행하다

해석 첫 다니엘스가 고대 사원에서 보낸 그 여름은 그에게 고고학 학위를 취득하는 데 관심을 가지게 했다.

정답 ③

14 A meeting will be held at JR Shipping, Inc. on Thursday to discuss the recently _____ improvements to its delivery service.

① propose ② proposing

③ proposal ④ proposed

해설 빈칸은 부사와 명사 사이에서 명사를 수식하는 형용사 자리이다. 형용사 자리에 올 수 있는 것은 현재분사인 ②와 과거분사인 ④이다. 수식을 받는 명사와의 관계를 보면, 개선안이 제기하는 것이 아니라 제기된 것이므로 과거분사가 알맞다. 따라서 proposed가 정답이다. • propose 제안하다 • improvement 개선, 향상

해석 배송 서비스에 대한 최근에 제기된 개선안을 논의하기 위해 목요일 JR 선적 사(社)에서 회의가 열릴 것이다.

정답 ④

15 Despite having received multiple inquiries regarding the new position, Human Resources has yet to find a _____ candidate for the job.

① qualifying ② qualifies

③ qualify ④ qualified

해설 빈칸은 관사와 명사 사이에서 명사를 수식하는 형용사 자리이다. 형용사 자리에 올 수 있는 것은 현재분사인 ①과 과거분사인 ④이다. qualify 동사는 '~에게 자격을 주다'라는 타동사인데, 지원자는 '~에게 자격을 주는' 입장이 아니고 '자격을 받는' 입장이므로 과거분사가 와야 알맞다. 따라서 qualified가 정답이 된다.
• multiple 다수의, 복합의 • inquiry 질문, 문의 • regarding ~에 관한 • Human Resources 인사부
• have yet to + 동사원형 아직 ~하지 못하다 • candidate 지원자

해석 새 직책에 관한 다수의 질문을 받았음에도 그 일에 대한 적임자를 인사부는 아직 찾지 못했다.

정답 ④

16 Those living near the metropolitan area report that the volume of traffic at rush hour has become _____.

① overwhelming ② overwhelms

③ overwhelmed ④ overwhelmingly

해설 빈칸은 that절의 동사 has become의 보어 자리이다. 보어 자리에 들어갈 수 있는 것은 현재분사인 ①과 과거분사인 ③이다. 빈칸이 보어 자리이므로 주어와의 관계를 봐야 한다. that절의 주어인 the volume of traffic(교통량)이 '압도적인' 것이지 '압도된' 것은 아니므로 현재분사가 와야 알맞다. 따라서 overwhelming이 정답이다.
• metropolitan 대도시의 • volume of traffic 교통량 • rush hour 혼잡 시간대 • overwhelming 압도적인

해석 대도시 지역 부근에 사는 사람들은 혼잡 시간대에 교통량이 압도적이 되어가고 있다고 말한다.

정답 ①

17 Sycamore, a logistics company ____ the Boston area, is raising its rates due to the increase in the price of oil.

① serving ② served

③ serves ④ server

해설 문장의 주어는 Sycamore, 동사는 is raising이므로 빈칸은 동사 자리가 아니다. a logistics company는 주어 Sycamore와 동격이고, 빈칸에서 area까지는 앞의 company를 수식한다. 빈칸 뒤 목적어(the Boston area)가 있는 상태에서 앞의 명사를 수식할 수 있는 것은 V-ing 형태이며, 빈칸 앞뒤를 연결해 보면 '보스턴 지역에서 영업하는 물류회사'가 되어야 문맥상 적절하므로 serving이 정답이다. • logistics company 물류회사 • serve (음식 · 서비스를) 제공하다, ~에서 일하다 • raise 올리다, 인상하다, 기르다, 모금하다 • rate 요금, 속도, 비율 • price of oil 유가(油價)

해석 보스턴 지역에서 영업하는 물류회사인 시카모어는 유가 상승으로 인해 요금을 인상하고 있다.

정답 ①

18 Central Asia Technology is now recruiting, so do not miss this opportunity to advance your IT career in the ____ field of cyber security.

① grown ② grows

③ growing ④ grew

해설 빈칸은 뒤의 field(분야)를 수식하는 형용사 자리이다. grown(장성한, 길러진)과 growing(수나 양 따위가 증가하는) 둘 다 형용사로 쓰이지만 field는 사람이나 식물이 아니므로 '성장하는'이라는 의미의 growing이 정답이 된다. • recruit 인력을 채용하다 • miss 놓치다, 그리워하다 • opportunity 기회 • advance 발전시키다 • career 경력 • field 분야 • security 보안

해석 센트럴 아시아 테크놀로지는 지금 인력을 채용 중이니 성장하는 사이버 보안 분야에서 당신의 IT 경력을 발전시킬 이 기회를 놓치지 마세요.

정답 ③

19 In order for the insurance policy to go into effect by October 1, the ____ paperwork must be completed before September 15.

① remains ② remain

③ remaining ④ remained

해설 빈칸 앞에는 관사 the, 뒤에는 명사 paperwork(서류작업)가 있으므로 빈칸은 뒤의 명사를 수식하는 형용사 자리이다. remain은 자동사이므로 V-ing형 형용사만 쓸 수 있다. remained는 동사의 과거형이므로 오답이며 remaining이 정답이다. • insurance policy 보험 증서 • go into effect 효력이 발생되다, 실시되다 • remaining 남아 있는 • paperwork 문서[서류] 업무

해석 그 보험 증서가 10월 1일에 발효되려면 남아 있는 서류작업이 9월 15일 이전에 완료되어야 한다.
정답 ③

20 Mr. Whittaker told everyone at the company that he plans to retire in one month, ____ the rumors that had been spreading about him.

① confirms ② confirming
③ confirmed ④ confirmation

해설 완전한 문장 뒤에 콤마(,)와 V-ing의 형태가 이어지면 '~했다. 그래서 ...하게 되었다'는 의미가 되므로 "완전한 문장, + ----" 형태가 출제되면 우선 빈칸에 V-ing 형태를 넣어 문맥상 적절한지 확인한다. '휘태커 씨는 한 달 뒤에 은퇴할 계획이라고 말했다. 그래서 그에 관해 퍼져 있는 소문을 확인해 주었다'가 문맥상 적절하므로 confirming이 정답이 된다. • retire 은퇴[퇴직]하다 • in one month 한 달 뒤에 • confirm 확인하다, 확증하다 • rumor 소문 • spread 펴다, 펼치다, (얇게) 바르다, 유포하다, 퍼지다, 펼쳐지다
해석 휘태커 씨는 자신이 한 달 뒤에 은퇴할 계획이라고 회사의 모든 사람들에게 말했다. 그래서 그에 대해 퍼져 있는 소문을 확인해 주었다.
정답 ②

21 ____ the most recently hired employee, Russell often has to do trivial duties such as sweeping the floor and making coffee.

① Be ② Being
③ To be ④ Has been

해설 문장의 주어는 Russell, 동사는 has to do이므로 빈칸은 동사 자리가 아니다. 따라서 ①과 ④는 오답이다. to 부정사는 '~하기 위해서'라는 의미로도 쓰이는데, '가장 최근에 고용된 직원이 되기 위해서'는 문맥상 어울리지 않는다. "V-ing ~, 주어 + 동사 ...."의 형태에서 V-ing는 뒤의 주어를 수식하는 역할을 할 수 있으므로 Being the most recently hired employee, Russell ....은 '가장 최근에 고용된 직원인 러셀은'이 되어 문맥상 적절하다. 따라서 Being이 정답이다. • recently 최근에 • hired 고용된 • trivial 사소한 • sweep 쓸다, 청소하다(sweep 〉 swept 〉 swept)
해석 가장 최근에 고용된 직원인 러셀은 종종 바닥을 쓸고 커피를 타는 것과 같은 사소한 업무들을 해야 한다.
정답 ②

22 ____ experienced disastrous data losses due to virus-infected Web sites, management took measures to prevent the unnecessary use of the Internet by employees.

① Having ② Has
③ To have ④ Have

해설 문장의 주어는 management, 동사는 took이므로 빈칸은 동사 자리가 아니다. 따라서 동사인 ②와 ④는 오답이다. '데이터 손실을 경험하기 위해서'는 문맥상 어울리지 않으므로 to 부정사도 오답이다. 따라서 "V-ing ~, 주어 + 동사 ...."의 형태를 만드는 Having이 정답이 된다. • disastrous 처참한, 참담한 • virus-infected 바이러스에 감염된 • take measures 조치를 취하다, 대책을 강구하다 • unnecessary 불필요한
해석 바이러스에 감염된 웹사이트 때문에 끔찍한 데이터 손실을 경험하고 난 후 직원들에 의한 불필요한 인터넷 이용을 막기 위한 조치를 경영진은 취했다.
정답 ①

23 다음 중 알맞은 문장을 하나 고르시오.

① Being a fine day, I went out for a stroll.

② This did, he appeared to be satisfied.

③ Seen from a distance, it looks like a human face.

④ Having read the book, it was thrown away.

해설 ① 독립 분사 구문으로 날씨를 나타내는 비인칭 주어 'It'이 필요하다. Being → It being a fine day
② 독립 분사 구문. As this had been done → This (having been) done
④ 분사 구문에서 책을 읽는다는 것은 사람이 하는 행동이므로 주절의 주어는 사람이 되어야 한다. it was thrown away. → I threw it away.

해석 ① 날씨가 좋았기 때문에 나는 산책을 나갔다.
② 이 일을 끝내고 나서 그는 만족하는 듯이 보였다.
③ 멀리서 바라보면 그것은 마치 사람 얼굴처럼 보인다.
④ 책을 다 읽고 난 뒤 나는 그 책을 던져버렸다.

정답 ③

24 다음 밑줄 친 곳의 쓰임이 나머지 셋과 다른 것은?

① You had better stop *smoking*.

② *Keeping* a diary in English is not too difficult.

③ We saw the boys *playing* tennis.

④ They enjoy *viewing* the full moon.

해설 ①, ②, ④: 동명사, ③: 현재분사

해석 ① 담배를 끊는 것이 좋겠다.
② 영어로 일기를 쓰는 것은 그렇게 어렵지 않다.
③ 테니스를 하고 있는 소년들을 우리는 보았다.
④ 사람들은 보름달 보는 것을 즐긴다.

정답 ③

25 다음 문장 중에서 옳은 것은?

① Tired with the work, I went to bed early.

② Opening the door, there was no one in the hall.

③ I'm sure that I can make myself understand in German.

④ Here is a letter writing in Chinese.

해설 ① 분사 구문의 주어와 주절의 주어가 동일하다. As I was tired with the work → (Being) tired with the work
② 분사 구문을 보면 '문을 열어 보니'라고 되어 있으므로 주절의 주어는 사람이 와야 한다. 그러나 주절은 'there' 유도부사로 이끌리고 있으므로 분사 구문을 수동으로 만들어야 한다. '문이 열리자'를 표현하자면 As the door was opened → The door (being) opened
③ make oneself understood in ~을 이해하다

④ 수동태 문제. 편지는 사람에 의해 작성되므로 a letter writing in Chinese → a letter written in Chinese

해석 ① 일로 인해 지쳐서 일찍 잠자리에 들었다.
② 문이 열리고 보니 홀에는 아무도 없었다.
③ 나는 독일어를 이해할 수 있다.
④ 여기에 중국어로 작성된 편지가 한 통 있습니다.

정답 ①

CHAPTER

7 가정법

출제경향

가정법은 문형을 철저히 암기해두어야 한다. 특히 '가정법 과거'와 '가정법 과거완료'는 그 문형을 알지 못하고는 문제에 접근조차 할 수 없는 경우가 많다. 가정법의 형식을 활용하여 빈 칸에 적합한 어형을 넣어 문장을 완성하는 문제, 밑줄 친 부분에 가장 가까운 뜻을 고르는 문제, 직설법으로의 문장 전환 문제, 조건절을 대신하는 어구 등은 가정법에서 가장 출제 빈도가 높은 내용이라는 것을 기억하자.

I 법

ENGLISH GRAMMAR

화자의 말하기 방법은 '어떤 사실을 사실 그대로 말하는 법', '명령 · 금지 · 요구 등의 의지를 말하는 법', 그리고 '사실과 반대되는 것을 가정하거나 상상해서 말하는 법'의 3가지로 구분할 수 있다. 이때의 동사의 형태를 법(Mood)이라고 한다.

A 법의 종류

1. 직설법: 사실을 사실 그대로 말하는 것으로 평서문 · 의문문 · 감탄문에 쓰인다.
   - He is a fire fighter. 〈평서문〉
     (그는 소방관이다.)
   - Are you a public servant? 〈의문문〉
     (당신은 공무원이세요?)
   - What a nice car you have! 〈감탄문〉
     (멋진 차를 가지고 계시네요!)

2. 명령법: 명령 · 금지 · 요구 등을 말하는 것으로 명령문에 쓰인다.

(1) 긍정 명령문과 부정 명령문

- **Be** honest. (정직해라.)
- **Don't** be disappointed. (실망하지 마라.)

(2) 제안 명령문과 간접 명령문

- **Let's** take a walk, **shall we**? 〈제안 명령문〉
  (우리 걸을까요?)
- **Let** me take care of your skin. 〈간접 명령문〉
  (당신 피부는 제가 돌보게 해 주세요.)

(3) 조건 명령문

① 명령문, and you will ~: '~하라, 그러면 ~할 것이다'로 해석된다.

- **Exercise** hard, **and** you will be stronger.

= **If** you exercise hard, you will be stronger. (열심히 운동해라, 그러면 더 건강해질 것이다.)

② 명령문, or you will ~: '~하라, 그렇지 않으면 ~할 것이다'로 해석된다.

- **Exercise** hard, **or** you will be weaker.

= **If** you **do not** exercise hard, you will be weaker.

= **Unless** you exercise hard, you will be weaker.

(열심히 운동해라, 그렇지 않으면 더 허약해질 것이다.)

(4) 명령형을 사용한 양보의 표현

① 명령형 + wh- 절: '~을 ~한다 해도'로 해석된다.

- **Say what** you **will**, you can't persuade her.

= **Whatever** you **may** say, you can't persuade her.

(네가 무슨 말을 한다 해도, 그녀를 설득할 순 없다.)

② 명령형 + as 절: '아무리 ~한다 해도'로 해석된다.

- **Try as** you **may**, you can never beat me.

= **However hard** you **may try**, you can never beat me.

(네가 아무리 노력한다 해도, 결코 나를 이길 수는 없다.)

③ 명령형 + ever so + 형용사: '아무리 ~일지라도'로 해석된다.

- **Be** it **ever so humble**, there is no place like home.

= **However humble** it **may be**, there is no place like home.

(아무리 누추하다 할지라도 집만 한 곳은 없다.)

④ 명령형 + A or B: 'A이든 B이든'으로 해석된다.

- **Be** it **true or not**, it doesn't matter to me.

= **Whether** it **is true or not**, it doesn't matter to me.

(그것이 사실이든 아니든, 나에겐 중요하지 않다.)

3. 가정법: 말하는 사람이 사실과 반대되는 것을 가정 · 상상으로 말하는 것이다.

- **If** you **went** to church, I **would** go, too. 〈가정법〉

(네가 교회 가면, 나도 간다.)

= **As** you **do not go** to church, I **do not go**, either. 〈직설법〉

(당신이 교회 가지 않으니까 나도 가지 않는다.)

해설 위의 예문에서 알 수 있듯이 가정법은 가정이나 상상을 나타내므로 직설법과는 서로 정반대의 관계에 놓여 있다.

m/e/m/o

Ⅱ 가정법

ENGLISH GRAMMAR

사실과는 반대의 가정이나 상상을 말할 때의 동사의 형태를 가정법이라고 하며 가정법 과거 · 가정법 과거완료 · 가정법 현재 · 가정법 미래로 구분된다. 가정법의 명칭은 가정법에 사용된 동사의 시제에 따라 구분된다.

A 가정법 과거

가정법 과거는 '현재' 사실과는 반대되는 가정이나 상상을 나타낼 때 사용된다. 조건절[If로 이끌리는 부사절]에서 일반 동사일 경우는 과거 동사, 'be' 동사일 경우는 인칭에 상관없이 'were'를 쓰는 것에 특히 주의해야 한다. 우리말로 해석할 때는 과거로 해석하지 않도록 주의해야 한다. '만일 ~가 ~하면, ~은 ~할 텐데'라는 의미를 나타내고 다음과 같은 형식을 취한다.

- **If + 주어 + were ~, 주어 + would[should, could, might] + 원형동사 ~**
- **If + 주어 + 과거형 동사 ~, 주어 + would[should, could, might] + 원형동사 ~**

1. If he **were** not poor, he **could** afford to purchase a brand-new computer.
   = **Were** he not poor, he **could** afford to purchase a brand-new computer.
   (만일 가난하지 않으면, 그는 신제품 컴퓨터를 살 여유가 있을 텐데.)
   = **As** he **is** poor, he **cannot** afford to purchase a brand-new computer.
   (가난하기 때문에, 그는 신제품 컴퓨터를 살 여유가 없다.)

2. If he **knew** her intention, he **could** date her.
   = **Did** he **know** her intention, he **could** date her.
   (만일 그녀의 의도를 알면, 그는 그녀와 데이트를 할 수 있을 텐데.)
   = **As** he **doesn't know** her intention, he **cannot** date her.
   (그녀의 의도를 모르기 때문에, 그는 그녀와 데이트를 하지 못한다.)

심화학습

가정법 과거의 조건절에서 'If'를 생략할 경우 다음과 같이 문장의 도치가 일어난다:

① If + 주어 + were ~, 주어 + would[should, could, might] + 원형동사 ~

= **Were** + 주어 + ~, 주어 + would[should, could, might] + 원형동사 ~
• If I **were** a bird, I **could** fly to you.
= **Were** I a bird, I **could** fly to you. (내가 새라면, 당신께 날아갈 텐데.)

② If + 주어 + **과거 동사** ~, 주어 + would[should, could, might] + 원형동사 ~
= Did + 주어 + **원형동사** ~, 주어 + would[should, could, might] + 원형동사 ~
• If she **gave** a glance at him, he **would** be gleeful.
= **Did** she **give** a glance at him, he **would** be gleeful.
(그녀가 한 번이라도 그에게 눈길을 주면, 그는 매우 기쁠 텐데.)

3. It is (high, about) **time** (that) you **should go** to bed.
= It is (high, about) **time** (that) you **went** to bed.
= It is (high, about) **time** for you **to go** to bed. (너는 이제 자야 할 시간이다.)

B 가정법 과거완료

가정법 과거완료는 과거의 사실과는 반대되는 가정이나 상상을 나타내며 조건절에는 'had + 과거분사'를 쓰고, 주절에는 '조동사의 과거형 + have + 과거분사'의 형태가 오며, '(사실은 그렇지 않았는데) 만일 ~가 ~했더라면, ~은 ~했을 텐데'로 해석된다.

• **If + 주어 + had + p.p. ~, 주어 + would[should, could, might] + have + p.p. ~**

1. If you **had arrived** by three, you **could have met** her.
= **Had** you **arrived** by three, you **could have met** her.
(네가 만일 3시까지 도착했더라면, 그녀를 만날 수 있었는데.)
= **As** you **did not arrive** by three, you **could not meet** her.
(3시까지 네가 도착을 못해서, 그녀를 넌 만날 수 없었다.)

2. If she **had** not **been** ill, she **could have dated** me.
= **Had** she not **been** ill, she **could have dated** me.
(만일 아프지 않았으면, 그녀는 나와 데이트를 했을 텐데.)
= **As** she **was** ill, she **could not date** me. (아팠기 때문에, 그녀는 나와 데이트를 할 수 없었다.)

심화학습

가정법 과거완료의 조건절에서 'If'를 생략할 경우 다음과 같이 문장의 도치가 일어난다:

- If + 주어 + had + p.p. ~, 주어 + would[should, could, might] + have + p.p. ~

= Had + 주어 + p.p. ~, 주어 + would[should, could, might] + have + p.p. ~

- If he **had worked** harder, he **would have passed** the exam.

= **Had** he **worked** harder, he **would have passed** the exam.
(만일 그가 좀 더 열심히 공부했더라면, 시험에 합격했을 텐데.)

- If I **had been** rich, I **could have helped** you.

= **Had** I **been** rich, I **could have helped** you.
(내가 만일 부자였더라면, 나는 너를 도울 수 있었을 텐데.)

C 가정법 현재

가정법 현재는 현재 또는 미래의 불확실한 일을 상상 · 가정하는 표현이다. '만일 ~가 ~한다면, ~은 ~할 것이다'로 해석된다. 조건절에는 원형동사 또는 현재 동사를 사용할 수 있으나 현재 동사를 사용하는 것이 더 일반적이다. 그리고 주절에서는 조동사의 현재형을 사용한다.

- **If + 주어 + 현재 동사 ~, 주어 + will[shall, can, may] + 원형동사 ~**
- **If + 주어 + 원형동사 ~, 주어 + will[shall, can, may] + 원형동사 ~**

1. If it **rains[rain]** tomorrow, I **will** not **come**. (내일 비가 온다면, 나는 오지 않을 겁니다.)

2. If it **is[be]** true, I **shall** be glad. (그것이 사실이라면, 나는 기쁠 텐데.)

3. 가정법 현재는 제안 · 요구 · 필요 · 명령 · 결정 · 주장 · 동의 · 고집 · 소망 · 충고 등의 뜻을 나타내는 동사가 이끄는 that절[종속절]에서도 사용된다: 가정법 현재의 이 용법은 주로 미국 영어에서 사용되며, 영국 영어에서는 that절에서 조동사 'should'가 쓰일 때가 많으며 생략할 수도 있다.

- His father **insisted** that Mr. Baker **(should) stop** smoking at home.
(베이커 씨의 아버지는 베이커 씨가 집에서 담배 피지 말 것을 요구했다.)
- The doctor **suggested** that she **(should) give** up drinking heavily.
(의사는 그녀에게 과음하지 말 것을 제안하였다.)

- I **recommended** that **he (should) be** leaving at once. (나는 그에게 즉시 떠날 것을 권했다.)

  해설 위의 문장에서 주절의 동사가 과거 시제이더라도 that절[종속절]의 동사는 반드시 원형동사를 사용해야 한다는 것에 주의하자. 시험에 아주 많이 출제되는 문형이다.

4. 가정법 현재는 필요 · 요구 등을 나타내는 형용사에 이어지는 that절에도 사용된다.

- It is **essential** that *every child* **(should) have** the same educational opportunities.
  (모든 아이들이 동등한 교육의 기회를 가지는 것이 필요하다.)
- It is **necessary** that *this* **(should) be** left here as before.
  (이것은 전과 같이 여기에 둘 필요가 있다.)

  해설 'essential'은 필요를 나타내는 형용사로 이어지는 that절에서는 'every child have'처럼 가정법 현재가 쓰인다. 이 구문에 쓰이는 형용사로는 'important, necessary, essential, desirable' 등이 있다.

D 가정법 미래

가정법 미래는 거의 실현성이 없는 미래의 일을 가정할 때 사용되는 표현이다. '(그럴 리는 없겠지만) 만일 ~가 ~한다면, ~은 ~할 것이다'라고 해석된다. 가정법 미래의 조건절에서 '미래의 실현 가능성이 없는 일을 가정'할 때는 'should'를 사용하고, '주어의 의지'를 나타낼 때에는 'would'를 사용한다. 그리고 '미래의 실현 불가능한 일이나 순수한 가정'을 할 경우엔 'were to'를 사용하며 이 경우 귀결절에는 항상 조동사의 과거형이 쓰인다.

- **If + 주어 + should[would] ~, 주어 + 현재[과거]형 조동사 + 원형동사 ~**
- **If + 주어 + were to + 원형동사 ~, 주어 + 과거형 조동사 + 원형동사 ~**

1. If it should rain tomorrow, Shin-gu and his wife will stay at home.
   = **Should** it **rain** tomorrow, Shin-gu and his wife **will** stay at home.
   (만약 내일 비가 온다면, 신구와 그의 아내는 집에 머무를 것이다.)

2. If you would try harder, you would surely succeed in the exam.
   = **Would** you **try** harder, you **would** surely succeed in the exam.
   (만약 네가 더 열심히 노력한다면, 너는 분명히 그 시험에 합격할 것이다.)

3. If I were to be young again, I would go to Australia.

= **Were** I **to** be young again, I **would** go to Australia.

(만일 내가 다시 젊어진다면, 호주에 갈 텐데.)

해설 조건절에 'were to'가 사용되면 도저히 있을 법하지 않은 미래의 가정과 강한 의혹을 나타낸다.

E 주의해야 할 가정법

1. 가정법 wish와 as if: 현재 또는 과거의 실현될 수 없는 것을 소망하는 표현으로 'I wish + 가정법'이 사용되며, '마치 ~처럼'의 의미를 나타낼 때는 'as if + 가정법'이 사용된다.

(1) I wish + 가정법 과거[과거완료]: 'I wish' 또는 'Would that' 다음에 과거 동사가 오면 가정법 과거로서 현재의 이루지 못한 소망을 나타내고, 'had + 과거분사'가 오면 가정법 과거완료로서 과거에 이루지 못한 소망을 나타낸다.

- **I wish + 가정법 과거: ~한다면 좋겠는데**
- **I wish + 가정법 과거완료: ~했더라면 좋았을 텐데**

- I **wish** I **were** a public servant.

= **Would that** I **were** a public servant. (만일 내가 공무원이라면 좋을 텐데.)

= **I am sorry** I **am** not a public servant. (내가 현재 공무원이 아니므로 유감이다.)

- I **wish** I **had learned** Chinese in my youth.

= **Would that** I **had learned** Chinese in my youth.

(내가 젊었을 때 중국어를 배웠더라면 좋을 텐데.)

= **I am sorry** I **did not learn** Chinese in my youth.

(내가 젊었을 때 중국어를 배우지 않았던 것이 유감이다.)

(2) as if + 가정법 과거[과거완료]: 'as if' 또는 'as though' 다음에 과거 동사가 오면 가정법 과거로서 현재의 사실과 반대되는 것을 가정하며, 'had + 과거분사'가 오면 가정법 과거완료로서 과거의 사실과 반대되는 것을 가정한다.

- **as if + 가정법 과거: 마치 ~하는 것처럼**
- **as if + 가정법 과거완료: 마치 ~했던 것처럼**

- The boy talks **as if** he **were** a man. (그 아이는 마치 어른처럼 말한다.)

→ In fact, the boy **is not** a man. (사실 그 아이는 어른이 아니다.)

- The boy speaks **as if** he **had read** the book. (그 아이는 마치 그 책을 읽었던 것처럼 말한다.)

→ In fact, the boy **has not read** the book. (사실 그 아이는 그 책을 읽지 않았다.)

- She looked **as if** nothing **had happened**. (그녀는 아무 일도 없었던 것 같은 얼굴이었다.)

2. 'If'의 대용 어구: 조건절[If절]이 없고 주절만으로 가정법을 나타내는 경우, 주절에 있는 명사 · 부사(구) · 부정사 · 접속사 · 전치사 · 분사 등이 조건절을 대신한다. 이 경우 주절의 술어 동사에 'would, could' 등과 같은 과거형 조동사가 반드시 동반되기 때문에 가정법이라는 것을 알 수 있다.

(1) 명사가 조건절을 대신하는 경우

- **A Korean would** not **do** such a thing.

= **If he were** a Korean, he would not do such a thing. (한국인이면 그런 일을 하지 않는다.)

- **A true friend would have acted** differently.

= **If he had been** a true friend, he would have acted differently.
(진정한 친구였다면 다르게 행동했을 텐데.)

(2) 부사 · 부사구가 조건절을 대신하는 경우

- He **would** not **do** such a thing **in my place**.

= He **would** not **do** such a thing **if he were in my place**.
(만일 그가 내 입장이면 그런 일은 하지 않을 텐데.)

- I **could have lived there** in peace.

= I **could have lived** in peace **if I had been there**.
(만일 내가 거기서 살았다면 평화롭게 살 수 있었을 텐데.)

(3) 부정사가 조건절을 대신하는 경우

- You **would take** Britta for an English lady **to hear** her speak English.

= You **would take** Britta for an English lady **if you heard** her speak English.
(브리타가 말하는 것을 들으면 당신은 그녀를 영국인이라고 생각할 겁니다.)

- It **would be** impossible **to complete** the work in a day.

= It **would be** impossible **if one were to complete** the work in a day.
(그 일을 하루에 마치려고 한다면 그것은 불가능한 일이 될 것이다.)

(4) 분사 · 형용사절이 조건절을 대신하는 경우

- The same thing, **happening** in wartime, **would amount** to great disaster.

= The same thing, if it **should happen** in wartime, **would amount** to great disaster.
(그와 같은 일이 혹시라도 전시(戰時)에 일어난다면 커다란 재앙이 될 것이다.)

• Anybody **who should do** such a silly thing **would be** laughed at.
= **If anybody should do** such a silly thing, he **would be** laughed at.
(그런 어리석은 일을 하려는 사람은 누구든지 비웃음을 받게 될 것이다.)

(5) 전치사구가 조건절을 대신하는 경우

• **Without[But for]** water, nothing **could grow**.
= **If it were not** for water, nothing **could grow**.
= **Were it not for** water, nothing **could grow**. (물이 없으면 아무것도 자라지 못한다.)

• **Without[But for]** water, nothing **could have grown**.
= **If it had not been for** water, nothing **could have grown**.
= **Had it not been for** water, nothing **could have grown**.
(물이 없었다면 아무것도 자라나지 못했을 것이다.)

• **With** your help, I **would succeed**.
= **If I had** your help, I **would succeed**. (만일 네가 나를 도우면, 나는 성공한다.)

• **With** your help, I **would have succeeded**.
= **If I had had** your help, I **would have succeeded**.
(만일 네가 나를 도왔으면, 나는 성공했을 것이다.)

해설 'Without[But for]' 또는 'With'가 조건절을 대신할 경우 주절의 시제에 따라 가정법 과거 또는 가정법 과거완료의 조건절로 해석된다.

(6) 접속사가 조건절을 대신하는 경우

• He **cannot be** lazy, **or** he **would** not **work** so hard.
= He **cannot be** lazy, **if he were lazy**, he **would** not **work** so hard.
(그가 게으를 리가 없다. 만일 게으르다면 그렇게 열심히 일하진 않는다.)

• He **worked** very hard, **otherwise** he **would have failed**.
= He **worked** very hard, **if he had not worked very hard**, he **would have failed**.
(그는 매우 열심히 일했다. 그렇지 않았더라면 그는 실패했을 것이다.)

• I **am** ill now, **or[or else / otherwise]** I **would** go there.
= I **am** ill now, **if I were not ill**, I **would** go there.
(나는 지금 아프다. 아프지 않으면 거기에 가련만.)

3. 가정법의 관용적인 표현: 'would, should, could, might' 등의 조동사의 과거형이나 'had better' 등도 원래는 가정법이었다.

(1) had better + 원형동사: 가정법 과거로 '~하는 것이 더 낫다'로 해석된다.

- You **had better** *stay* here.

= You **might as well** *stay* here.

= **It would be better for** you **to** *stay* here. (당신은 여기 있는 게 더 좋겠다.)

(2) would[had] rather + 원형동사: 가정법 과거로 '차라리 ~하고 싶다'로 해석된다.

- I **would[had] rather** *lose* **than** *act* dishonestly. (부정행위를 할 바에는 지고 말겠다.)
- I **would rather** *leave* right now. (차라리 지금 당장 떠나고 싶다.)

(3) would like to + 원형동사: 가정법 과거로 '~하고 싶다'로 해석된다.

- I **would[should] like to** *see* her.

= I **wish[want] to** *see* her. (그녀를 만나고 싶어요.)

(4) as it were: 가정법 과거로 '말하자면, 소위' 등으로 해석된다.

- He is, **as it were**, a walking dictionary.

= He is, **so to speak**, a walking dictionary. (그는 말하자면 살아 있는 사전이다.)

(5) Oh, that + 가정법 과거[과거완료]: 소원을 나타내어 '~하면 좋을 텐데[~했으면 좋았을 텐데]'로 해석된다.

- **Oh, that** I *were* in Spain now.

= **Would** (**that**) I *were* in Spain now.

= **I wish** I *were* in Spain now. (지금 스페인에 있다면 좋을 텐데.)

- Ah, **would** (**that**) it *had been* true! (아, 그것이 사실이었더라면 좋았을 텐데!)
- **Would** (**that**) I *were* young again! (다시 한 번 젊어지면 좋으련만!)
- **Would** (**that**) it *were* so. (그러면 좋으련만.)
- **Would** (**that**) we *were* there! (그곳에 있기만 하면 좋으련만!)

심화학습

1 'If'의 대용 표현

- in case that = if
- so long as = if only
- suppose[supposing] that = if
- granted[granting] that = even if
- unless = if ~ not
- on condition that = if
- provided[providing] that = if

2 조건절에 사용된 'If'의 대용 표현

- I will wear a raincoat **in case** it rains. (비가 오면 난 비옷을 입겠다.)

- In case of fire, push the button. (화재 시 이 단추를 누르시오.)
- You may take it **provided (that)** you return it tomorrow.
  (그것을 내일 돌려주기만 한다면 너는 그것을 가져가도 좋다.)
- **Suppose** you can't come, who will do the work?
  (만일 네가 올 수 없다면, 누가 그 일을 할 것이냐?)

F 혼합 가정문

조건절은 가정법 과거완료의 시제를 따르고, 주절은 가정법 과거의 시제를 따르는 문장을 혼합 가정문이라고 부른다. '~했더라면, ~할 텐데'라고 해석한다.

- **If + 주어 + had + p.p. ~, 주어 + would[should, could, might] + 원형동사 ~**

1. If you **had** not **helped** me *then*, I **should** not **be** alive *now*.
   (당신이 그때 나를 도와주지 않았더라면, 나는 지금 살아있지 않지.)
   = As you **helped** me *then*, I **am** alive *now*.
   (당신이 그때 나를 도와주었기 때문에, 나는 지금 살아 있다.)

2. If he **had taken** my advice ***when young***, he **should be** happier *now*.
   (젊었을 때 나의 충고를 들었더라면, 그는 지금 더 행복할 건데.)
   = As he **did not take** my advice ***when young***, he **is not** happier *now*.
   (젊었을 때 나의 충고를 듣지 않았기 때문에, 그는 지금 덜 행복하다.)

3. If I **had read** it *then*, I **could buy** a *computer* ***which is on a summer sale***.
   (내가 그것을 그때 읽었더라면, 나는 여름 상품 대매출 중인 컴퓨터를 살 수 있을 텐데.)
   = As I **didn't read** it *then*, I **cannot buy** a *computer* ***which is on a summer sale***.
   (내가 그것을 그때 읽지 않았기에 나는 여름 상품 대매출 중인 컴퓨터를 살 수가 없다.)
   해설 문장이 혼합 가정문인 경우 보통 조건절에는 'then'과 같은 과거를 나타내는 의미가 명시되기도 하며, 주절에는 'now'와 같은 현재를 나타내는 의미가 제시되기도 한다.

실력평가문제

CRAMMING ENGLISH GRAMMAR

※ 다음 밑줄 친 곳에 가장 알맞은 것을 고르시오.

01 I wish my father _____ me enough money to spend.

① gives ② giving

③ gave ④ give

해설 'I wish + 가정법 과거[과거완료]: 현재[과거] 사실에 반대되는 소망을 나타낸다.
 • spend (돈을) 쓰다, 소비하다, (때를) 보내다, 지내다

해석 나는 아버지가 나에게 충분한 용돈을 주기를 바란다.

정답 ③

02 If I had had money, I _____ the expensive laptop computer.

① could buy ② had bought

③ would buy ④ could have bought

해설 종속절에 'had + 과거분사'가 사용되었으므로 가정법 과거완료의 문장이다.

해석 만약 내가 돈이 있었다면, 그 비싼 노트북을 살 수 있었는데.

정답 ④

03 If you _____ to me, we wouldn't be in danger now.

① has listened ② had listened

③ listen ④ would listen

해설 주절 문미에 현재 상태를 강조하는 시간 부사 'now'가 있는 것으로 보아, 혼합 가정문 문제이다.

해석 네가 만약에 내 말을 들었다면, 우리가 지금 위험에 처하진 않았겠지.

정답 ②

04 If I _____ her address, I could tell you about it.

① knew ② know

③ have known ④ had know

해설 주절에 가정법 과거 문형인 'could tell'이 쓰였기 때문에 조건절에도 가정법 과거 시제가 사용된다.

해석 내가 그녀의 주소를 알면, 너에게 알려 주겠는데.

정답 ①

05 If the sun _____ rise in the west, I would not change my mind.

① should ② would

③ were to ④ shall

해설 태양이 서쪽으로 떠오른다는 것은 실현 가능성이 전혀 없는 가정법 미래에 해당된다.
해석 해가 서쪽에 뜬다 할지라도 나는 결심을 바꾸지 않겠다.
정답 ③

06 _____, I would have lost my hope.

① If you didn't encourage me

② If you shouldn't encourage me

③ If you weren't encourage me

④ If it had not been for your encouragement

해설 주절의 동사 표현이 가정법 과거완료 시제이므로 조건절도 가정법 과거완료 시제가 되어야 한다.
• encourage (~의) 용기[기운]을 북돋우다, 격려하다, 장려하다, 촉진하다
해석 너의 격려가 없었다면 나는 희망을 버렸을 것이다.
정답 ④

07 If I had taken your advice then, I _____ a doctor now.

① would have been ② would be

③ would been ④ have been

해설 종속절에 시간 부사 'then'이 있고, 주절에 시간 부사 'now'가 있는 것으로 볼 때 혼합 가정문에 관한 문제이다.
• advice 충고, 조언
해석 내가 그때 당신의 충고를 받아들였다면, 나는 지금 의사가 되었을 텐데.
정답 ②

08 I wish I _____ idle when young.

① was not ② would not be

③ had not been ④ will not have been

해설 'when young'으로 볼 때 과거 사실을 이야기하고 있으므로 가정법 과거완료 시제가 어울린다.
• idle 나태한
해석 젊었을 때 게으르지 않았더라면 좋았을 텐데.
정답 ③

09 _____ I known your address, I would have written to you during the trip.

① Had ② Have

③ If ④ When

해설 가정법 과거완료 조건절에서 'If'가 생략되었을 경우 조건절에서는 문장의 도치가 일어난다. • address 주소, 연설; 연설하다, (항의 등을) 제기하다, 제출하다, (일 · 문제 등을) 다루다, 처리하다
해석 당신의 주소를 알았더라면 여행 중 나는 당신에게 편지를 썼을 텐데.
정답 ①

10 That Korean woman speaks German as fluently as if she _____ a German.

① was　② were
③ is　④ has been

해설　'as if + 가정법 과거[과거완료]'에 관한 문제로 주절에 사용된 직설법 현재 동사 'speaks'가 힌트가 된다. 즉, 직설법 현재를 가정할 땐 가정법 과거가 사용된다. • fluently 유창하게, 거침없이
해석　저 한국 여성은 마치 독일 사람인 것처럼 유창하게 독일어를 말한다.
정답　②

11 If it _____ last night, he would have been at home.

① had rained　② rained
③ rain　④ rains

해설　조건절에 'last night'이란 과거를 나타내는 시간 부사구가 사용되었기에 가정법 과거완료가 사용되어져야 한다. 아울러 주절에 가정법 과거완료 시제가 사용되었기 때문에 조건절에도 가정법 과거완료 시제가 사용된다.
해석　어젯밤 비가 내렸다면, 그는 집에 있었을 것이다.
정답　①

12 Without water and air, animals and plants _____.

① would be disappearing　② have been disappeared
③ be disappeared　④ would have disappeared

해설　조건절을 대신하는 전치사구 'without'에 관한 문제이다.
해석　물과 공기가 없었다면, 동식물은 사라졌을 것이다.
정답　④

13 If the information had been disclosed to the board of directors earlier, work on the project _____ three months before.

① began　② will begin
③ had been beginning　④ could have begun

해설　If절의 동사 시제와 주절의 동사 시제는 짝을 이룬다. If절의 동사가 과거완료 시제(had been disclosed)이므로 주절의 동사는 "would/should/could/might + have + p.p." 형태가 되어야 한다. 따라서 could have begun이 정답이 된다. • disclose 공개하다, 밝히다 • board of directors 이사회
해석　만약 그 정보가 이사회에 더 일찍 알려졌다면 그 프로젝트에 대한 작업은 3개월 전에 시작되었을 것이다.
정답　④

14 If Greg Carlson were given the job, he _____ everyone in the Sales Department.

① will manage　② managed
③ would manage　④ was managing

해설　If절의 동사 시제와 주절의 동사 시제는 짝을 이룬다. If절의 동사가 과거 시제(were given)이므로 주절의 동사는 "would/should/could/might + 동사원형" 형태가 되어야 한다. 따라서 would manage가 정답이 된

다. • manage 운영하다, 관리하다 • the sales department 영업부

해석 만약 그렉 칼슨에게 그 일이 주어지면 그는 영업부의 모든 사람들을 관리한다.

정답 ③

15 If the furnace _____, slowly turn the temperature down so that it does not explode.

① overheat ② were overheating

③ should overheat ④ had overheated

해설 If절의 동사 시제와 주절의 동사 시제는 짝을 이룬다. 주절이 동사원형(turn)으로 시작하는 명령문이므로 미래 시제임을 알 수 있다. 따라서 If절의 동사는 현재 시제 또는 "should + 동사원형" 형태가 되어야 한다. overheat는 현재 시제이지만 3인칭 단수주어(furnace)와 수가 일치되지 않으므로 should overheat가 정답이다. • furnace 용광로 • overheat 과열하다 • turn down 거절하다, 각하하다 낮추다, 내리다 • so that ~하도록 • explode 폭발하다, 폭발시키다

해석 만약 용광로가 과열된다면 그 용광로가 폭발하지 않도록 천천히 온도를 낮추세요.

정답 ③

16 If Jason Stevens had submitted the data in a timely manner, Alice Bergeron _____ the proposal for YTT before the deadline passed.

① would have completed ② has completed

③ is being completed ④ would have been completed

해설 If절의 시제가 과거완료(had submitted)이므로 주절은 "would/should/could/might + have +p.p." 형태가 되는 가정법 과거완료 구문이나 "would/should/could/might + 동사원형" 형태가 되는 혼합가정문 구문이 가능하다. 따라서 보기 중에서 would have completed와 would have been completed가 가능한데, 빈칸 뒤에 목적어(the proposal)가 있으므로 능동태인 would have completed가 정답이다. • submit 제출하다 • in a timely manner 제때, 시의적절하게 • complete 완성하다, 완료하다; 완전한 • proposal 제안(서) • deadline 마감일

해석 만약 제이슨 스티븐스가 제때 자료를 제출했었다면 앨리스 베르제론은 마감일이 지나기 전에 YTT를 위한 제안서를 완성했었을 것이다.

정답 ①

17 If Jenny Nelson had been a better student in the past, she _____ a top candidate for an entry-level position at ENR now.

① has been ② will be

③ would be ④ having been

해설 If절의 동사 시제와 주절이 동사 시제는 짝을 이룬다. If절의 동사가 과거완료 시제(had been)이므로 주절의 동사는 "would/should/could/might + have + p.p."와 "would/should/could/might + 동사원형" 중 하나가 된다. 문장 끝에 now가 있는 것으로 보아 현재 사실에 반대되는 상황을 가정하는 "would/should/could/might + 동사원형" 형태인 would be가 정답이다. • entry-level position 하급직 자리

해석 만약 제니 넬슨이 과거에 더 나은 학생이었다면 지금 그녀는 아마 ENR의 하급직 자리를 위한 가장 뛰어난 지원자일 것이다.

정답 ③

18 Had Lloyd Daniels remembered a few more equations, he _____ the math contest that he competed in last month.

① had won ② might win
③ is winning ④ would have won

해설 If절의 If가 생략되어 "Had + 주어 + p.p." 형태가 된 것이므로 If절의 시제는 과거완료이다. 따라서 주절의 동사는 "would/should/could/might + have + p.p."와 "would/should/could/might + 동사원형" 중 하나이며, 과거 상황을 반대로 가정한 것이므로 would have won이 정답이 된다. • remember 기억하다 • equation 방정식 • math contest 수학 경시대회 • compete in ~에 참가[출전]하다
해석 만약 로이드 대니얼스가 조금 더 많은 방정식을 암기했더라면 지난달에 참가했던 수학 경시대회에서 그는 아마 우승했을 것이다.
정답 ④

19 If Mr. Relkos _____ the upcoming sales meeting, then Wanda Stewart will have to give a presentation.

① had attended ② attends
③ attended ④ attending

해설 주절의 시제가 미래(will have)이므로 If절의 시제는 현재 시제 또는 "should + 동사원형" 형태가 되어야 한다. 따라서 attends가 정답이다. • upcoming 다가오는 • sales meeting 영업 회의 • give a presentation 발표하다
해석 만약 렐코스 씨가 다가오는 영업 회의에 참석한다면 그때는 완다 스튜어트가 발표를 해야만 할 것이다.
정답 ②

20 _____ you need any assistance, please feel free to speak with the receptionist at the end of the hall.

① Whether ② Perhaps
③ May ④ Should

해설 빈칸은 문장을 연결하는 접속사 자리이다. If절에서 If를 생략하면 주어와 동사가 도치되어 "If + 주어 + should + 동사원형"의 형태가 "Should + 주어 + 동사원형"의 형태가 되므로 'If you should need any assistance = Should you need any assistance'임을 알 수 있다. 따라서 Should가 정답이 된다. • assistance 도움 • receptionist 접수 담당자 • hall 복도
해석 만약 당신이 어떤 도움이 필요하다면 복도 끝에 있는 접수 담당자에게 자유롭게 말씀하세요.
정답 ④

21 If Ms. Watson _____ the flyers to all of the employees, attendance at the company picnic would have been much greater.

① distributes ② would distribute
③ had distributed ④ were distributing

해설 주절의 동사가 would have been이므로 If절의 시제는 과거완료가 되어야 한다. 따라서 had distributed가 정

답이 된다. • distribute 배포하다, 나누어주다 • flyer 전단지 • attendance 참석, 참석자수, 시중, 서비스(료)

해석 만약 왓슨 씨가 모든 직원들에게 그 전단지를 배포했더라면 회사 야유회의 참가율은 아마 훨씬 더 높았을 것이다.

정답 ③

22 _____ Mr. Richie approve the contract, we can get together to sign it sometime early next week.

① Might ② Would

③ Should ④ Could

해설 빈칸은 문장을 연결하는 접속사 자리이다. 주절의 시제가 미래(sometime early next week)이므로 If절의 시제는 현재 시제 또는 "should + 동사원형" 형태가 되어야 한다. If절에서 If를 생략하면 주어와 동사가 도치되어 "If + 주어 + should + 동사원형"의 형태가 "Should + 주어 + 동사원형"의 형태가 되므로 'If Mr. Richie should approve the contract = Should Mr. Richie approve the contract'임을 알 수 있다. 따라서 Should가 정답이 된다. • approve 승인하다 • contract 계약(서) • get together 모이다, 만나다

해석 만약 리치 씨가 그 계약을 승인한다면 다음 주 초 즈음에 우리가 만나서 그 계약서에 서명을 할 수 있다.

정답 ③

23 **다음 문장을 가정법으로 고친 것 중 옳은 것은?**

> He did not confess his fault, and so I did not forgive him.

① If he had not confessed his fault, I would have forgiven him.

② If he had confessed his fault, I would have forgiven him.

③ If he had confess his fault, I would forgive him.

④ If he confess his fault, I will forgive him.

해설 주어진 문장은 직설법 과거 시제를 사용하고 있으므로 가정을 하기 위해선 직설법 과거 사실의 반대를 나타내는 가정법 과거완료가 사용되어야 한다.

해석 그는 자신의 잘못을 자백하지 않았고, 그래서 나는 그를 용서하지 않았다.

정답 ②

24 **밑줄 친 부분의 뜻을 가장 잘 나타낸 것은?**

> <u>A man of sense</u> would not say such a foolish thing.

① If he is man of sense, he ② If he was a man of sense, he

③ If he were a man of sense, he ④ As he was a man of sense, he

해설 주어진 문장에서 사용된 시제는 가정법 과거 시제 'would + 원형동사'임에 유의하라.

해석 제정신인 사람은 그런 멍청한 일을 말하지 않는다.

정답 ③

CHAPTER

8 태의 전환

출제경향

수동태의 의미를 먼저 알아야 하고 3형식과 5형식의 태의 전환은 기본적으로 숙지해야 한다. 자동사는 목적어를 취할 수 없기 때문에 원칙적으로 태의 전환이 불가능하지만 타동사구로 만들면 가능하기 때문에 주의해야 한다. 명령문과 의문문의 전환 및 by 이외의 전치사를 쓰는 동사에 초점을 맞추어 공부한다. 형태는 능동이지만 내용상 수동의 의미를 갖는 경우와 지각동사를 활용한 태의 전환, 목적어가 명사절인 문장의 태의 전환이 자주 출제된다.

I 태의 형태와 의미

ENGLISH GRAMMAR

주어와 술어 동사에서 주어가 동작을 일으키는지 반대로 주어가 동작을 받는지를 나타내는 것을 태라고 한다. 태에는 능동태 · 수동태 2가지가 있다.

A 능동태와 수동태

1. 수동태의 형태: '~가 ~을 ~하다'라는 문장의 타동사의 형태를 능동태라고 하며, '~가 ~에 의해 ~되어지다'라는 문장의 타동사의 형태를 수동태라고 한다. 수동태는 'be + 과거분사' 형태로 나타낸다.

- I love her. 〈능동태〉 (나는 그녀를 사랑한다.)
- She is loved by me. 〈수동태〉 (그녀는 나에게 사랑받고 있다.)

2. 수동태를 쓰는 경우: 술어 동사가 타동사일 때는 수동태와 능동태 2가지로 표현할 수 있지만, 다음의 경우에는 주로 수동태가 쓰인다.

(1) 동작의 주체를 모르거나 나타낼 수 없을 경우
- He **was killed** in the Second World War. (그는 2차 세계대전에서 전사했다.)

(2) 동작의 주체가 막연한 일반인[people, we, you, they, someone, one, etc.]일 경우
- He **was elected** President of Korea. (그는 한국의 대통령으로 선출되었다.)

(3) 수동태의 주어[능동태의 목적어] 쪽에 중점을 둘 경우
- The house **was struck** by lightning. (그 집은 벼락을 맞았다.)

B 능동태의 수동태 전환

1. 수동태 만드는 법: 목적어가 있는 문장 즉, 타동사(구)가 아니면 수동태로 전환할 수 없다.

능동태의 수동태 전환 방법

① 능동태의 목적어를 수동태의 주어로 한다. (대명사일 경우 격변화에 주의)
② 능동태의 동사를 'be + 과거분사'형으로 바꾼다. 'be' 동사는 수동태의 주어의 인칭 · 수에 일치시키고 시제는 능동태의 동사의 시제와 맞춘다.
③ 능동태의 주어를 'by + 목적격'으로 하여 문장의 끝으로 가져간다. 행위자가 일반적 주어(people, we, you, they, someone, one, etc.), 주어가 불분명한 경우 'by + 목적격'을 생략할 수 있다.

(1) 3형식 능동태 문형: 수동태로 전환 시 1형식 문형이 된다.
- He **wrote** a book. (그는 책을 썼다.)

= A book **was written** by him. (책이 그에 의해 쓰였다.)
- I **will do** it. 〈의지미래〉
  (나는 그것을 할 것이다.)

= It **shall be done** by me. 〈화자의 의지〉
  (그 일은 내가 되게끔 하겠다.)

심화학습

조동사는 보통 그대로 가져가는데, 'will, shall'은 인칭에 따른 의지 · 단순미래의 변화에 주의하고 조동사 다음에는 원형동사인 'be'가 반드시 동반되어야 한다.

(2) 4형식 능동태 문형: 수동태로 전환 시 1형식 또는 3형식 문형이 된다. 목적어가 2개 있으므로 간접목적어를 주어로 하는 경우와 직접목적어를 주어로 하는 2가지 경우가 있다.

• He **gave** me a book. 〈4형식〉
(그는 나에게 책을 주었다.)
= I **was given** a book by him. 〈3형식〉
(나는 그에게서 책을 받았다.)
= A book **was given** me by him. 〈3형식〉
(책이 그에게서 나에게 주어졌다.)

> **심화학습**
> 수여동사는 4형식에서 3형식 문형으로 전환할 수 있고, 이 3형식 문형을 수동태로 전환하면 1형식 문형이 된다:
> • He gave me a book. 〈4형식〉
> = He gave a book to me. 〈3형식〉
> = A book was given to me by him. 〈1형식〉

(3) 5형식 능동태 문형: 수동태로 전환 시 2형식 문형이 된다.

• I **advised** her to quit smoking. (나는 그녀에게 담배를 끊으라고 충고했다.)
= She **was advised** to quit smoking by me.
(그녀는 나에게서 담배를 끊으라는 충고를 받았다.)
• He **keeps** the room clean. (그는 방을 깨끗이 유지한다.)
= The room **is kept** clean by him. (방이 그에 의해 깨끗하게 유지된다.)

> **심화학습**
> **1 지각동사 · 사역동사 다음의 목적격 보어로 쓰인 원형부정사는 수동태에서는 'to 부정사'로 바뀐다.**
> • We **heard** her **sing**. (우리는 그녀가 노래하는 것을 들었다.)
> = She **was heard** ***to*** **sing** by us. (그녀가 노래하는 것이 우리에게 들렸다.)
> • I **made** him **open** the door. (나는 그에게 문을 열게 했다.)
> = He **was made** ***to*** **open** the door by me. (그는 나에 의해 문을 열게 되었다.)

2 **'make, write, sell, send, pass, sign, buy, bring, get' 등의 수여동사는 간접목적어를 주어로 하여 수동태 전환을 할 수 없다.**

- She **made** me **a pretty sweater**. (그녀는 나에게 예쁜 스웨터를 하나 만들어 주었다.)

= **A pretty sweater was made** for me by her.

(예쁜 스웨터가 그녀에 의해 만들어져서 나에게 주어졌다.)

해설 '*I was made **a pretty sweater** by her.'는 '그녀에 의해 나는 예쁜 스웨터가 되었다.'는 의미가 되므로 비문법적인 문장이다.

3 부정어는 수동태의 행위자가 될 수 없다:

- **Nobody solved** the problem. (아무도 그 문제를 풀지 못했다.)

= The problem **was** ***not*** **solved by** ***anybody***.

(그 문제는 그 누구에게서도 풀리지 않았다.)

해설 *The problem was solved **by** ***nobody***. (x)

C 의문문의 수동태 전환

1. 의문사가 없는 의문문을 수동태로 만드는 방법: 'Be + 주어 + 과거분사 + by + 행위자?'의 형태로 만든다.

- Do you **love** me? (나 사랑해?)

→ **Am I loved** by you? (내가 너에게서 사랑을 받고 있니?)

2. 의문사가 있는 의문문을 수동태로 만드는 방법: '의문사 + be + 주어 + 과거분사 + by + 행위자?'의 형태로 만든다.

- **When** did you **finish** the work? (넌 언제 그 일을 끝냈니?)

→ **When was** the work **finished** by you? (그 일은 너에게서 언제 끝났니?)

3. 의문사이면서 동시에 주어인 의문문을 수동태로 만드는 방법: 'By whom + be + 주어 + 과거분사 ~?'의 형태로 만든다.

- **Who invented** the computer? (누가 컴퓨터를 발명했지?)

→ **By whom was** the computer **invented**? (컴퓨터는 누구에게서 발명되었니?)

D 명령문의 수동태 전환

1. 긍정 명령문을 수동태로 만드는 방법: 'Let + 목적어 + be + 과거분사'의 형태로 만든다.

• **Do** the work at once. (즉시 그 일을 하세요.)

→ **Let** the work **be done** at once. (즉시 그 일이 되게끔 하세요.)

2. 부정 명령문을 수동태로 만드는 방법: 'Don't let + 목적어 + be + 과거분사' 또는 'Let + 목적어 + not + be + 과거분사'의 형태로 만든다.

• **Don't do** the work at once. (그 일은 당장 하지 마세요.)

→ **Don't let** the work **be done** at once. (그 일이 당장 되도록 하지 마세요.)

= **Let** the work **not be done** at once. (그 일이 당장 되지 않도록 하세요.)

• **Don't forget** to remember me. (나를 잊지 마세요.)

→ **Don't let** it **be forgotten** to remember me. (내가 잊혀 지게 하지 마세요.)

= **Let** it **not be forgotten** to remember me. (내가 잊혀 지지 않도록 하세요.)

m/e/m/o

Ⅱ 특수한 수동태

ENGLISH GRAMMAR

A 타동사구로 이루어진 능동태를 수동태로 만드는 방법

'자동사 + 전치사', '타동사 + 명사 + 전치사' 등의 동사구가 있을 때는 동사구를 하나의 타동사로 생각하고 전치사 뒤의 명사를 수동태 문장의 주어로 한다. 이 경우엔 이중 전치사가 가능하다.

1. '자동사 + 전치사'를 수동태로 만드는 방법: 'be + 과거분사 + 전치사 + by + 행위자'의 형태로 만든다.

• A foreigner **spoke to** me. (어떤 외국인이 나에게 말했다.)
→ I **was spoken to** by a foreigner. (나는 어떤 외국인과 말을 하게 되었다.)
• Everyone **laughed at** his plan. (모든 이가 그의 계획을 비웃었다.)
→ His plan **was laughed at** by everyone. (그의 계획은 많은 비웃음을 샀다.)
• We should **abide by** the protocol. (우리는 그 규약을 준수해야만 한다.)
→ The protocol should **be abided by** by us. (그 규약은 우리에 의해 준수되어져야 한다.)

2. '자동사 + 부사 + 전치사'를 수동태로 만드는 방법: 'be + 과거분사 + 부사 + 전치사 + by + 행위자'의 형태로 만든다.

• They all **looked up to** him. (그들은 모두 그를 존경했다.)
→ He **was looked up to** by them all. (그는 그들 모두에게서 존경받았다.)

3. '타동사 + 명사 + 전치사'를 수동태로 만드는 방법: 이 경우엔 수동의 주어가 두 개가 될 수 있다.

• She **took good care of** that doggie. (그녀는 그 강아지를 잘 돌보았다.)
= That doggie **was taken good care of** by her.
= Good care **was taken of** that doggie by her. (그 강아지는 그녀 손에서 잘 돌보아졌다.)

B 명사절이 능동태의 목적어인 경우 수동태로 만드는 방법

• 주어$_1$ + 동사$_1$ + **that** + 주어$_2$ + 동사$_2$ …
= **It** + **be** + 동사1의 과거분사 + **that** + 주어$_2$ + 동사$_2$ … (복문)
= 주어$_2$ + **be** + 동사$_1$의 과거분사 + **to** + 동사$_2$의 원형 … (단문)

• We believe that she is a nice professor. (우린 그녀가 멋진 교수라고 믿는다.)
= It is believed that she is a nice professor (by us).
= She is believed to be a nice professor (by us). (그녀는 멋진 교수라고 믿어진다.)

비교 능동에서 동사$_1$보다 동사$_2$가 한 시제 앞선 경우에는 완료형 부정사 'to have + 과거분사'가 사용된다:

• They say that she was ill. (그들은 그녀가 아팠다고 말한다.)
= It is said that she was ill.
= She is said to have been ill. (그녀는 아팠다고 전해진다.)

C 여러 가지 수동태 표현 방법

수동태의 일반적인 형태는 'be + 과거분사'이지만 그 외에 다음과 같은 구문으로 수동태의 내용을 나타낼 수 있다.

1. 자동사 + 과거분사: 수동태는 '~당하다'라는 동작을 나타내는 경우와 '~되어지다'라는 상태를 나타내는 경우가 있지만 특히 동작을 확실히 나타낼 때는 'get[become, grow] + 과거분사'를 이용한다. 그리고 상태를 강조할 경우에는 'be[lie, remain, stand] + 과거분사'를 이용한다.

• He **got thrown** out of the house. (그는 집에서 내쫓겼다.)
• We **got soaked** on the way home. (우리는 집에 오는 도중 흠뻑 젖었다.)
• She **remains shocked**. (그녀는 충격을 받은 상태이다.)
• He **stood accused** of having betrayed his friend. (그는 친구를 배신했던 일로 비난받았다.)

2. have[get] + 목적어(사물) + 과거분사: 보통 '~시키다'라는 사역의 의미와 '~당하다'라는 수동의 의미로 쓰인다.

• I **had** my purse **stólen**. (나는 내 지갑을 도난당했다.)
• I **hád** my watch **mended**. (나는 내 시계를 고치게 했다.)

해설 'have + 목적어 + 과거분사'는 사역의 의미일 때는 보통 의식적이거나 유익한 행위이고 'have'에 강세가 있으며, 수동의 의미일 때는 무의식적이거나 불이익이 되는 경우로 '과거분사'에 강세를 둔다.

Ⅲ 주의해야 할 수동태 용법

ENGLISH GRAMMAR

A By 이외의 전치사를 사용하는 수동태

1. 수동태의 행위자 표시는 보통 'by'를 사용하지만 동사의 성격에 따라 다른 전치사를 사용하는 경우도 있다.

- **be known to: ~에게 잘 알려지다(대상)**
- **be known for: ~로 인해 알려지다(이유)**
- **be known by: ~에 의해 알려지다(판단의 근거)**
- **be known as: ~로 알려지다(자격, 신분)**

- Everybody **knows** the fact.

→ The fact **is known to** everybody. (그 사실은 모두에게 알려져 있다.)

2. 기쁨 · 슬픔 · 놀람 등의 감정을 나타내는 동사는 수동태의 표현을 쓰는 것이 보통이며, 이때의 전치사는 'at, in, with' 등이 사용된다. **해석은 능동으로 한다.**

- I **was delighted at** the result. (나는 그 결과를 접하고 기뻤다.)
- She **was satisfied with** the result. (그녀는 결과에 만족하였다.)
- I **was surprised at** the news. (나는 그 소식에 놀랐다.)
- I **am interested in** history. (나는 역사에 관심이 있다.)
- I **was pleased at[with]** your success. (네가 성공했다는 걸 듣고 기뻤다.)

3. 'by + 행위자'를 생략하는 수동태: 수동태의 행위자는 'by' 뒤에 놓이지만 행위자가 'we, you, they, people' 등 막연한 일반인을 나타낼 경우 'by + 행위자'는 생략된다.

- **We can see** the stars at night. (우리는 밤에 별을 볼 수 있다.)

→ Stars **can be seen** at night. (밤에는 별이 보인다.)

- **They speak** Portuguese in Brazil. (브라질에서는 포르투갈어를 사용한다.)

→ Portuguese **is spoken** in Brazil. (브라질에서는 포르투갈어가 사용된다.)

해설 위의 경우를 포함해서 수동태 문장에서는 'by + 행위자'가 생략될 때가 많다. 한 조사에 따르면 실제 문장의 70% 이상이 'by + 행위자'를 생략하고 있다고 한다.

B 동작 수동태와 상태 수동태

1. 동작 수동태를 능동으로 전환할 경우: 능동태와 수동태 시제는 동일하다.
 • Our house **is painted** every year. (우리 집은 매년 페인트칠을 한다.)
 = We **paint** our house every year. (우리는 매년 집을 페인트칠 한다.)

2. 상태 수동태를 능동으로 전환할 경우: 동작의 결과로 인한 상태를 나타내므로 능동태는 결과 표시의 '현재완료 시제'로 나타낸다.
 • Our house **is painted** white. (우리 집은 하얀색으로 칠해져 있다.)
 = We **have painted** our house white. (우리는 우리 집을 하얀색으로 칠했다.)

3. 재귀 대명사가 목적어인 능동태를 수동태로 전환할 경우: 재귀 대명사가 인칭 대명사의 주격으로 바뀌어 수동태의 주어로 사용되고, 행위자 표시의 부사구는 생략된 것으로 본다.
 • She **dressed herself** in black.
 = **She was dressed** in black. (그녀는 검은색 옷을 입었다.)

4. 능동태가 수동의 뜻을 갖는 경우
 • Her novel **reads** well.
 = Her novel **is read** well. (그녀의 소설은 잘 읽힌다.)
 • This shirt **sells** for ten dollars. (이 셔츠는 10달러에 팔리고 있다.)

5. 수동태가 주로 사용되는 경우

(1) 능동태의 주어가 분명치 않을 경우
 • He **was killed** in the war. (그는 전쟁에서 죽었다.)

(2) 수동의 주어에 더 관심이 있을 경우
 • A boy **was run over** by a truck. (한 소년이 트럭에 치였다.)

(3) 관용적으로 수동태로 사용되는 경우
 • I **was born** in 1961. (나는 1961년에 태어났다.)
 • His father **was drowned.** (그의 부친은 익사했다.)
 • They **were seated** at the table. (그들은 테이블에 앉아 있었다.)

6. 조동사가 있는 능동태를 수동태로 전환할 경우: 조동사 자체의 뜻을 유지하기 위해 조동사를 생략하지 않는다. 단, 'will, shall'의 경우 새로운 주어의 인칭에 따라 변화시켜 주어야 한다.

즉, 의지미래로 사용된 것인지 아니면 단순미래로 사용된 것인지를 파악해야 한다.

- You **must help** him. (당신은 그를 도와야 한다.)

→ He **must be helped** by you. (그는 당신의 도움을 받아야 한다.)

- Tom **will do** it. (톰이 그 일을 할 것이다.)

→ It **will be done** by Tom. (그 일은 톰에 의해 이루어질 것이다.)

- I **will give** you the money. (나는 그 돈을 너에게 줄 것이다.)

→ The money **shall be given** (to) you by me.
(그 돈은 내게서 너에게 주어지게 될 것이다.)

심화학습

'Tom will do it.' 문장에 사용된 주어는 3인칭이므로 'will'은 단순미래이다. 수동태로 바꾼 문장의 주어 'It'도 3인칭이므로 단순미래 조동사 'will'을 그대로 받으면 된다. 그러나 'I will give you the money.' 문장에 사용된 주어는 1인칭이므로 'will'은 화자의 의지미래를 나타낸다. 수동태로 바꾼 문장의 주어는 'The money'로 3인칭이다. 그러므로 3인칭 주어에 맞는 화자의 의지미래(shall)를 사용해야 한다:

인 칭	의지미래	단순미래
1인칭	will(화자의 의지)	will · shall(영국식)
2인칭	shall(화자의 의지) · will(주어의 의지)	will
3인칭	shall(화자의 의지) · will(주어의 의지)	will

심화학습

'resemble, meet, have, reach, let, cost' 등의 동사는 수동태로 전환 불가:

- She **resembles** her mother. (o)

⇏ *Her mother **is resembled** by her. (x)

해설 능동태 문장은 '그녀가 엄마를 닮았다.'는 의미이지만, 수동태 문장은 '그녀의 엄마가 그녀를 닮았다.'라는 비상식적인 문장이 형성되므로 전환이 불가하다.

실력평가문제

CRAMMING ENGLISH GRAMMAR

※ 다음 밑줄 친 곳에 가장 알맞은 것을 고르시오.

01 An accident _____ last night.

① was occurred ② had been occurred

③ occurred ④ occurs

해설 자동사 혼자로는 수동태로 전환될 수 없다. 그리고 시제에 주의할 것.
• accident 사고 • occur (일이) 일어나다, 발생하다

해석 지난밤에 사고가 발생했다.

정답 ③

02 Tom _____ for his mistakes by his friends.

① was laughed at ② laugh at

③ is laughed ④ laughed at

해설 '자동사 + 전치사'로 구성된 타동사구를 수동태로 전환시키는 방법은?

해석 톰은 그의 실수로 인해 친구들의 비웃음을 샀다.

정답 ①

03 Sarah was seen _____ Spanish food.

① eat ② to eat

③ being eaten ④ ate

해설 사역 · 지각동사가 있는 5형식 문장을 수동태로 전환시키는 방법은?

해석 우리는 사라가 스페인 음식을 먹는 것을 보았다.

정답 ②

04 I want to _____. It seems out of order.

① have fixed this cassette recorder

② have this cassette recorder fix

③ have this cassette recorder fixing

④ have this cassette recorder fixed

해설 'have[get] + 사물 + 과거분사'에 관한 문제. • out of order 고장이 나, 파손되어, 몸이 탈나

해석 이 카세트 녹음기를 고쳤으면 한다. 고장이 난 것 같다.

정답 ④

05 He is absorbed _____ reading.

① to ② of

③ with ④ in

해설 ~에 열중하다: devote oneself to, give oneself to, employ oneself to, lose oneself in, be absorbed in

해석 그는 책 읽는 것에 열중했다.

정답 ④

06 The old man was much satisfied _____ her politeness.

① at ② to

③ by ④ with

해설 ~에 만족하다: be happy with, be content with, be contented with, be satisfied with
• polite 예의바른, 공손한, (문장 등이) 세련된, 우아한, 고상한

해석 그 노인은 그녀의 예의바름에 몹시 만족했다.

정답 ④

07 He _____ the room by anybody.

① wasn't noticed to enter ② wasn't noticed entering

③ wasn't noticed enter ④ wasn't noticed to entering

해설 능동태 문장인 'Nobody noticed him enter the room.'을 수동태 문장으로 전환할 경우 두 가지 사항을 숙지하고 있어야 한다. 첫째, 부정 주어가 있는 능동태를 수동태로 전환시킬 때 주의해야 할 점과 둘째, 지각 · 사역동사가 있는 능동태를 수동태로 전환시킬 때 문장 내에서 발생되는 변화를 반드시 숙지하고 있어야 한다.

해석 누구도 그가 방에 들어가는 것을 보지 못했다.

정답 ①

08 I have never heard him speak ill of others.
= He has _____ by me.

① never been heard to speak ill of others

② never been to hear speak ill of others

③ been not heard to be spoken ill of others

④ never heard to speak ill of others

해설 지각동사가 들어 있는 능동태를 수동태로 전환할 경우 문장 내에선 어떤 변화가 일어날까?
• speak ill of ~을 나쁘게 말하다

해석 나는 그가 다른 사람들을 욕하는 것을 들어본 적이 없다.

정답 ①

09 His aunt is said _____ beautiful when she was young.

① that she was ② to be

③ to have been ④ she was

해설 명사절이 능동태의 목적어인 경우 복문의 수동태와 단문의 수동태로 만들 수 있다.
They say that she was cute when (she was) young. (그녀는 젊었을 때 깜찍했다고 다들 말한다.)
= It is said that she was cute when young. (복문의 수동태)
= She is said to have been cute when young. (단문의 수동태)

해석 그의 이모는 젊었을 때 아름다웠다고 한다.

정답 ③

10 Business Finder _____ its delivery prices last month because of high oil prices.

① increased ② was increased

③ increasing ④ has been increased

해설 increased는 능동태, was increased, has been increased는 수동태이다. 빈칸 뒤에 its delivery prices라는 목적어가 있고, 동사와 목적어를 연결해서 해석하면 '자사의 운송비를 올리다'라는 의미가 문맥상 적절하므로 능동태인 increased가 정답이 된다. • increase 증가하다, 증가시키다 • delivery 운송, 배달 • because of ~ 때문에

해석 비즈니스 파인더는 고유가(高油價) 때문에 지난달 자사의 운송비를 인상했다.

정답 ①

11 Free copies of *Update News* _____ to the citizens of Wildwood community only for two days.

① distributed ② are distributing

③ distribution ④ were distributed

해설 distributed, are distributing은 능동태, were distributed는 수동태이다. 빈칸 뒤에 명사 목적어가 없고, 주어는 copies(신문들)이며 보기의 동사 distribute는 '~을 유통시키다, 배포하다'라는 의미의 타동사이다. 신문은 '유통되는' 것이므로 수동태인 were distributed가 정답이다. • free 무료의 • copy (책 · 신문 등의)한 부, 사본, 복사본 • distribute 유통시키다, 배포하다

해석 〈업데이트 뉴스〉의 무료 본(本)은 와일드우드 지역 시민들에게 이틀 동안만 배포되었다.

정답 ④

12 A minimum of 12 hours' notice should be _____ if you wish to suspend your account for any reason.

① giving ② gives

③ given ④ give

해설 "be + p.p."는 수동태, "be + V-ing"는 능동태이다. 빈칸 뒤에 명사 목적어가 없고, 주어는 notice(통보)이며 보기의 동사 give는 '~을 주다'라는 의미의 타동사이다. 통보는 '되는' 것이므로 be동사와 함께 쓰여 수동태가 되는 given이 정답이다. • a minimum of 최소의 • notice 공지, 통보, 통지 • suspend (짧은 기간 동

안) 중지시키다, 연기하다, 유예하다, 정직[정학]시키다 • for any reason 어떤 이유로든

해석 계좌를 어떤 이유로든 귀하가 중단하고 싶으시면 최소 12시간 전에 통지해야 합니다.

정답 ③

13 In order to meet the deadline, the marketing team _____ overtime during the past week.

① was worked ② has been working

③ working ④ to work

해설 was worked는 수동태, has been working은 능동태이다. work는 자동사이므로 반드시 능동태로 써야 한다. 따라서 정답은 has been working이 된다. • in order to + 동사원형 ~하기 위해 • meet the deadline 마감일을 맞추다 • overtime 초과근무

해석 마감일을 지키기 위해서 마케팅팀은 지난주 내내 초과근무를 해왔다.

정답 ②

14 Vanderland Industries was _____ the contract because it offered a bid at a very competitive price.

① awarding ② award

③ awarded ④ awards

해설 was awarding은 능동태, was awarded는 수동태이다. 빈칸 뒤의 목적어만 보고 능동태를 정답으로 고르기 쉽지만, 보기의 동사 award는 4형식 동사이므로 해석해 봐야 알 수 있다. 회사가 매우 경쟁력 있는 가격으로 입찰을 했기 때문에 Vanderland Industries가 the contract(계약)을 '수주 받았다'는 의미가 되어야 적절하다. 따라서 앞의 was와 함께 쓰여 수동태가 되는 awarded가 정답이다. • award 주다, 수여하다 • contract 계약 • offer 제시하다, 제공하다 • bid 입찰 • competitive 경쟁적인, 경쟁력 있는

해석 밴더랜드 인더스트리스는 아주 경쟁력 있는 가격으로 입찰가를 제시했기 때문에 계약을 수주 받았다.

정답 ③

15 Continental Supplier guarantees that all orders will be _____ within one week.

① arrived ② arriving

③ arrives ④ arrival

해설 be동사 뒤에 V-ing 형태가 오면 능동태이고 p.p. 형태가 오면 수동태이다. arrive는 자동사이며, 자동사는 능동형으로만 쓸 수 있으므로 arriving이 정답이 된다. • guarantee 보장하다 • order 주문 • arrive 도착하다

해석 컨티넨탈 서플라이어 사(社)는 일주일 이내에 모든 주문이 도착할 거라는 것을 보장합니다.

정답 ②

16 After working as a professor of medicine for 15 years, Jennifer Evans _____ the senior vice president for health sciences at the University of Virginia.

① will name ② to name

③ was named ④ has named

해설 문장에 동사가 없으므로 빈칸은 동사 자리이다. 따라서 동사가 아닌 to name은 오답이 된다. 나머지 보기는 모두 3인칭 단수 주어(Jennifer Evans)와 수 일치되므로 능동/수동을 확인해야 한다. name(임명하다)은 목적격 보어를 명사로 가지는 5형식 동사로서 뒤에 명사가 있어도 능동형/수동형 모두 가능하므로 해석해서 정답을 선택한다. 문맥상 '수석 부학장으로 임명되었다'가 적절하므로 수동형인 was named가 정답이 된다.
• medicine 의학, 의료, 약 • senior 고위의, 상급의, 상위의 • health science 보건 과학

해석 의대 교수로 15년 동안 근무한 후에 제니퍼 에반스는 버지니아 대학 보건학과 수석 부학장으로 임명되었다.

정답 ③

17 After securing the contract with Finoa Airlines, Jeffery Williams _____ the employee of the year at Tara, Inc.

① had been voting ② has been voted
③ is voting ④ will be voting

해설 보기가 모두 동사이고, 모두 3인칭 단수주어(Jeffrey Williams)와 쓸 수 있으므로 능동/수동을 확인한다. 이 때, 동사 vote의 쓰임을 알고 있어야 하는데, 동사 vote는 목적어와 목적격 보어를 취해 '목적어를 목적격 보어로 선출하다'라는 뜻으로 쓰인다. 빈칸에 능동태 동사가 올 경우 목적어는 있지만 목적격 보어가 없으므로 문장이 어색하다. 따라서 ②와 같이 수동태를 써서 'Jeffrey Williams가 the employee of the year로 선출되었다'라는 의미가 되는 것이 맞다. 명사 목적격 보어를 취하는 5형식 동사의 경우 수동태로 쓸 때 수동태 동사 다음에 목적격 보어인 명사가 오게 된다. 이를 목적어로 착각하고 능동태 동사를 선택하지 않도록 주의하자. • secure 확보하다 • contract 계약(서) • vote A B A를 B로 선출하다 • the employee of the year 올해의 직원

해석 피노아 항공사와 계약을 확보한 후에 제프리 윌리엄스는 타라 사(社)에서 올해의 직원으로 선출되었다.

정답 ②

18 All prospective employees _____ to bring two forms of identification to the job interview for hiring eligibility

① require ② are required
③ have required ④ are requiring

해설 보기가 모두 동사이고, 모두 복수주어(All prospective employees)와 쓸 수 있으므로 능동/수동을 확인한다. require는 타동사이기 때문에 능동태로 쓰이면 뒤에 목적어가 와야 한다. 그런데 빈칸 뒤에 목적어가 보이지 않으므로 ②와 같이 수동태가 되는 것이 맞다. "require + 목적어 + to 부정사"가 수동태로 쓰이면 목적어가 주어 자리로 가고, 동사는 "be required to 부정사"와 같이 된다. to 부정사를 목적격 보어로 취하는 5형식 동사의 수동태는 be required to + 동사원형(~하도록 요구되다, ~해야 하다)과 같이 관용어처럼 외워두는 것이 좋다. • prospective 예비의, 잠재의 • be required to + 동사원형 ~해야 하다 • identification 신분증 • job interview 취업 면접 • eligibility 적임, 적격

해석 모든 예비 직원들은 채용 적격성을 위한 취업 면접에 두 종류의 신분증을 가져와야 한다.

정답 ②

19 As you are one of our most valued customers, Santa Publishing, Inc. _____ to offer you a free subscription to *Finance Magazine*.

① being pleased ② is pleased
③ has pleased ④ pleasing

해설 접속사 as가 두 문장을 연결하고 있으므로 빈칸은 주절의 동사 자리이다. 따라서 동사가 아닌 being pleased, pleasing은 정답에서 제외된다. 주어가 3인칭 단수(Santa Publishing, Inc.)이고, is pleased와 has pleased는 둘 다 수 일치된 보기이지만 is pleased는 수동태이고 has pleased는 능동태이다. '회사가 ~을 제공해서 기쁘다'라는 의미의 감정을 나타내는 표현은 수동태로 나타내므로 is pleased가 정답이다. • valued 귀중한 • customer 고객 • be pleased to + 동사원형 ~하게 되어 기쁘다 • subscription 구독, 구독료

해석 귀하는 우리의 가장 귀중한 고객들 중 한 분이기에 〈파이낸스 매거진〉 무료 구독권을 귀하에게 제공하게 되어 산타 출판사는 기쁩니다.

정답 ②

20 Eastern Apparel was ____ about the enthusiastic response of customers to its new line of summer clothing.

① excited ② exciting

③ excite ④ excites

해설 was excited는 수동태, was exciting은 능동태이다. 주어가 사람이 아닌 회사여서 능동태를 정답으로 선택하기 쉬우나 사람이 모인 단체이므로 회사 역시 감정을 느낄 수 있다고 본다. Eastern Apparel이 고객들의 반응에 '만족했다'는 의미이므로 감정을 나타내는 수동태 표현이 정답이 된다. 따라서 excited가 정답이다. • apparel 의류, 의복, 복장 • be excited about ~에 흥분하다, 들뜨다 • enthusiastic 열정적인 • response to ~에 대한 반응

해석 이스턴 어패럴 사(社)는 자사의 새로운 여름 의류 상품에 대한 고객들의 열정적인 반응에 흥분했다.

정답 ①

21 It is expected that the travel industry will be adversely affected ____ the rise in fuel prices.

① by ② to

③ on ④ about

해설 수동태 뒤에는 다양한 전치사가 올 수 있으나 '~에 의해서'라는 의미로 행위의 주체를 나타내는 경우에는 by를 쓴다. the rise in fuel prices(연료비 상승)에 '의해서' be adversely affected(악영향을 받다)되는 것이므로 정답은 by이다. • It is expected that ~일 것으로 예상되다 • travel 여행 • industry 산업 • adversely 불리하게, 역으로 • affect ~에게 영향을 미치다 • rise in ~의 상승, 증가 • fuel 연료

해석 연료비 상승으로 인해 여행 산업은 좋지 않은 영향을 받을 것으로 예상된다.

정답 ①

※ 다음 문장을 수동태로 올바르게 바꾼 것은?

22 Everybody knows the professor.

① The professor is known by everybody.

② The professor is known at everybody.

③ The professor is known with everybody.

④ The professor is known to everybody.

해설 수동태에서 'by' 이외의 전치사를 사용하는 경우 at(놀람), with(기쁨 · 만족), about(염려), in(몰두 · 실망) 등이 있다.

- be known by ~에 의해 알 수 있다(판단 · 식별의 근거)
- be known for ~로 인해 유명해지다(이유)
- be known as ~로서 알려지다(자격)
- be known to ~에게 알려지다(대상)

해석 모든 사람이 그 교수를 안다.

정답 ④

23 Who has broken the window?

① Who was been broken by the window?

② By whom has the window been broken?

③ Who has been broken by the window?

④ By whom has been the window broken?

해설 의문사가 주어진 능동태 문장의 수동태 전환

해석 누가 유리를 깼는가?

정답 ②

24 다음 중 문법에 맞는 것은?

① My purse was stolen.

② The thing might done by him.

③ It must be doing by you.

④ I was blown off my hat by the wind.

해설 ① My purse was stolen. = I had my purse stolen.
② → The thing might be done by him.
③ → It must be done by you.
④ → I had my hat blown off by the wind. = My hat was blown off by the wind.

해석 ① 내 지갑을 잃어 버렸다.
② 그 사람이 그 일을 할 걸요.
③ 당신은 그 일을 해야만 합니다.
④ 바람에 내 모자가 날아가 버렸다.

정답 ①

25 다음 중 문법에 맞는 것은?

① His father is resembled by him.

② The prisoner was hung for murder.

③ I am very interested in tennis.

④ A nice house is had by him.

해설 ① → He resembles his father. 'resemble, escape, lack, become, have' 등과 같은 타동사는 수동태로 전환 불가
② → The prisoner was hanged for murder. hang-hanged-hanged ~를 교수형에 처하다
hang-hung-hung ~을 걸다, 매달다
④ → He has a nice house. 'have' 소유 동사는 수동태로 전환 불가

해석 ① 그는 아버지를 닮았다.

② 그 죄수는 살인죄로 교수형을 당했다.
③ 나는 테니스에 많은 흥미가 있다.
④ 그는 멋진 집을 소유하고 있다.

정답 ③

26 다음 중 문법에 맞는 것은?

① I got him take my child to the public amusement park.

② He is reported to have been killed in the war.

③ Let it be not done.

④ You had better not to go to such a place.

해설 ① take → to take. 'get + 사람 + to 부정사', 'get + 사물 + 과거분사'
② 보기에 주어진 문장은 'They report that he was killed in the war.' 문장을 단문의 수동태로 전환시킨 문장
③ → Let it not be done. 명령문의 수동태에서 부정어의 위치는?
④ → You had better not go to such a place. 'had better + 원형동사'의 부정은 'had better not + 원형동사'

해석 ① 나는 그에게 우리 애를 시민 놀이공원에 데려가도록 했다.
② 그는 전사했다고 보도된다.
③ 그 일을 하지 마라.
④ 그런 곳에는 가지 않는 것이 좋겠다.

정답 ②

※ 다음 문장을 수동태로 올바르게 바꾼 것은?

27 Don't open the box.

① Let the box not be open.
② Let the box be not opened.
③ Don't let the box be open.
④ Don't let the box be opened.

해설 부정명령문의 수동태: Let + 목적어 + not + be + 과거분사 = Don't + let + 목적어 + be + 과거분사
해석 그 상자를 열지 마라.
정답 ④

28 Do it at once.

① You are done by it at once.
② It is done at once.
③ Be done it at once.
④ Let it be done at once.

해설 명령문의 수동태: Let + 목적어 + be + 과거분사
해석 그것을 즉시 해라.
정답 ④

CHAPTER

9 명사

출제경향

명사는 영어를 구성하는 가장 기본적인 품사로서 가산 명사와 불가산 명사의 특성을 바탕으로 문장에서 주어 · 목적어 · 보어의 기능을 갖는다. 명사의 전용은 기본적으로 숙지하고 있어야 하고, 집합 명사와 군집 명사의 수에 관한 주부와 술부의 일치, 복수형의 변화 9가지와 이중 소유격의 용법, 명사 앞에 위치하는 한정사와의 관계 및 역할, 특히 관사와 관련지어 명사 앞의 관사의 유 · 무를 묻는 문제가 주된 출제 형식이다.

I 명사의 종류 및 용법

ENGLISH GRAMMAR

사람이나 동물 · 사물의 이름을 나타내는 낱말을 명사라고 한다. 명사는 단수 · 복수의 수에 따른 어형 변화가 있고, 소유격을 만드는 격의 변화가 있으며, 남성 · 여성 · 중성의 성의 변화가 있다. 대부분의 명사는 관사를 붙여 쓰므로 항상 관사와의 관계를 염두에 두고 학습할 필요가 있다.

A 명사의 종류

명사는 의미에 따라 5가지 종류로 나눌 수 있다. 또한 셀 수 있는 명사[가산 명사]와 셀 수 없는 명사[불가산 명사]로 크게 나눌 수도 있다.

구 분	명사의 종류	특 징
가산 명사	① 보통 명사 ② 집합 명사	① 부정관사 또는 복수형 가능 ② 수(數)로 표시
불가산 명사	① 고유 명사 ② 물질 명사 ③ 추상 명사	① 부정관사 또는복수형 불가 ② 양(量)으로 표시

그러나 이러한 분류는 어디까지나 편의적인 것으로 물질 명사나 추상 명사가 보통 명사로도 쓰일 수 있다.

- This bridge is made of **stone**. 〈물질 명사〉
  (이 다리는 돌로 되어 있다.)
- A rolling **stone** gathers no moss. 〈보통 명사〉
  (구르는 돌에는 이끼가 끼지 않는다.)

- **Beauty** is in the eye of the beholder. 〈추상 명사〉
  (제 눈에 안경)
- She is **a beauty**. 〈보통 명사〉
  (그녀는 미인이다.)

B 명사의 용법

1. 보통 명사: 같은 종류의 사람 또는 일정한 형태를 가진 사물의 공통되는 이름을 나타내는 말을 보통 명사라고 한다. 단수형에는 정관사나 부정관사를 붙이고 또한 복수형으로 만들 수 있다.

- Just under **the seat** there was **a box**. (의자 바로 밑에 상자 하나가 있었다.)
- **The mountains** looked like giant **walls**. (그 산들은 거대한 벽처럼 보였다.)

2. 집합 명사: 가족(family) · 군중(crowd) · 군대(army) 등과 같이 같은 종에 속하는 사람 또는 사물의 집합체를 나타내는 명사를 집합 명사라고 한다. 집합 명사는 전체를 하나로 생각해서 단수 보통 명사처럼 취급한다. 따라서 부정관사를 붙일 수 있고 복수형으로 쓸 수도 있다. 그리고 집합체를 구성하는 각각의 구성원에 중점을 둘 경우에는 형태는 단수여도 복수 취급한다. 이 경우의 명사를 군집 명사라고 부른다.

(1) 집합 명사: 하나의 집합체 혹은 단위 ⇒ 단수 동사

- **The public is** against the war. (대중은 전쟁에 반대한다.)
- **The committee consists** of seven members. (위원회는 7명으로 되어 있다.)

(2) 군집 명사: 구체적이고 개별적으로 구성원에 중점을 둠 ⇒ 복수 동사

- **The public are** not admitted. (일반인은 입장을 사절합니다.)
- **The committee were** divided in opinion. (위원회는 의견이 나뉘었다.)

3. 고유 명사: 인명 · 지명이나 특정한 사물의 이름으로 쓰이는 명사를 고유 명사라고 한다. 첫 글자를 대문자로 쓰고 보통 관사를 붙이지 않고 복수형으로 쓰일 수도 없다.

• Queen Elizabeth lives in London. (엘리자베스 여왕은 런던에 살고 있다.)

그러나 다음의 경우 정관사를 붙이거나 복수형으로 할 수 있다.

(1) the + 고유 명사

① 강 · 바다 이름

• the Thames(템즈 강)
• the Pacific Ocean(태평양)
• the Mississippi(미시시피 강)

② 배 · 신문 · 잡지 이름

• The *Life*(라이프 지)
• The *Chosun Ilbo*(조선일보)
• The *Queen Mary*(퀸 메리 호)
• The *Mayflower*(메이플라워 호)
• The *New York Times*(뉴욕 타임즈)

해설 배 · 신문 · 잡지 이름은 " "로 묶든지 이탤릭체로 표기한다.

③ 공공 건축물의 이름

• the Blue House(청와대)
• the White House(백악관)

비교 공원 · 다리 · 학교 이름에는 정관사를 붙이지 않는다:

• London Bridge(런던교)
• Hyde Park(하이드 파크)
• Korea University(고려대학교)

④ 국민의 총칭

• the Koreans(한국 국민)
• the Germans(독일 국민)
• the English(영국 국민)

⑤ 고유 명사가 형용사에 의해 수식될 때도 정관사가 붙는다.

• the late Dr. Einstein(故 아인슈타인 박사)
• the new China(새로운 중국)

(2) the + 고유 명사의 복수

① 가족 이름

• the Smiths(스미스 가족)
• the Kims(김 선생님 가족)

- the Brauers(브라우어 가족)

② 나라 이름
- the Netherlands(네덜란드)
- the United States of America(미합중국)

③ 산맥 이름
- the Rockies
= the Rocky Mountains(로키 산맥)
- the Himalayas(히말라야 산맥)

④ 군도 이름
- the Azores(아조레스 군도)

심화학습

1 고유 명사 앞에 부정관사를 붙이거나 고유 명사를 복수형으로 만들게 되면 이 고유 명사는 보통 명사로 취급된다.
- He wishes to be **an** *Edison* in the future. (그는 장차 에디슨 같은 과학자가 되고 싶어 한다.)
- A *Mr. Smith* appeared next. (다음에 스미스 씨라는 사람이 나타났다.)
- Here is **a** *Kia*. (기아 자동차 한 대가 여기 있다.)
- There are **three** *Lees* on this list. (이 명단에는 3명의 이 씨가 있다.)

2 다음의 예는 보통 명사가 고유 명사화한 것이다.
- the East(동양)
- the One(하나님, 절대자)
- the New World(신세계, 아메리카 대륙)

4. 물질 명사: 물(water) · 공기(air) · 돌(stone) · 쌀(rice) · 모래(sand) 등과 같이 잘게 부수어도 변화하지 않는 물질의 이름을 나타내는 명사를 물질 명사라고 한다. 물질 명사는 부정관사를 붙일 수 없고 복수형으로 만들 수도 없다.
- **Oil** is lighter than **water**. (기름은 물보다 가볍다.)
- **Milk** is made into **butter** and **cheese**. (우유는 버터와 치즈로 만들 수 있다.)
- I prefer a house made of **stone**. (나는 석조집을 선호한다.)
- I prefer polished **rice** to brown **rice**. (나는 현미보다 백미를 더 좋아한다.)

심화학습

1 물질 명사는 원래 셀 수 없지만, 수량을 표시하는 단어[조수사(助數詞)]를 사용하면 셀 수 있다.

- a cup of tea → two cups of tea(차 2잔)
- a loaf of bread → two loaves of bread(빵 2덩이)
- a glass of milk → four glasses of milk(우유 4잔)
- a bottle of wine → eight bottles of wine(와인 8병)
- a shower of rain → six showers of rain(6차례의 비)
- a cake[bar] of soap → three cakes[bars] of soap(비누 3개)
- a slice of cheese → two slices of cheese(치즈 2조각)
- a lump of sugar → three lumps of sugar(각설탕 3개)
- a piece of cake → four pieces of cake(케이크 4조각)
- a sheet[piece] of paper → five sheets[pieces] of paper(종이 5장)
- a tube of toothpaste → two tubes of toothpaste(치약 2통)
- a pound of meat → seven pounds of meat(고기 7파운드)
- a streak of lightning → several streaks of lightning(여러 차례의 번갯불)
- a crash[peal, clap] of thunder → several crashes[peals, claps] of thunder(여러 차례의 우렛소리[뇌성, 천둥])

2 다음은 물질 명사가 보통 명사화한 것이다.

- a glass(컵)
- papers(서류)
- an iron(다리미)

5. 추상 명사: 사람이나 사물의 성질 · 상태 · 동작 등 추상적으로 생각되는 것으로 구체적인 형태 없이 개념을 나타내는 명사를 추상 명사라고 한다. 추상 명사는 원칙적으로 부정관사를 붙일 수 없고 복수형으로 만들 수도 없다.

- **Art** is long and **life** is short. (예술은 길고 인생은 짧다.)

(1) all + 추상 명사
= 추상 명사 + itself
= full of + 추상 명사
= very + 추상 명사의 형용사

- She is **all attention**.

= She is **attention itself**.

= She *is full of* **attention**.

= She is *very* **attentive**. (그녀는 매우 주의 깊다.)

(2) 전치사 + 추상 명사

① of + 추상 명사: 형용사 의미를 지닌다.

• He is a man **of ability**.

= He is an **able** man. (그는 유능한 사람이다.)

• This book is **of** great **importance**.

= This book is very **important**. (이 책은 매우 중요하다.)

• It is **of no use**.

= It is **useless**. (그것은 소용이 없다.)

② 전치사 + 추상 명사: 부사의 의미를 지닌다.

• He broke his word **on purpose**.

= He broke his word **purposely**. (그는 고의로 약속을 어겼다.)

• I met her on the street **by accident**.

= I met her on the street **accidentally**. (나는 그녀를 길에서 우연히 만났다.)

• She fixed a machine **with ease**.

= She fixed a machine **easily**. (그녀는 기계를 쉽게 수리하였다.)

(3) have + the + 추상 명사 + to 부정사: '~하게도 ~하다'로 해석된다.

= be + so + 형용사 + as to ~

= be + so + 형용사 + that절

= be + 형용사 + enough to ~

= 부사 + 형용사

• She **had the kindness to** lend me some money. (그녀는 친절하게도 나에게 돈을 빌려 주었다.)

= She **was so kind as to** lend me some money. (그녀는 아주 친절하여서 나에게 돈을 빌려 주었다.)

= She **was so kind** that she *lent* me some money.
(그녀는 아주 친절하여서 나에게 돈을 빌려 주었다.)

= She **was so kind enough to** lend me some money.
(그녀는 나에게 돈을 빌려 줄 만큼 아주 친절하였다.)

(4) 추상 명사도 조수사를 이용하여 셀 수가 있다.

• a fit of fever(한 차례의 고열)

• a word of advice(충고 한마디)

- a piece of news(한 마디의 소식)
- a stroke of luck(한 차례의 행운)
- a bit of scandal(한 차례의 추문)
- a case of theft(한 차례의 도둑질)

(5) 추상 명사가 구체적인 종류나 사례 · 행위를 나타내어 보통 명사화할 때가 있다. 이때는 부정관사나 수사로 수식되거나 복수형으로 만들 수 있다.

- Honesty is **a virtue**. (정직은 하나의 덕목이다.)
- He did me **a kindness**. (그는 나에게 친절을 다했다.)
- Will you do me **a kindness**? (부탁이 하나 있는데요.)

C 수량 표시어

1. of 구 이하의 명사에 따라 단 · 복수가 결정되는 것: 근자 일치법이 적용된다. 즉, 동사와 가까이 있는 명사에 동사를 일치시킨다.

(1) most[half, the rest, a variety, 분수] + of + 단수 명사 + 단수 동사

- **Two-thirds of** *the banana* **is** rotten. (바나나의 ⅔가 썩었다.)

(2) most[half, the rest, a variety, 분수] + of + 복수 명사 + 복수 동사

- **Two-thirds of** *the bananas* **are** rotten. (바나나들 가운데 ⅔가 썩었다.)

2. 명사의 질 표시어: **kind of, sort of, type of**

(1) 'kind, sort, type'과 같은 단어가 단수형이면 그 뒤의 명사도 단수형이고, 복수형이면 그 뒤의 명사도 복수형이다.

- This **kind of** *flower* **is** rare in Korea. (이런 종류의 꽃은 한국에선 드물다.)
- These **kinds of** *flowers* **are** rare in Korea. (이런 종류의 꽃들은 한국에선 드물다.)

(2) 'of' 다음에 오는 명사는 관사를 취하지 않는다.

- What *kind of* **man** is he? (그는 어떤 사람이오?)
- This is a new *type of* **car**.
- = This is a car of a new type. (이것은 신형차입니다.)
- These *sorts of* **trees** are evergreens.
- = Trees of these sorts are evergreens. (이 종류의 나무들은 상록수이다.)

3. 수량 명사의 표시

(1) 수사의 수식을 받을 때: dozen, score, hundred, thousand, million 등이 다른 수사의 수식을 받으며 명사를 수식할 때, 명사를 수식하는 형용사로 취급되어 단수 형태로 사용된다. 이때는 정확한 수를 표시한다.

- *two* **dozen** eggs(계란 24개)
- *five* **hundred** miles(500마일)
- *six* **million** inhabitants(주민 600만 명)

(2) 복수로 사용될 경우: 'of'와 함께 사용되어 막연한 수를 나타낸다.

- **dozens of** eggs(계란 수십 개)
- **hundreds of** miles(수백 마일)
- **millions of** inhabitants(수백만의 주민들)

m/e/m/o

Ⅱ 명사의 전용

A 불가산 명사의 가산 명사화

1. 고유 명사의 보통 명사화

(1) 가족 · 가문을 나타내는 경우

- My wife is **a Lee**. (제 집사람은 이씨 집안사람입니다.)

(2) 작품 · 제품을 나타내는 경우

- I read **a Milton** last night. (어젯밤 나는 밀턴 작품 하나를 읽었다.)
- This is **a** genuine **Rodin**. (이것은 진짜 로댕 작품이다.)
- I want to buy **an Oracle**. (나는 오라클 회사 제품을 구입하고 싶다.)

(3) 동일한 고유 명사의 다수를 나타내는 경우

- There are **two Sarahs** in my class. (우리 반에는 사라라는 이름을 가진 사람이 두 명 있다.)

(4) '~와 같은 사람'이란 의미로 자질 · 능력 등을 나타내는 경우

- I wish to become **a Mr. Obama**. (나는 오바마 씨와 같은 사람이 되고 싶다.)

(5) '~라는 사람'으로 해석되는 경우

- **A Mrs. Smith** called you while you were out.
  (당신이 자리에 안 계실 때 스미스 씨라는 어떤 부인이 전화를 하셨습니다.)

2. 추상 명사의 보통 명사화

(1) 구체적 행위 및 사례를 나타내는 경우

- She acted out of **kindness**. 〈추상 명사: 친절〉
  (그녀는 친절하게 행동했다.)
- She has done me many **kindnesses**. 〈보통 명사: 친절한 행위〉
  (그녀는 나에게 많은 친절한 일을 베풀어 주었다.)

(2) 특성을 지닌 구체적인 것을 나타내는 경우

- **Success** depends on our efforts. 〈추상 명사: 성공〉
  (성공은 노력에 달려 있다.)
- He is **a success** as a scholar. 〈보통 명사: 성공한 것[사람]〉
  (그는 학자로서 성공한 사람이다.)

(3) 종류를 나타내는 구체적인 형용사가 선행되는 경우

- **Education** is essential to our life. 〈추상 명사: 교육〉
  (교육은 우리 삶에 필수적인 것이다.)
- Sarah got **a** *good* **education**. 〈보통 명사: 훌륭한 교육〉
  (사라는 훌륭한 교육을 받았다.)

3. 물질 명사의 보통 명사화

(1) 구체적 제품을 나타내는 경우

- **Glass** is apt to break. 〈물질 명사: 유리〉
  (유리는 깨지기 쉽다.)
- She has **a glass** in her hand. 〈보통 명사: 유리잔〉
  (그녀는 유리잔을 손에 쥐고 있다.)
- She wears **glasses**. 〈보통 명사: 안경〉
  (그녀는 안경을 쓰고 있다.)

(2) 특정한 사건 및 개체를 나타내는 경우

- The bridge is built of **stone**. 〈물질 명사: 돌〉
  (그것은 돌로 지워진 다리입니다.)
- Who throws **a stone** at a frog? 〈보통 명사: 돌멩이〉
  (누가 개구리에게 돌멩이를 던지나?)

- Animals are afraid of **fire**. 〈물질 명사: 불〉
  (동물들은 불을 무서워한다.)
- There was **a** *big* **fire** in London. 〈보통 명사: 화재〉
  (런던에서 큰 화재가 일어났다.)

(3) 상품의 종류를 나타내는 경우

- **Wine** is made from grapes. 〈물질 명사: 와인〉
  (와인은 포도를 원료로 한다.)
- We sell *various* **wines** at the store. 〈보통 명사: 여러 종류의 술〉
  (저희 가게에선 다양한 술을 판매합니다.)

(4) 종류를 나타내는 구체적인 형용사가 선행되는 경우

- This is made of **metal**. 〈물질 명사: 금속〉
  (이것은 금속을 원료로 제조된다.)
- Gold is **a** *precious* **metal**. 〈보통 명사: 귀금속〉
  (금은 귀금속이다.)

B 가산 명사의 불가산 명사화

1. the + 단수 보통 명사: 추상 명사의 개념 · 성질을 표시한다.

- When we are reduced to poverty, **the beggar** will come out.
  (가난하게 되면, 거지근성이 나오는 경향이 있다.)
- He forgot **the judge** in **the father**. (그는 아버지란 정 때문에 재판관의 직분을 망각했다.)
- **The pen** is mightier than **the sword**. (文[펜]은 武[칼]보다 강하다.)

2. 보통 명사가 어근만으로 본래의 목적을 나타내는 경우

- He went to **sea**.
= He became a sailor. (그는 선원이 되었다.)
  비교 He went to **the sea** to swim. (그는 수영을 하러 바다로 갔다.)
- She is in **class** now. (그녀는 수업중이다.)
  비교 She is in **the class** now. (그녀는 지금 교실에 있다.)
- I went to **church** last Sunday. (지난 주 나는 교회에 가서 예배를 드렸다.)
  비교 I went to **the church** to meet my friend last Sunday.
  (지난 주 나는 친구를 만나기 위해 교회로 갔다.)

심화학습

공공건물 · 건축물 등이 본래의 용도로 사용될 경우 보통 명사에는 관사를 생략한다. 그러나 건물 자체를 나타낼 때는 대개 관사를 사용한다:

- **School** begins at nine. (수업은 9시에 시작된다.)
- He lives near **the school**. (그는 학교 근처에 살고 있다.)
- at sea(항해 중)
- at table(식사 중)
- in class(수업 중)
- in office(재직 중)
- in hospital(입원 중)
- go to bed(자러 가다)
- in[at] church(예배 중)
- go to market(장보러 가다)
- go to school(공부하러 가다)
- go to prison(수감되다, 투옥되다)

Ⅲ 명사의 수

ENGLISH GRAMMAR

A 항상 복수형으로만 사용되는 명사

1. 복수 형태의 명사이지만 항상 단수 동사와 어울리는 명사

(1) 학과명을 나타내는 '-ics'로 끝나는 명사는 단수 명사로 취급한다: mathematics(수학) · economics(경제학) · linguistics(언어학) · physics(물리학) · ethics(윤리학) · politics(정치학) · statistics(통계학) 등

- Linguistics is my major. (언어학은 내 전공이다.)

심화학습

'-ics'로 끝나지 않는 학과명 logic(논리학) · arithmetic(산수)은 예외 사항:

- Arithmetic is the science of numbers. (산수는 숫자에 관한 학문이다.)

(2) '-s'로 끝나는 병명(病名) 명사는 단수 명사로 취급한다: measles(홍역) · mumps(볼거리) · staggers(현기증) 등

- Measles is an infectious disease. (홍역은 전염병이다.)

(3) '-s'로 끝나는 게임 이름은 단수 명사로 취급한다: billiards(당구) · checkers(서양장기) · cards(카드놀이) 등

- Checkers is a game for two players. (서양장기는 두 사람이 하는 게임이다.)

(4) 시간 · 거리 · 중량 · 금액 등의 단위 개념은 단수 명사로 취급한다.

- Five hundred miles is a long distance. (500마일은 먼 거리이다.)
- Ten pounds of meat is needed. (고기 10파운드가 필요합니다.)
- Five dollars is enough. (5달러 정도면 충분합니다.)

(5) 복수 형태의 국가명 · 지리명 · 서적명 등은 단수 명사로 취급한다: the Philippines, the United Nations, the Thames, the United States of America 등

- *Gulliver's Travels* is a satiric novel. (『걸리버 여행기』는 풍자 소설이다.)
- The Thames is a river in England. (템즈 강은 영국에 있는 강이다.)
- The Warner Brothers is a movie company. (Warner Brothers는 영화사이다.)
- The United Nations is an international organization. (유엔은 국제기구이다.)

2. 복수 형태의 명사로 항상 복수 동사와 어울리는 명사

(1) '-s'로 끝나며 좌우 대칭으로 구성된 명사는 복수 명사로 취급한다: 조수사 'a pair of ~'를 단위 표시로 한다.

① 의복류 · 신체: trousers(바지) · pajamas(잠옷) · shoes(신발) · stockings(스타킹) 등
- a pair of trousers(바지 1벌) → two pairs of trousers(바지 2벌)

② 기구 · 도구: pincers(족집게) · scissors(가위) · glasses(안경) · chopsticks(젓가락) 등
- a pair of glasses(안경 1개) → three pairs of glasses(안경 3개)

(2) 분화 복수: 단수형 명사의 의미와 복수형 명사의 의미가 다른 명사를 말한다.
- arm(팔) / arms(무기)
- air(공기) / airs(태도)
- ash(재) / ashes(유골)
- advice(충고) / advices(보고, 통지)
- authority(권위) / authorities(당국, 권위자)
- belonging(부속물) / belongings(재산)
- custom(관습) / customs(관세, 세관)
- content(만족) / contents(항목, 목차)
- good(이익) / goods(상품)
- letter(편지, 문자) / letters(문학)
- mean(중용) / means(수단, 방편)
- manner(방법, 태도) / manners(예의범절)
- odd(여분) / odds(확률, 차이)
- part(부분) / parts(재능)
- pain(고통) / pains(노력, 수고)
- regard(경의) / regards(안부)
- spirit(영혼) / spirits(원기, 활력)
- wit(이해력) / wits(재치)

(3) 단수형과 복수형이 동일한 명사: sheep(양) · deer(사슴) · swine(돼지) · trout(송어) · salmon(연어) · carp(잉어) · fish(물고기) · fruit(과일) · series(연속물) · species(종류) · corps(군단) · Chinese(중국인) · Japanese(일본인) · Swiss(스위스인) 등

심화학습

이러한 명사는 집합적으로 말할 때는 단수형으로 나타내지만, 종류를 말할 때는 복수형으로 나타낸다:

- There are a dozen **fruit** in the box. 〈집합〉
  (상자에는 12개의 과일이 있다.)
- What **fruits** are in season now? 〈종류〉
  (지금 어떤 과일이 제철입니까?)

- How many **fish** did you catch? 〈집합〉
  (물고기를 얼마나 잡았니?)
- What kinds of **fishes** are there in the aquarium? 〈종류〉
  (그 수족관에는 어떤 종류의 물고기들이 살고 있나요?)

B 명사의 복수형

1. 외래어의 복수 명사

(1) 어미가 '-um, -on'으로 끝나는 명사의 복수형 → '-a'로 변화한다.

- dat**um** → dat**a**(자료)
- medi**um** → medi**a**(매체)
- criteri**on** → criteri**a**(표준)
- for**um** → for**a**(광장, 법정)
- phenomen**on** → phenomen**a**(현상)
- memorand**um** → memorand**a**(비망록, 각서)

(2) 어미가 '-sis'로 끝나는 명사의 복수형 → '-ses'로 변화한다.

- ba**sis** → ba**ses**(기초)
- cri**sis** → cri**ses**(위기)
- oa**sis** → oa**ses**(오아시스)
- the**sis** → the**ses**(주제, 논문)

(3) 어미가 '-us'로 끝나는 명사의 복수형 → '-i'로 변화한다.

- foc**us** → foc**i**(초점)
- stimul**us** → stimul**i**(자극)

2. 이의형 복수 명사: 하나의 단수 명사에 상호 뜻이 다른 복수형 명사가 두 개 존재하는 명사를 말한다.

- brother → brothers(형제) / brethren(동포)
- genius → geniuses(천재) / genii(수호신)
- cloth → cloths(옷감) / clothes(의복)
- staff → staffs(참모, 직원) / staves(지팡이, 막대)
- index → indexes(색인, 찾아보기) / indices(지표, 지수)
- die → dies(거푸집) / dice(주사위)

3. 구체화 복수 명사: 추상 명사 혹은 형용사에 복수형을 붙여 구체적인 명사의 개념을 나타낸다.

- goods(상품), safes(금고), riches(재산), valuables(귀중품), eatables(식료품), earnings(수입), regards(안부인사), savings(저금), feelings(감정), circumstances(상황)

4. 상호 복수 명사: 서로 같은 종류의 것을 교환하거나 어떤 관계를 나타낼 때는 상호간에 작용하므로 항상 복수 명사를 사용하게 되는데 이것을 상호 복수 명사라고 부른다.

- take **turns**: 교대하다
- change **cars**: 차를 갈아타다
- shake **hands** with: ~와 악수하다
- make **friends** with: ~와 친구가 되다
- be on good **terms** with: ~와 사이가 좋다
- exchange **seats** with: ~와 자리를 바꾸어 앉다

5. 합성 명사의 복수: 대개 그 말의 주된 것을 복수형으로 만든다.

(1) 명사에 '-s'를 붙이는 경우

- looker-on(구경꾼, 방관자) → looker**s**-on
- dropper-in(방문객) → dropper**s**-in
- passer-by(통행인) → passer**s**-by

(2) 주요 명사에 '-s'를 붙이는 경우

- step-mother(계모) → step-mother**s**
- brother-in-law(자형, 매부, 처남) → brother**s**-in-law
- washer-woman(세탁 일을 하는 여성) → washer-wom**e**n

(3) 명사가 없는 합성 명사의 복수형: 단어의 끝에 '-s'를 붙인다.

- forget-me-not(물망초) → forget-me-not**s**

- touch-me-not(봉선화) → touch-me-nots
- go-between(중개인) → go-betweens
- merry-go-round(회전목마) → merry-go-rounds

(4) 성별을 구별하는 역할을 하는 'man'이나 'woman'으로 시작되는 합성 명사는 양쪽을 모두 복수형으로 만든다.

- man-servant(남자 하인) → men-servants
- woman-student(여학생) → women-students

비교 'man-**eater**(식인종) → man-**eaters**'의 경우처럼 '성별을 구별하는 역할'보다는 '사람을 잡아먹는 사람'이라는 의미에서 나타나듯이 목적어의 역할을 하는 경우에선 역시 단어의 끝에다 복수형 접미사 '-s'를 붙인다.

C 복합 명사[명사 + 명사]

- **선행 명사가 다음 명사를 수식하는 형용사적 기능을 한다.**
- **복합 명사에서 선행 명사는 원칙적으로 복수형으로 사용되지 않는다.**

1. 선행 명사가 다음 명사를 수식한다.

- book store(서점)
- horse race(경마)
- brain death(뇌사)
- blood type(혈액형)
- corner kick(코너킥)
- ground plan(평면도)
- death toll(사망자수)
- body weight(몸무게)
- safety belt(안전벨트)
- case study(사례 연구)
- phone book(전화번호부)
- film star(movie star. 영화 스타)

2. 선행 명사를 복수로 하지 않는다.

(1) '수사 + 명사'가 또 다른 명사를 수식하는 기능을 하면 선행 명사는 단수형을 취한다. 이 경우 수사와 선행 명사를 '-'로 연결한다.

- She is **seven years** old.

= She is a **seven-year-old** *girl*. (그녀는 7살이다.)

- Those shoes cost **fifty dollars**.

= Those are **fifty-dollar** *shoes*. (그 신발은 50달러입니다.)

(2) 복수형이 되어야 의미가 전달되는 명사는 비록 선행 명사라 할지라도 복수형을 취한다.

- **customs** house(세관)
- **goods** train(화물열차)
- **charities** drive(자선운동)
- **honors** graduate(우등 졸업생)

m/e/m/o

IV 명사의 성과 격

ENGLISH GRAMMAR

A 명사의 성(Gender)

영어에는 문법상의 성이 있고 다음의 4가지로 분류할 수 있다.

1. 남성: 의인화된 명사 중에서 강함 · 위대 · 웅장 · 냉혹 · 용맹 · 잔인한 것은 남성으로 취급되며 대명사는 'he, they'로 받는다. '태양 · 산 · 시간 · 분노 · 여름' 등이 여기에 속한다.
   - sun, day, power, mountain, war, love, anger, ocean, death, fear, etc.
   - I do not fear **death**. Let **him** come. 〈death = him〉
     (나는 죽음이 두렵지 않다. 죽음이 올 것이면 오게 하라.)
   - **Time** is ever silently turning **his** pages. 〈time = his〉
     (시간은 항상 조용히 책장을 넘기고 있구나.)

2. 여성: 의인화된 명사 중에서 아름답고 우아하고 부드러운 것은 여성으로 취급되며 대명사는 'she, they'로 받는다. '도시 이름 · 나라 이름 · 달 · 자연 · 밤 · 평화 · 미술 · 배 · 비행기 · 봄 · 토끼 · 고양이 · 비둘기' 등이 여기에 속한다.
   - art, fortune, liberty, moon, music, nature, night, ship, spring, peace, philosophy, etc.
   - Listen to the **music**. How sweet **she** is! 〈music = she〉
     (음악을 들어보라. 얼마나 감미로운가!)
   - Let **peace** forever hold **her** sway. 〈peace = her〉
     (평화가 영원히 지배하게 하자.)

3. 통성: 남녀 공통으로 사용되는 명사로 대명사는 'he, she, they'로 받는다.
   - baby, child, cousin, friend, monarch, parent, reader, spouse, student, teacher, etc.
   - I respect my **teacher** because **he** is attentive. 〈teacher = he〉
   - I respect my **teacher** because **she** is attentive. 〈teacher = she〉
     (내 말을 잘 들어주시기 때문에 나는 우리 선생님을 존경한다.)

4. 중성: 무생물 · 식물 · 추상적 개념 등과 같이 성별이 없거나, 성구별의 의미가 크지 않은 명사의 대명사는 'it, they'로 받는다.

- The **baby** stared at **its** mother. 〈baby = its〉
  (그 애기는 엄마를 빤히 바라보았다.)

심화학습

1 국토 지리적 측면으로 사용된 국가명 · 지리명은 중성으로 취급한다.

- **Australia** is rich in **its** natural resources. 〈Australia = its〉
  (호주는 자연 자원이 풍부하다.)

2 정치 · 경제 · 문화적 측면으로 사용된 국가명 · 지리명은 여성으로 취급한다.

- **English** is famous for **her** poets. 〈English = her〉
  (영국은 시인들로 유명하다.)

3 남성 · 여성 명사형이 다른 명사

① 성별이 완전히 다른 명사

- king(왕) ↔ queen(여왕)
- bull(황소) ↔ cow(암소)
- dog(수캐) ↔ bitch(암캐)
- monk(수도사) ↔ nun(수녀)
- nephew(조카) ↔ niece(질녀)
- wizard(마법사) ↔ witch(마녀)
- uncle(아저씨) ↔ aunt(아줌마)
- rooster / cock(수탉) ↔ hen(암탉)
- bachelor(독신남) ↔ spinster(독신녀)
- peacock(수컷 공작) ↔ peahen(암컷 공작)

② 남성형 어미에 '-ess'를 붙여 여성형을 만드는 명사

- god(남신) ↔ goddess(여신)
- host(주인) ↔ hostess(여주인)
- prince(왕자) ↔ princess(공주)
- actor(배우) ↔ actress(여자 배우)
- poet(시인) ↔ poetress(여류 시인)
- waiter(웨이터) ↔ waitress(웨이트리스)

③ 성별을 나타내는 말을 붙여 복합어로 만드는 명사

- he-goat(숫염소) ↔ she-goat(암염소)
- man-servant(하인) ↔ woman-servant(하녀)

심화학습

'man[woman]-servant' 명사의 복수형은 'men[women]-servants'로 변화한다.

B 명사의 격(Case)

명사나 대명사가 같은 문장 속에서 다른 말과 갖는 문법적인 관계를 나타내는 어형을 격이라고 한다.

1. 격의 종류: 격에는 '~은(가)'에 해당하는 주격, '~의'에 해당하는 소유격, '~을(를)'에 해당하는 목적격의 3가지가 있다. 명사의 주격과 목적격은 같은 어형이므로 어형을 구별할 수 있는 것은 소유격뿐이다.

(1) 주격: 문장 속에서 주어 · 주격 보어로 사용된다.

- **Sarah** sat down. 〈주어〉 (사라가 앉았다.)
- This is **Sarah**. 〈주격 보어〉 (얘가 사라입니다.)

(2) 소유격: 명사 앞에 오며 형용사의 성질을 지니고 있다.

1) 소유격의 용법

① 소유 · 소속의 의미로 사용: 가장 일반적인 경우이다.

- He knows my **father's** name.

= He knows the name **of** my father. (그는 우리 아버지의 이름을 알고 있다.)

② 주격의 의미로 사용: 행위의 주체를 나타낸다.

- My **hero's** death was a great shock.

= The death **of** my hero was a great shock. (내 영웅의 죽음은 큰 충격이었다.)

- Last night I read **Milton's** works.

= Last night I read the works **of** Milton. (어젯밤 나는 밀턴이 쓴 작품을 읽었다.)

③ 목적격의 의미로 사용: 행위를 받는 것을 나타낸다.

- Nobody came to the **boy's** rescue.

= Nobody came to the rescue **of** the boy. (그 소년을 구조하러 아무도 오지 않았다.)

④ 용도 · 대상의 의미로 사용: 목적의 주체가 되는 것을 나타낸다.

- He was sent to a **children's** hospital.

= He was sent to a hospital **for** children. (그는 아동병원으로 보내졌다.)

심화학습

'My **mother's picture** hangs on the wall.' 이 문장의 경우 다음 3가지로 해석될 수 있다:

- 내 **어머니 소유의** 그림이 벽에 걸려 있다.
- 내 **어머니가 그린** 그림이 벽에 걸려 있다.
- 내 **어머니를 그린** 그림이 벽에 걸려 있다.

⑤ 동격의 의미로 사용

- The *fact* **of** *his having seen me* is wrong.

= The *fact* **that** *he saw me* is wrong. (그가 나를 만났다는 사실은 거짓이다.)

- She lives in *the city* **of** *New York*. (그녀는 뉴욕이라는 도시에서 살고 있다.)

⑥ 기원 · 출처의 의미로 사용

- He is a man **of** Deven.

= He is a man **from** Deven. (그는 데번 출신이다.)

⑦ 독립 소유격: 소유격 다음의 명사를 생략하는 경우를 말한다.

i) 명사가 반복되는 경우

- My book is cheaper than **Britta's** (book). (내 책은 브리타의 책[것]보다 싸다.)
- This house is my **brother's** (house). (이 집은 내 형의 집[것]이다.)

  해설 명사가 생략된 'Britta's, brother's'는 소유 대명사로 볼 수도 있다.

ii) 'house, shop, store, office' 등 알 수 있는 건물 표시 명사가 소유격 뒤에 따라 오는 경우 그 명사는 생략할 수 있다.

- I stayed all the summer at my **uncle's** (house). (나는 여름 내내 삼촌의 집에 머물렀다.)
- Have you ever been to St. **Paul's** (Cathedral)? (바울 성당에 가 본 적이 있습니까?)
- John, run to the **baker's** (shop) and buy some bread.

  (요한아, 빵집에 가서 빵을 좀 사 오거라.)

⑧ 이중 소유격: '한정사 + 명사 + of + 소유 대명사'

i) 한정사(관사 · 지시형용사 · 소유격 · 부정형용사)는 한 개의 명사를 중복 수식할 수 없다.

- *This is a my car. (x)

→ This is my car. (o) 〈차가 한 대임〉

(이것은 내 차다.)

ii) 한정사를 소유격과 중복해야 할 경우 이중 소유격을 사용한다.

- This is **a car of mine**.

= This is **a car of my cars**. (이 차는 내가 소유하고 있는 여러 차 중의 하나이다.)

2) 소유격 만드는 방법: 대개 명사의 어미에 '-'s'를 붙여 만든다. 소유격으로 만들 수 있는 명사는 주로 사람을 나타내는 명사이지만 그 이외의 관용어도 만들 수 있다.

① 일반적인 명사: 어미에다 '-'s'를 붙인다.

- a **boy's** book(소년의 책)
- a **children's** magazine(아이들의 잡지)

② 복수형 어미를 '-(e)s'를 가진 명사는 어미에다 '-''만 붙인다.

- a **girls'** school(여학교)
- a **girl's** book(여학생의 책)

③ 복합어 · 어군의 경우: 어미에 '-'s'를 붙인다.

- the **teacher of music's** hat(내 음악 선생님의 모자)
- somebody **else's** hat(누군가의 모자)

심화학습

복합어인 'the teacher of music(음악 선생)'의 복수형은 'the **teachers of music**'임에 주의하자.

④ 무생물 명사: 무생물 명사의 소유격은 'the legs **of** the table (테이블의 다리)'처럼 보통 'of'를 이용해 나타내지만 의인화한 사물이나 '시간 · 거리 · 가격 · 무게' 등을 나타내는 명사에는 '-'s' 또는 '-s''를 쓸 수 있다.

i) 시간: **today's** news (오늘의 뉴스)

ii) 거리: ten **miles'** distance (10마일의 거리)

iii) 가격: two **dollars'** worth (2달러의 가치)

iv) 무게: a **pound's** weight (1파운드의 무게)

v) 지역 · 기관 · 천체:

- **London's** future (런던의 미래)
- the **earth's** surface (지구표면)

vi) 의인화:

- **nature's** law (자연의 법칙)
- **fortune's** cruelty (운명의 잔인함)

vii) 관용 어구:

- for **God's** sake (부디)
- by a **hair's** breadth (가까스로, 간신히)
- at a **stone's** throw (엎어지면 코 닿을 곳에)

실력평가문제

CRAMMING ENGLISH GRAMMAR

※ 다음 밑줄 친 곳에 가장 알맞은 것을 고르시오.

01 I need _____ about today's speaker.

① an information ② some information

③ many information ④ a lot of informations

해설 추상 명사는 부정관사가 앞에 올 수 없고 복수형으로 쓰일 수도 없다.
해석 나는 오늘의 연설자에 관해 약간의 정보가 필요하다.
정답 ②

02 Two-thirds of the work _____ done.

① are ② is

③ to be ④ were

해설 '분수식 표현 + of + 단수 명사 + 단수 동사' 구문이다.
해석 그 일의 ⅔는 끝났다.
정답 ②

03 What did you do when _____?

① he's making a noise ② he makes noise

③ he made noise ④ he made a noise

해설 주절의 시제가 과거(What did you do)이므로 종속절 when 이하도 시제가 과거가 되어야 한다.
• make a noise 떠들다, 시끄럽게 하다.
해석 그가 소란 피울 때 너는 무엇을 했니?
정답 ④

04 Her house is within _____ from the library.

① the stone's throw ② a throw of stone

③ stone's throw ④ a stone's throw

해설 • within a stone's throw 가까운 곳에
해석 그녀의 집은 도서관에서 가까운 곳에 있다.
정답 ④

05 The victim of the accident sued the company for _____.

① the damage ② a damage
③ damages ④ damage

해설 'damage'가 추상 명사로 사용될 때는 '손해 · 손실'로, 'damages'는 '손해액 · 배상금'으로 해석된다.
• sue A for B A를 상대로 B의 소송을 제기하다 • victim 희생자, 피해자
해석 그 사고의 피해자는 회사를 상대로 손해배상금 소송을 제기했다
정답 ③

06 Reversals may be caused by _____.

① brain's injury ② the injury of brains
③ brain injury ④ brains injuries

해설 복합 명사일 경우에는 앞의 명사가 형용사화 되어 단수형을 취한다. • reversal 반전(反轉), 역전(逆轉)
해석 뇌손상으로 인해 사태는 역전될 수 있다.
정답 ③

07 They shook _____ with each other and made up.

① hand ② hands
③ the hand ④ a hand

해설 상호 복수 명사에 관한 문제. • shake hands with ~와 악수하다(shake 〉 shook 〉 shaken)
해석 그들은 서로 악수를 하고 화해했다.
정답 ②

08 My sister returned home after _____.

① an absence of several years ② several years' absence
③ the absence of several years' ④ absence of several years'

해설 무생물의 소유격은 전치사 'of'를 이용하는 것이 보통이지만 '시간 · 거리 · 가격 · 무게' 등을 나타내는 경우 예외적으로 '-'s' 또는 '-s''를 붙여 소유격을 만들 수 있다. • absence 부재(不在), 불참, 결석, 결근
해석 내 여동생은 여러 해 만에 집으로 돌아왔다.
정답 ②

09 When the situation became acute, she rescued her baby displaying _____.

① the mother ② the mothers
③ a mother ④ mother

해설 the + 보통 명사 = 추상 명사. • acute (아픔 · 감정 등이) 격렬한, (상황 · 사태 · 문제 등이) 중대한, 심각한, 예리한 • rescue 구조하다 • display 표시[표명]하다, 전시하다, 진열하다, (감정 등을) 나타내다, (능력 등을) 발휘하다
해석 상황이 급박해졌을 때, 그녀는 모성애를 발휘하여 아기를 구해냈다.
정답 ①

10 Tom always carries _____ when he goes out.

① two pairs of glass ② two pair of glasses

③ two pair of glass ④ two pairs of glasses

해설 짝을 이루는 명사에 어울리는 조수사는?

해석 톰은 외출할 때 항상 두 개의 안경을 가지고 다닌다.

정답 ④

11 I have a _____ bill.

① ten-dollar ② ten-dollars

③ tens dollars ④ ten dollars

해설 '복수 수사 + 복수 명사'가 뒤에 오는 명사를 수식할 때 → '복수 수사-단수 명사'로 변화

해석 나에겐 10달러짜리 지폐 한 장이 있다.

정답 ①

12 Let's stop by the _____ on the way home.

① shoes store ② shoe store

③ shoes' store ④ shoes stores

해설 '명사 + 명사'로 구성된 복합 명사의 경우 앞 명사는 형용사 역할을 하므로 보통 단수 명사로 표시된다.

해석 집에 가는 길에 신발 가게에 잠시 들리자.

정답 ②

13 I would like to meet _____.

① any Sarah's friend ② any friend of Sarah's

③ any Sarah friend ④ any friend of Sarah

해설 이중 소유격의 구조: 한정사 + 명사 + of + 소유 대명사'

해석 나는 사라의 어떤 친구라도 만나고 싶다.

정답 ②

14 He had his picture taken at that _____.

① photographer's ② photographer shop

③ photographer ④ photographers'

해설 독립 소유격: 건물 표시 명사 'house, shop, store, office, school, church, hospital' 등은 '-s' 소유격 뒤에서 생략할 수 있다.

해석 그는 저 사진관에서 사진을 찍었다.

정답 ①

15 I want to have _____ this morning.

① a loaf bread ② two loafs of bread

③ two loaves of bread ④ two loaf of bread

해설 'bread'와 어울리는 조수사 'a loaf of ~'의 복수형은?

해석 나는 오늘 아침 빵 두 조각을 먹고 싶다.

정답 ③

16 Floria Movers offers _____ of household items within 48 hours for customers moving less than 100 kilometers.

① deliver ② delivered

③ delivery ④ deliverable

해설 빈칸은 offers의 목적어 자리이며 of 이하의 수식을 받는 명사 자리이므로 명사인 delivery가 정답이 된다.
• delivery 배달 • household item 가정용품 • move 이사하다 • less than ~미만의

해석 플로리아 무버스는 100km 이내에서 이사하는 고객들에게 48시간 이내에 가정용품의 배달 서비스를 제공합니다.

정답 ③

17 The _____ of new government safety standards has raised operating costs for nuclear power plants, causing some to question whether such energy can remain as cheap as it is now.

① implemental ② implement

③ implementation ④ implemented

해설 정관사 the와 전치사 사이에는 반드시 명사가 와야 하므로 명사인 implementation이 정답이 된다.
• implementation 시행 • safety standards 안전기준 • raise 증가시키다 • operating costs 운영비용
• nuclear power plant 핵발전소 • whether (or not) ~인지 아닌지

해석 새 정부의 안전기준 시행은 지금처럼 값이 싼 상태로 그러한 에너지가 남아 있을 수 있는지 없는지 일부 사람들에게 의문을 불러일으키면서 핵발전소의 운영비용을 증가시켰다.

정답 ③

18 The airline is boarding passengers in all classes at this time in order to avoid further _____.

① delayed ② delays

③ delaying ④ to delay

해설 further는 '추가적인'이라는 의미의 형용사이므로 빈칸은 further의 수식을 받는 명사 자리이다. delay는 동사 또는 명사로 쓰이므로 delays가 정답이다. • board 탑승시키다 • avoid 피하다 • delay 지연; 지연시키다

해석 추가적인 지연을 피하기 위해 항공사는 모든 등급의 승객들을 지금 탑승시키고 있다.

정답 ②

19 An increasing number of doctors suggest taking a walk every day as an _____ to taking anti-depression drugs.

① alternate ② alternative

③ alternation ④ alternatively

해설 부정관사 an 뒤에는 명사가 와야 한다. 형태상 alternation(교대)만 명사로 보이지만 alternative(대안의; 대안) 역시 명사이다. 문맥상 걷는 것을 항우울제 복용에 대한 '대안'으로 제안했다는 의미가 되어야 적절하다. 또한, alternation은 불가산명사이므로 a/an 뒤에 올 수 없지만 alternative는 가산명사이므로 a/an 뒤에 올 수 있다. 따라서 alternative가 정답이 된다. • an increasing number of 점점 더 많은 수의 • take a walk 산책하다 • alternative 대안 • anti-depression drug 항우울제

해석 점점 더 많은 의사들이 항우울제 복용에 대한 대안으로 매일 산책을 할 것을 제안한다.

정답 ②

20 The Advanced Computer Technology Conference will be attended by over three thousand computer _____ from around the world.

① professionals ② profession

③ professional ④ professions

해설 profession(직업)과 professional(전문가) 둘 다 명사이다. professional은 형용사 또는 명사로 쓰이며 총회에는 '직업들'이 아닌 '전문가들'이 참석하므로 정답은 professionals가 된다. • advanced 진보된, 향상된, 발전된 • attend 참석하다 • professional 전문가; 전문적인 • from around the world 전 세계로부터

해석 첨단 컴퓨터 기술 총회에는 전 세계에서 온 3천 명 이상의 컴퓨터 전문가들이 참석할 것이다.

정답 ①

21 Lulu's Café was moderately successful when they initially opened, but then experienced a huge _____ in profits when they increased their hours.

① increase ② increases

③ increasing ④ increased

해설 빈칸 앞에 관사 a와 형용사가 있는 것으로 보아 빈칸에는 단수명사가 와야 함을 알 수 있다. 보기 중에 단수명사는 increase이다. increase는 동사와 명사의 형태가 같은 토익 빈출 단어이다. • moderately 적당히, 중간 정도로 • initially 처음에 • huge 엄청난 • an increase in profits 이윤 증가 • increase one's hours 영업시간을 늘리다

해석 룰루 카페는 처음 오픈했을 때 적당히 잘 되었다 하지만 그러고 나서 영업시간을 늘렸을 때 엄청난 이윤 증가를 경험하였다.

정답 ①

22 Everybody who works at Aeronautics, Inc. receives attractive _____, including two weeks of vacation and excellent health care.

① benefit ② benefits

③ beneficially ④ beneficial

해설 빈칸은 receives의 목적어 자리이며 형용사 attractive의 수식을 받는 명사 자리이다. 보기 중 명사는 단수인 benefit와 복수인 benefits이며, 가산명사인 benefit는 "한정사 + 단수 형태" 또는 복수 형태로 써야 하므로 benefits가 정답이 된다. • receive 받다 • benefit 혜택 • including ~을 포함하여 • health care 의료 서비스

해석 에어로노틱스 사(社)에서 근무하는 모든 사람은 2주의 휴가와 매우 좋은 의료 서비스를 포함한 좋은 복지혜택을 받는다.

정답 ②

23 This coupon for 25 percent off is only valid on certain _____ totaling $50 or more of regularly priced items.

① purchased ② to purchase

③ purchase ④ purchases

해설 빈칸 앞에 전치사 on과 형용사가 위치해 있으므로 빈칸은 전치사의 목적어가 되는 명사가 와야 한다. 보기 중에 명사 형태는 purchase와 purchases인데 명사 purchase는 가산명사이므로 단수로 쓰이려면 앞에 관사나 소유격이 와야 한다. 따라서 복수 형태인 purchases가 정답이다. • 25 percent off 25% 할인 • valid 유효한 • certain 어떤, 특정한 • purchase 구매(품) • totaling 총액이 ~인 • regularly priced 정가의

해석 이 25% 할인 쿠폰은 정가 상품의 총 구매 금액이 50달러 이상이 되는 특정 구매에 대해 오직 유효하다.

정답 ④

24 Individuals desiring to take a vacation should make written _____ rather than speaking with a manager in person or over the telephone.

① request ② requested

③ requesting ④ requests

해설 빈칸은 동사 make의 목적어가 들어갈 자리이므로 명사가 와야 한다. 보기 중에 명사는 request와 requests인데, '요청사항'이라는 뜻의 명사 request는 가산명사이므로 단수로 쓰이려면 관사나 소유격이 와야 한다. 따라서 복수 형태인 requests가 정답이다. • individual 개인, 사람 • desire to + 동사원형 ~하고 싶어 하다 • take a vacation 휴가를 가다 • make a written request 서면 신청을 하다 • rather than ~보다는 • in person 직접 • over the telephone 전화상으로

해석 휴가를 가기 원하는 사람들은 직접 또는 전화로 팀장에게 말하기보다는 서면으로 요청해야 한다.

정답 ④

25 Japanese authorities are conducting preliminary talks to obtain _____ from other participating nations.

① consent ② consents

③ consented ④ consenting

해설 불가산명사인 consent(동의 · 허가)는 복수 형태로 쓸 수 없다. 따라서 단수 형태인 consent가 정답이다. • authorities 당국 • preliminary 예비의 • obtain 얻다

해석 일본 당국은 다른 참가국들로부터 동의를 얻기 위해서 예비회담을 진행하고 있다.

정답 ①

26 The VCT staff is preparing a comprehensive _____ about the new insurance policy.

① presentation ② information

③ news ④ pass

해설 보기로 주어진 명사들의 의미가 다르므로 우선 각 보기를 넣어 해석한다. '종합적인 발표'와 '종합적인 정보' 모두 가능해 보이지만, 불가산명사인 information(정보)은 앞에 부정관사 a가 올 수 없으므로 오답이다. 따라서 presentation이 정답이 된다. • comprehensive 종합적인, 포괄적인 • insurance 보험

해석 VCT 직원은 새 보험 정책에 대한 종합적인 발표를 준비하고 있다.

정답 ①

27 _____ to this facility is not permitted unless you hold an authorized pass.

① Approach ② Guide

③ Access ④ Market

해설 access(접근)와 approach(접근)는 의미가 비슷해서 해석만으로 정답을 선택하기 어렵다. 하지만 불가산명사인 access는 앞에 한정사 없이 단수 형태로 쓸 수 있는 반면, approach는 가산명사이므로 단수형으로 쓰려면 앞에 한정사가 있어야 한다. 따라서 Access가 정답이 된다. • access to ~에 대한 접근, ~의 이용 • permit 허락하다 • unless ~하지 않는다면 • authorized 승인된 • pass 출입증

해석 만약 당신이 승인된 출입증을 갖고 있지 않다면 이 시설에 대한 접근은 허용되지 않는다.

정답 ③

28 Chemtop Laboratories has paid significant fines for knowingly promoting harmful pharmaceutical products for consumer _____.

① use ② used

③ usable ④ being used

해설 빈칸이 consumer를 수식하는 형용사 자리로 보일 수 있지만, '사용하는/사용된 고객을 위한'이라는 의미가 되어 어색한 데다 consumer는 가산명사로 한정사 없이 단수로 쓸 수 없다. use는 동사 외에 명사로도 쓰이며, consumer use는 '소비자 사용'이라는 의미의 불가산 복합명사가 된다. 따라서 use가 정답이다.
• significant 중요한, 의미심장한, 상당한, 현저한 • pay a fine 벌금을 물다 • knowingly 고의로
• harmful 해로운 • pharmaceutical product 제약품

해석 켐톱 연구소는 소비자용으로 해로운 제약품을 고의로 홍보했기 때문에 상당한 벌금을 지불했다.

정답 ①

29 Please indicate your vacation _____ by placing a check mark in the boxes next to your desired destinations.

① prefer ② preferred

③ will prefer ④ preferences

해설 빈칸 뒤의 by를 보고 p.p. 형태인 preferred를 정답으로 선택하기 쉬우나, 명사 뒤에 빈칸이 오면 형용사와 명사 모두 정답이 될 수 있으므로 해석해 본다. '당신의 휴가 선호사항을 표시해 주세요'가 문맥상 자연스러우

므로 '선호, 기호'를 의미하는 preferences가 정답이 된다. • vacation 휴가 • mark 표시 • desired 바라는 • destination 목적지

해석 당신이 원하는 목적지 옆에 있는 박스에 체크 표시를 함으로써 당신의 휴가 선호사항을 나타내 주세요.

정답 ④

30 It is commonly believed that the most successful door-to-door sales people are those who begin their careers in _____ sales.

① retail ② retailed

③ retails ④ retailing

해설 명사 sales 앞에 빈칸이 있으므로 빈칸에는 sales를 수식하는 형용사나 복합명사를 이룰 명사가 와야 한다. 이를 가리기 위해 해석을 해보면, 판매사원들이 경력을 시작하는 분야가 되어야 하므로 '소매 판매'라는 의미가 되어야 자연스러움을 알 수 있다. 따라서 '소매업'을 의미하는 retail이 정답이다. • It is believed that절 ~라고 믿어지다, ~라고 생각되다 • commonly 흔히 • door-to-door 방문의 • retail sales 소매 판매(업)

해석 가장 성공적인 방문 판매 사원들은 소매 판매로 경력을 시작하는 사람들이라고 흔히 생각된다.

정답 ①

31 If you have any need for _____ with anything related to this product, please call the customer help line.

① assistant ② to assist

③ assisted ④ assistance

해설 전치사 for 뒤에는 명사 형태가 와야 하므로 명사인 assistant와 assistance 중 하나가 정답이 된다. '조수(assistant)를 필요로 하다', '도움(assistance)을 필요로 하다' 둘 다 의미상 가능하나, 가산명사인 assistant는 한정사 없이 단수로 쓸 수 없으므로 불가산명사인 assistance가 정답이 된다. • assistance 도움 • related to ~와 관련된

해석 이 상품과 관련하여 어떤 것이라도 만약 당신이 도움이 필요하면 고객지원번호로 전화해 주세요.

정답 ④

32 The chief _____ came up with a way to decrease the cost of building the stadium planned for the downtown area.

① architectural ② architecture

③ architect ④ architecturally

해설 문장의 주어 자리이므로 명사가 와야 하는데, came up with a way(방법을 떠올리다)의 행위 주체가 되어야 하므로 사람을 나타내는 명사여야 한다. 따라서 '건축가'라는 뜻의 명사 architect가 정답이다. • chief 주요한, 수석의 • architect 건축가 • come up with ~을 떠올리다, 제안하다 • decrease 줄이다; 줄다 • cost 비용 • stadium 경기장 • downtown area 시내 지역

해석 수석(首席) 건축가는 시내 지역에 계획된 경기장 건설비용을 줄일 방법을 고안해냈다.

정답 ③

33 Toledo Tax Consultants recently announced that they have an _____ for executive assistant.

① opened ② openness
③ opening ④ opens

해설 빈칸 앞에 부정관사 an이 있는 것으로 보아 빈칸에는 가산명사가 와야 함을 알 수 있다. 보기 중에 '공석'을 나타내는 가산명사는 opening이다. • consultant 상담역 • recently 최근에 • have an opening for ~에 대해 공석이 하나 있다 • executive assistant 보좌관, 비서 • openness 솔직함
해석 톨레도 세무 상담소는 비서직에 공석이 하나 있다고 최근 발표했다.
정답 ③

※ 다음 문장의 밑줄 친 부분 중 비문법적인 것을 선택하시오.

34 Kim's and Lee's car(①) broke down(②), but luckily they(③) knew how to fix(④) it.

해설 'A's and B's car'는 개별 소유이기 때문에 차가 2대로 복수 취급, 'A and B's car'는 공동 소유로 차가 1대로 단수 취급. 문미에 있는 자동차를 나타내는 대명사가 단수인 'it'으로 나와 있기 때문에 공동 소유로 표기해야 맞다.
해석 김 선생 · 이 선생의 차가 고장 났다. 그러나 다행히 그들은 그 차를 수리하는 방법을 알고 있었다.
정답 ①

35 The number(①) of sugar Koreans consume(②) does not vary(③) from year to year(④).

해설 설탕은 물질 명사로 '양'으로 나타낸다. 따라서 'The number → The amount'로 표시해야 한다.
해석 한국인이 소비하는 설탕의 양이 매년 변하지 않고 있다.
정답 ①

36 Before the automobile(①), the horse(②) was the primary mean(③) of transportation(④).

해설 분화 복수에 대한 문제이다.
해석 자동차 이전에 말은 주요한 운송 수단이었다.
정답 ③

37 다음 중 옳은 문장을 선택하시오.

① Romeo and Juliet are one of my favorite plays.
② His salary is lower than his wife's.
③ A white and grey rabbit have run across the rice paddy field.
④ A thousand dollars are a large sum.

해설 ① are → is ③ have → has ④ are → is

해석 ① 로미오와 줄리엣은 내가 좋아하는 연극 중의 하나이다.
② 그의 봉급은 아내의 것보다 더 적다.
③ 하얗고 회색인 토끼 한 마리가 논을 가로질러 달렸다.
④ 천 달러는 큰 금액이다.

정답 ②

38 밑줄 친 부분이 어법상 잘못된 것은?

① The bow and arrow *was* their favorite weapon.

② All this class *are* diligent.

③ Physics *are* difficult to many students.

④ A number of farmers *were* working in the field.

해설 ① the bow and arrow: '활'이라는 의미로 단수 취급
② all this class: 군집 명사로 복수 취급
③ '-ics'로 끝나는 학과명은 단수 취급
④ 'a number of + 복수 명사 + 복수 동사' / 'the number of + 복수 명사 + 단수 동사'

해석 ① 활은 그들이 가장 선호하는 무기였다.
② 이 반 모든 학생이 부지런하다.
③ 물리학은 많은 학생에게 어렵다.
④ 많은 농부들이 밭에서 일을 하고 있었다.

정답 ③

39 다음 중 명사의 복수형이 잘못된 것이 들어 있는 것은?

① passers-by, lookers-on, sisters-in-law

② fellow-students, congressmen, step-fathers

③ forget-me-nots, grown-ups, have-nots

④ man-servants, woman-writers, woman-doctors

해설 'man'이나 'woman'으로 시작하는 합성 명사는 양쪽 모두 복수형으로 전환시킨다: man-servants → men-servants, woman-writers → women-writers, woman-doctors → women-doctors

정답 ④

CHAPTER

10 관사

출제경향

명사 앞에 놓여 형용사 역할을 하면서 한정사 역할을 하는 말을 관사라고 한다. 관사에는 정관사와 부정관사 2가지가 있다. 관사는 명사와 밀접하게 관련되어 있으므로 명사의 용법과 연결해서 알아 두어야 한다. 그러므로 명사와의 관계를 묻는 문제, 관사의 유 · 무를 묻거나 관사의 위치를 묻는 문제, 관사의 위치와 생략에 관한 문제 등이 주로 출제된다.

I 관사의 용법

ENGLISH GRAMMAR

■ 부정관사 'a[ə]'와 'an[ən]'은 철자와 상관없이 발음이 자음으로 시작되는 단어 앞에서는 'a', 모음 앞에서는 'an'으로 사용된다.

(1) a: a boy[bɔ́i], a European[jùrəpíən], a university[jù:nəvə́:rsəti]

(2) an: an apple[ǽpl], an hour[áuər], an honest[ánist] boy

• He ate a fig and an orange. (그는 무화과와 오렌지를 하나씩 먹었다.)

■ 정관사 'the'는 자음 앞에서는 [ðə]로, 모음 앞에서는 [ði]로 발음된다.

(1) [ðə]: the cat, the book, the house

(2) [ði]: the air, the earth, the honest boy

A 부정관사의 용법

1. 'one'의 용법: 하나의 뜻으로 사용된다. 막연히 불특정한 1개의 것을 나타내지만 약한 의미여서

우리말로 옮길 필요는 없다. 그러나 '1개'라는 분명한 뜻을 나타낼 때도 있다.

- This is **a** doggie. (이것은 강아지입니다.)
- I waited for **an** hour. (나는 1시간을 기다렸다.)
- Rome was not built in **a** day. (로마는 하루아침에 이루어지지 않았다.)

2. 'the same'의 용법: '동일한, 똑같은'의 의미로 사용된다.

- We are of **an** age. (우리는 동갑이다.)
- They are all of **a** mind. (그들 모두 한마음이다.)

3. '부정관사 + 명사 + of + 부정관사 + 명사': 프랑스 어법에서 차용된 표현으로 '~와 같은'의 의미로 사용된다. 앞부분의 '명사 + of'가 형용사 역할을 한다.

- **a brute of a** man
= **a brutal** man
= a man **like** a brute (짐승 같은 사내)
- **an angel of a** girl
= **an angelic** girl
= a girl **like** an angel (천사 같은 소녀)
- **a mountain of a** wave
= **a mountainous** wave
= a wave **like** a mountain (산더미 같은 파도)

4. 'any'의 용법: 총칭적 용법으로 어떤 종류 전체를 대표하는 것으로 사용된다. 즉, 대표 단수 또는 종족 대표로 사용된다. 총칭적 용법은 '부정관사 + 단수 명사' 외에 'the + 단수 명사' 또는 '(all) + 복수 명사'로도 나타낼 수 있다.

- **A** doggie is a faithful pal.
= **The** doggie is a faithful pal.
= **Doggies** are faithful pals.
= **All doggies** are faithful pals. (강아지는 충직한 친구이다.)

5. 'per'의 용법: '~마다, ~당, ~에'의 뜻으로 사용된다.

- I meet her once **a** week. (나는 그녀와 일주일에 한 번 만난다.)
- He charges 100 dollars **an** hour. (그는 한 시간에 100달러를 청구한다.)

6. 'a certain'의 용법: '어떤'의 뜻으로 해석된다.

- The accident happened on **a** fine morning. (그 사고는 어떤 맑은 날 아침에 일어났다.)
- **A** Mr. Lee is waiting for you. (이 선생님이라는 어떤 분이 당신을 기다리고 계십니다.)

7. 부정관사의 반복 용법

(1) **A** poet and novelist comes here. 〈동일한 인물〉
(시인이자 소설가인 분이 여기로 오신다.)

(2) **A** poet and **a** novelist come here. 〈다른 두 사람〉
(시인과 소설가가 여기로 오신다.)

> **심화학습**
> 동일인일지라도 한 사람의 양면 활동 · 성질을 강조할 때는 두 군데 명사 다 관사가 붙는다:
> - He was **a** doctor and **a** writer. (그는 의사인 동시에 작가였다.)

8. 'some'의 용법: '어느 정도, 약간'의 뜻으로 해석된다.

- I have **a** knowledge of English.

= I have **some** knowledge of English. (난 영어에 관해 조금은 알고 있다.)

9. 부정관사의 관용적 표현

- in **a** hurry(급히)
- at **a** loss(당황하여)
- all of **a** sudden(갑자기)
- as **a** rule(대체로)
- to **a** man(만장일치로)
- come to **an** end(끝나다)

B 정관사의 용법

1. 이미 언급된 보통 명사를 가리키는 경우에 사용

- I keep **a** doggie. **The** doggie makes me happy.
(나는 강아지를 기르고 있다. 그 강아지는 나를 행복하게 해준다.)

2. 당사자 간에 무엇을 가리키는지 명백히 알 수 있는 경우에 사용

- Please shut **the** door. (문을 닫아 주세요.)

- I have been to **the** market. (시장에 다녀왔습니다.)

3. 특정화 되는 경우에 사용: 명사에 'only, first, last, very'나 최상급 형용사가 붙어 있는 경우 또는 형용사구나 형용사 절이 붙어 그 명사를 특정한 것으로 한정하는 경우에 사용된다.

- Harald was **the** *first* man to come. (하랄드가 가장 먼저 온 사람이었다.)
- Busan is **the** *second largest* city in Korea. (부산은 한국에서 두 번째로 큰 도시다.)
- Mr. Trump is **the** principal *of our school*. (트럼프 씨는 우리 학교 교장이다.)

비교 수식어구가 있어도 특정화 되지 않는 경우는 정관사를 붙이지 않는다:

- Mr. Trump is **a** teacher *of our school*. (트럼프 씨는 우리 학교 여러 명의 선생님 중 한 분이시다.)

4. 유일한 것을 나타내는 경우에 사용: 자연현상 · 천체 · 방위 등을 나타낼 때 사용된다.

- **The sun** rises in **the east**. (태양은 동쪽에서 뜬다.)
- **The ground** is the surface of **the earth** and **the sky** is the space above **the earth**. (땅은 지구의 표면이고 하늘은 지구 위에 떠 있는 공간이다.)

비교 천체명 앞에 구체적인 형용사가 오면 부정관사를 사용한다:

- **a** full **moon**(보름달)
- **a** wet **ground**(젖은 땅)
- **a** calm **sea**(고요한 바다)
- **a** cloudy **sky**(구름 낀 하늘)

5. 대표 단수 또는 종족 대표로 사용되는 경우에 사용: 총칭적 용법으로 어떤 종류 전체를 대표한다.

- **The** doggie is a faithful friend. (강아지는 충직한 친구이다.)
- **The** pine is an evergreen.

= **A** pine is an evergreen.

= **Pines** are evergreens. (소나무는 상록수이다.)

6. 추상 명사의 개념[성질 · 직능]을 나타내는 경우에 사용: 'the + 단수 보통 명사'의 형태로 사용된다.

- **The pen** is mightier than **the sword**. (펜[文]은 칼[武]보다 강하다.)
- When we are reduced to poverty, **the beggar** will come out.
  (사람은 가난하게 되면, 거지 근성이 나오는 경향이 있다.)
- He forgot **the judge** in **the father**. (그는 아버지란 정 때문에 재판관의 직분을 망각했다.)

7. 'the + 형용사[분사]'의 형태로 복수 보통 명사[단수 보통 명사 · 추상 명사]의 대용으로 사용된다.

- **the beautiful**(미 · 美) = beauty
- **the sublime**(숭고함) = sublimity
- **the accused**(피고인)
- **the deceased**(고인 · 故人)
- **the dead and wounded**(사상자)
- **The rich** = rich people(부자들)

8. 시간 · 단위 · 비율을 나타내는 경우에 사용: 계량 단위에 붙어 '~당'이라는 의미를 나타낸다. 'by the + 계량 단위를 나타내는 단수 명사'의 형태로 사용된다.

- They sell cheese **by the pound**. (치즈는 파운드 단위로 판다.)
- We get reimbursed **by the hour**. (우리는 시간 당 돈을 받습니다.)

9. 한정적[특정적]으로 사용된 물질 명사 · 추상 명사 앞에 사용되는 경우

- **The failure** *of my friend* is an unexpected result. (내 친구의 실패는 기대치 않았던 결과이다.)
- **The money** *you gave me* was fake money. (네가 내게 준 돈은 위조지폐였다.)

10. 집단을 의미하는 복수 명사 앞에서 사용되는 경우

- **The Koreans** are diligent. (한국인은 부지런하다.)
- I met **the Kims** on the street. (나는 길을 가다 김 선생 부부를 만났다.)
- **The Lees** are very kind. (이 선생님 가족들은 아주 친절하다.)

11. 고유 명사 앞에 형용사가 사용되는 경우와 고유 명사 다음의 동격 명사 앞에 사용되는 경우

- **The** noble **Sarah**(고매한 사라)
- **The** late **Mr. Park**(故 박 선생)
- **John, the butcher,** is generous. (정육점 주인 요한이는 인심이 후하다.)

12. 연주 · 취미 등의 대상으로서의 악기 이름에 붙여 사용되는 경우

- Sarah and John play **the piano** well. (사라와 요한은 피아노를 잘 친다.)
- I like **the guitar** better than **the violin**. (나는 바이올린보다 기타를 더 좋아한다.)

13. 복수형 병명 앞에 사용되는 경우: 현대 영어에서는 주로 생략해서 사용한다.

- **the blues**(우울증)

- the measles(홍역)
- the mumps(볼거리)
- the dermatitis(피부염)
- I'm suffering from (the) measles. (나는 지금 홍역을 앓고 있다.)

14. 'the + 국적 + 언어'의 형태로 사용되는 경우

- The Greek language is difficult to learn.

= Greek is difficult to learn. (그리스어는 배우기가 힘들다.)

15. 연대를 나타낼 때 사용되는 경우와 '-ties'로 끝나는 복수형 수사에 붙여 사용되는 경우

- in the year 2002(2002년에)
- in the nineties(90년대에)
- Your grade is in the eighties. (자네의 점수는 80점대다.)

16. '동사 + 목적어 + 전치사 + the + 사람의 몸[옷]의 일부를 가리키는 명사'의 형태로 사용되는 경우: 이 경우 정관사 'the'는 소유격 역할을 한다. '잡다' 동사는 전치사 'by'를, '응시하다' 동사는 전치사 'in'을, '때리다' 동사는 전치사 'on'을 수반한다.

- He pulled me by the sleeve.

= He pulled my sleeve. (그는 내 소매를 잡아당겼다.)

- She looked me straight in the eye.

= She looked straight at my eye. (그녀는 내 눈을 똑바로 보았다.)

- I hit him on the head.

= I hit his head. (내가 그의 머리를 때렸다.)

- I have a pain in the knee. (나는 무릎이 아프다.)

17. 정관사의 관용적 표현

- on the spot(즉시)
- on the left(왼쪽에)
- on the whole(대체로)
- in the morning(아침에)
- in the right(옳은)
- by the way(그런데)
- on the right(오른쪽에)
- in the wrong(옳지 못한)

18. 고유 명사 앞에는 관사를 붙이지 않는 것이 원칙이지만 다음 경우에는 정관사 'the'를 붙인다.

(1) 신문 · 잡지의 이름

- *The Dong-a Ilbo*, *The Reader's Digest*, *The Korean Times*, etc.

(2) 강 · 운하 · 폭포 · 대양 · 해협 · 곶의 이름

- the Korea Straits, the Thames, the Atlantic, the Yellow Sea, the Suez Canal, the Mediterranean Sea, etc.

(3) 사막 · 산맥 · 반도 · 군도의 이름

- the Sahara, the Rockies, the Korean Peninsula, the Alps, the Philippines, etc.

(4) 복수형의 나라 이름 · 특정 지역의 지명

- the United States, the Netherlands, the Middle East, the Republic of Korea, etc.

(5) 관공서 · 공공건물 · 건조물의 이름: 호텔 · 극장 · 시청 · 박물관 · 우체국 · 역 · 다리 · 공원 등

- the Capital, the Lincoln Memorial, the University of Edinburgh, the Alhambra, the British Museum, the White House, the Brooklyn Bridge, etc.

심화학습

역 · 항구 · 공항 · 다리 · 공원 · 호수 · 거리 · 광장 등의 명사 앞에 고유 명사가 수반될 때는 정관사를 사용하지 않는다. 예외가 많으므로 주의를 요함: Buckingham Palace, Harvard University, Heathrow Airport, Hyde Park, Oxford Street, Daejeon Station, Incheon Harbor, Madison Square, Westminster Abbey, etc.

(6) 배 · 항공기 · 기차 · 철도 · 도로의 이름

the Titanic, the Atlantic Fleet, the Ho-nam Line, the Oxford Road, etc.

C 관사의 위치와 생략

1. 관사의 위치: 관사는 보통 '관사 + (형용사) + 명사'의 어순을 취하지만 다음의 경우에는 어순이 바뀐다.

(1) all[both, half, double 등과 같은 배수] + the + (형용사) + 명사

- I know **all** (of) **the** boys. (그 소년들 모두를 알고 있다.)
- **Both** (of) **the** parents are alive. (양친 모두 생존해 계십니다.)
- I paid **double the** price of the book. (나는 그 책의 두 배의 값을 지불했다.)

(2) such[quite, rather, many, what] + a[an] + (형용사) + 명사

- It is **such a fine** day.
- = **What a fine** day it is!
- = It is **so fine a** day.
- = It is **a very fine** day. (참 좋은 날씨입니다.)
- She is **quite an old** woman. (그녀는 꽤 나이를 먹었습니다.)

(3) so[as, too, 감탄문에 사용하는 how] + 형용사 + a[an] + 명사

- You must do it in **so short a** time.
- = You must do it in **such a short** time.
- = You must do it in **a very short** time. (아주 짧은 시간 내에 너는 그것을 해야 한다.)
- He was **so brave a** soldier.
- = He was **such a brave** soldier.
- = He was **a very brave** soldier. (그는 매우 용감한 군인이었다.)
- This is **as easy a** story **as** that. (이것은 그것만큼 쉬운 이야기다.)
- It was **too difficult a** question for me **to** answer. (그것은 내게 너무 어려운 질문이어서 대답할 수 없었다.)

비교 '30분'은 영국 영어에서는 '**half an** hour'이지만 미국 영어에서는 '**a half** hour'라고 한다.

2. 관사의 생략: 보통 명사에는 원칙적으로 관사를 붙이지만 다음의 경우에는 생략된다.

(1) 부르는 말인 경우[호격(呼格)]

- **Waiter**, come over here, please. (웨이터, 이리로 와 보세요.)

(2) 가족 구성원을 나타낼 때

- **Mother** is busy. (어머니는 바쁘시다.)
- **Father** is speaking over the phone. (아버지는 전화로 말씀 중이시다.)

(3) 관직 · 신분 명사가 보어로 사용될 때: 동사의 보어 또는 다른 명사와 동격으로 사용되는 경우이다.

- He was appointed **president** of the university. (그는 그 대학 총장으로 임명되었다.)
- Do you know Harald Brauer, **captain** of the team? (팀의 주장인 하랄드 브라우어를 아세요?)

(4) 공공건물 · 건축물 등이 본래의 용도로 사용될 때

- **School** is over. (수업이 끝났다.)
- We go to **church** on Sundays. (우리는 주일마다 교회에 간다. 즉, 예배드리러 간다는 의미)

심화학습

이 경우는 관용 어구를 이루는 경우가 많다:

- at table(식사 중)
- in hospital(입원 중)
- go to sea(선원이 되다)
- go to bed(잠자리에 들다)

비교 그러나 건물 자체를 나타낼 때는 관사를 붙인다:

- She **went to the church** to meet the parson. (그녀는 목사님을 만나기 위해 교회로 갔습니다.)
- Parents are advised to **go to the school** once a semester to attend a PTA. (부모님들은 한 학기에 한 번 사친회에 참석하러 학교에 가야 합니다.)

(5) 식사 · 질병 · 운동의 명칭으로 사용될 때

- I play **tennis** very well. (나는 테니스를 아주 잘 한다.)
- He died of **cancer**. (그는 암으로 죽었다.)
- We usually have **lunch** at twelve. (우리는 보통 12시에 점심을 먹는다.)

(6) 'by + 무관사 + 교통 · 통신 · 수단을 나타내는 명사'의 경우

- by wire(전보로)
- by land(육로로)
- by hand(손으로)
- by post(우편으로)
- by cash(현금으로)
- by heart(암기하여)
- by car = **in a** car(자동차로)
- by bicycle = **on a** bicycle(자전거로)

심화학습

예외 사항:

- **on foot**(도보로)
- **on horseback**(말을 타고)

비교

i) by 뒤의 교통 · 통신 · 수단 등을 나타내는 명사는 무관사이나 특정의 시간을 나타내는 경우에는 정관사가 붙는다.

- I will leave **by** train. (나는 기차로 떠날 예정이다.)
- I will leave **by the 9:00 p.m.** train. (나는 9시 기차로 떠날 예정이다.)

ii) 소유격 · 부정관사가 붙는 경우에는 전치사 'on' 또는 'in'을 사용한다.

- **on a** bicycle(자전거로)
- **in my** car(내 자동차로)

(7) 동일한 명사 또는 의미상 관련된 명사가 접속사 또는 전치사에 의해 대구를 이룰 경우

- day by day(날마다)
- side by side(나란히)
- husband and wife(부부)
- mother and child(모자 · 모녀)
- from door to door(가가호호)
- hand in hand(손에 손을 잡고)

(8) 관용 어구에 사용되는 경우: 'kind of + 무관사 단수 명사' 또는 'kinds of + 복수 명사'의 형태로 사용된다. '어떤 종류의 ~을'로 해석된다.

- What **kind of movie** do you like?

= What **kinds of movies** do you like? (어떤 종류의 영화를 좋아하니?)

심화학습

다음과 같이 사용될 경우에는 구어체 표현으로 '거의, 약간, 어느 쪽인가 하면'으로 해석된다:

- It's **kind of** good. (그저 괜찮은 편이다.)
- The room was **kind of** dark. (방은 조금 어두웠다.)
- I **kind of** expected it. (나는 약간은 예상하고 있었다.)

(9) Though + 주어 + 동사 + 부정관사 + 명사

= 무관사 명사 + **as** + 주어 + 동사

- **Though** she is **a** girl, she is as brave as a lion.

= Girl **as** she is, she is as brave as a lion. (소녀이지만 그녀는 사자처럼 용감하다.)

실력평가문제

CRAMMING ENGLISH GRAMMAR

※ 다음 밑줄 친 곳에 가장 알맞은 것을 고르시오.

01 The meat is sold here _____.

① of the pound ② by the pound

③ for the pound ④ per the pound

해설 시간 · 수량의 단위를 나타내는 정관사 'the'에 관한 문제
해석 고기는 여기선 파운드 단위로 판매된다.
정답 ②

02 It is _____ that I would like to go hiking.

① a lovely day such ② so lovely day

③ such a lovely day ④ too lovely a day

해설 한정사의 어순: all[both, half, double 등과 같은 배수] + the + (형용사) + 명사 / such[quite, rather, many, what] + a[an] + (형용사) + 명사 / so[as, too, how, however] + 형용사 + a[an] + 명사
해석 너무나 날씨가 좋아서 나는 도보 여행을 가고 싶다.
정답 ③

03 She took me _____ sleeve.

① on my ② on the

③ by my ④ by the

해설 '동사 + 목적어 + 전치사 + the + 사람의 몸[옷]의 일부를 가리키는 명사'의 형태로 사용되는 경우: 이 경우 정관사 'the'는 소유격 역할을 한다. '잡다' 동사는 전치사 'by'를, '응시하다' 동사는 전치사 'in'을, '때리다' 동사는 전치사 'on'을 수반한다. • sleeve (옷의) 소매(자락)
해석 그녀는 나의 소매를 잡았다.
정답 ④

04 _____ of our class are diligent.

① All boys ② The all boys

③ Boys all ④ All the boys

해설 한정사의 어순: all[both, half, double 등과 같은 배수] + the + (형용사) + 명사 / such[quite, rather, many, what] + a[an] + (형용사) + 명사 / so[as, too, how, however] + 형용사 + a[an] + 명사
해석 우리 반의 아이들 모두는 부지런하다.
정답 ④

05 _____ as she is, she is as brave as a lion.

① The woman ② A woman

③ Woman ④ Women

해설 양보의 부사절 'Although + 주어 + 동사 + 보어'는 '보어 + as + 주어 + 동사'로 도치시켜 사용할 수 있다. 이 경우 관사를 수반하는 명사 보어인 경우 'as' 도치 구문에서는 명사 앞에 수반된 관사는 생략된다.

해석 비록 여자이지만 그녀는 아주 용맹하다.

정답 ③

06 It was so great an honor.

= _____ it was!

① How great an honor ② What great an honor

③ How great honor ④ What great honor

해설 'how + 형용사 + 부정관사 + 명사' = 'what + 부정관사 + 형용사 + 명사'의 어순

해석 그것은 큰 영광이었다.

정답 ①

07 The hospital is far from here. We should go _____.

① with a car ② by automobile

③ in car ④ by the car

해설 교통 · 통신 · 수단에는 무관사 명사가 쓰인다.

해석 병원은 여기서 멉니다. 차를 타고 가야 합니다.

정답 ②

08 밑줄 친 부분과 의미가 같은 것은?

She is *a flower of a girl*.

① a girl like a flower

② a girl called a flower

③ a flower's girl

④ a girl's flower

해설 프랑스 어법에서 차용된 표현: '부정관사 + 명사$_1$ + of + 부정관사 + 명사$_2$' = '부정관사 + 명사$_2$ + like + 부정관사 + 명사$_1$'의 의미. a devil of a husband = a husband like a devil(악마 같은 남편)

해석 그녀는 꽃같이 아름답다.

정답 ①

09 다음 주어진 문장에서 비문법적인 것은?

① He looked me in the eye.

② Father is out, but Mother is in.

③ He gave up the sword for a plough.

④ I like the guitar better than the piano.

해설 모두 관사와 연관된 문제: ①은 소유격 역할을 하는 정관사, ②는 관사의 생략, ③은 추상 명사의 개념[성질 · 직능]을 나타내는 정관사, ④는 연주 · 취미 등의 대상으로서의 악기 이름에 붙이는 정관사에 관한 문제이다.

해석 그는 농민(農民)이 되기 위해 무인(武人)의 길을 포기했다.

정답 ③(a plough → the plough)

벼 · 락 · 치 · 기 · 영 · 문 · 법

CHAPTER 11

대명사

출제경향

대명사는 출제 빈도가 상당히 높은 편인데 'It'의 특별 용법 및 'It ~ that' 강조 구문과 '가주어 ~ 진주어' 구문의 구별, 지시 대명사의 일반적인 용법, 재귀 대명사의 관용적 용법, 부정 대명사를 활용한 용법, 관용적인 표현과 예외적인 내용에 각별히 주의해야 한다. 독해 부분에서는 지문 중의 지시 대명사, 인칭 대명사, 부정 대명사가 가리키는 내용을 묻는 문제가 주된 출제 형식이다.

I 인칭 대명사

ENGLISH GRAMMAR

대명사 중 화자 · 청자 및 그 외의 사람 또는 사물의 구별을 나타내는 것을 인칭 대명사라고 하며 소유 대명사 · 재귀 대명사 등의 변화형이 있다. 화자를 나타내는 것을 1인칭, 청자를 나타내는 것을 2인칭, 그 외의 사람 또는 사물을 나타내는 것을 3인칭이라고 한다. 다음의 표와 같이 인칭 대명사에는 수 · 격 · 성의 변화가 있다.

인칭	수	주격	소유격	목적격	소유 대명사	재귀 대명사
1인칭	단수	I	my	me	mine	myself
	복수	we	our	us	ours	ourselves
2인칭	단수	you	your	you	yours	yourself
	복수	you	your	you	yours	yourselves
3인칭	남성	he	his	him	his	himself
	여성	she	her	her	hers	herself
	중성	it	its	it	-	itself
	복수	they	their	them	theirs	themselves

A 총칭의 we, you, they

'we(우리), you(당신들), they(그들)'는 특정인을 나타내는 것 외에 막연한 일반인을 가리키는 'people(사람들)'의 의미가 된다. 즉, 부정 대명사 역할을 한다.

- We are not naturally bad. (사람[인간]은 천성이 악한 것은 아니다.)
- They speak English in Australia. (호주에서는 영어를 쓴다.)
- You never can tell.[3] (아무도 예측할 수 없다.)

B 'It'의 특별 용법

'It'은 특정한 사물을 가리키는 기본적인 용법 외에 다음과 같이도 쓰인다. 이러한 경우에는 'It'을 '그것'이라고 해석하지 않는다.

1. 비인칭 주어 it: 특별히 가리키는 것 없이 '날씨 · 시간 · 거리 · 명암 · 계절 · 요일' 등을 나타내는 용법이다.

- It is Friday. 〈요일〉
  (금요일이다.)
- It is fine today. 〈날씨〉
  (오늘은 날씨가 좋다.)
- It is summer now. 〈계절〉
  (지금은 여름이다.)
- It is just nine o'clock. 〈시간〉
  (정각 9시다.)
- It was dark in the room. 〈명암〉
  (방 안은 어두웠다.)
- How far is it to the hospital? 〈거리〉
  (병원까지 얼마나 멉니까?)

2. 상황 · 환경의 it: 막연히 그 장소의 상황을 가리키거나, 앞뒤의 내용이나 그 장소의 상황으로 보아 무엇을 가리키는지 알 수 있는 사람이나 사물을 지칭하는 용법이다.

- It was very quiet outside. 〈환경〉
  (밖은 매우 조용했다.)

---

3) 이 표현은 구어체 성격이 강한 미국식 영어이며, 영문법 내용을 고수하는 영국식 영어에서는 "You can never tell."로 표현한다.

- **It** cannot be helped. 〈상황〉

= I can't help **it**. (어쩔 수가 없다.)

- **It** is all over with him. 〈상황〉

  (그는 완전히 종쳤다.)

- **It**'s me. 〈상황〉

  (접니다.)

- How is **it** going with you? 〈상황〉

  (어떻게 지내니?)

3. 가주어 · 가목적어의 it: 뒤에 오는 절 · 구를 대표하여 앞에 나와 형식 주어나 형식 목적어가 되는 용법이다.

- **It** is wrong **to tell a lie**. 〈가주어: It = to tell a lie〉

  (거짓말하는 것은 나쁘다.)

- **It** is certain **that she will come**. 〈가주어: It = that she will come〉

  (그녀가 오는 것은 확실하다.)

- I think **it** necessary **to wait for him**. 〈가목적어: it = to wait for him〉

  (그를 기다릴 필요가 있다고 나는 생각한다.)

- I think **it** likely **that he has failed**. 〈가목적어: it = that he has failed〉

  (그가 실패했을 가능성이 있다고 나는 생각한다.)

4. 'It is ~ that' 강조 구문의 it

(1) 문형: It is + 강조되는 단어 + that[who, whom, which] + 나머지 문장

- I met Sarah at the airport yesterday. (나는 어제 공항에서 사라를 만났다.)

→ **It** was / **that[who]** met Sarah at the airport yesterday. 〈주어 강조〉

  (사라를 어제 공항에서 만난 사람은 바로 접니다.)

→ **It** was *Sarah* **that[whom]** I met at the airport yesterday. 〈목적어 강조〉

  (내가 어제 공항에서 만난 사람은 바로 사라입니다.)

→ **It** was *at the airport* **that** I met Sarah yesterday. 〈부사구 강조〉

  (내가 어제 사라를 만난 곳은 바로 공항이었습니다.)

→ **It** was *yesterday* **that** I met Sarah at the airport. 〈부사 강조〉

  (내가 사라를 공항에서 만난 것은 바로 어제였습니다.)

(2) 강조 구문을 만들 때 주의해야 할 사항

① 'that' 이하 절의 동사는 바로 앞의 (대)명사에 일치시킨다.

- It is / that[who] am to blame. (비난 받을 사람은 바로 나다.)

② 강조할 단어가 (대)명사일 경우 'that' 외에 'who' 또는 'which'를 사용할 수 있다. 그러나 부사(구)일 경우에는 'that'을 사용하면 된다.

- It was *on the air* that she met her spouse.
  (그녀가 자신의 배우자를 만나게 된 것은 바로 방송 중이었습니다.)
- It was *yesterday* that Sarah called Britta.[4] (사라가 브리타에게 전화를 한 것은 바로 어제였다.)

5. 앞에서 언급된 명사 · 구 · 절의 내용을 가리키는 it.

- I wrote **a letter** and send **it** to her. 〈a letter → it〉
  (나는 편지를 써 그녀에게 보냈다.)
- He tried **to rise**, but found **it** impossible. 〈to rise → it〉
  (그는 일어나려고 했지만 일어날 수 없다는 것을 알았다.)
- **She helped me** and I will never forget **it**. 〈She helped me → it〉
  (그녀가 나를 도왔고 나는 그 사실을 결코 잊지 않겠다.)

6. 인칭 대명사로서 '신원 · 성(性)'이 불명확한 경우 사용되는 it

- **The baby** is playing with **its** toys. (아기가 자신의 장난감을 가지고 놀고 있다.)
- **Someone** is knocking at the door. Go and see who **it** is.
  (누군가 문을 두드리고 있다. 가서 누구인지 확인해봐라.)

C 소유 대명사

인칭 대명사의 소유격이 형용사로 사용되는데 비해 명사로 사용되는 형태를 소유 대명사 또는 독립 소유격이라고 한다. 소유 대명사는 '소유격 + 명사'로 풀어 쓸 수 있으며 인칭 · 수 · 격에 따라 변화한다.

인칭		단수	복수
1인칭		mine(내 것)	ours(우리들의 것)
2인칭		yours(당신의 것)	yours(당신들의 것)
3인칭	남성	his(그의 것)	theirs(그들의 것)
	여성	hers(그녀의 것)	

4) 시간의 부사(구)를 강조할 때는 'that' 대신 'when'을 쓸 수도 있다. 이 경우 'It'은 비인칭 주어로 볼 수 있다.

1. 앞 · 뒤의 명사의 중복을 피하기 위해 사용된다.
- This **book** is **mine[my book]**. (이 책은 내 것이다.)
- My **car** is as expensive as **yours[your car]**. (내 차는 당신 차만큼이나 비싸다.)
- **Ours[Our clock]** is the only **clock** that always keeps good time. (언제나 정확한 시계는 우리들 자신이다.)

2. 이중 소유격: '부정관사, this, that, no, any, some' 등과 인칭 대명사의 소유격을 함께 사용할 때는 소유격 대신 'of + 소유 대명사'의 형태로 사용해야 한다. 예를 들어 '내 친구들 중 하나'라고 할 때 'a my friend' 또는 'my a friend'라고 할 수 없고, 'a friend of mine'이라고 해야 한다. 즉, '부정관사[this, that, no, any, some, etc.] + 명사 + of + 소유 대명사[소유격 + 복수 명사]'의 형식으로 나타내는 것이 이중 소유격이다.
- I met **a friend of hers[her friends]** on the street. (나는 길을 가다 그녀의 친구 중 한 명을 만났다.)

비교 'own'의 문장 내에서의 역할
- This car is my **own**. 〈자동차의 반복을 피하기 위한 대명사 own〉
(이 자동차는 내 것이다.)
- Each country has its **own** custom. 〈소유격의 의미를 강조하는 own〉
(나라마다 자신의 고유한 풍습이 있다.)
- She wanted a room of her **own**. 〈이중 소유격으로 사용된 own〉
(그녀는 자신만의 방을 갖기를 원했다.)

D 재귀 대명사

인칭 대명사의 소유격 또는 목적격에 '-self' 또는 '-selves'를 붙인 것을 재귀 대명사 또는 복합 인칭 대명사라고 하며 '~ 자신'이라는 의미를 지닌다. 재귀 대명사는 인칭 · 수 · 성에 따른 변화가 있다.

인칭		단수	복수
1인칭		myself(나 자신)	ourselves(우리들 자신)
2인칭		yourself(당신 자신)	yourselves(당신들 자신)
3인칭	남성	himself(그 자신)	themselves(그들 자신)
	여성	herself(그녀 자신)	
	중성	itself(그것 자체)	

1. 재귀적 용법: 주어가 행한 동작이 주어 자신에게 다시 돌아오는 용법으로 동사(구)의 목적어로 사용된다. '자기 자신을 ~하다'로 해석된다.

- **She** saw **herself** in the mirror. (그녀는 거울 속의 자신을 보았다.)
- **He** is proud of **himself**. (그는 자기 자신을 자랑스러워한다.)
- **History** repeats **itself**. (역사는 반복된다.)

(1) 재귀적 용법으로 사용되는 주요 표현

- exert oneself: 노력하다
- teach oneself: 독학하다
- avail oneself of: ~을 이용하다
- apply oneself to: ~에 몰두하다
- addict oneself to: ~에 중독되다
- make oneself at home: 편히 쉬다
- help oneself to: ~을 마음껏 먹다
- absent oneself from: ~에 결석하다
- make oneself understood in: ~을 이해하다

(2) 재귀적 용법으로 사용된 재귀 대명사가 있는 문장은 다음과 같은 수동태 문장으로 전환할 수 있다.

- I prepared **myself** for the exam. 〈myself → I〉

= **I** was prepared for the exam. (나는 시험 준비를 하였다.)

- He addicted **himself** to cocaine. 〈himself → He〉

= **He** was addicted to cocaine. (그는 코카인에 중독되었다.)

2. 강조적 용법: 명사 또는 대명사 뒤에서 동격으로 사용되어 의미를 강조한다. 재귀적 용법으로 사용된 재귀 대명사를 문장 내에서 생략하면 문장의 형식이 깨어지므로 생략할 수 없지만, 강조적 용법으로 사용된 재귀 대명사는 문장 내에서 생략이 되어도 문장의 형식이 그대로 유지되기 때문에 생략할 수 있다.

- **I** did it (**myself**). (나 자신이 그것을 하였다.)
- The **king** (**himself**) said so. (왕 자신이 그렇게 말했다.)
- She is **kindness** (**itself**). (그녀는 매우 친절하다.)
- **Life** (**itself**) will let you know. (살다 보면 알게 될 거야.)

3. 재귀 대명사의 관용 어구

- by oneself = alone(혼자서)
- beside oneself = out of mind[head](미친)

- for oneself = without other's help(스스로)
- of itself = automatically, spontaneously(저절로)
- in itself = in its own nature(그 자체로서, 본래)
- in spite of oneself = without consciousness(무의식적으로)
- say to oneself = mutter something to oneself(~을 중얼거리다)
- pride oneself on = take pride in = be proud of(~을 자랑하다)
- between ourselves = between you and me(우리끼리 말인데, 은밀하게)

m/e/m/o

Ⅱ 지시 대명사

ENGLISH GRAMMAR

'this, that, such, same' 등과 같이 사람이나 사물을 가리키는 대명사를 지시 대명사라고 한다. 또한 명사가 그 뒤에 올 때는 형용사 역할을 하므로 지시 형용사라고 한다.

A this, that

'this'의 복수형은 these, 'that'의 복수형은 those

1. 일반적인 용법: 'this'는 가까운 것을, 'that'은 먼 것을 가리킨다.
- **This** is a desk and **that** is a table. (이것은 책상이고 저것은 테이블이다.)
- **These** are books and **those** are notebooks. (이것들은 책이고 저것들은 공책이다.)

2. 앞에 언급된 명사의 반복을 피하기 위한 'that'과 'those': 앞에 나온 명사의 반복을 피하는 용법으로 '전치사 + 명사'를 수반할 경우가 많다.
- **The climate** *of Korea* is better than **that[the climate]** *of Japan.*
  (한국의 기후는 일본의 기후보다 더 좋다.)
- **The books** *in this box* are heavier than **those[the books]** *in that box.*
  (이 박스에 든 책들이 저 박스에 든 책들보다 더 무겁다.)
- Their **clothes** are quite like **those[the clothes]** *of our ancestors.*
  (그들의 의상은 우리 선조들의 의상과 아주 흡사하다.)
- **The library** *of our school* has more books than **that[the library]** *of your school.*
  (우리 학교 도서관에는 당신 학교 도서관보다 더 많은 책이 있다.)

3. 앞에서 언급된 구 · 절을 가리키는 'this'와 'that'
- Sarah wants **to study design**; **this** her father approved of.
  (사라는 디자인 공부를 하고 싶어 한다. 그래서 그녀의 아빠가 이를 허락하였다.)
- **Harald is full of kindness**; **that** I have known.
  (하랄드는 매우 친절하다. 나는 그것을 진작부터 알고 있었지.)

4. 뒤에 오는 문장의 내용을 가리키는 this: 'that'에는 이러한 용법이 없다.
- I want to tell you **this**: **security is the best enemy**.
  (너에게 말하고자 하는 것은 이것이다. 즉, 방심은 금물이다.)

5. 'that = the one = the former'의 의미로 '전자(前者)'로, 'this = the other = the latter'의 의미로 '후자(後者)'로 해석된다.
  • Health is above wealth; **this[wealth]** can't give us so much happiness as **that[health]**. (건강은 부(富)보다 중요하다. 부는 건강만큼 행복을 가져다 줄 수 없기 때문이다.)

6. 'those'의 독립 용법: 'those'가 독립 용법으로 사용되어 사람을 나타낼 때 수식어구를 수반해서 'those people'의 의미를 나타낸다. 막연히 '~하는 사람들'로 해석하면 된다.
  • Heaven helps **those who** help themselves. (하늘은 스스로 돕는 자를 돕는다.)
  • **Those present** were all glad.
  = **Those** (who were) **present** were all glad. (참석한 사람들 모두 기뻐하였다.)
  해설 '선행사 + 관계대명사 + be + 형용사[분사]'의 경우 '관계대명사 + be'는 생략할 수 있다.

7. 'this'와 'that'의 부사적 용법[지시 부사]: 'much, far, long, high' 등 '양(量) · 정도'를 나타내는 형용사나 부사를 수식하여 '이만큼, 이토록, 이 정도로', '그만큼, 그렇게, 그 정도로'의 의미로 사용된다.
  • It was about **this** deep. (그것은 이 정도의 깊이었다.)
  • Our bus doesn't run **this** late. (이렇게 늦게는 버스가 다니지 않는다.)
  • I didn't expect it to be **this** complicated. (이토록 복잡하리라고는 예상치 못했다.)
  • My arm doesn't reach **that** far. (내 팔은 그렇게 멀리까지 닿지 않는다.)
  • Are you sure she's **that** young? (정말 그녀가 그렇게 젊다는 거냐?)
  • He only knows **that** much. (그는 그 정도밖에 모른다.)

B such

'such'는 본래 형용사이지만 지시 대명사로서의 용법도 있다. 'as' 또는 'that'이 늘 동반되어 사용될 때가 많다.

1. 지시 형용사로 '이[그]와 같은, 이러한, 그러한, 저러한'으로 해석된다.
  • **Such a** man is dangerous. (그런[이런] 사람은 위험하다.)
  • I was not accustomed to **such an** event. (나는 그런 행사에 익숙하지 않았다.)

2. 지시 형용사로 '대단한, 엄청난, 지독한, 터무니없는' 등으로 해석된다.
  • He is **such** a liar. (그는 굉장한 거짓말쟁이다.)
  • I had **such** a pleasant time. (대단히 즐거웠다.)

- We had **such** fun at the party. (우리는 파티에서 아주 신나게 놀았다.)
- Did you ever see **such** weather? (이렇게 좋은[지독한] 날씨를 지금까지 본 일이 있나요?)

3. '~와 같은'으로 해석된다.

- **Such** *poets* **as** Shakespeare *are* rare.

= *Poets* **such as** Shakespeare *are* rare.

= *Poets* **like** Shakespeare *are* rare. (셰익스피어와 같은 시인은 드물다.)

해설 제시된 'Such B as A = B such as A = B like A' 관용 어구는 근자 일치법이 적용되지 않아 동사를 'B'에 일치시켜야 한다.

- We can't trust **such** a man **as** he. (우린 그와 같은 사람을 신뢰할 수 없다.)
- I never had **such** bad headaches **as** I do now. (지금과 같은 심한 두통은 아직 겪어 본 일이 없다.)

비교 형용사 앞에 사용된 'such'는 부사의 성격이 강하다:

- **such nice** people(매우 친절한 사람들)

4. '~할 정도의, ~ 같은 일을 할'로 해석된다: 'as'는 의사관계대명사이다.

- She is not a student **such as** would cut her classes.

= She is not **such** a student **as** would cut her classes.

(그녀는 수업을 빼먹을 그런 학생은 아니다.)

심화학습

'such as'로 사용될 경우 'such'는 대명사의 성격이 강하다:

- **Such as** dwell in tents(천막생활을 하는 사람들)
- Lend money only to **such as** will repay it. (돈은 갚아 줄 만한 사람에게만 빌려 주어라.)
- **Such** of us **as** know her will deeply regret her death. (우리들 중에서 그녀를 알고 있는 사람은 그녀의 죽음을 깊이 애도할 것이다.)

5. '대단히[너무나] ~하여서[하므로]'로 해석된다: 'that'은 접속사로서 구어체 문장에서는 종종 생략된다.

- She had **such** a fright **(that)** she fainted.

= She was **so** frightened **(that)** she fainted. (그녀는 얼마나 놀랐던지 기절해버렸다.)

- His anger was **such (that)** he lost control of himself.

(노여움이 너무나 격렬해서 그는 이성을 잃고 말았다.)

- He was **such** a good runner **(that)** I couldn't catch him.
  (그가 너무 빨리 달려 내가 따라잡을 수가 없었다.)

6. 'be' 동사의 보어로 사용될 경우 강조하기 위해 문두로 나올 수 있다: 이 경우에 사용된 'such'는 대명사로도 볼 수 있다. 대명사로 사용될 경우 단수 또는 복수 취급을 한다.
- **Such** is the case. (사정은 앞서 말한 대로이다.)
- **Such** is life[the world]. (인생[세상]이란 그런 거다.)
- **Such** was not my intention. (그러한 것이 나의 의도는 아니었다.)
- **Such** were the results. (결과는 그러한 것이었다.)

7. 앞에서 언급된 단어 · 구 · 절을 대신한다.
- If you act like **a child**, you must be treated as **such**.
  (아이처럼 행동하면, 아이처럼 대접받는다.)
- **I may have offended you**, but **such** was not my intention.
  (내가 너의 기분을 상하게 했는지 모르지만 그럴 생각은 아니었다.)

8. 관용 어구
- as such = in itself(있는 그대로의, 그 자체로는)

→ Wealth, **as such**, doesn't matter much. (부(富), 그 자체는 중요한 것이 아니다.)
- such being the case(이러한[그러한] 사정이므로)

→ **Such being the case**, I can't help it, either. (사정이 이러니 저도 어쩔 수가 없네요.)
- such as it is = such as they are(변변치 못하지만)

→ The food, **such as it was**, satisfied our hunger.
  (음식은 변변치 못했지만 우리의 허기를 채워 주었다.)

C same

대명사 용법 외에 형용사 · 부사로도 사용되며 보통 정관사 'the'를 수반한다. 'as' 또는 'that'이 늘 동반되어 사용될 때가 많다.

1. the same: 대명사로 '동일한 것[사람]'으로 해석된다.
- **The same** goes for you. (똑같은 일이 너에게도 해당된다. 즉, 너도 마찬가지다.)
- I'll have **the same**. (나도 같은 것으로 하겠다.)

2. 'the same ~ as[that, who, where]' 등과 상관적으로 사용된다: '~와 같은, 동종의, 동일한'의 의미로 해석된다.

- Your shoes are **the same** size **as** mine. (자네 신발 크기는 내 것과 같다.)
- **The same** man **that[who]** came yesterday is here again.
  (어제 왔던 사람이 또 여기에 와 있다.)
- They met at[in] **the same** place **(where)** they had met before.
- = They met at[in] **the same** place **as** before. (그들은 전과 같은 장소에서 만났다.)
- He made **the same** mistake **as** last time. (그는 지난번과 똑같은 실수를 저질렀다.)
- This is **the same** watch **as** I lost. 〈as: 의사관계대명사〉
  (이것은 내가 잃어버린 것과 같은 종류의 시계이다.)
- This is **the same** watch **that** I lost. 〈that: 목적격 관계대명사〉
  (이것은 내가 잃어버린 바로 그 시계이다.)

  비교 'as'는 동종인 경우에, 'that'은 동일한 경우에 사용된다고 되어 있으나, 현재 엄밀한 구별은 없다.

3. 관용 어구

- all the same

(1) [보통 'it'을 주어로 하여] (~에게는) 똑같은; 아무래도 좋은[상관없는]:

→ You can pay now or later; it is **all the same** to me.
(지금 지불하건 나중에 하건 좋습니다. 나에게는 어느 쪽이든 상관없습니다.)

→ If it is **all the same** (to you), I'll take this. (상관이 없으시다면, 전 이것을 택하겠습니다.)

(2) [부사적으로] 그래도 (역시), 그렇지만(nevertheless):

→ He has defects, but I like him **all the same.** (그에게는 결점이 있지만, 그래도 나는 그를 좋아한다.)

→ Days were pleasant **all the same.** (변함없이[여전히] 하루하루가 즐거웠다.)

D so

'so'는 보통 부사 · 접속사 · 대명사 · 감탄사 등으로 분류되지만 그 기본적인 용법은 어디까지나 부사 '그렇게'에 모두 포함된 것으로 생각할 수 있다. 부사로서의 용법은 크게 '양태'를 나타내어 '그렇게'의 뜻과, '정도'를 나타내어 '그만큼'의 뜻으로 나눌 수 있다.

1. 앞에 나온 명사 · 형용사를 대신한다: '그렇게'로 해석된다.

- He became **my close friend** and remained **so**.

(그는 나의 절친한 친구가 되었는데 그 후에도 내내 절친한 친구였다.)

- If planes are **dangerous**, cars are much more **so**.
  (만일 비행기가 위험하다면, 자동차는 훨씬 더 그렇다.)

2. 형용사 · 부사를 수식한다: 정도를 나타내어 '그[이]만큼, 그[이]렇게, 이 정도로'로 해석된다.
- Why are you **so** *late*? (왜 그렇게 늦었니?)
- I have never seen **so** *beautiful* a sunset. (이제까지 이렇게 아름다운 석양을 본 적이 없다.)

3. 대명사적으로 사용된다: 동사 'say, tell, think, hope, expect, suppose, believe, fear, hear' 등의 목적어로서 '그렇게'로 해석된다.
- I think **so**. (그렇게 생각한다.)
- I told you **so**. (내가 그렇게 말하지 않았느냐.)

4. 'so + 주어 + 조동사'의 어순으로, 선행의 진술에 대하여 동의 · 확인을 나타낸다: '정말로, 참으로, 실제' 등으로 해석된다.[5)]
- A: You look very happy. (매우 기쁜 것 같구나.)
  B: **So I am**[ǽm]. (정말 기뻐요[기쁘고말고].)
- A: Your little brother paints well. (자네 동생이 그림을 잘 그린다고.)
  B: **So he does**[dʌ́z]. (암, 잘 그리지.)
- A: You promised to buy me a football. (축구공을 사주겠다고 약속했잖아.)
  B: **So I did**[díd]. (아, 그랬었군.) 〈잊고 있었다.〉
- You said it was good, and **so it is**[íz]. (자네 말로 좋다고 하더니 참으로 좋군 그래.)

5. 'so + 조동사 + 주어'의 어순으로, 다른 주어에 딸린 긍정의 진술을 나타낸다: '~도 역시[또한]'으로 해석된다.
- A: I was in Paris last summer. (지난여름에 나는 파리에 있었다.)
  B: **So**[sóu] **was I**. (나도 그랬어.)
- A: Tom can speak French (톰은 프랑스어를 구사할 수 있다.)
  B: **so**[sóu] **can his brother**. (톰의 동생[형] 또한 그렇습니다.)
- My father was a soldier, and **so**[sóu] **was I**. (아버지는 군인이셨는데 나 역시 그랬다.)

---

5) 'so + 조동사 + 주어' 형식에서는 'so'를 강하게 읽어야 하는 반면, 'so + 주어 + 조동사'의 경우에는 조동사를 강하게 읽는다.

Ⅲ 부정 대명사

ENGLISH GRAMMAR

특정한 것을 가리키지 않고 막연하거나 불특정한 사람 또는 사물이나 수량을 나타내는 대명사를 부정 대명사라고 한다. 'one, none, some, any, other, another, each, every, both, all, either, neither' 등이 있다.

A one

'one'은 수사 'one'에서 유래하므로 부정 대명사 'one'에도 '하나의'라는 의미가 남아 있으며 항상 셀 수 있는 명사를 가리킬 때 사용된다. 사람을 나타낼 때도 있고 명사를 대신하는 경우도 있다.

1. 총칭 인칭으로서 일반적인 사람을 나타낼 때 사용된다: 'one, one's, oneself'로 하는 것이 원칙이지만 구어에서는 'one'보다도 'we, you, they, people' 쪽을 즐겨 사용한다. 특히 미국 영어에서는 'they, their, them, themselves' 또는 'he, his, him, himself'로 하는 경우도 있다.

- **One** must obey **one's[his]** parents. (사람은 누구나 부모의 말에 따라야 한다.)
- **One** has to take care of **himself** and **his** family if **he** can. (사람은 가능한 한 자신과 가족을 돌봐야 한다.)

2. 셀 수 있는 명사의 반복을 피하기 위해 사용된다. **복수형은 'ones'이다.**

(1) 'one'과 'it'의 구별

① 'one'은 특정하지 않은 것을 나타낸다: a[an] + 단수 명사 → one

- As I have lost my pen, I must buy **one**[a pen]. (펜을 잃어버려서 하나 사야 한다.)
- I bought my wife three roses; a red **one** and two white **ones**. (나는 집사람에게 빨간 장미 한 송이와 하얀 장미 두 송이를 사 주었다.)

② 'it'은 특정한 것을 나타낸다: the + 단수 명사 → it

- Do you have **the book** and still read **it**? (너는 그 책을 가지고 있니, 그리고 계속 읽고 있어?)
- Is this **your pen**? May I use **it**? (이 펜 네 것이니? 내가 써도 될까?)

비교 'it'은 앞에 나온 그것을 가리키고 'one'은 같은 종류를 나타낸다:

- A: Do you have **the knife**? (그 칼 가지고 있어?)
  B: Yes, I have **it[the knife]**. (응, 그 칼 가지고 있어.)
- A: Do you have **a knife**? (칼 가지고 있어?)

B: Yes, I have **one[a knife]**. (응, 칼 있어.)

해설 위의 'it'은 특정한 칼이고 아래의 'one'은 임의의 칼을 의미한다.

심화학습

'one'을 사용할 수 없는 경우

1 물질 명사나 추상 명사의 대용어로 사용 불가: 형용사만 사용한다.

- *I prefer red **wine** to white **one**. (x)

→ I prefer red **wine** to **white**. (o)

(나는 백포도주보다는 적포도주를 더 좋아한다.)

2 수사 · 소유격 또는 소유격 + own 다음에는 사용 불가: 소유 대명사만 사용한다.

- *This painting is my **mother's one**. (x)

→ This painting is my **mother's**. (o)

(이 그림은 내 어머님 것이다.)

3 최상급 · the + 비교급 뒤에는 사용 불가

- *She is **the prettier** of the two **ones**. (x)

→ She is **the prettier** of the **two**. (o)

(두 사람 중에서 그녀가 더 예쁘다.)

B none

대명사와 부사의 용법이 중요하다. 대명사로서는 단수 · 복수 모두에 쓰이나, 일반적으로 사람을 나타낼 경우에는 복수 취급이 많으며, 특별히 '한 사람도 ~않다'의 뜻으로 단수형을 분명하게 할 경우에는 'no one, nobody'를 쓴다. 물론 양을 나타낼 때는 단수로 쓰인다.

1. 대명사로 사람이나 사물에 쓰이고 사람을 받는 경우는 복수 취급한다: '아무도 ~않다'로 해석되며 'no one, nobody'보다 문어적인 말로 사용된다.

- **None are** completely happy. (아무도 완벽하게 행복한 사람은 없다.)
- **None** of the *students* **are** useful to me. (그 학생들 중 아무도 내겐 소용이 없다.)
- **None** of the *information* **is** useful to me. (그 정보는 내게 하나도 쓸모가 없다.)
- I looked for some **butter**, but there **was none** left. (버터를 찾았지만 남은 게 하나도 없었다.)

심화학습

'no one, nobody'는 단수 취급하며, 'none'은 복수 취급하는 것이 원칙이나 예외적으로 격언 · 속담에서 단수 · 복수 양쪽으로 사용되기도 한다:

- **None** but the brave **deserve(s)** the fair. (용맹한 자만이 미인을 얻을 자격이 있다.)
- **No one has** returned from the journey. (한 사람도 여행에서 돌아오지 않았다.)

2. 부사로 사용되는 none

(1) none + the + 비교급 + for: '~하다고 해서 그만큼 ~한 것은 아니다'로 해석된다.

- He is **none the** *happier* **for** his wealth. (그는 돈이 많은 데도 그만큼 행복하진 않다.)
- She is **none the** *wiser*[*better*] **for** her experience.
  (경험을 쌓았는데도 그녀는 조금도 현명해지지[나아지지] 않는다.)

(2) none too[so] + 형용사[부사 · 과거분사]: '결코[조금도] ~않다'로 해석된다.

- I arrived **none too** *soon*. (나의 도착은 결코 이른 것이 아니었다.)
- The place was **none too** *clean*. (그곳은 조금도 청결하지 않았다.)
- It is **none so** *good*. (조금도 좋지 않다.)
- He was **none so** *pleased*. (그는 결코 기쁘지 않았다.)
- She is **none so** *fond* of me. (그녀는 나를 조금도 좋아하지 않는다.)

C some, any

'some'은 막연한 수량이나 전체의 일부를 나타내고, 'any'는 많은 수량 중 임의의 일부를 나타낸다. 대명사 · 형용사 용법 외에 부사적 용법도 있다. 사람 · 사물, 단수 · 복수 양쪽으로 쓰인다. 수를 나타낼 때는 복수 취급, 양을 나타낼 때는 단수 취급한다. 보통 'some'은 긍정문에, 'any'는 부정문 · 의문문 · 조건문에 사용된다.

1. some

(1) 형용사로 긍정문에 사용될 경우: 복수형의 가산 명사 또는 불가산 명사와 함께 약간의 수나 양을 나타내어 '얼마간의, 약간의, 조금의, 다소의' 의미로 사용된다.

- We have **some** new *shirts* in today. (오늘 새 셔츠가 몇 벌 들어왔다.)
- I had **some** *trouble* in doing it. (그것을 하는 데 나는 약간의 어려움이 있었다.)
- There are **some** *cars* in the park. (공원에 몇 대의 차가 있다.)

- There is **some** *water* in the river. (강에 강물이 다소 있다.)

(2) 형용사로 의문문에 사용될 경우: 일반적으로 부정문 · 의문문 · 조건절에는 'any'를 쓰지만, 의문문에서 권유 · 부탁을 나타내거나 'yes'의 답을 예측하는 경우 또는 조건절에서도 긍정적 기대나 예측을 내포하는 경우에는 'some'을 사용한다. 복수형의 가산 명사 또는 불가산 명사와 함께 약간의 수나 양을 나타내어 '얼마간의, 약간의, 조금의, 다소의' 의미로 사용된다.

- Do you have **some** *pencils*? (연필 좀 가지고 있어?)
- Won't you have **some** more *tea*? (차를 좀 더 드시겠습니까?)
- **Didn't** I give you **some** *money*?
  (제가 돈을 드리지 않았나요? 즉, 돈을 주었다는 의미를 내포하고 싶을 때 사용되는 문장이다.)

(3) 형용사로 조건절에 사용될 경우: 복수형의 가산 명사 또는 불가산 명사와 함께 약간의 수나 양을 나타내어 '얼마간의, 약간의, 조금의, 다소의' 의미로 사용된다.

- You'll die if you don't take **some** *food* soon. (곧 음식을 먹지 않으면 너는 죽게 될 것이다.)
- If you have **some** *pencils*, please lend me **some** (*pencils*).
  (연필 좀 있으면 나에게 몇 개 빌려주세요.)

(4) 형용사로 단수형의 가산 명사와 함께 사용될 경우: 분명치 않은 또는 불특정의 것[사람]을 가리켜서 '무슨, 어떤, 어딘가의, 누군가의' 의미로 사용된다. 종종 명사 뒤에 'or other'를 덧붙여서 뜻을 강조한다.

- in **some** way (**or other**): 어떻게든 해서, 이럭저럭
- for **some** reason (**or other**): 웬일인지, 무슨 이유인지
- come back **some** day (**or other**).

= come back **some other** day. (언젠가 다른 날에 다시 와 주시오.)

- He's staying with **some** artist (**or other**) in Paris.
  (그는 파리에서 예술가인지 뭔지 하는 사람과 함께 지내고 있다.)
- She is living in **some** village in India. (그녀는 인도 어딘가의 마을에 살고 있다.)

(5) 대명사로 사용되는 some: 가산 명사를 나타내는 경우는 복수 취급, 불가산 명사를 나타낼 경우는 단수 취급을 한다. 'some'은 대명사일 때에도 긍정문에 사용되며 부정문 · 의문문 · 조건절에서는 'any'가 사용된다. 단, '권유 · 부탁'의 경우에는 의문문에서도 'some'이 사용된다.

① '다소, 얼마간'으로 해석되는 경우

- **Some** of the *milk* **was** spilled. (우유가 조금 엎질러졌다.)
- **Some** of these *books* **are** interesting. (이 책 중에는 재미있는 것도 있다.)
- May I give you **some**? (조금 드릴까요?)

② '어떤 사람들, 어떤 것'으로 해석되는 경우: 종종 뒤에 대조적으로 'others' 또는 'some'을 사용한다.

- **Some** say it is true, **some** not. (정말이라고 말하는 사람도 있고 그렇지 않다고 말하는 사람도 있다.)
- **Some** are good, and **some** are bad, and **others** are indifferent.
  (좋은 것도 있고 나쁜 것도 있으며 또 이도저도 아닌 것도 있다.)
- **Some** were captured, **others** were killed.
  (포로로 잡힌 사람이 있는가하면 죽임을 당한 사람들도 있다.)
- Not all labor is hard; **some** is pleasant.
  (노동이라고 해서 모두가 고된 것은 아니다; 즐거운 것도 있다.)

(6) 부사로 사용되는 some: 비교급은 없다.

① 수사 앞에서 '약, 대략(about)'의 의미로 해석된다. 'about' 쪽이 더 구어적이다. [sʌ̀m]으로 발음된다.

- **some** thirty books(약 30권의 책)
- **Some** 50 were present. (약 50명이 참석했다.)

② 구어체 문장에서 '얼마간, 다소, 조금은(somewhat)'의 의미로 해석된다. [sʌ́m]으로 발음된다.

- I slept **some** last night. (어젯밤에는 얼마간 눈을 붙였다.)
- I'm feeling **some** better now. (기분이 좀 나아졌습니다.)
- I like baseball **some**. (야구를 좀 좋아하는 편이다.)

2. any

(1) 부정의 평서문에 사용될 경우

① 부정의 평서문에서 가산 명사의 복수형 또는 불가산 명사에 붙어 '조금도 (~아니다), 아무것도 (~아니다), 아무도 (~아니다)'로 해석된다.

- I **don't** have **any** books[money].

= I have **no** books[money]. (나는 책[돈]이라곤 조금도 없다.)

- There **isn't any** sugar.

= There is **no** sugar. (설탕이 조금도 없다.)

심화학습

'not'이 없어도 부정문에 준하는 경우에는 'any'를 사용한다:

- **without any** trouble

= **with no** trouble(간단히)

- They **refused** to eat **any** cake. (그들은 케이크를 먹으려 하지 않았다.)

② 부정의 평서문에서 가산 명사의 단수형에 붙어 '어떤 하나의 (~도 없다), 누구 한 사람의 (~도 없다)'로 해석된다. 부정 관사 'a, an'의 대용으로, 다소 강조적인 의미를 지닌다.

• She **doesn't** have **any** brother.

→ She has **no** brother. (그녀는 남형제라고는 단 한 사람도 없다.)

• There **isn't any** bookstore on this street.

→ There is **no** bookstore on this street. (이 거리에는 서점이 한 군데도 없다.)

(2) 긍정의 평서문에 사용될 경우: 강조적인 의미를 지니며, 보통 단수 명사 앞에서 사용된다. '어떠한 ~이라도, 어느 것이든, 누구든, 무엇이든'으로 해석된다.

• **Any** *child* can do it. (어떤 아이라도 그런 것쯤은 할 수 있다.)

• **Any** *help* is better than no help. (어떤 도움이라도 없는 것보다 낫다.)

• Buy **any** *book*[*books*] (that) you want. (원하는 책은 마음대로 골라라.)

• Choose **any** *dress*[*dresses*] you like. (좋아하는 옷을 마음대로 골라라.)

(3) 의문문 · 조건절에 사용될 경우: 가산 명사의 복수형 또는 불가산 명사에 붙어 '얼마간의 ~, 몇 사람의 ~'로 해석된다.

• Do you have **any** *friends* in this town? (이 도시에 친구가 몇 사람 있습니까?)

• Do you have **any** *ballpoints*[*money*]? (볼펜[돈] 가진 게 있습니까?)

• If you have **any** *pencils*, will you lend me one? (연필이 있거든 하나 빌려 주세요.)

(4) 단수형의 가산 명사와 함께 의문문 · 조건절에 사용될 경우: '어떤 하나의, 누구 한 사람의'로 해석된다.

• Is there **any** *drugstore* in this area? (이 근처[지역]에 약국이 있나요?)

• Do you have **any** *sister*? (당신은 여형제가 있습니까?)

• If there is **any** *trouble* with the machine, call me right away.
(만약 기계에 어떤 고장이 생긴다면 나에게 즉시 전화해 주세요.)

(5) 대명사로 사용되는 any

① 의문문 · 조건절에 사용되는 경우: 'any of'의 형태나 이미 나온 명사를 생략한 형태로 사용되어 '무엇이든, 누구든, 얼마간, 다소'로 해석되며 단수 · 복수로 취급된다.

• If **any** of your *friends* **are**[is] coming, let me know. (만약 네 친구 중 누가 오거든 알려다오.)

• I'd like some butter. Do you have **any** (butter)? (버터가 좀 필요한데 있습니까?)

• Does **any** of *you* know? (너희들 중 누가 알고 있느냐?)

비교 물건이든 사람이든 'of' 이하가 둘[두 사람]이면 'any'는 'either'로 바뀐다:

• Does **either** of *you* know? (너희들 둘 중 누가 알고 있느냐?)

② 부정의 평서문에 사용되는 경우: 'any of'의 형태나 이미 나온 명사를 생략한 형태로 사용되어 '아무[어느] 것도, 아무도, 조금도'라고 해석된다.

- I've **never** seen **any of** these *films*. (나는 이 영화들 중 어떤 것도 보지 못했다.)
- It **isn't** known to **any**. (그것은 아무에게도 알려져 있지 않다.)
- I **don't** want **any** (of these). (이 중 어느 것도 필요 없다.)

③ 긍정문에 사용되는 경우: 'any of'의 형태나 이미 나온 명사를 생략한 형태로 사용되어 '무엇이든지, 누구든지, 얼마든지'로 해석된다.

- Take **any** you please. (무엇이든 마음에 드는 것을 가져요.)
- **Any of** *you* can do it. (당신들 중 누구라도 그것을 할 수 있다.)
- Choose **any of** these *books*. (이 책들 중 어느 것이든 고르시오.)

비교 물건이든 사람이든 'of' 이하가 둘[두 사람]이면 'any'는 'either'로 바뀐다:

- **Either of** *you* can do it. (당신들 둘 중 누구라도 그것을 할 수 있다.)
- Choose **either of** these *books*. (이 책 둘 중 하나를 고르시오.)

(6) 부사로 사용되는 any

① 의문문에 사용되는 경우: 비교급 또는 'different, too' 앞에서 사용되어 '조금은, 얼마쯤'으로 해석된다.

- Are you **any** better? (몸이 좀 괜찮습니까?)

② 조건절에 사용되는 경우: 비교급 또는 'different, too' 앞에서 사용되어 '조금이라도'로 해석된다.

- If you are **any** better, you had better take a walk.
  (조금이라도 차도가 있으면 산책을 하는 것이 좋다.)
- If I were **any** wiser, I could solve this riddle.
  (내가 좀 더 똑똑하면 이 수수께끼를 풀 수 있는데.)

③ 부정문에 사용되는 경우: 비교급 또는 'different, too' 앞에서 사용되어 '조금도 (~ 않다[없다])'로 해석된다.

- He did **not** get **any** better. (그의 병세는 조금도 나아지지 않았다.)
- The language he used **wasn't any** too strong. (그가 사용한 말은 조금도 과격하지 않았다.)
- She **didn't** sing **any** too well. (그녀는 노래를 조금도 잘하지 못했다.)
- His proposal **wasn't any** different from yours. (그의 제안은 너의 제안과 별반 다르지 않았다.)

④ 구어체 문장에서 동사를 수식하여 '조금도, 좀'으로 해석된다.

- Did you sleep **any** last night? (간밤에 잠을 좀 주무셨습니까?)
- That won't help us **any**. (그것은 우리에게 조금도 도움이 안 된다.)

D other, another

모두 '다른'이란 의미이고 'other'의 복수형은 'others', 소유격은 'other's'이다. 'another'는 본래 'an + other'로 소유격은 'another's'이다. 대명사적 용법과 형용사적 용법이 있다. 다른 대명사와 상관적으로 쓰일 때가 많다.

1. one ~ the other: 'one'은 임의의 1개를 'the other'는 둘 중 나머지 1개를 나타낸다. '하나는 ~, 나머지 다른 하나는 ~'로 해석된다.
   - I have **two doggies**; **one** is white and **the other** (is) brown.
     (나에게는 강아지 두 마리가 있는데, 하나는 희고 다른 하나는 갈색이다.)

2. one ~ the others: 'the others'는 셋 이상 중 하나를 제외한 나머지를 말한다. '하나는 ~, 나머지 전부는 ~'로 해석된다.
   - I have **four doggies**; **one** is white and **the others** (are) brown.
     (나에게는 강아지 네 마리가 있는데, 하나는 희고 나머지 전부는 갈색이다.)

3. one ~, another[a second] ~, and the other[the third]: 셋 중에서 '하나는 ~, 다른 하나는 ~, 나머지 하나는 ~'로 해석된다.
   - I have **three doggies**; **one** is white, **another** (is) brown, and **the other** (is) gray.
     (나에게는 강아지 세 마리가 있는데, 하나는 희고 다른 하나는 갈색이고, 나머지 하나는 회색이다.)

4. one ~, another[a second] ~, and the others: 넷 이상에서 '하나는 ~, 다른 하나는 ~, 나머지 전부는 ~'로 해석된다.
   - I have **five doggies**; **one** is white, **another** is brown, and **the others** are gray.
     (나에게는 강아지 다섯 마리가 있는데, 하나는 희고 다른 하나는 갈색이고, 나머지 전부는 회색이다.)

5. the one ~ the other: '전자는 ~', '후자는 ~'로 해석된다.
   - Britta likes her uncle; **the one** visits **the other** every two years.
     (브리타는 삼촌을 좋아한다. 그녀는 2년마다 그를 방문한다.)

6. some ~ others: 많은 수 가운데서 '어떤 것들[사람들]은 ~ 어떤 것들[사람들]은 ~'로 해석된다.
   - **Some** people like fish; **others** do not. (생선을 좋아하는 사람도 있고 싫어하는 사람도 있다.)
   - **Some** students come to school by bus. **Some** come by train. **Others** on foot.
     (어떤 학생들은 버스로, 어떤 학생들은 기차로 등교한다. 그리고 나머지 학생들은 걸어서 온다.)

- **Some** people believed his story. **Others** did not. **Still others** thought he was crazy. (어떤 사람들은 그의 이야기를 믿었고 어떤 사람들은 믿지 않았다. 게다가 어떤 사람들은 그가 미쳤다고 생각했다.)

7. some ~ the others: 한정된 많은 수 가운데서 '어떤 것들[사람들]은 ~ 나머지 전부는 ~'로 해석된다.

- **Some** were rescued, but **the others** were drowned.
  어떤 사람들은 구조되었고 나머지 전부는 익사했다.)

8. 대명사로 사용되는 another

(1) '또 하나의 것, 또 한 사람'의 의미로 사용된다.

- He is a professor, and his wife is **another**. (그는 교수다. 그리고 그의 아내 역시 교수다.)

(2) '다른 것, 다른 사람'의 의미로 사용된다.

- I don't like this one. Show me **another**. (이것은 마음에 들지 않으니, 다른 것을 보여 주시오.)
- Saying is **one thing** and doing (is) **another**. (말하는 것과 행동하는 것은 별개의 것이다.)
  해설 'A is one thing and B (is) another'는 'one'과 대조적으로 사용되는 관용 어구로 출제 빈도가 아주 높다. 'A와 B는 별개의 것이다'로 해석된다.

(3) '하나 더'의 의미로 사용된다.

- That first hot dog tasted so good, I'd like **another**.
  (첫 번째 핫도그가 썩 맛이 좋았다, 하나 더 먹어야겠다.)

9. each other, one another: 모두 '서로'라는 의미를 나타내는 대명사구. 'each other'는 둘 사이에, 'one another'는 셋 이상의 경우에 쓰일 때가 많지만 절대적인 것은 아니다.

- They love **each other**. (그들은 서로 사랑하고 있다.)
- We looked at **one another**. (우리는 서로 얼굴을 바라보았다.)
- We know **each other's** weak points. (우리는 서로 상대의 약점을 알고 있다.)

E each, every

'each'는 개별적인 느낌이 강하고 '각각'이란 의미로 대명사 · 형용사 · 부사로 사용된다. 'every'는 개별적임과 동시에 총괄적으로 '어느 것이나 (모두)'라는 의미를 나타내고 항상 형용사로 쓰인다. 둘 다 원칙적으로 단수 취급한다.

1. each

(1) 형용사로 사용될 경우 '각자의, 각각의, 각기의, 각 ~'로 해석된다.

- **Each** *student* had a different solution to the problem.
  (학생들은 제각기 그 문제에 대한 해답이 달랐다.)
- **Each** *one* of us has his[her] room. (우리들에게는 각자 방이 있다.)

(2) 대명사로 사용될 경우 '각자, 각기'의 의미로 해석된다. 단독으로 주어가 될 수 있으며, 복수(대)명사의 동격으로 사용될 수도 있다. 이 경우에는 주어에 일치시켜 복수 취급을 한다.

- **Each** *has* his[her] own life style. (각자 나름의 생활방식을 가지고 있다.)
- **Each** of us *has* his[her] opinion. (우리들은 각기 자기 의견을 가지고 있다.)

= We **each** *have* our own opinions. (우리들 각자는 자기 의견을 가지고 있다.)

(3) 부사로 사용될 경우 '한 사람[개] 마다, 각자에게, 제각기'란 의미로 해석된다.

- I gave them two dollars **each**. (나는 그들에게 각각 2달러씩 주었다.)

2. every

(1) 형용사로만 사용된다. 단수 가산 명사와 함께 무관사로 사용되며 '어느 ~이나 다, 모든, 모두(의)'로 해석된다. 단독으로 주어가 될 수 없다.

- **Every** *boy* likes it. (어느 소년이나 다 그것을 좋아한다.)
- *__Every__ has his own life style. (x)

→ **Everyone** has **his[her]** own life style. (o)
  (모든 사람은 각자 나름의 생활방식을 가지고 있다.)

- **Every** *student* of our class **was** there and **each** *did* his[her] part.
  (우리 반 학생들은 모두 거기 있었고 각자 자기 역할을 다했다.)

(2) every + 기수 + 복수 명사

= every + 서수 + 단수: '매 ~마다'로 해석된다.

- The Olympic Games take place **every four years**.

= The Olympic Games take place **every fourth year**. (올림픽 대회는 4년마다 개최된다.)

- **Every ten houses** *have* a lamppost.

= **Every tenth house** *has* a lamppost. (열 집마다 가로등 기둥이 서 있다.)

- You should change your car's oil **every 5,000 miles**.
  (자동차 오일은 매 5,000마일마다 교환하셔야 합니다.)

F both, all, either, neither, most

1. both: 대명사 · 형용사 · 부사로 사용된다.

(1) 형용사로 사용될 경우: '양자의, 양쪽의, 쌍방의'라는 의미로 해석된다.

- **Both** brothers are alive. (두 형제 모두 살아 있다.)
- It was the happiest time of **both** their lives. (그들 두 사람의 생애에서 가장 행복한 때였다.)
- I **don't** want **both** books. (나는 그 책 두 권 다 원하는 것은 아니다. 즉, 하나만 필요하다.)

  해설 'both'의 부정은 부분 부정을 나타낸다.

(2) 대명사로 사용될 경우

① 복수 취급하며 '양자, 양쪽, 쌍방'으로 해석된다.

- **Both of** us knew it. (우리 둘 다 그것을 알고 있었다.)
- **Both (of) the** brothers are alive. (두 형제 모두 살아 있다.)

> **심화학습**
>
> 'both[all, half] of ~'의 경우 뒤에 일반 명사가 오면 'of'를 생략할 수 있고, 대명사가 오면 'of'를 생략할 수 없다:
>
> - Both **(of)** the *boys*(소년 둘 다)
> - Both of *you*(당신들 두 사람)
>
> - Half **(of)** an *inch*(반 인치)
> - Half **(of)** the *students*(학생의 절반)
> - Half of *them*. (그들의 절반)
>
> - All **(of)** my friends(내 친구 모두)
> - All of *them*(그들 모두)

② 동격으로 사용되어 '양쪽[둘] 다'로 해석된다.

- The brothers are **both** well. (그 형제는 둘 다 건강하다.)
- I saw them **both**. (나는 두 사람을 다 만났다.)
- They **both** wanted to go abroad. (그들은 둘 다 외국에 가고 싶었다.)

(3) 부사로 사용될 경우: 'A와 B 양쪽 다, ~뿐만 아니라'로 해석되는 'both A and B' 관용 어구 속에서 상관접속부사로 사용된다.

- **Both** brother **and** sister **are** dead. (남매가 다 죽었다.)
- That actress is **both** skillful **and** beautiful. (그 여배우는 연기도 잘할 뿐만 아니라 미인이다.)

2. all: 'all'은 총괄적으로 '모두', '전부'라는 의미로 전체를 나타내고 대명사 · 형용사 · 부사로 사용된다. 'all'을 단독으로 대명사로 사용하는 경우 '모든 사람'이라는 의미에서는 복수로, '모든 사물[사건]'의 의미에서는 단수로 취급한다.

(1) 대명사로 사용될 경우

① 단수 취급할 경우: '모든 것, 모두, 만사'로 해석된다.

- **All** is lost. (만사가 글렀다. 다 끝장이다.)
- **All** is calm tonight. (오늘 밤은 아주 조용하다.)

② 복수 취급할 경우: '모든 사람(들)'로 사용되거나 동격 · 호칭으로 사용된다.

- **All** were happy. (다들 행복해했다.)
- We **all** have to go.

= **All** of us have to go.

= We **all** of us have to go. (우리는 모두 가야 한다.)

- They are **all** happy. (그들은 모두 행복하다.)
- Morning **all**! (여러분, 좋은 아침!)

③ 'all of the[these, those] ~' 표현으로 사용된다: '죄다, 모두'의 의미로 해석된다.

- He ate **all (of) the** apples. (그는 그 사과를 모두 다 먹었다.)
- He ate **all of** them. (그는 그것들을 모두 다 먹었다.)

(2) 형용사로 사용될 경우

① 단수 명사 앞에서 '전체의, 전부의, 모든, 전 ~'로 해석되며 'all + 시간 명사'는 종종 부사구의 역할을 한다.

- **all** one's *life*: 평생
- **all** *day*[*night*] (long): 종일[밤새]
- **All** London was against it. (전 런던이 그것에 반대했다.)

② 복수 명사 앞에서 '온갖, 모든, 모두'로 해석된다.

- in **all** respects: 모든 점에서
- in **all** directions: 사방팔방으로
- The hotel can accommodate **all** students. (그 호텔은 모든 학생을 수용할 수 있다.)

③ 수사적 강조 표현으로 추상 명사를 수식하여 '대단히 ~인'으로 해석된다.

- She is **all** *kindness*. (그녀는 매우 친절하다.)

• He is **all** *attention.* (그는 정신을 바짝 차리고 듣고 있다.)

④ 수사적 강조 표현으로 신체 부위를 나타내는 명사를 수식하여 '전신이 ~뿐인, 전신을 ~삼아'로 해석된다.

• I was **all** *ears* as he told his story. (나는 그가 자신의 이야기를 들려줄 때 귀에 온 신경을 집중했다.)

• He was **all** *skin and bones*. (그는 피골이 상접해 있었다.)

(3) 부사로 사용될 경우: '온전히, 온통, 전적으로'라는 의미로 해석된다.

• I'm **all** your proposal. (나는 당신의 제안에 전적으로 찬성합니다.)

• Cinderella was **all** covered with dust. (신데렐라는 온통 먼지를 덮어쓰고 있었다.)

• You will be **all the** *better* **for** a rest. (좀 쉬면 그만큼 기분도 좋아질 거다.)

해설 'all the + 비교급' 구문에서 '그만큼, 더욱더, 오히려'로 해석된다.

3. either: 형용사 · 대명사 · 접속사 · 부사로 사용된다.

(1) 형용사로 사용될 경우

① 긍정문에서 단수 명사를 수식하여 '어느 한쪽[하나]의, 어느 쪽의 ~이든지'로 해석된다.

• You may sit at **either** *end* of the table. (테이블의 어느 끝 쪽에든 앉으시오.)

② 부정문에서 단수 명사를 수식하여 '(둘 중) 어느 쪽의 ~도 (않다)'로 해석된다.

• I **don't** know **either** *boy.*

= I know **neither** boy. (어느 쪽 소년도 난 모른다.)

③ 의문문 · 조건문에서 '(둘 중) 어느 한쪽의 ~도'로 해석된다.

• Did you see **either** *boy*? (어느 한쪽 소년이라도 봤어요?)

④ 보통 'either side[end, hand]'로 표현되는데 '양쪽의, 각각의' 의미로 해석된다. 구어체에서는 'both sides[ends, hands]' 또는 'each side[end, hand]'로 표현된다.

• There are trees on **either** *side* of the street. (거리 양쪽에는 가로수가 서 있다.)

(2) 대명사로 사용될 경우

① 긍정문에서 '(둘 중의) 어느 한쪽, 어느 쪽도'의 의미로 해석된다.

• **Either** will do. (어느 쪽이든 좋다.)

• **Either** (one) of *you* **is** right. (너희 둘 중 어느 한쪽이 옳다.)

• **Either** of *them* **is[are]** good enough. (그 둘 어느 쪽도 꽤 좋다.)

해설 'either'는 단수 취급을 원칙으로 하지만, 구어체에서는, 특히 of 뒤에 복수 (대)명사가 이어질 때에는 복수 취급을 할 경우가 있다.

② 부정문에서 '(둘 중) 어느 쪽도 ~않다'의 의미로 해석된다.

- I **don't** know **either**.

= I know **neither**. (어느 쪽도 모른다.)

- I **don't** like **either** of his brothers.

= I like **neither** of his brothers. (나는 그의 형제들을 어느 쪽도 좋아하지 않는다.)

③ 의문문 · 조건문에서 '(둘 중의) 어느 쪽인가, 어느 쪽이든'의 의미로 해석된다.

- Did you see **either** of the boys? (그 소년들 중 어느 한쪽이라도 만났습니까?)
- If you have read **either** of the stories, tell me about it.
  (그 두 소설의 어느 한쪽이든 읽으셨으면, 그 이야기를 좀 해 주세요.)

(3) 접속사로 사용될 경우: 'either A or B'의 형태로 사용되며 'A 또는 B 어느 하나가'란 의미로 해석된다.

- He is now **either** in London **or** in Paris. (그는 현재 런던이나 파리 중 어느 한 곳에 있다.)
- You must **either** sing **or** dance. (너는 노래를 부르든가, 춤을 추든가 해야 한다.)
- **Either** you **or** she is to go. (너나 그녀 둘 중 한 사람이 가야 한다.)
- **Either** he **or** I am to blame.

= **Either** he is to blame **or** I am. (그나 나나 둘 중 하나가 잘못한 것이다.)

해설 'either A or B'가 주어일 경우 동사의 인칭 · 수는 뒤에 오는 주어 'B'에 일치시킨다.

(4) 부사로 사용될 경우

① 부정문의 뒤에서 '~도 또한 (~않다)'로 해석된다.

- I don't like eggs. I don't like meat, **either**. (나는 달걀을 좋아하지 않는다. 고기도 안 좋아한다.)
- If you don't come, she **won't either**. (자네가 안 오면 그녀도 안 올 것이다.)

  해설 either 앞에는 콤마가 있어도 좋고 없어도 좋다.

  비교 I like eggs. I like meat, **too**. (나는 달걀이 좋다. 고기도 좋아한다.)

② 긍정문 뒤에서, 앞서 말한 부정의 내용을 추가적으로 수정 · 반복하여 '그 위에, 게다가, ~라고는 해도 (~은 아니다)'라는 의미로 해석된다.

- He is very clever and is not proud **either**.
  (그는 아주 똑똑하며, 그렇다고 오만하지도 않다.)
- It is a nice place, and not too far **either**. (그곳은 멋진 곳이고 게다가 멀지도 않다.)
- There was a shop, and not so big **either**. (가게가 하나 있었다, 그렇게 크지는 않지만)

4. neither: 'neither'는 'either'의 부정어로 두 가지 중의 '어느 쪽[것]도 아니다'로 양쪽 모두 부정할 때 사용된다. 형용사 · 대명사 · 접속사로 쓰이는데 그 중 접속사 용법이 중요하다.

(1) 형용사로 사용될 경우

① 단수 명사를 수식하여 '(양자 중의) 어느 쪽의 ~도 ~아니다[않다]'로 해석된다.
- **Neither** *statement* **is** true. (어느 쪽 주장도 사실이 아니다.)
- **Neither** *one* of you **has** the right answer. (너희 중 어느 쪽도 옳은 답이 없다.)
- In **neither** *case* can I agree. (어느 경우건 찬성할 수 없다.)

(2) 대명사로 사용될 경우: 주어로 사용될 경우 원칙적으로 단수 취급하나 구어체에서는 복수 취급을 한다.

① (양자 중의) '어느 쪽도 ~아니다[않다]'로 해석된다.
- **Neither** (of the books) **is[are]** good. (그 책의 어느 쪽[것]도 다 좋지 않다.)

② 'neither'는 'both'에 대응하는 부정어이므로, 셋 이상의 부정에는 'none'을 사용한다.
- **Neither is[are]** to be trusted. (어느 쪽도 신뢰할 수 없다.)
- **None are** completely happy. (아무도 완벽하게 행복한 사람은 없다.)

(3) 접속사로 사용될 경우

① 'neither A nor B'의 형태로 사용되어 '~도 ~도 아니다[않다]'로 해석된다. 'neither A or B'가 주어일 경우 동사의 인칭 · 수는 뒤에 오는 주어 'B'에 일치시킨다.
- **Neither** you **nor** I am to blame. (당신도 나도 잘못이 없다.)

  비교 **Both** you **and** I are to blame. (당신도 나도 다 잘못이 있다.)

  해설 'neither A nor B'는 양면 부정, 'both A and B'는 양면 긍정으로 사용된다.
- They have **neither** (a) knowledge **nor** (an) understanding of politics.
  (그들은 정치에 관해서는 지식도 없고 이해도 없다.)
- We **neither** moved **nor** made any noise. (우리는 꼼짝도 안했고 아무 소리도 내지 않았다.)
- He **neither** gambled, drank, **nor** smoked.
  (그는 도박도 안하고, 술도 안 마시고, 담배도 피우지 않았다.)
- I have **neither** talent, good luck, **nor** money. (내게는 재능도, 운도, 돈도 없다.)

> **심화학습**
>
> 'neither A nor B' 구문에서 A, B에는 문법적으로 같은 품사, 같은 구조의 단어 · 어군을 사용해야 한다. 그리고 때로는 셋 이상의 요소에 쓰이는 경우도 있다.

② 부정을 포함하는 문장 또는 부정의 절 뒤에서 'neither + 조동사 + 주어'의 어순으로 '~도 또한 ~않다[아니다]'라는 의미로 사용된다.

- I **don't** smoke, (and) **neither** do I drink. (나는 흡연도 않고 술도 안 먹는다.)
- The first **isn't** good, (and) **neither** is the second.
  (첫 번째 것도 좋지 않지만 두 번째 것도 시원찮다.)
- If you **don't** want it, **neither** do I. (네가 그것을 원하지 않으면 나도 갖고 싶지 않다.)
- If you **don't** go, **neither** shall I. (당신이 가지 않는다면 나도 안 가겠소.)
- Just as I'm **not** tall, (so) **neither** are my sons.
  (내가 키가 크지 않은 것과 같이 내 아들들도 키가 크지 않다.)
- A: I am **not** tired. (나는 피곤하지 않다.)
  B: **Neither** am I. (나 역시 피곤하지 않다.)

5. most: 문장 안에서 형용사 · 대명사 · 부사로 사용된다.

(1) 형용사로 사용될 경우

① 'many, much'의 최상급으로 '가장 큰[많은], 최고[최대]의' 의미로 사용된다.

- He won **the most** *prizes*. (그는 가장 많은 상을 탔다.)
- To love and to be loved is **the most** *happiness* in life.
  (사랑하고 사랑받는 것이 인생 최대의 행복이다.)

② 무관사로 'most + 복수 명사 + 복수 동사'의 형태로 '대개의, 대부분의' 의미로 사용된다.

- **Most** *people* **are** fond of her. (대부분의 사람들이 그녀를 좋아한다.)

③ 무관사로 'most + 단수 명사 + 단수 동사'의 형태로 '대개의, 대부분의' 의미로 사용된다.

- **Most** *information* **is** rubbish. (대부분의 정보가 보잘것없는 것이다.)

(2) 대명사로 사용될 경우

① 'the + most'의 형태로 '최대량[수], 최대한도[금액]'의 의미로 사용된다.

- This is **the most** I can do. (이것이 내가 할 수 있는 최대한도[전부]이다.)
- **The most** this room will seat is 150. (이 방의 최대 수용 좌석수는 150이다.)
- They asked **the most** for their damage. (그들은 입은 손실에 대하여 최고액을 청구하였다.)

② 무관사로 'most + of + 한정사 + 복수 명사 + 복수 동사'의 형태로 '대개의, 대부분의' 의미로 사용된다.

- **Most** of his *stories* **are** real.
  (그가 한 이야기들 가운데 대부분이 사실이다; 즉, 그가 이야기를 여러 가지 한 것으로 나타난다.)

③ 무관사로 'most + of + 한정사 + 단수 명사 + 단수 동사'의 형태로 '대개의, 대부분의' 의미로 사용된다.

- **Most** of his *story* **is** real.

(그가 한 이야기 가운데 대부분이 사실이다; 즉, 그가 이야기를 하나만 한 것으로 나타난다.)

(3) 부사로 사용될 경우

① 'much'의 최상급으로 '가장, 가장 많이'의 의미로 사용된다.

- He worked (the) **most**. (그는 제일 많이 일했다.)
- This troubles me (the) **most**. (이것이 제일 골칫거리이다.)

② 보통 'the'와 함께 2음절 이상의 형용사 · 부사 앞에 붙어 최상급을 만들며 '가장 ~한'의 의미로 사용된다.

- Did you happen to see **the most** *beautiful* girl in the world?
  (세상에서 최고로 예쁜 소녀를 본 적이 있습니까?)
- **The most** *formidable* enemy is just in your mind.
  (가장 두려운 적은 바로 여러분의 마음속에 있습니다.)

③ 'a most'로 사용되어 '매우, 대단히, 극히(very)'의 의미로 사용된다.

- His wife is **a most** *beautiful* woman. (그의 아내는 대단한 미인이다.)
- **A most** *convincing* argument is needed in the board meeting.
  (중역 회의에서는 대단히 설득력 있는 의논이 요구된다.)

G 부분 부정

1. '양쪽 모두 ~은 아니다', '모두가 ~인 것은 아니다'라는 의미를 나타내는 부정을 부분 부정이라고 한다. **'all, both, every'가 부정어와 함께 쓰이면 부분 부정을 나타낸다.**

- I have **not** read **all** of these books. (이 책들을 전부 읽은 것은 아니다.)
  비교 I have **not** read **any** of these books. (이 책들을 아직 한 권도 읽지 않았다.)
- **Every** man **cannot** do that. (누구나 그것을 할 수 있는 것은 아니다.)
  비교 **No** man can do that. (누구도 그 일을 할 수 없다.)
- **Both** of his parents are **not** dead.
  (그의 부모가 두 분 모두 죽은 것은 아니다. 즉, 한 분은 살아 계시다.)
  비교 **Neither** of his parents is dead.
  (그의 부모는 한 분도 돌아가시지 않았다. 즉, 두 분 모두 살아 계시다.)

2. 'not ~ always(항상 ~인 것은 아니다)', 'not ~ necessary(반드시 ~은 아니다)', 'not ~ altogether(전부 ~은 아니다)'도 부분 부정으로 사용되는 구문이다.

- Our blackboards **aren't always** black. (칠판이 늘 검은색인 것은 아니다.)

Ⅳ 의문 대명사

ENGLISH GRAMMAR

의문을 나타내는 대명사를 의문 대명사라고 하는데, 'who, which, what'의 3가지 종류가 있다. 수나 인칭에 따른 변화가 없고 단수 · 복수에 사용되지만 'who'만은 격에 따른 어형 변화가 있다.

	주격	소유격	목적격
누구(사람)	who	whose	who(m)
무엇(사람 · 사물)	what	-	what
어느 것(사람 · 사물)	which	-	which

A who, what, which

1. 의문 대명사 who

(1) 성명 · 신원 · 신분 등을 물을 때 사용되며, '누구, 어느 사람, 어떤 사람'의 의미로 해석된다. 그리고 의문사는 보통 문두에 위치한다. 단, 간접 의문문일 경우에는 문장 속에 위치한다.

① 주어로 사용되는 경우: 주어로 사용될 경우에는 의문문이라도 주어와 동사의 어순은 평서문과 동일하다.

- **Who** wrote this letter? (누가 이 편지를 썼습니까?)
- **Who** ever[on earth, in the world] told you that? (도대체 누가 너에게 그렇게 말했니?)

② 보어로 사용되는 경우: 가족 관계 또는 이름을 물을 때 사용된다.

- A: **Who** are you? (누구신지요?)
  B: I'm **Nancy**. (저는 낸시입니다.)

- A: **Who** is he? (그는 누구입니까?)
  B: He is **my father**. (우리 아버지입니다.)

③ 목적어로 사용되는 경우: 구어체에서는 'whom'이 문두에 올 경우 'who'가 목적격 'whom' 대신에 흔히 사용되지만, 'whom'을 이끄는 타동사 또는 전치사가 있을 경우에는 구어체라도 일반적으로 'who'를 사용하지 않는다.

- **Who(m)** do you mean? (누구 말입니까?)
- **Who(m)** is the letter from? (편지는 누구한테서 왔습니까?)

- A: Punish! (벌을 주어라!)
  B: Punish **whom**? (벌하라고, 누굴?)
- Who did you send **to whom**? (누굴 누구에게 보냈나요?)

2. 의문 대명사 what

(1) 사람 · 사물에 사용되며, 사람에 대해서는 직업 · 신분을 물을 때 사용된다. '무엇, 어떤 것[일], 무슨 일, 무슨 종류'의 의미로 사용된다.

① 주어로 사용되는 경우
- **What** has become of him? (그는 어떻게 되었어?)
- **What** is the matter with you? (무슨 일이야, 어떻게 된 일이야?)

② 보어로 사용되는 경우
- **What**'s the time? (지금 몇 시지요?)
- A: **What** is he? (그는 무엇을 하는 사람이냐?)
  B: He is **a teacher**. (그는 선생님입니다.)

③ 목적어로 사용되는 경우
- **What** do you mean by that? (그것은 무슨 뜻이냐?)
- **What** the hell[devil, deuce, heck, blazes] do you want? (도대체 무엇을 원하니?)

(2) '얼마나, 어느 만큼, 얼마쯤(how much)'의 의미로 사용된다.
- **What** will it cost? (비용이 얼마나 들까?)
- **What** is the population of this city? (이 시의 인구는 얼마나 됩니까?)

3. 의문 대명사 which

(1) 사람 · 사물에 사용되며, 선택 의문문이다. '어느 쪽, 어느 것, 어느 사람'의 의미로 사용된다.

① 주어로 사용되는 경우: 주어로 사용될 경우에는 의문문이라도 주어와 동사의 어순은 평서문과 동일하다.
- **Which** of the girls is the wisest? (그 소녀들 중에 누가 가장 현명한가?)
- **Which** of the two cars goes better? (그 두 대의 자동차 중에서 어느 쪽이 더 잘 달리는가?)

② 보어로 사용되는 경우
- **Which** is your book? (어느 쪽[것]이 자네 책인가?)
- **Which** is your father in this picture? (이 사진에서 누가 너네 아빠야?)

③ 목적어로 사용되는 경우

- Which do you prefer, this or that? (이것과 저것 중 어느 것이 더 좋습니까?)
- Which of the girls were you talking to? (너는 어느 소녀와 이야기하고 있었느냐?)

B 간접 의문문

직접 의문문이 다른 문장에서 명사적 용법(주어 자리 · 보어 자리 · 타동사 또는 전치사의 목적어 자리에 올 경우)으로 쓰여 종속절이 된 문장을 간접 의문문이라 한다. 간접 의문문의 어순은 '의문사 + 주어 + 동사'로 된다.

1. 의문사가 있는 간접 의문문: '의문사 + 주어 + 동사'의 어순을 따른다.

- Do you know? + **Who is that lady**?

= Do you know **who that lady is**? (저 여성이 누군지 아세요?)

- Tell me + **How is the patient**?

= Tell me **how the patient is.** (환자의 상태가 어떤지 알려 주세요.)

2. 의문사가 없는 간접 의문문: 'if[whether] + 주어 + 동사'의 어순을 따른다.

- Please tell me + **Can Sarah swim**?

= Please tell me **if[whether] Sarah can swim.** (사라가 수영할 수 있는지 말씀해 주세요.)

- I don't know + **Can Britta speak Spanish**?

= I don''t know **if[whether] Britta can speak Spanish.**

(브리타가 스페인어를 말할 수 있는지 나는 모른다.)

심화학습

의문사절을 목적어로 가지는 의문문에서 주절의 동사가 'think, guess, suppose, say, imagine, believe, expect' 등으로서, 'yes'나 'no'로 대답할 수 없는 경우에는 의문사가 주절의 앞에 온다:

- Do you **think**? + **How old is Harald**?

→ *Do you **think** how old Harald is? (x)

= **How old** do you think **Harald is**? (o) (하랄드 나이가 어떻게 되나요?)

- Do you **expect**? + **When will John come**?

→ *Do you **expect** when John will come? (x)

= **When** do you expect **John will come**? (o) (요한이가 언제 올 것 같아요?)

C 부가 의문문6)

의미를 강조하기 위해 평서문 뒤에 부가적으로 덧붙이는 의문문으로 앞 문장이 긍정이면 부정, 앞 문장이 부정이면 긍정의 형태를 취한다.

1. 앞 문장에서 일반 동사를 사용하는 경우: 'do' 동사로 받는다.

- **Britta likes** to travel, **doesn't she**? (브리타는 여행을 좋아하지. 그렇지 않니?)
- **Harald doesn't** like alcohol, **does he**? (하랄드는 술을 싫어하지. 그렇지?)
- **Britta and Harald live** in Spain, **don't they**?
  (브리타와 하랄드는 스페인에서 살고 있지. 그렇지 않니?)
- **Sarah lived** in Australia, **didn't she**? (사라는 호주에서 살았어. 그렇지 않니?)
- **John didn't** like seafood, **did he**? (요한이는 해산물을 싫어했지. 그렇지?)

  해설 부가 의문문을 만들 때 앞 문장의 동사가 일반 동사로서 현재형이면 'do, does', 과거형이면 'did'로 받으면 된다. 아울러 앞 문장에 사용된 주어는 부가 의문문에서는 성 · 수를 일치시킨 대명사로 전환시켜 주어야 한다.

2. 앞 문장에서 조동사를 사용하는 경우: 조동사로 받는다. 시제에 주의한다.

- **There are** many people in the street, **aren't there**? (거리에 사람들이 많아. 그렇지 않니?)
- **You can't** ride a bicycle, **can you**? (너는 자전거를 타지 못하지. 그렇지?)
- **Mary is** a has-been, **isn't she**? (메리는 인기가 떨어진 사람이지. 그렇지 않니?)
- **Harald and John were** supposed to meet each other right here, **weren't they**?
  (하랄드와 요한이는 이 곳에서 만나기로 되어 있었는데. 그렇지 않니?)

심화학습

'have to → do; used to → did; had better → hadn't'로 받는다:

- Sarah **has to** study Chinese, **doesn't she**?
  (사라는 중국어를 공부해야 합니다. 그렇지 않나요?)
- There **used to** be a tree, **didn't[use(d)n't] there**?
  (저기 나무가 한 그루 서 있었죠. 아닙니까?)

---

6) 의미를 강조하기 위해 반어적으로 나타낸 의문문을 수사 의문문이라고 부른다:
- I don't know her at all. (나는 그녀를 전혀 알지 못한다.)
  = **How should I know her?** (내가 어찌 그녀를 알겠는가?)
- Nobody knows it. = Only God knows it. (아무도 그것을 모른다.) = **Who knows it?** (누가 그것을 알리오?)

- You **had better** go at once, **hadn't you**?
  (당장 가시는 것이 좋겠습니다. 그렇지 않습니까?)

3. 앞 문장이 명령문일 경우

(1) 일반 명령문의 경우

- Do it at once, **will you**? (즉시 그 일을 해라. 알겠니?)
- Don't disturb me, **will you**? (나를 방해하지 말아줘. 알겠어?)

심화학습

긍정 · 부정 할 것 없이 일반 명령문의 부가 의문문은 무조건 'will you?'로 나타낸다. 그러나 명령문의 형태를 지니고 있더라도 문장이 '권유 · 의뢰 · 부탁'의 의미를 띠게 되면 부가 의문문은 'won't you?'로 받는다:

- Pass me the salt, **won't you**? (소금 좀 건네주시겠어요?)
- Have a cup of coffee, **won't you**? (커피 한잔 하시겠습니까?)

(2) 제안 명령문의 경우

- **Let's** take a break, **shall we**? (잠시 휴식을 취하자. 그럴래?)
- **Let's not** drop in at the supermarket, **shall we**? (슈퍼마켓에 들르지 말자. 그럴까?)
- **Let's not** go to the dance party, **OK[all right]**? (댄스파티에 가지 말자. 괜찮지?)

4. 복문에서는 일반적으로 주절의 주어와 동사에 따른다.

- **We are certain** that John is every inch a gentleman, **aren't we**?
  (우리는 요한이가 완벽한 신사라고 생각합니다. 그렇지 않습니까?)
- **We arrived** there after the sun had set, **didn't we**?
  (해가 진 후 우리는 그 곳에 도착했다. 그렇지 않아?)
- He **is not** a man who tells a lie, **is he**?
  (그는 거짓말할 사람이 아닙니다. 그렇죠?)
- **Harald thought** that Britta was aware of the truth, **didn't he**?
  (브리타가 그 사실을 알고 있었다고 하랄드는 생각했어. 그렇지 않니?)
- **You said** that Britta and Harald were aware of the truth, **didn't you**?
  (브리타와 하랄드가 그 사실을 알고 있었다고 너는 말했지. 그렇지 않니?)

5. 복문이라 할지라도 1인칭 주어 'I'가 'suppose, think' 등의 동사와 같이 쓰여 'that절'을 받을 경우, 부가 의문문의 주어는 'that절'의 주어와 동사에 일치시킨다.

- I suppose (that) **you're not** serious, **are you**?
  (자네는 심각하지 않은 것 같아 보여. 그렇지?)
- I **don't** think (that) he'**s** **serious**, **is he**?
  (저는 그가 심각하다고 생각지 않습니다. 그렇지 않나요?)
- I think that **Sarah knows** every inch of Seoul, **doesn't she**?
  (저는 사라가 서울을 구석구석 알고 있다고 생각합니다. 그렇지 않나요?)

6. 중문에서는 끝 절의 주어와 동사에 일치시킨다.

- I am reading in English and **you are** writing in French, **aren't you**?
  (나는 영어로 읽고 너는 프랑스어로 쓴다. 그렇지 않니?)
- You are a teacher, but **your elder sister** is a student, **isn't she**?
  (당신은 선생님이지만, 당신의 누나는 학생이지요. 그렇지 않나요?)

7. 주절이 'This[These] ~'나 'That[Those] ~'로 시작되는 경우에는 부가 의문문의 주어는 'It[They]'로 받는다.

- **That**'s a good item, **isn't it**?
  (이것은 좋은 제목입니다. 그렇지 않나요?)
- **These** are love stories, **aren't they**?
  (이것들은 사랑에 관한 이야기지요. 그렇지 않습니까?)

8. 주절이 'There ~'로 시작되는 경우에는 부가 의문문은 'there'로 받는다.

- **There** were too many cars on the street, **weren't there**?
  (거리에 너무나 많은 차가 있었다. 그렇지 않았니?)

실력평가문제

CRAMMING ENGLISH GRAMMAR

※ 다음 밑줄 친 곳에 가장 알맞은 것을 고르시오.

01 I don't think Nancy will sing the song, _____?

① doesn't she ② will she

③ did I ④ do I

해설 복문의 경우 부가 의문문을 만들 때 주절의 주어가 1인칭인지 아니면 2 · 3인칭인지 주의해야 한다.
해석 나는 낸시가 노래를 부를 거라고 생각하지 않습니다. 그렇죠?
정답 ②

02 A: I won't be able to go apartment hunting this weekend.
B: _____.

① So will I ② So won't I

③ I won't, too ④ Neither will I

해설 부정을 포함하는 문장 또는 부정의 절 뒤에서 '~도 또한 ~않다[아니다]'라는 의미로 사용할 때는 'neither + 조동사 + 주어' 구문을 사용해야 한다.
해석 A: 나는 이번 주말 아파트를 보러 갈 수 없을 것 같아요. B: 저도 마찬가지입니다.
정답 ④

03 It is one thing to own a library, and it is quite _____ to use it.

① other ② another

③ the other ④ nothing

해설 관용 어구 'A와 B는 별개의 사실이다'는 어떻게 표현할까?
해석 서재를 가지고 있는 것과 그것을 이용하는 것은 별개다.
정답 ②

04 I found _____ difficult to solve the issue.

① it ② that

③ its ④ the

해설 5형식으로 사용되는 'find'는 어떤 문형을 취할까?
해석 나는 그 문제를 풀기가 어렵다는 사실을 알았다.
정답 ①

05 Between you and _____, I hate racism.

① myself ② my
③ me ④ mine

해설 대명사가 전치사 뒤에 올 경우 주격 · 소유격 · 목적격 가운데 어떤 격변화를 겪을까?
• racism 인종 차별[편견]
해석 우리끼리 이야기인데, 난 인종 차별을 몹시 싫어해.
정답 ③

06 A: Are you going to the movies?
B: If Sarah goes, _____.

① I am so ② I do so
③ so will I ④ so am I

해설 긍정을 포함하는 문 또는 긍정의 절 뒤에서 '~도 또한 ~그렇다[맞다]'라는 의미로 사용할 때는 'so + 조동사 + 주어' 구문을 사용해야 한다. 위 문장은 조건절에 현재 시제인 'goes'를 사용하고 있으므로, 때 · 조건을 나타내는 부사절에서는 현재가 미래를 대신한다는 시제 법칙에 따라 주절의 시제는 미래 시제가 된다:
• If it **rains** tomorrow, I **will** stay home. (만일 내일 비가 온다면, 나는 집에 있을 겁니다.)
해석 A: 영화 보러 갈거니? B: 사라가 가면, 나도 가려고.
정답 ③

07 She doesn't like fishing, _____.

① either ② also
③ too ④ neither

해설 긍정문에서 '역시, 또한'은 'too'로 나타내고 부정문에서 '역시, 또한'은 무엇으로 나타낼까?
해석 그녀 또한 낚시를 좋아하지 않습니다.
정답 ①

08 _____ of the girls were kind to me.

① Each ② Any
③ Much ④ All

해설 'each + of + 복수 명사 + 단수 동사', 'any of the girls'는 '그 어떤 소녀라도'의 의미이기 때문에 해석이 어색하다. 'much + of + 단수 명사 + 단수 동사', 'many + of + 복수 명사 + 복수 동사':
• **Each** of **the machine parts is** guaranteed for ninety days. (기계의 각 부품들은 90일 동안 보증된다.)
• **Much** of **what he says is** true. (그의 말에는 진실이 많다.)
• **Many** of **us were** tired. (우리는 대다수가 지쳐 있었다.)
해석 그 소녀들 모두 나에게 친절하였다.
정답 ④

09 She is not a playwright, but she is going to be _____.

① her ② one

③ herself ④ it

해설 'one'과 'it'은 앞에 언급된 명사를 받는다: one = a[an] + 단수 명사; it = the[this, that] + 단수 명사.
• playwright 극작가

해석 그녀는 극작가가 아니지만, 극작가가 될 것이다.

정답 ②

10 It is necessary to put the plan into practice _____ promptly.

① and that ② but that

③ and so ④ and it

해설 앞에서 언급된 구 · 절을 가리키며 '그것도, 게다가'의 의미로 사용될 수 있는 대명사는?
• put A in(to) practice A를 실행하다 • promptly 신속하게

해석 그 계획은 실행하는 것이 필요하다. 그것도 신속하게 말이다.

정답 ①

11 Employees who perform _____ duties efficiently are much more likely to receive rewards and promotions than those who waste time on the job.

① theirs ② them

③ their ④ they

해설 보기가 격이 다른 인칭 대명사로 구성되어 있으므로 우선 빈칸 앞뒤를 빠르게 살펴본다. 빈칸은 뒤의 명사 duties (업무들)를 수식하는 자리이므로 명사를 수식하는 소유격 their가 정답이다. • perform one's duty 임무를 수행하다 • efficiently 효율적으로 • be likely to + 동사원형 ~할 가능성이 높다, ~하기 쉽다 • promotion 승진 • waste (시간 · 돈 등을) 낭비하다

해석 자신의 업무를 효율적으로 수행하는 직원들은 업무 중 헛되이 시간을 낭비하는 사람들보다 보상과 승진을 받을 가능성이 훨씬 더 높다.

정답 ③

12 Remember to notify Mr. Sakawi when you are available to talk to _____ regarding your research on methods to improve productivity.

① himself ② his

③ he ④ him

해설 빈칸은 전치사 to의 목적어 자리이다. 보기 중 himself, him, his 모두 전치사 뒤에 올 수 있으므로 이야기할 대상이 누구인지 확인한다. 사카위 씨에게 이야기하는 것이므로 '그의 것'이라는 의미인 his는 오답이며, 주어가 you이므로 주어와 목적어가 같을 때 쓰는 재귀대명사인 himself도 오답이다. 따라서 him이 정답이 된다.
• notify 알리다, 통보하다 • available (시간이) 있는, 이용할 수 있는 • regarding ~에 관하여 • method 방법 • improve 개량[개선]하다; 나아지다 • productivity 생산성

해석 생산성을 향상시킬 방법에 대한 당신의 연구에 대해서 언제 당신이 그와 이야기할 시간이 있는지를 잊지 말고 사카위 씨에게 알리세요.

정답 ④

13 Before Ms. Liu left the company, ____ submitted her resignation to the head of the department.

① she ② her

③ herself ④ hers

해설 빈칸은 주어 자리이고 재귀 대명사는 주어 자리에 올 수 없으므로 herself는 오답이다. 따라서 앞의 Ms. Liu를 가리키는 주격 she가 정답이 된다. • leave 떠나다 • submit 제출하다 • resignation 사직(서) • head 수장, 우두머리 • department 부서

해석 회사를 떠나기 전에 리우 씨는 사직서를 부서장에게 제출했다.

정답 ①

14 Mr. Garcia has shown ____ to be a very reliable executive, although he has limited experience at the managerial level.

① him ② he

③ his ④ himself

해설 빈칸은 동사 has shown의 목적어 자리이다. 목적격과 재귀 대명사 둘 다 목적어 역할을 할 수 있으므로 문맥을 살펴봐야 한다. 문맥상 Mr. Garcia가 자기 자신이 믿을 만한 임원임을 보여주었다는 의미이므로 주어와 목적어가 같다. 따라서 재귀 대명사 himself가 정답이 된다. • show A to B A가 B임을 보여주다, 입증하다 • reliable 신뢰할 만한, 믿을 만한 • executive 임원, 중역 • limited 제한된, 한정적인, 많지 않은 • managerial 관리의 • level (회사나 조직의) 직위

해석 비록 관리직에서 제한적인 경험을 갖고 있음에도 불구하고 가르시아 씨는 자신이 매우 신뢰할 만한 임원임을 보여주었다.

정답 ④

15 Whenever Mr. Rizzi has a problem with a client, he always tries to deal with it ____ before asking for assistance.

① him ② his

③ himself ④ he

해설 빈칸의 앞은 완전한 절이고 뒤는 전치사구이므로, 빈칸에는 없어도 문장이 성립되면서 주어를 강조하는 재귀대명사가 들어가는 것이 적절하다. 따라서 정답은 himself가 된다. • whenever ~할 때마다 • problem with ~와의 문제 • deal with ~을 다루다, 처리하다, ~와 거래하다 • ask for ~을 요청하다 • assistance 도움, 지원

해석 고객과 문제를 겪게 될 때마다 리찌 씨는 도움을 요청하기 전에 스스로 그 문제를 해결하려고 항상 노력한다.

정답 ③

16 Because Vice President of Sales Antonio Hernandez unexpectedly fell sick, product manager Natalia Jonas had to present the newest line of machines by _____.

① her own ② herself

③ her ④ hers

해설 by는 전치사이므로 뒤에는 목적격(her)과 재귀 대명사(herself) 둘 다 올 수 있지만, 먼저 by oneself(혼자서)가 쓰일 수 있는 문맥인지 확인한다. '제품 관리자인 나탈리아 조나스가 최신 제품을 혼자서 선보여야 했다'라는 의미가 문맥상 적절하므로 herself가 정답이 된다. • vice president 부사장 • unexpectedly 예상치 못하게 • fall sick 병이 나다 • by oneself 혼자서

해석 영업 부사장인 안토니오 헤르난데즈 씨가 갑자기 몸이 아파서 제품 관리자인 나탈리아 조나스가 최신 기계 제품을 혼자서 선보여야 했다.

정답 ②

17 _____ who are interested in obtaining more information about the program should contact Rachel in Accounting.

① Anyone ② Them

③ That ④ Those

해설 주격 관계대명사 who는 사람을 수식하므로 빈칸에는 '사람'을 나타내는 명사가 와야 한다. those는 that의 복수형으로 those who(~하는 사람들) 구문으로 쓰이므로 those가 정답이 된다. • be interested in ~에 관심이 있다 • obtain 얻다 • accounting 회계(업무)

해석 그 프로그램에 관한 더 많은 정보를 얻는 데 관심이 있는 사람들은 경리부의 레이첼에게 연락해야 한다.

정답 ④

18 Calio Hotel has $3,000 a night suites for _____ who prefers really luxurious accommodation.

① anyone ② them

③ those ④ that

해설 "anyone who + 동사"와 "those who + 동사" 둘 다 가능하지만 anyone은 단수동사로, those는 복수동사로 받는다. who 뒤의 동사가 3인칭 단수인 prefers이므로 who의 수식을 받는 명사는 단수가 되어야 한다. 따라서 anyone이 정답이다. • suite (호텔의) 스위트룸 • prefer 선호하다, 좋아하다 • luxurious 고급스러운 • accommodation 숙박 시설

해석 칼리오 호텔은 매우 호화스러운 숙박 시설을 선호하는 사람들을 위한 하룻밤에 3천 달러인 스위트룸들을 갖추고 있다.

정답 ①

19 Neo Electronics' product quality is far superior to _____ of its competitor in the region.

① that ② this

③ these ④ those

해설 be superior to는 '~보다 뛰어나다'라는 의미로 Neo Electronics와 경쟁업체(competitor)의 product quality(제품 품질)를 비교하는 문맥이다. 앞에 나온 명사의 반복을 피하는 that에 대한 용법이다. 따라서 빈칸에 들어가는 대명사는 product quality(제품 품질)를 가리키므로 단수 형태인 that이 정답이 된다.
• product quality 품질 • superior to ~보다 더 우수한 • competitor 경쟁자, 경쟁업체

해석 네오 전자의 제품 품질은 그 지역에 있는 경쟁사의 제품 품질보다 훨씬 뛰어나다.

정답 ①

20 Because of their popularity and purchasing power, Maraca Enterprises is NeoPlus Firm's single most important client in _____ of Europe.

① many ② all

③ several ④ more

해설 ____ of Europe에서 Europe이 불가산명사이기 때문에 가산명사 복수형과 쓰이는 many, several은 빈칸에 올 수 없다. 비교 대상이 나와 있지 않으므로 more도 부적절하다. all of 다음에는 가산명사 복수형, 불가산명사 모두 올 수 있으므로 ②가 정답이다. • because of ~ 때문에 • popularity 인기 • purchasing power 구매력 • one's single most important client ~의 유일한 가장 중요한 고객

해석 인기와 구매력 때문에 마라카 엔터프라이즈 사(社)는 유럽 전 지역에서 네오플러스 사(社)의 유일한 가장 중요한 고객이다.

정답 ②

21 The company provided its workers with many training courses, _____ of which were very helpful.

① either ② none

③ every ④ nothing

해설 빈칸 뒤 of which에서 which는 many training courses(많은 교육 과정들)를 가리킨다. none of 뒤에 가산 복수명사가 올 경우 일반적으로 단수/복수동사 둘 다 쓸 수 있으며 불가산명사가 올 경우 단수동사가 온다. 따라서 none이 정답이다. nothing은 부분을 나타내는 대명사로 쓰이지 않는다. • provide A with B A에게 B를 제공하다 • training 교육, 훈련 • helpful 도움이 되는, 유익한

해석 그 회사는 직원들에게 많은 교육 과정들을 제공했으나 그것들 중 아무것도 그다지 유용하지 않았다.

정답 ②

22 The Pelican Grand Resort will feature an outdoor spa and a child care center, and _____ will be available to guests free of charge.

① less ② several

③ every ④ both

해설 앞에 언급된 두 가지 an outdoor spa and a child care center를 지칭하며 주어 자리에 쓸 수 있는 대명사는 both이다. 원래는 both of them이지만 정황상 대상이 명백하기 때문에 of them을 생략하고 both만 사용하였다. • feature ~을 특징으로 하다 • outdoor 야외의 • child care center 보육 센터 • be available to ~에게 이용 가능하다 • free of charge 무료로

해석 펠리컨 그랜드 리조트는 야외 스파와 보육 센터를 특별히 갖출 것이다. 그리고 그 둘 다 무료로 고객들이 이용할 수 있게 될 것이다.

정답 ④

23 All the staff members are expected to challenge ____ to make sure that the quality of each person's work improves overall.

① one another ② each
③ other ④ their own

해설 빈칸에는 to 부정사인 to challenge의 목적어가 와야 하는데, 직원들이 '서로 도전하다'라는 뜻이 되어야 하므로 '서로'를 의미하는 부정대명사 one another가 정답이다. • staff member 직원 • be expected to + 동사원형 ~할 것으로 기대되다 • challenge one another 서로에게 도전하다, 서로 경쟁하다 • make sure that절 ~임을 확실히 하다 • improve 향상되다; 개량[개선]하다 • overall 전반적으로

해석 모든 직원들은 각 개인의 작업 품질이 전반적으로 향상되는 것을 확실히 하기 위하여 서로 경쟁할 것으로 기대된다.

정답 ①

24 In order to attract a larger number of tourists to Milton Bay City, the area hotels have agreed to collaborate with _____.

① the same ② that
③ little ④ each other

해설 빈칸은 전치사 with의 목적어가 올 자리로, 지역 호텔들이 '서로 협력하기로 했다'는 의미가 되어야 하므로 '서로'를 의미하는 부정대명사 each other가 정답이다. • in order to + 동사원형 ~할 수 있도록 • a large number of 더 많은 • tourists 관광객들 • agree to + 동사원형 ~하기로 합의하다, ~하는 데 동의하다 • collaborate with ~와 협력하다

해석 밀턴 베이 시(市)로 더 많은 관광객들을 끌어들이기 위해서 지역 호텔들은 서로 협력하기로 합의하였다.

정답 ④

25 The dessert shop specializes in cookies made of chocolate, but _____ are available.

① another ② other
③ that ④ others

해설 빈칸은 접속사 but이 이끄는 절의 주어 자리이고, 동사는 복수형인 are이다. 따라서 빈칸에 가능한 것은 복수형인 others뿐이다. other는 부정형용사이다. 문맥상 '디저트 가게가 초콜릿 쿠키를 전문으로 하지만 다른 것들도 구입 가능하다'가 적절하므로 불특정한 '다른 것들'을 의미하는 others가 정답이 된다.
• specialize in ~을 전문으로 하다 • made of ~로 만들어진

해석 그 디저트 가게는 초콜릿으로 만들어진 쿠키를 전문으로 한다. 하지만 다른 것들도 구입이 가능하다.

정답 ④

26 Over the years, ____ of the student interns at DNC News have been hired into permanent positions upon graduation.

① some ② each
③ every ④ any

해설 "some of the + 복수명사"는 복수동사로 받고 "each of the + 복수명사"는 단수동사로 받는다. 문장의 동

사가 복수 형태인 have이므로 some이 정답이 된다. • intern 인턴 • permanent 영속하는, 불변의, 정규직의 • graduation 졸업

해석 수년간 DNC 뉴스의 학생 인턴 중 몇몇은 졸업하자마자 정규직으로 고용되어왔다.

정답 ①

27 Mr. Judson went to a nearby book store to purchase Nora Revak's popular new book *The Patient*, but there were _____ left.

① not ② no

③ nothing ④ none

해설 "there + be동사" 뒤에는 '명사'가 와서 '명사가 있다'라는 의미를 나타내므로 빈칸에는 명사가 들어가야 한다. 그리고 there 구문의 동사가 were인 것에 유의한다. nothing은 단수동사로 받아야 한다. none은 단수로도, 복수로도 받을 수 있으므로 정답이다. • nearby 근처의 • none 아무도 ~않다, 아무것도 ~않다, 조금도 ~않다

해석 저드슨 씨는 노라 레박의 인기 신간인 〈환자〉를 구입하기 위해 근처 서점으로 갔다. 그러나 남은 것이 하나도 없었다.

정답 ④

28 According to the store's policy, _____ unopened merchandise is eligible for a refund so long as the customer provides the receipt.

① every ② one

③ any ④ these

해설 '미개봉 제품이라면 그 어떤 것이라도'라는 의미가 되어야 하므로 any가 정답이다. any는 '어떤 ~라도'라는 의미일 경우 긍정문에 쓰일 수 있다. merchandise는 불가산명사이므로 앞에 every, one, these가 올 수 없다. • according to ~에 따르면 • policy 정책, 방침 • unopened 미개봉의 • merchandise 상품, 제품 • be eligible for ~에 대한 자격이 있다 • refund 환불 • so long as ~하는 한 • provide 제공하다 • receipt 영수증

해석 매장 방침에 따르면 미개봉 상품이라면 그 어떤 것이라도 고객이 영수증을 제시하기만 한다면 환불 대상이 될 수 있다.

정답 ③

29 다음 괄호 안에 가목적어 'it'이 들어갈 수 없는 것은?

① I must leave ( ) to your own judgement to decide where to go.

② I owe ( ) to you that I am still alive.

③ I took ( ) for granted that he would help me.

④ I proposed ( ) to them that he should be punished.

해설 ① to decide 이하가 가목적어: 어디로 갈지 결정하는 것은 너의 판단에 맡기겠다.
② that 이하가 진목적어: 내가 아직 살아있는 것은 너의 덕분이다.
③ that 이하가 진목적어: 그가 나에게 도움을 주는 것을 나는 당연한 것으로 여겼다.
④ 'propose'는 'that'절을 목적어로 취하는 동사: 그는 벌을 받아야 한다고 그들에게 나는 제안했다.

정답 ④

30 다음 중 틀린 문장은?

① Either you or I must do it.

② His both parents are still living.

③ This is all that I want to say.

④ I do not know all of them.

해설 ① Either A or B, 근자 일치법 적용: 너 아니면 내가 그것을 해야만 한다.
② 대명사 · 형용사 · 부사로 사용되는 'both'에 대한 문제: 그의 부모님은 두 분 다 아직 살아 계신다.
③ 관계대명사 'that'에 대한 문제: 이것이 내가 다 말하고 싶은 것이다.
④ 'not ~ all' 부분 부정에 대한 문제: 나는 그들 모두를 알지는 못한다.

정답 ②(His parents are both still living. 또는 Both of his parents are still living.)

31 다음 중 적절하지 못한 것은?

<u>Both</u>① he and his wife <u>has</u>② to <u>take care of</u>③ <u>their</u>④ doggie.

해설 'Both A and B'는 복수 취급한다.
해석 그와 그의 아내 둘 다 자신들의 강아지를 돌봐야 한다.
정답 ②(has → have)

CHAPTER

12 일치와 화법

출제경향

일치와 화법은 비교적 출제율이 높은 편이다. 일치에 관한 내용은 어법상 옳거나 틀린 문장을 고르는 문제에서 인칭과 수의 일치, 시제의 일치 등을 묻는 형식으로 출제된다. 화법은 직접 화법에서 간접 화법으로 전환하는 방법을 자세히 학습해야 한다. 전달 동사와 전달 연결사의 선택, 피전달문의 어순 및 동사의 시제와 부사(구)의 전환 등 출제 형식이 다양하기 때문에 많은 문제를 풀어 보도록 한다.

I 주어와 술어 동사의 수의 일치

ENGLISH GRAMMAR

술어 동사는 주어가 단수이면 단수 동사가 되고, 주어가 복수이면 복수 동사가 되어 주어와 술어 동사는 인칭 · 수에서 일치한다. 이것을 일치 또는 호응이라고 한다. 그러나 이 원칙은 주어의 형태(단수형 · 복수형)로만 결정되는 것은 아니고, 주어가 나타내는 의미에서 결정될 때도 있다.

A 주부와 술부의 일치(i)

1. 항상 복수 명사 + 복수 동사: 좌 · 우 대칭을 이루는 명사는 언제나 복수형으로 표시하기 때문에 이를 '항상 복수 명사' 또는 '쌍복수형 명사'라고 부른다. 이러한 형태의 명사는 언제나 복수 동사를 수반한다.

- nippers(펜치) · pincers(족집게) · scissors(가위) · pajamas(잠옷) 등
- My **pants are** worn out. (내 바지가 닳아 해졌다.)
- Do you know where my **shades are**? (내 선글래스가 어디 있는지 아니?)

2. 단수 형태의 명사 + 복수 동사

(1) 'the + police'형 명사: 어떤 직업이나 계층의 사람들을 나타내는 명사

- police(경찰) · clergy(성직자들) · nobility(귀족층) · gentry(상류층) · peasantry(농민층) · aristocracy(특권층) · public(대중, 민중) · jury(배심원, 심사 위원회) 등
- **The peasantry are** working in the paddy field. (농민들이 논에서 일하고 있다.)
- **The police are** chasing the suspect. (경찰이 용의자를 쫓고 있다.)

(2) 'cattle'형 명사: 짐승 및 곤충의 무리를 나타내는 명사

- cattle(가축) · vermin(해충) · poultry(가금류) · folk(사람들) · people(사람들) 등
- **People say** that he is a nice guy. (사람들은 그를 멋진 녀석이라 말한다.)
- All other **vermin were** annihilated. (다른 모든 해충이 박멸되었다.)

(3) 'the + -sh[-ch, -ese, -ss]로 끝나는 국적을 나타내는 명사

- Chinese(중국인) · Dutch(네덜란드인) · English(영국인) · French(프랑스인) · Japanese(일본인) · Swiss(스위스인) 등
- **The Dutch are** people from the Netherlands.
  (화란인들은 네덜란드에서 온 사람들이다.)
- **The Chinese are** different from **the Japanese** in physiognomy.
  (관상학적으로 중국인들은 일본인들과는 다릅니다.)

3. 집합 명사와 군집 명사

(1) 생물체 집합 명사 + 단수 동사: 집합 단위를 강조하는 경우에 사용

- His **family is** a big one. (그의 가족은 대가족이다.)
- The **committee consists** of seven persons. (그 위원회는 7인으로 구성되어 있다.)

(2) 생물체 군집 명사 + 복수 동사: 집합 단위를 구성하는 구성원을 강조하는 경우에 사용

- His **family are** all kind-hearted. (그의 가족은 모두 친절하다.)
- The **committee** exchanged **their** opinions. (위원회 위원들은 의견을 교환했다.)

(3) 무생물[물건] 집합 명사 + 단수 동사

- baggage(수하물) · clothing(의류) · furniture(가구) · jewelry(보석류) · luggage(수하물) · machinery(기계류) · merchandise(상품) · poetry(詩) · pottery(도자기류) 등
- There **is** little **furniture** in the dormitory. (그 기숙사에는 가구가 거의 없다.)

4. 복수 형태 명사 + 단수 동사

(1) 시간 · 거리 · 가격 · 무게를 나타내는 명사가 복수 형태를 취하더라도 하나의 단일 개념을 나타낼 때는 단수 취급, 개별 개념을 나타낼 때는 복수 취급을 한다.

- Ten years **is** a long time. (10년은 긴 기간이다.)
- Ten years **have** passed. (10년이 지났다.)

심화학습

10년은 긴 기간이란 문장은 10년을 한 기간으로 보기 때문에 단일 개념으로 간주되어 단수 취급을 해야 하며, 10년이 지났다는 문장은 시간이 차곡차곡 쌓여서 10년이란 세월이 흘렀다는 의미를 전달하기 때문에 개별 개념으로 간주되어 복수 취급을 한다:

- Fifty miles **is** a long distance. (50마일은 먼 거리다.)
- Fifty miles **were** covered in a day. (하루 50마일을 갔다.)
- Five hundred dollars **is** not a small sum of money.
  (오백불은 적은 금액이 아니다.)
- Five hundred dollars **were** scattered on the street.
  (오백불이 거리에 뿌려져 있었다.)

(2) '-ics'로 끝나는 학과명 · 병명 · 책제목 · 지명 · 게임 · 회사명 · 원래 '-s'로 끝나는 명사는 단수 취급한다.

- news(소식) · means(수단) · mumps(볼거리) · measles(홍역) · economics(경제학) · billiards(당구) · checkers(서양장기) 등
- No **news is** good news. (무소식이 희소식이다.)
- A **means** to an end **is** communication. (목적을 이루는 수단은 소통이다.)
- The **Warner Brothers is** a movie company. (Warner Brothers社는 영화를 만드는 회사이다.)
- *The Dialogues of Plato* **is** a great classic. (『플라톤의 대화』는 위대한 고전이다.)
- **Ethics is** the study of the moral rules and principles of behavior in society.
  (윤리학은 사회생활에 있어 필요한 도덕적 규칙과 행동 규범을 공부하는 학문이다.)
  비교 **Ethics are** moral rules or principles of behavior for deciding what is right and wrong. (윤리란 옳고 그름을 판단하는 도덕적 규칙과 행동 규범을 말한다.)

5. 'A and B'의 형태가 주어로 사용되는 경우

(1) 복수 동사가 원칙이다.

- **A poet and a novelist were** present. (시인 한 분과 소설가 한 분이 참석하였다.)

(2) 주어가 동일 인물을 가리키는 경우 단수 동사를 사용한다.

- **A poet and novelist was** present. (시인이자 소설가인 분이 참석하였다.)

(3) 단일 개념으로 취급되는 분리 불가분 명사일 경우 단수 동사를 사용한다.

- curry and rice(카레라이스), ham and eggs(달걀을 곁들인 햄), trial and error(시행착오), pen and ink(필기구), bread and butter(버터 바른 빵)
- **A watch and chain is** more expensive than **a watch and a chain.**
  (줄 달린 시계가 시계와 줄보다 더 비싸다.)
- **A cup and saucer is** more elegant than **a cup and a saucer.**
  (접시에 받친 찻잔은 찻잔과 접시보다 더 품위 있다.)
- **A needle and thread is** more easily found than **a needle and a thread.**
  (실 꿴 바늘은 바늘과 실보다 더 쉽게 찾을 수 있다.)
- **The ebb and flow of the tide is** caused by the pull of the moon.
  (썰물과 밀물[조수의 간만]은 달의 인력에 의해 일어난다.)

(4) 수식 계산의 경우 단수 취급하는 것이 보통이지만 형태상 복수 취급할 경우도 있다.

- Two and three **is[are]** five. (2 + 3 = 5)
- Two and two **make(s)** four. (2 + 2 = 4)

B 주부와 술부의 일치(ii)

1. 상관 등위 접속사와 동사의 일치

(1) 근자 일치법이 적용되어 동사를 'B'에 일치시키는 관용 어구: Either A or **B**; Neither A nor **B**; Not A but **B**; Not only A but (also) **B** 등

- **Either** she **or I am** at fault.
= **Either** she is at fault **or** I am. (그녀나 나 둘 중에서 어느 쪽인가가 잘못되어 있다.)
- **Neither** you **nor I am** to blame. (너도 나도 잘못이 없다.)
- **Not** you **but** she **is** in the wrong. (내가 아니고 그녀가 잘못이다.)
- **Not only** you **but (also)** he **is** in the wrong. (당신뿐만 아니라 그도 잘못이다.)

(2) 근자 일치법이 적용되지 않아 동사를 'B'에 일치시키는 관용 어구: B as well as A; Such B as A = B such as A 등

- She **as well as** you **is** in the wrong. (너와 마찬가지로 그녀도 잘못이다.)
- **Such** poets **as** Shakespeare **are** rare.

= Poets **such as** Shakespeare **are** rare. (셰익스피어와 같은 시인은 드물다.)

2. '분수[half, the rest, most] + of + 불가산 명사 또는 단수 명사 + 단수 동사'

- **Two-thirds** of the **book was** wet. (그 책의 ⅔가 젖었다.)
- **Most** of his **writing is** rubbish. (그가 쓴 것 대부분은 하찮다.)
- **The rest** of the **poem was** missing. (그 시의 나머지 부분이 실종되었다.)
- **Half** of the **information** you sent to me **was** lost. (당신이 내게 보내 준 정보의 반이 분실되었다.)

3. '분수[half, the rest, most] + of + 복수 명사 + 복수 동사'

- **Two-thirds** of the **books were** wet. (그 책들의 ⅔가 젖었다.)
- **Most** of his **writings are** rubbish. (그의 작품들 대부분은 하찮다.)
- **The rest** of the **poems were** missing. (그 시들의 나머지 부분들이 실종되었다.)
- **Half** of the **letters** you sent to me **were** lost. (당신이 내게 보내 준 편지들 반이 분실되었다.)

4. 한정 어구에 따른 수의 일치

(1) Many + 복수 명사 + 복수 동사: '많은'의 의미로 해석된다.

- **Many** *students* **were** gathered at the field. (많은 학생들이 운동장에 모였다.)

(2) Many a + 단수 명사 + 단수 동사: 단수 형태이지만 '많은'의 의미로 해석된다.

- **Many a** *student* **was** gathered at the field. (많은 학생들이 운동장에 모였다.)

(3) A number of + 복수 명사 + 복수 동사: '많은'의 의미로 해석된다.

- **A number of** *students* **were** gathered at the field. (많은 학생들이 운동장에 모였다.)

(4) The number of + 복수 명사 + 단수 동사: '~의 총수'를 나타낸다.

- **The number of** *students* **is** increasing. (학생들의 총수가 증가하고 있다.)

(5) More than one + 단수 명사 + 단수 동사: '한 명 이상의 ~'로 해석된다.

- **More than one** *student* **was** gathered at the field. (한 명 이상의 학생이 운동장에 모였다.)

(6) More than one of + 복수 명사 + 복수 동사: '한 명 이상의 ~'로 해석된다.

- **More than one of** *students* **were** gathered at the field. (한 명 이상의 학생이 운동장에 모였다.)

(7) A total of + 복수 명사 + 단수 동사: '~의 총수'를 나타낸다.

- **A total of** *5,000 people* **lives** in this neighborhood.
  (이 동네에는 총 5천명의 사람들이 살고 있다.)

5\. 기타 주의해야 할 구문

(1) One of + 복수 명사 + 단수 동사: '~ 가운데 하나'로 해석된다.

- **One** of my favorite *sports* **is** tennis. (내가 좋아하는 운동 중의 하나는 테니스이다.)

(2) 부정사 + and + 부정사 + 단수 동사

- **Early to bed** and **early to rise makes** a man healthy.
  (일찍 자고 일찍 일어나는 것이 사람을 건강하게 만든다.)

(3) 동명사 + and + 동명사 + 복수 동사

- **Playing tennis** and **watching TV are** my ways of relaxing.
  (테니스 치고 TV 보는 것이 나의 여가 보내는 방법입니다.)

m/e/m/o

Ⅱ 시제의 일치

ENGLISH GRAMMAR

주절과 종속절이 있는 문장 즉 복문에서 종속절의 시제가 주절의 시제에 따라 결정되는 것을 시제의 일치라고 한다.

A 시제 일치의 기본 법칙

1. 주절이 현재 · 현재완료 · 미래 · 미래완료 시제일 경우 종속절의 시제는 12시제 모두 가능하다.
- She **thinks** that he **is** good husband material.
  (그녀는 그가 좋은 남편감이라고 생각한다.)
- She **has thought** that he **is** good husband material.
  (그녀는 그가 좋은 남편감이라고 생각해왔다.)
- She **will think** that he **is** good husband material.
  (그녀는 그가 좋은 남편감이라고 생각할 것이다.)

2. 주절이 과거 시제일 경우 종속절의 시제는 과거 혹은 과거완료 시제가 된다.
- She **thought** that he **was** good husband material. (그녀는 그가 좋은 남편감이라고 생각했다.)
- She **thought** that he **had been** good husband material.
  (그녀는 그가 좋은 남편감이었다고 생각했다.)

B 시제 일치의 예외

1. 속담 · 격언
- Harald **thought** that the husband **is** always the last to know.
  (하랄드는 등잔 밑이 어둡다고 생각했다.)
- Shakespeare **believed** that brevity **is** the soul of wit.
  (셰익스피어는 간결함이 지혜의 핵심이라고 믿었다.)

2. 현재의 사실 · 습관적 동작
- He **said** that he **goes** to church **every Sunday**. (매주 교회에 간다고 그는 말했다.)

3. 불변의 진리: 언제나 단순 현재 시제를 사용한다.

- She **said** that two plus five **is** seven. (그녀는 2 더하기 5는 7이라고 말했다.)
- Galileo **believed** that the earth **moves**. (갈릴레오는 지구는 움직인다고 믿었다.)

4. 역사적 사실: 언제나 단순 과거 시제를 사용한다.

- We **learned** that America **was** discovered in 1492. (미국은 1492년에 발견되었다고 배웠다.)
- We all Koreans **know** that Admiral Lee **defeated** the Japanese fleet.
  (우리 모든 한국인들은 이순신 장군이 일본 함대를 무찔렀다는 것을 안다.)

5. 종속절이 가정법일 경우: 가정법은 현재와는 관계없는 상상을 나타내므로 시제의 일치에 해당되지 않는다.

- I **thought** if I **were** a bird I **would** fly to him. (내가 새라면 그에게 날아갈 텐데라고 나는 생각했다.)
- She said, " I wish I **were** rich." (그녀는 부자라면 좋겠다고 말했다.)

= She **said** that she **wished** she **were** rich. (그녀는 자신이 부자이길 바랐다고 말했다.)

6. 비교를 나타내는 부사절일 경우: 실제의 때와 맞춘다.

- It **was** warmer yesterday than it **is** today. (어제는 오늘보다 따뜻했다.)
- Sarah **has** more experience than any other **had**.
  (사라는 어떤 누구보다도 더 많은 경험을 가지고 있다.)

7. 왕래발착 동사가 시간의 부사와 결합해서 현재 시제가 가까운 미래 시제를 대신할 경우

- John **leaves** for Spain **tomorrow**. (요한이는 내일 스페인으로 떠날 예정이다.)
- Harald **comes** here **this afternoon**. (하랄드가 오늘 오후에 여기로 올 것이다.)

8. '주어 + 주장[요구 · 고집 · 명령 · 충고 · 동의 · 결정 · 제안 · 소망]을 나타내는 동사 + that + 주어 + (should) + 원형동사 ~'의 문형일 경우

- He **proposed** that the bill **(should) be** rejected. (그는 그 법안이 거부되어야 한다고 제안했다.)
- She **demanded** that the house **(should) be** searched. (그녀는 가택 수색을 요구했다.)

9. 'It is (about, high) time (that) + 주어 + 가정법 과거(동사의 과거형)'의 문형일 경우

- **It is** (high) **time** (that) we **went** to bed. (우리가 자야 할 시간이다.)
- **It is** (high) **time** (that) I **were**[**was**] going. (이제 가야 할 시간이다.)

Ⅲ 화법

A 정의

다른 사람의 말을 전달하는 표현 방법을 화법(narration)이라고 한다. 화법에는 다음의 2가지가 있다:

■ 직접 화법: 다른 사람이 말한 내용을 인용 부호를 써서 그대로 전달하는 방법을 직접 화법이라고 한다.

- Mary said, "*I am* happy." (메리는 '나는 행복하다'라고 말했다.)

■ 간접 화법: 다른 사람이 말한 내용을 전달하는 사람 입장에서 전달하는 방법을 간접 화법이라고 한다.

- Mary said *that she was* happy. (메리는 행복하다고 말했다.)

■ 주절의 술어 동사 'said'와 같이 타인의 말을 전달하는 동사를 전달 동사라고 하며, 직접 화법의 인용 부호 부분과 간접 화법의 'that' 이하와 같이 전달되는 부분을 피전달문이라고 한다.

B 화법 전환

직접 화법을 간접 화법으로 바꿀 때는 전달 동사 · 피전달문 · 대명사 · 시제 · 부사 등을 적당히 바꾸어야 한다. 이 경우 피전달문이 평서문 · 의문문 · 명령문 · 감탄문 중 어느 것이냐에 따라 간접 화법의 형태가 달라진다.

1. 평서문의 화법 전환

(1) 전달 동사와 피전달문: 'say, said'는 그대로 사용하고 'say to → tell'로 'said to → told'로 바꾼다. 그리고 전달 동사 뒤에 있는 콤마와 따옴표를 없애고 피전달문을 접속사 'that'으로 바꾼다. 이 'that'은 생략할 수 있다.

- He **says**, "I am honest." (그는 '나는 정직하다'라고 말한다.)

→ He **says (that)** he is honest. (그는 자신이 정직하다고 말한다.)

- He **said to** me, "I am honest." (그는 나에게 '나는 정직하다'고 말했다.)

→ He **told** me **(that)** he was honest. (그는 나에게 자신은 정직하다고 말했다.)

심화학습

전달 동사가 'say, said' 이외인 경우는 그대로 전달 동사로 사용한다:

- He **thought**, "I can do it." (그는 '나는 할 수 있어'라고 생각하였다.)

→ He **thought** that he could do it. (그는 자신이 할 수 있다고 생각하였다.)

- He **wrote**, "I am very well." (그는 '나는 아주 잘 있다'고 글을 썼다.)

→ He **wrote** that he was very well. (그는 자신이 아주 잘 있다고 글을 썼다.)

(2) 직접 화법에서 간접 화법으로의 대명사 전환: 피전달문 속의 인칭 대명사를 말을 전달하는 사람의 입장에서 적당히 바꾼다.

- **Tom** says, "**I** am strong." (톰은 '나는 힘이 세다'라고 말한다.)

→ **Tom** says (that) **he** is strong. (톰은 자신이 힘이 세다고 말한다.)

해설 'Tom = I'이므로 간접 화법에서는 'I'를 'he'로 바꾼다.

- **He** said to **Nancy**, "**I** love **you**." (그는 낸시에게 '나는 당신을 사랑합니다'라고 말했다.)

→ **He** told **Nancy** (that) **he** loved **her**. (그는 낸시에게 자신이 그녀를 사랑한다고 말했다.)

해설 'He = I, Nancy = you'이므로 간접 화법에서는 'I'를 'he'로, 'you'를 'her'로 바꾼다.

(3) 시제의 일치에 주의한다: 피전달문 속의 동사의 시제를 '시제의 일치' 법칙에 따라 적당하게 바꾼다. 이 경우 시제를 일치시킬 필요가 없는 경우가 있다는 점에 주의한다.

- She **said to** me, "I **made** a pretty doll."
(그녀는 '내가 예쁜 인형을 만들었어요'라고 나에게 말했다.)

→ She **told** me (that) she **had made** a pretty doll.
(그녀는 예쁜 인형을 자신이 만들었다고 나에게 말했다.)

해설 직접 화법에서 전달문과 피전달문의 동사 시제가 과거일 경우 직접 화법에서 간접 화법으로 전환 시 피전달문의 동사 시제는 한 시제 앞선 과거완료 시제가 되어야 한다.

- I **said to** him, "You **may** play in the garden."
(나는 그에게 '너는 정원에서 놀아도 된다'라고 말했다.)

→ I **told** him (that) he **might** play in the garden.
(나는 그에게 정원에서 놀아도 된다고 말했다.)

해설 직접 화법에서 전달문의 동사 시제가 과거이고 피전달문의 동사 시제가 현재일 경우 직접 화법에서 간접 화법으로 전환 시 피전달문의 동사 시제는 한 시제 앞선 과거 시제가 되어야 한다.

- He **said**, "Art **is** long and life **is** short."

→ He **said** (that) art **is** long and life **is** short. (그는 예술은 길고 인생은 짧다고 말했다.)

해설 직접 화법에서 전달문의 동사 시제가 과거이고 피전달문 동사 시제가 현재일 경우 직접 화법에서 간접 화법으로 전환 시 피전달문의 동사 시제는 한 시제 앞선 과거 시제가 되어야 한다. 그러나 주어진 위의 문장에서는 피전달문의 내용이 속담 · 격언에 해당하므로 시제 일치의 예외 사항에 해당된다.

심화학습

직접 화법의 피전달문에서 'will, shall'이 단순미래로 사용되었으면 간접 화법으로 전환 시 주어의 인칭에 맞추어 주어야 한다. 그러나 의지미래로 사용된 경우엔 주어의 인칭에 관계없이 직접 화법의 피전달문의 'will, shall'의 과거형을 그대로 사용한다:

- He **said to** me, "You **will** fail." 〈단순미래〉
  (그는 나에게 '너는 실패할 거야'라고 말했다.)
→ He **told** me (that) I **should** fail. (그는 내가 실패할 거라고 나에게 말했다.)
- I **said to** him, "You **shall** have a book." 〈의지미래〉
  (나는 그에게 '내가 책 한 권을 너에게 주겠다'라고 말했다.)
→ I **told** him (that) he **should** have a book. (나는 그에게 책 한 권을 주겠다고 말했다.)

(4) 피전달문 속의 지시 대명사(형용사), 시간과 장소의 부사는 문맥에 맞도록 전환시켜 주어야 한다.

- **thus** → so
- **this** → that
- **these** → those
- **here** → there
- **now** → then
- **ago** → before
- **today** → that day
- **tonight** → that night
- **tomorrow** → the next day, the following day
- **yesterday** → the day before, the previous day
- **last night** → the night before, the previous night
- **last weekend[month, year]**
→ the week[month, year] before, the previous week[month, year]
- **next week[month, year]**
→ the next week[month, year], the following week[month, year]
- He said, "I painted **this** picture three years **ago**."

(그는 '내가 이 그림을 3년 전에 그렸다'라고 말했다.)

→ He said (that) he had painted **that** picture three years **before**.

(그는 그 그림을 자신이 3년 전에 그렸다고 말했다.)

• He said, "I will be **here** again **tomorrow**." (그는 '내가 내일 다시 여기 있겠다'라고 말했다.)

→ He said (that) he would be **there** again **the next day**.

(그는 자신이 다음 날 다시 거기 있겠다고 말했다.)

2. 의문문의 화법 전환

(1) 의문사가 없는 의문문의 화법 전환: 피전달문이 의문사가 없는 의문문인 경우 간접 화법으로 바꿀 때는 다음과 같이 한다.

① 전달 동사

'say, say to' → 'ask'로 바꾼다. 'inquire, wonder'를 쓸 수도 있다.

② 피전달문

전달 동사 뒤의 콤마와 인용 부호를 없애고 피전달문을 접속사 'if'나 'whether'로 바꾼 후, 의문 부호를 마침 부호로 바꾼다.

③ 어순

피전달문의 어순을 'if[whether] + 주어 + 동사 ~'의 어순 즉, 간접 의문문 어순으로 바꾼다.

④ 시제 · 대명사 · 부사

피전달문 동사의 시제 · 대명사 · 때나 장소를 나타내는 부사를 문맥에 맞도록 전환시켜 준다.

• He **said to** me, **"Are** you happy?" (그는 나에게 '너는 행복하니?'라고 물었다.)

→ He **asked** me **if[whether]** I **was** happy. (그는 나에게 행복한지 물었다.)

• She **said to** me, **"Won't** you have a cup of coffee?" (그녀는 나에게 '커피 한 잔 하실래요?'라고 물었다.)

→ She **asked** me if I **wouldn't** have a cup of coffee. (그녀는 커피 한 잔 하지 않겠느냐고 나에게 물었다.)

(2) 의문사가 있는 의문문의 화법 전환: 피전달문에 의문사가 있는 의문문을 간접 화법으로 바꾸는 방법은 의문사가 없는 의문문의 경우와 같지만 피전달문을 접속사 'if'나 'whether' 절로 바꾸지 않고 본래의 의문사를 사용한다.

• He **said to** me, **"Who** are you?" (그는 내게 '넌 누구니?'라고 물었다.)

→ He asked me who I was. (그는 내가 누구냐고 물었다.)

• I **said to** her, **"What did** you **buy**?" (나는 그녀에게 '무엇을 샀니?'라고 물었다.)

→ I **asked** her **what** she **had bought**. (나는 그녀에게 무엇을 샀는지 물었다.)

- He **said to** me, "**When will your** father be back?" (그는 '당신 아버지는 언제쯤 돌아오시나요?'라고 나에게 물었다.)

→ He **asked** me **when my** father **would** be back. (그는 우리 아버지가 언제 돌아오는지 나에게 물었다.)

> **심화학습**
>
> 의문 대명사가 주어일 때는 '의문 대명사 + 동사'의 어순 그대로 사용한다:
>
> - He **said to** me, "**Who has opened** the window?"
>   (그는 '누가 창문을 열었어요?'라고 내게 물었다.)
>
> → He **asked** me **who had opened** the window.
>   (그는 누가 창문을 열었는지 내게 물었다.)

3. 명령문과 감탄문의 화법 전환

(1) 명령문의 화법 전환: 피전달문이 명령문일 경우 화법 전환은 다음과 같다.

① 전달 동사

'say, say to' → 명령일 때는 'ask, tell, order, command', 의뢰할 때는 'request, beg, ask', 충고 · 조언할 때는 'advise', 제안 · 전달할 때는 'suggest, propose'로 바꿀 수 있다.

② 피전달문

전달 동사 뒤의 콤마를 없애고 피전달문을 'to 부정사'로 바꾼다. 부정 명령문은 'not to 부정사'로 바꾼다.

③ 대명사 · 부사

평서문에서와 같이 문맥에 맞도록 전환시켜 준다.

- He **said to** me, "**Open** the window." (그는 '창문을 열라'고 나에게 말했다.)

→ He **told** me **to open** the window. (그는 나에게 창문을 열라고 말했다.)

- The teacher **said to** us, "**Don't be** lazy." (선생님은 '게을러선 안돼'라고 우리에게 말씀하셨다.)

→ The teacher **told** us **not to be** lazy. (선생님은 우리에게 게을러선 안 된다고 말씀하셨다.)

- She **said to** me, "**Please shut** the door." (그녀는 '창문을 닫아주세요'라고 나에게 부탁했다.)

→ She **asked** me **to shut** the door. (그녀는 나에게 창문을 닫아달라고 부탁했다.)

(2) 감탄문의 화법 전환: 특별히 정해진 형식은 없지만 대개 다음의 방법으로 감탄문의 내용을 바꾸어 표현한다.

① 전달 동사

'say' → 피전달문의 내용에 따라 'cry, confess, exclaim, shout' 등으로 바꾸고 'with delight, with regret' 등의 감정을 나타내는 부사구를 첨가한다.

② 피전달문

전달 동사 뒤의 콤마를 없애고 'how'나 'what'을 그대로 접속하는 말로 사용하거나, 'very' 등의 강조의 부사를 써서 'that'으로 바꾼다. 감탄 부호는 마침 부호로 바꾼다.

③ 대명사 · 부사

평서문에서와 같이 문맥에 맞도록 전환시켜 준다.

- He **said**, "How cold it is!" (그는 '매우 춥다!'라고 말했다.)

→ He **said that** it was **very** cold. / He **cried how** cold it was.
(그는 매우 춥다고 말했다.) / (그는 정말 춥다고 외쳤다.)

- They **said**, "**Hurrah!** We have won!" (그들은 '우리가 이겼다!'라고 말했다.)

→ They **exclaimed with delight** that they had won. (그들은 이겼다고 기쁘게 외쳤다.)

4. 중문과 복문의 화법 전환

(1) 중문의 화법 전환: 피전달문이 'and'나 'but'으로 연결된 중문일 때는 'and, but' 다음에 'that'을 첨가한다. 단, 'for' 다음에는 'that'을 넣지 않는다.

- He **said**, "It is raining, **but** I have to go." (그는 '비가 오지만, 난 가야 해'라고 말했다.)

→ He **said** (**that**) it was raining, **but that** he had to go.
(그는 비가 오고 있지만 가야 한다고 말했다.)

- He **said**, "I want to take a rest, **for** I am tired."
(그는 '피곤해서 난 쉬고 싶다'고 말했다.)

→ He **said** (**that**) he wanted to take a rest, **for** he was tired.
(그는 피곤해서 쉬고 싶다고 말했다.)

- She **said to** me, "I am busy. Are you free?"
(그녀는 '난 바쁜데 넌 한가해?'라고 나에게 물었다.)

→ She **told** me (**that**) she was busy **and asked** (me) **if** I was free.
(그녀는 바쁘다고 나에게 말하며 나는 한가한지 물어 보았다.)

심화학습

'명령문 + and[or]'일 경우 'and, or'를 그대로 두든지 'if[unless]'를 이용해서 복문으로 바꾸어 간접 화법문을 만든다:

- He **said to** me, "**Be** careful, **or** you will fall down."
  (그는 '조심해라 그렇지 않으면 넘어진다'고 나에게 말했다.)

→ He **told** me **to be** careful **or** I would fall down.
  (그는 나에게 조심하라고 그렇지 않으면 넘어진다고 말했다.)

= He **told** me that I would fall down **unless** I was careful.
  (그는 조심하지 않으면 넘어진다고 내게 말했다.)

(2) 복문의 화법 전환: 평서문 · 의문문 · 명령문의 화법 전환과 같다고 생각하면 된다.

- He **said**, "I will go **even if** it rains." (그는 '비가 오더라도 나는 가겠노라'고 말했다.)

→ He **said** (that) he would go **even if** it rained. (그는 비가 오더라도 가겠다고 말했다.)

m/e/m/o

실력평가문제

CRAMMING ENGLISH GRAMMAR

※ 다음 밑줄 친 곳에 가장 알맞은 것을 고르시오.

01 He said to me, "What are you doing?"

→ He asked me _____ doing.

① what I was ② that what I was

③ what was I ④ that what was I

해설 의문사가 들어 있는 직접 화법을 간접 화법으로 바꾸는 방법은?
해석 그는 '지금 무엇을 하고 있니?'라고 나에게 물었다.
정답 ①

02 Two-thirds of the surface _____ water.

① are ② were

③ are the ④ is

해설 '분수 + of ~' 구문에서 동사는 어디에다 일치시킬까? • surface 표면, 수면, 겉, 외면; 외관의, 피상적인; (잠수함 · 고래 · 잠수부 등이) 부상하다, 떠오르다, (문제 · 화제 등이) 표면화하다, 겉으로 드러나다, 나타나다
해석 그 표면의 ⅔가 물이다.
정답 ④

03 A total of 5,000 Koreans _____ in this country.

① are ② have

③ lives ④ live

해설 'A total of + 복수 명사' 뒤에는 단 · 복수 동사 중 어떤 동사가 올까?
해석 이 나라에는 총 5,000명의 한국인이 살고 있다.
정답 ③

04 One and a half days _____ all I can spare.

① are ② is

③ were ④ was

해설 주어가 복수형이라도 전체를 하나로 묶어서 생각할 때는 단 · 복수 동사 중 어떤 동사를 선택해야 할까? • spare 용서하다, (남에게 시간 · 돈 등을) 할애하다, (돈 · 노력을) 아끼다, 절약하다
해석 나에게 여유 있는 날은 하루 반이다.
정답 ②

05 He says, "Who is free from faults?"

→ He says that _____ has faults.

① everybody ② no one

③ none ④ every

해설 수사 의문문: 의외의 놀람 및 당연한 내용을 강조할 경우에 사용되는 문장.

• fault 결점, 흠, 단점, 결함, 과실, 잘못

해석 그는 '결점 없는 사람이 누가 있는가?'라고 말했다.

정답 ①

06 He said to me, "Study hard, or you will fail."

→ He told me _____.

① to study hard or you will fail

② to study hard, or that I would fail

③ that I should fail unless I studied hard

④ that I studied hard or I should fail

해설 '명령문 + and[or]'일 경우 'and, or'를 그대로 두든지 'if[unless]'를 이용해서 복문으로 바꾸고 간접 화법으로 한다.

해석 그는 '열심히 공부해라. 그렇지 않으면 실패해'라고 나에게 말했다.

정답 ③

07 She said to me, "You look pale. Are you ill?"

→ She told me that I looked pale _____ I was ill.

① and asked that ② and she told

③ but asked whether ④ and asked if

해설 평서문과 의문문이 결합한 혼합문을 직접 화법에서 간접 화법으로 전환시키는 방법은? • pale 창백한

해석 그녀는 '너 창백해 보여. 어디 아프니?'라고 나에게 말했다.

정답 ④

08 The doctor said to me, "Don't overwork yourself any more."

→ The doctor _____ me _____ overwork _____ any more.

① said to, not, myself ② advised, not to, myself

③ advised, to not, myself ④ said, to, yourself

해설 부정 명령문과 긍정 명령문의 화법 전환 방법은?

해석 의사는 '더 이상 과로하지 마세요'라고 나에게 말했다.

정답 ②

09 The manager holds a meeting with the sales personnel _____ status reports from them every two months.

① will get ② were getting

③ to get ④ has been getting

해설 보기에 동사들이 나와 있다고 빈칸을 무조건 동사 자리라고 생각해선 안 된다. 문장의 주어는 The manager이고 동사는 holds이므로 빈칸은 동사 자리가 아니다. 따라서 회의를 여는 목적을 나타내는 to get이 정답이다. 여기서 to get 이하는 '~하기 위해서'라는 의미의 부사구이다. • hold (회의 등을) 열다 • personnel 전 직원 • status 지위, 상태

해석 그 관리자는 진행 상황 보고를 받기 위해 두 달마다 영업 전 직원들과 함께 회의를 연다.

정답 ③

10 Our present joint sales strategy _____ to be in place in time for the upcoming season.

① expectation ② is expected

③ expect ④ have expected

해설 문장에 동사가 없으므로 빈칸은 동사 자리이다. 따라서 동사가 아닌 expectation은 오답이다. 주어를 찾아 주어와 수 일치가 되는 보기가 무엇인지 확인해 보면, 주어는 복합명사인 sales strategy(판매 전략)이고, 복합명사가 주어일 때 뒤의 명사와 동사의 수가 일치되므로 단수인 strategy와 수 일치를 이루는 is expected가 정답이 된다. • present 현재의 • joint 공동의, 합동의 • sales strategy 판매 전략 • be in place 마련되다, 준비되다, 위치하다 • upcoming 다가오는, 다음의

해석 우리의 현재 공동 판매 전략은 다가오는 시즌에 맞춰 마련될 것으로 예상한다.

정답 ②

11 Historians consider that the first touch screen ____ was developed in the 1960s and was first used in air traffic control.

① technology ② technologists

③ technologies ④ technological

해설 문장의 주어는 Historians, 동사는 consider이며, that절이 목적어인 구조다. that절의 주어가 first touch screen _____이며, 문맥상 '첫 번째 터치스크린 기술'이라는 의미가 되어야 적절하므로 '기술'을 의미하는 technology와 technologies 중 하나가 정답이 된다. 동사가 단수(was)이므로 동사와 수가 일치되는 technology가 정답이 된다. • historian 역사가 • consider 고려하다 • technology (과학)기술 • develop 개발하다, 발달하다 • air traffic control 항공교통관제

해석 1960년대에 첫 번째 터치스크린 기술이 개발되었고 항공교통관제에서 처음으로 사용되었다고 역사가들은 여긴다.

정답 ①

12 If you encounter any problem with your device, please consult the user manual that ____ the product.

① accompany ② accompaniment
③ accompanies ④ accompanying

해설 빈칸 앞의 that은 관계대명사로 user manual을 수식한다. 관계대명사절에는 반드시 동사가 있어야 하므로 빈칸은 동사 자리이다. 관계대명사절의 동사는 수식을 받는 선행사와 수 일치해야 한다. 선행사가 3인칭 단수(user manual)이므로 동사인 accompany와 accompanies 중에서 선행사와 수 일치되는 accompanies가 정답이 된다. • encounter 마주치다 • device 장치, 기기 • consult 상담하다, 참고하다 • accompany 수반하다
해석 귀하의 기기에 있는 어떤 문제라도 만약 귀하가 접하게 되면 제품에 함께 들어 있는 사용자 설명서를 참조하세요.
정답 ③

13 LYT Shoes will be able to increase production capacity if it opens manufacturing plants in ____ that are more accessible to rubber supplies.

① located ② locate
③ location ④ locations

해설 in은 전치사이므로 빈칸은 명사 자리이다. 따라서 location과 locations 중 하나가 정답인데, 빈칸 뒤의 that은 관계대명사로 빈칸에 들어갈 명사를 나타내므로 관계대명사절의 동사와 선행사의 수를 일치시켜야 한다. 관계대명사절의 동사가 복수(are)이므로 복수명사인 locations가 정답이 된다. • increase 증가하다; 증가시키다; 증가 • production 생산(량) • capacity 능력 • manufacturing plant 제조 공장 • location 위치 • accessible 접근 가능한, 접근하기 쉬운 • rubber 고무 • supplier 공급자
해석 고무 공급업체들에 더 접근하기 쉬운 장소에 만약 제조 공장들을 연다면 LYT 제화는 생산 능력을 증가시킬 수 있을 것이다.
정답 ④

14 The new automobile insurance policy specifies that the coverage ____ to all 2016 hybrid car models.

① have applied ② applies
③ applying ④ are applied

해설 문장의 주어는 policy이고 동사는 specifies이며 that절이 목적어로 쓰였다. 빈칸은 that절의 동사 자리이다. 따라서 동사가 아닌 applying은 오답이다. that절의 주어가 단수(coverage)이므로 수 일치가 되는 applies가 정답이다. • automobile 자동차 • insurance policy 보험 증서 • specify 명시하다 • coverage 보상 범위
해석 새 자동차 보험 증서는 보상 범위는 모든 2016년형 하이브리드 자동차 모델에 적용된다고 명시한다.
정답 ②

15 Each of the section chiefs ____ to give instructions for the evacuation drill so that their staff members can practice it more easily.

① have asked ② was asked
③ asking ④ to ask

해설 so that은 문장을 연결하는 접속사이므로 빈칸은 주절의 동사 자리이다. 따라서 동사가 아닌 asking은 오답이다. 주어는 Each of the section chiefs이며, "each of the + 복수명사"가 주어일 때 동사는 단수로 받으므로 단수 형태인 was asked가 정답이다.
• chief 장(長), 우두머리 • instruction 지시, 지침, 설명 • evacuation drill 대피 훈련

해석 각 부서의 부서장은 부서원들이 대피 훈련을 더욱 쉽게 연습할 수 있도록 대피 훈련 지침을 주라는 요청을 받았다.

정답 ②

16 A variety of ways to enhance the company's image _____ by the company's board of directors.

① to have been presented ② have been presented

③ was presented ④ is presented

해설 문장에 동사가 없으므로 빈칸은 동사 자리이다. 따라서 동사가 아닌 to have been presented는 오답이다. a variety of(다양한)는 복수명사를 수식하는 형용사 역할을 하므로 주어는 복수명사인 ways이다. 따라서 주어와 수가 일치된 have been presented가 정답이다. • a variety of 다양한 • enhance 개선하다, 향상시키다 • present 제시하다, 제출하다 • board of directors 이사회, 경영진

해석 회사의 이미지를 개선하기 위한 다양한 방법들이 회사 이사회에 의해 제시되었다.

정답 ②

17 In order to ensure that specified procedures are accurately followed, Ms. Sanderson and I _____ the production process on a regular basis.

① inspect ② to be inspected

③ inspects ④ has inspected

해설 문장의 주어는 Ms. Sanderson and I이고 빈칸은 동사 자리이므로 동사가 아닌 to be inspected는 오답이다. A and B가 주어일 때 동사는 복수로 받으므로 주어와 수 일치가 되는 inspect가 정답이다. • ensure 확실하게 하다 • specified 명시된 • procedure 절차 • accurately 정확하게 • follow 따르다, 지키다 • inspect 검사하다 • on a regular basis 정기적으로

해석 명시된 절차들이 정확하게 지켜지는 것을 확실히 하기 위해 샌더슨 씨와 내가 정기적으로 생산과정을 검사한다.

정답 ①

18 The new rule for employees _____ to everyone from the CEO to the most recently hired individual.

① apply ② application

③ applies ④ applying

해설 문장에 동사가 없으므로 빈칸은 동사 자리이다. 주어 rule을 for employees가 뒤에서 수식하고 있는 구조로, 주어가 3인칭 단수(rule)이므로 동사인 apply와 applies 중에서 주어와 수 일치를 이루는 applies가 정답이 된다. • apply to ~에 적용되다 • recently 최근에 • hire 고용하다 • individual 개인(의)

해석 직원 대상의 새로운 규칙은 최고경영자부터 가장 최근에 채용된 직원까지 모든 사람에게 적용된다.

정답 ③

19 An accurate assessment of last week's conference ____ that you immediately write down everything concerning it before your initial impression begins to fade from your memory.

① require ② requires

③ to require ④ requiring

해설 주어가 An accurate assesment이며 of last week's conference는 뒤에서 assessment를 수식한다. 따라서 빈칸은 동사 자리이므로 동사인 require와 requires 중에서 정답을 선택해야 한다. 주어가 3인칭 단수이므로 주어와 수 일치를 이루는 requires가 정답이다. • accurate 정확한 • assessment 평가 • conference 회의, 총회 • require 요구하다, 필요로 하다 • immediately 즉시 • write down ~을 작성하다, 적다 • concerning ~에 관한 • initial 처음의 • impression 인상 • fade 바래다, 희미해지다

해석 지난주 총회에 대한 정확한 평가는 당신의 첫인상이 기억에서 사라지기 전에 총회와 관련된 모든 것을 당신이 즉시 작성하는 것을 필요로 한다.

정답 ②

20 The system for processing reimbursement request forms ____ since Mr. Jonas Hall was hired to work as office manager.

① have streamlined ② streamline

③ to be streamlined ④ has been streamlined

해설 빈칸은 주절의 동사 자리이므로 동사가 아닌 to be streamlined는 오답이다. 나머지 보기 중 주절의 주어인 The system과 수 일치되는 것은 has been streamlined밖에 없으므로 ④가 정답이다. • process 처리하다 • reimbursement 비용 환급 • request form 신청서, 요청서 • streamline 간소화하다

해석 조나스 홀 씨가 부서의 책임자로 일하도록 고용된 이후로 비용 환급 신청 양식을 처리하는 데 필요한 시스템이 간소화되었다.

정답 ④

21 Because the capabilities Mr. Donald demonstrated ____ the expectations for his position, the nominating committee suggests he be promoted to the position of vice president of sales.

① exceeding ② exceeds

③ exceeded ④ to exceed

해설 접속사 Because가 두 문장을 연결하고 있다. 종속절의 주어는 capabilities이며, 목적격 관계대명사 which가 capabilities와 Mr. Donald 사이에 생략된 형태로 Mr. Donald demonstrated가 앞의 capabilities를 수식한다. 따라서 빈칸은 복수주어 capabilities와 수 일치되는 동사가 들어갈 자리이며 동사 exceeds와 exceeded 중 주어와 수 일치되는 exceeded가 정답이 된다. • capability 능력, 역량 • demonstrate 입증하다, 보여주다 • exceed 능가하다, 초과하다 • expectation 예상, 기대 • nominating committee 지명위원회 • promote 승진시키다 • vice president 부사장

해석 도널드 씨가 보여준 그의 직위에 대한 기대치를 넘어선 능력 때문에 지명 위원회는 그가 영업 부사장직으로 승진되어야 한다고 제안한다.

정답 ③

22 Several medical emergencies over the past twenty-four hours _____ five of the emergency room doctors from leaving the hospital.

① have prevented ② prevention

③ has been prevented ④ preventable

해설 emergencies가 주어이고 빈칸은 동사 자리이므로 동사가 아닌 prevention과 preventable은 오답이다. 주어가 복수이므로 나머지 보기 중 주어와 수 일치되는 have prevented가 정답이 된다. • several 여러 개의, 몇몇의 • medical 의료의 • prevent A from V-ing A가 ~하지 못하게 하다 • emergency room 응급실

해석 지난 24시간 동안 여러 차례의 응급 의료상황이 응급실 의사들 중 다섯 명이 병원을 떠나는 것을 막았다.

정답 ①

23 This package contains the replacement _____ that were ordered by your company on July 17.

① part ② parting

③ parted ④ parts

해설 replacement parts는 '교환 부품'이라는 뜻의 복합명사이다. 빈칸 뒤의 that은 관계대명사로 앞의 명사를 수식하고, 관계대명사절의 동사가 복수(were)이므로 수식받는 선행사도 복수형이 되어야 한다. 따라서 parts가 정답이 된다. • package 소포 • contain ~이 들어 있다, 포함하다 • replacement part 교체 부품 • order 주문하다

해석 이 소포에는 7월 17일에 귀사에서 주문한 교체 부품들이 들어 있다.

정답 ④

24 다음 밑줄 친 부분이 틀린 것은?

<u>Either</u>① the carpenter or the electrician can store <u>their</u>② tools <u>in the shed</u>③, but <u>there is not room</u>④ for both sets.

해설 'Either A or B; Neither A nor B; Not only A but also B'는 동사를 어디에다 맞출까? • shed 오두막, (간이) 창고, 광, 차고, 격납고; (물 · 액체 등을) 흘리다, (잎 등을) 저절로 떨어지게 하다(shed 〉 shed 〉 shed)

해석 목수나 전기기사는 자신의 장비를 창고에 보관할 수 있다. 그러나 두 사람의 장비를 모두 보관할 수 있는 공간은 없다.

정답 ②(their → his or her)

25 다음 밑줄 친 부분이 틀린 것은?

Physicians and <u>sciences</u>① face the <u>fundamental</u>② problem of how to grow the virus <u>outside</u>③ of the human body so that a vaccine <u>may be</u>④ discovered.

해설　접속사를 중심으로 접속사 앞과 뒤에 오는 단어 · 구 또는 문장은 상호 구문적으로 일치되어야 하는데 이를 병렬주의(parallelism)라고 부른다.

해석　의사들과 과학자들은 백신을 얻기 위하여 인체 외부에 바이러스를 배양해야 하는 주요한 문제에 직면하고 있다.

정답　①(sciences → scientists)

26 다음 밑줄 친 부분이 틀린 것은?

<u>Whether or not</u>① Joe's <u>understanding</u>② of social <u>conflicts</u>③ <u>are</u>④ anyway scientific remains a question.

해설　'명사절 주어(Whether or not Joe's **understanding** of social conflicts … scientific) + 본동사(remains) + 주격 보어(a question)'로 구성된 2형식 문장이다. 주부 역할을 하는 명사절 안에서 다시 주어 역할을 하는 단어는 무엇인가를 알면 답이 보인다. 'understanding'이 주어로 단수 형태를 띠고 있기 때문에 'be' 동사는 'are'가 아니라 'is'가 된다.

해석　하여튼 사회적 갈등에 대한 Joe의 해석이 과학적인지 아닌지는 여전히 문제로 남아 있다.

정답　④

27 다음 밑줄 친 부분이 틀린 것은?

One of <u>the most</u>① popular adult <u>hobbies</u>② nowadays <u>are</u>③ home <u>improvement</u>④.

해설　'One of + 복수 명사'가 주어일 때 동사는 단 · 복수 동사 중 어떤 동사를 선택해야 할까?

해석　요즘 가장 인기 있는 어른들의 취미 중 하나는 가정생활을 향상시키는 것이다.

정답　③(are → is)

28 다음 문장을 간접 화법으로 올바르게 바꾼 것은?

He said to me, "Don't be afraid."

① He told me to not be afraid.

② He told me not to be afraid.

③ He said to me that you don't be afraid.

④ He told to me not to be afraid.

해설　부정 명령문과 긍정 명령문의 화법 전환 방법은?

해석　그는 '두려워하지 마라'고 나에게 말했다.

정답　②

CHAPTER

13 관계사

출제경향

관계사는 출제 빈도를 접어 두더라도 접속사와 관련하여 가장 기본적으로 구분해야 하는 품사이다. 관계대명사의 격 변화, 관계사가 이끄는 형용사절의 형용사구 전환 및 관계대명사와 전치사와의 관련 사항은 반드시 숙지해야 한다. 의사 관계대명사의 용법과 관계대명사를 활용한 주요 관용 어구, 그리고 선행사를 포함하는 'what'과 복합 관계사도 주된 출제 형식이다.

■ 접속사 역할을 겸하는 대명사를 관계대명사, 접속사 역할을 겸하는 부사를 관계부사라고 하며 이 둘을 합쳐서 관계사라고 한다. 관계사는 우리말에는 없는 용법으로, 특히 관계대명사는 종류도 많고 용법도 복잡하므로 주의해야 한다.

I 관계대명사

ENGLISH GRAMMAR

관계대명사에는 'who, which, that, what'이 있다. 형태는 의문 대명사나 접속사와 같지만 용법은 전혀 다르다. 예를 들어 'I have an uncle.'과 'He lives in Seoul.'이라는 두 개의 문장을 관계대명사 'who'를 써서 다음과 같이 한 문장으로 만들 수 있다:

- I have *an uncle.* (나에게는 삼촌이 한 분 계신다.)
  + *And*
- *he* lives in Seoul. (그분은 서울에 사신다.)

= I have *an uncle who* lives in Seoul. (나에게는 서울에 살고 계시는 삼촌이 한 분 계신다.)

이때의 'who'는 두 개의 문장을 하나로 연결하는 접속사와 대명사 'he'의 역할을 겸하고 있다. 이와 같이 접속사의 역할과 대명사의 역할을 겸한 말을 관계대명사라고 한다. 'who = an uncle'의 관계가 있다. 그리고 'an uncle'처럼 관계대명사 앞에 놓여 관계대명사의 수식을 받는 말을 선행사라고 한다.
여기서 알 수 있듯이 관계대명사가 이끄는 절은 보통 선행사 바로 뒤에 와서 선행사를 형용사처럼 수식한다. 따라서 관계대명사가 이끄는 절은 형용사절이 된다.

A who

선행사가 사람인 경우에 사용되며, 관계대명사 'who'는 의문 대명사 'who'처럼 아래와 같이 변화한다.

주격	소유격	목적격
who	whose	whom

1. 주격: 관계사가 이끄는 절의 주어 역할을 한다.
 • I know **Harald**. + **He** lives in Malaga.
 = I know Harald **who** lives in Malaga. (나는 말라가에 사는 하랄드를 안다.)
 • I met **a lady**. + **She** worked at a bank.
 = I met a lady **who** worked at a bank. (나는 은행에 근무하는 어떤 아가씨를 만났다.)

2. 소유격: 'whose + (형용사) + 명사'의 어순을 이루며, 명사와 결합하여 형용사절을 이끈다.
 • This is **the man**. + **His** father is the chief of a police station.
 = This is the man **whose** father is the chief of a police station.
 (이분의 아버지는 경찰서장이십니다.)
 • **She** is a good professor. + **Her** reputation has steadily grown.
 = She is a good professor **whose** reputation has steadily grown.
 (그녀는 명성이 꾸준히 높아진 훌륭한 교수님이다.)

3. 목적격: 관계사절에서 타동사나 전치사의 목적어로 쓰인다.
 • She is **the lady**. + We call **her** Britta.
 = She is the lady **(whom)** we call Britta. (그녀는 우리가 브리타라고 부르는 아가씨입니다.)
 • That is **the lady**. + We are looking for **her**.
 = That is the lady **for whom** we are looking.
 = That is the lady **(whom)** we are looking **for**. (저 아가씨가 우리가 찾고 있는 분입니다.)

해설 전치사의 목적어로 쓰인 관계대명사일지라도 목적어 앞에 전치사가 있을 때에는 관계대명사를 생략할 수 없으며, 전치사가 문장 끝에 위치하고 있을 경우에만 전치사의 목적어로 쓰인 관계대명사는 생략할 수 있다.

심화학습

주의해야 할 관계대명사 who 용법

1 선행사가 사람일지라도 관계대명사가 보어 역할을 하여 사람의 지위 · 신분 · 직업 등을 나타내면 'which'를 사용한다.

• He looked like **a civil servant**. + He really was **a civil servant**.

= He looked like a civil servant **which** he really was.

(그는 정말로 공무원처럼 보였다.)

2 선행사를 포함한 관계대명사 who: 명사절을 이끌어 '~하는 사람(들)', '~하는 사람은 누구나'로 해석한다. 보통은 주격의 복합관계대명사 또는 'those who'로 사용되며, 'he who'는 문어체 또는 예스러운 문장에 사용된다.

• ***Who*** *is not for you* is against you.

= He ***who*** *is not for you* is against you.

= Anyone ***who*** *is not for you* is against you.

= ***Whoever*** *is not for you* is against you.

= Those ***who*** *are not for you* are against you.

(당신에게 찬성하지 않는 사람은 반대하고 있는 것이다.)

• ***Who*** *is born a fool* is never cured.

= He ***who*** *is born a fool* is never cured.

= Anyone ***who*** *is born a fool* is never cured.

= ***Whoever*** *is born a fool* is never cured.

= Those ***who*** *are born fools* are never cured. (바보는 죽을 때까지 바보다.)

• I am **who[what]** you are looking for.

= I am **the person** (whom) you are looking for.

(내가 바로 당신이 찾고 있는 사람이오.)

• ***Whom*** *the gods love* die young.

= Those ***whom*** *the gods love* die young. (신들의 사랑을 받는 자 일찍 죽는다.)

B which

선행사가 사물 · 동물인 경우, 또한 구 · 절 · 형용사를 선행사로 받는 경우에 사용되는 관계대명사이다.

주격	소유격	목적격
which	whose of which	which

1. 주격

- The salmon is **a fish**. + **It** goes up the river to breed.

= The salmon is a fish **which** goes up the river to breed.

(연어는 산란을 위해 강을 거슬러 오르는 물고기다.)

- A planet is **a star**. + **It** moves round the sun.

= A planet is a star **which** moves round the sun.

(행성이란 태양 주위를 도는 별을 말한다.)

2. 소유격

- I have **a watch**. + **Its** hands are broken.

= I have a watch **whose** hands are broken.

(나는 시계바늘이 고장 난 시계를 가지고 있다.)

- I have **a watch**. + The hands **of the watch** are broken.

= I have *a watch* the hands **of** ***which*** are broken.

(나는 시계바늘이 고장 난 시계를 가지고 있다.)

해설 소유격 'of which'에서 'which'의 선행사는 'the hands'가 아니고 그 앞의 'a watch'이다.

3. 목적격

- This is **the house**. + I was born in **it**.

= This is the house **which** I was born in.

(이 곳은 제가 태어났던 집입니다.)

- I like **the picture**. + John painted **it**.

= I like the picture **which** John painted.

(나는 요한이가 그린 그림을 좋아한다.)

심화학습

주의해야 할 관계대명사 which 용법

■ 계속적 용법에서 문장 일부나 문장 전체를 선행사로 받을 경우에는 관계대명사 'which'를 사용한다.

- He tried **to solve the situation, which[but it]** was quite impossible.
  (그는 그 상황을 풀려고 애를 썼지만 그것은 아주 불가능했다.)

C that

선행사가 사람 · 사물 · 동물, 또는 '사람 + 동물[사물]'일 경우 언제나 사용할 수 있는 관계대명사 'that'은 'who, whom, which' 대신 사용할 수도 있다.

주격	소유격	목적격
that	-	that

1. 주격

- They went to **a place**. + **It** had a great waterfall.
= They went to a place **that** had a great waterfall. (그들은 큰 폭포가 있는 곳으로 갔다.)
- Look at **the man and the doggie**. + **They** are coming here.
= Look at the man and the dog **that** are coming here.
  (이쪽으로 오고 있는 사람과 강아지를 보세요.)

2. 목적격

- Here is **a question**. + You have to answer **it**.
= Here is a question **that** you have to answer. (여기 당신이 답해야 할 질문이 있습니다.)

3. 특수 용법 that: 다음의 경우에는 관계대명사 'that'을 사용해야 한다.

(1) 선행사에 최상급 형용사가 붙은 경우

- This is **the tallest** building **that** I have ever seen.
  (이것은 내가 지금까지 본 가장 높은 건물이다.)

(2) 선행사에 'the only, the very, the last[서수], the same' 등이 붙어 있는 경우

- John is **the only** boy **that** can do it. (요한이는 그 일을 할 수 있는 유일한 소년이다.)
- This is **the very** film **that** I have wanted to see.
  (이것은 내가 보고파 해왔었던 바로 그 영화다.)
- **The first** boat **that** arrived was filled with people.
  (도착한 최초의 배는 사람들로 채워져 있었다.)

(3) 부정 대명사가 선행사일 경우; 'all, every, any, no' 등이 선행사이거나 선행사에 붙어 있는 경우

- **All that** were present got excited. (참석한 모든 이들이 흥분되었다.)
- She gave him **all** the money **that** she had. (그녀는 가지고 있던 모든 돈을 그에게 주었다.)
- He borrowed **every** book **that** he heard of. (그는 얘기 들은 책은 모두 빌렸다.)
- **Any** man **that** knows German will be employed. (독일어를 아는 사람은 누구든 고용될 것이다.)

(4) 의문 대명사 'who'가 선행사일 경우

- **Who that** has common sense can say such a thing?
  (상식이 있는 사람이라면 어떻게 그런 말을 할 수 있겠어요?)

D what

관계대명사 'what'은 주격 · 목적격이 같은 형태이고 소유격은 없다. 관계대명사 'what'의 특징은 그 자체에 선행사가 포함되어 있다는 사실이다. 관계대명사 'what'을 풀어서 표현하면 'the thing(s) which ~ (~하는 것)', 'all that ~ (~하는 것은 모두)', 'anything that ~ (~하는 것은 무엇이든), 'that which ~ (~하는 것)' 등의 의미를 나타낸다. 관계대명사 'what'이 이끄는 절은 명사절이고 문장의 주어 · 보어 · 목적어가 된다.

주격	소유격	목적격
what	-	what

1. 주격

- *What impressed me most* was the Egyptian mummy.
= *The thing which impressed me most* was the Egyptian mummy.
  (나에게 가장 감명을 준 것은 이집트의 미라였다.)
- *What you said* proved to be false.
= *That which you said* proved to be false. (당신이 말한 것은 거짓임이 판명되었다.)
  해설 이탤릭체로 표기된 부분은 문장 안에서 주부에 해당되는 부분이다.

2. 보어

- This is **what** he did.
- = This is **the thing which** he did. (이것이 그가 한 일이다.)
- This is **what** I want.
- = This is **the thing which** I want. (이것이 내가 원하는 것이다.)

3. 목적격

- He spent **what** he had earned.
- = He spent **all that** he had earned. (그는 번 돈을 모두 썼다.)
- Give me **what** you can.
- = Give me **anything that** you can. (당신이 줄 수 있는 건 모두 주세요.)
- I will do **what** I can do for you.
- = I will do **all that** I can do for you. (나는 너를 위해 할 수 있는 것은 모두 할 것이다.)

심화학습

관계대명사 'what'과 의문 대명사 'what'은 형태상으로는 구별할 수 없으므로 주절이 나타내는 내용으로 판단한다. 즉, 주절의 동사가 관건이다:

- He **gave** me **what** I wanted. 〈관계대명사〉 (그는 내가 원하던 것을 주었다.)
- He **asked** me **what** I wanted. 〈의문 대명사〉 (그는 나에게 무엇을 원하는지를 물었다.)

4. 관용적 표현

(1) what + 주어 + be 동사: 사람의 인품 · 성격 · 됨됨이를 나타낸다.

- He is not **what he was**.
- = He is not **the man** (that) he was.[7] (그는 옛날의 그가 아니다.)

(2) what + 주어 + have 동사: 사람의 재산 · 부의 상태를 나타낸다.

- A man should be judged not by **what he has** but by **what he is**.
  (사람은 그의 재산에 의해서가 아니라 그의 인품에 의해 판단되어야 한다.)

---

7) 관계대명사가 주격 보어일 경우 관계대명사 'that'만을 사용해야 하며, 주격 보어로 사용된 관계대명사 'that'은 생략 가능하다: He is not the man **(that)** he used to be. (그는 과거의 그가 아니다.)

(3) what you[we, they] call
= what is called: '소위, 이른바'의 의미로 해석된다.

- This is **what is called** a present in some countries and a bribe in others.
  (이것은 이른바 어떤 나라에서는 선물이요, 다른 나라에서는 뇌물이라는 것이다.)

(4) what is more
= what is better: (독립절 또는 삽입절을 이끌어) '게다가, 더욱이, 금상첨화로'의 의미로 해석된다.

- The book is interesting and, **what is more**, very instructive.
  (그 책은 재미있고, 게다가 매우 교훈적이기도 하다.)
- She is beautiful and, **what is better**, very intelligent.
  (그녀는 아름답고, 금상첨화로 대단히 지적이다.)

(5) what is worse: (독립절 또는 삽입절을 이끌어) '설상가상으로'의 의미로 해석된다.

- It began to rain and, **what is worse**, we lost our way in the dark.
  (비가 내리기 시작했고 설상가상으로 어둠 속에서 우리는 길까지 잃었다.)

(6) what with A and (what with) B
= what between A and B: (A와 B의 자리에는 명사 · 동명사가 오며 보통 좋지 않은 일의 원인을 열거하는 형태로) 'A다 B다 하여, A하거나 B하거나 하여'로 해석된다.

- **What with** *school* and (**what with**) *work* to earn my living, I had little time to play. (한편으론 학업이다, 한편으론 생업이다 하여 나는 놀 틈이 거의 없었다.)
- **What with** *overwork* and (what with) *poor meals*, he broke down.
  (과로에다 형편없는 식사 때문에 그는 쓰러졌다.)

(7) A is to B what[as] C is to D: 'A와 B의 관계는 C와 D의 관계와 같다'로 해석된다.

- Air **is to** us **what[as]** water **is to** fish. (공기와 인간의 관계는 물과 고기의 관계와 같다.)
- **What** lungs **are to** the human, leaves **are to** the plant.
  (식물에 있어서의 잎은 인간에게 있어서의 폐와 같은 것이다.)

E 전치사 + 관계대명사

1. 관계대명사가 전치사의 목적어가 되는 경우가 있는데, 전치사가 'whom, which' 등의 앞 또는 문장의 끝에 올 수 있지만 'that' 앞에는 올 수 없다. 회화체에서는 보통 전치사를 문장의 끝에 놓는다. 전치사가 문장의 끝에 위치할 때는 관계대명사를 생략할 수 있다.

- This is **the house**. + I live *in* **it**.

= This is the house *in* which I live.

= This is the house (**which**) I live *in*. (여기가 내가 사는 집이다.)

• Tennis is **the sport**. + I am fond *of* it.

= Tennis is the sport *of* **which** I am fond.

= Tennis is the sport (**which**) I am fond *of*. (테니스는 내가 좋아하는 운동이다.)

• I have **two kids** and *all of* **them** are abroad.

= I have **two kids**, *all of* **whom** are abroad.
(나는 애가 둘 있는데 그들 모두 외국에 있어요.)

• He wrote **many books** and you will read ***some of*** **them** in future.

= He wrote **many books**, ***some of*** **which** you will read in future.
(그는 많은 책을 집필했다. 너도 언젠가는 그 책들 중 몇 권을 읽게 될 것이다.)

• John spent **the years** effectively. + He was in the army ***during*** **the years**.

= John spent the years effectively ***during*** **which** he was in the army.
(요한이는 군복무 기간을 효과적으로 보냈다.)

해설 'besides, during, toward, except, beyond' 등의 전치사는 반드시 관계대명사 앞에 와야 한다. 그리고 관계대명사 'that'은 이들 전치사와 함께 쓰일 수 없다. 또한 'all of, some of, both of, most of' 등도 반드시 관계대명사 앞에 와야 하며 이 경우에 한하여 전치사 'of'는 분리될 수 없기 때문에 문장의 끝에 놓일 수 없다.

2. 관계대명사 that 앞에는 전치사가 불가능하다. 이러한 경우 전치사는 반드시 문장의 끝에 놓아야 한다.

• Tennis is **the sport**. + My wife is fond *of* it.

= Tennis is the sport (**that**) my wife is fond *of*. (테니스는 우리 집사람이 좋아하는 운동입니다.)

비교 *Tennis is the sport **of that** my wife is fond. (x)

• This is **the building**. + She works *in* it.

= This is the building (**that**) she works *in*. (이곳은 그녀가 근무하고 있는 빌딩입니다.)

비교 *This is the building **in that** she works. (x)

F 관계대명사의 생략

1. 관계대명사가 타동사의 목적어일 경우

• **The story** was very interesting. + You told **it** to me.

= The story (***which***[***that***]) *you told to me* was very interesting.
(그가 나에게 들려준 이야기는 매우 재미있었다.)

- This is **the lady**. + I want to meet **her**.
= This is the person **(whom[that])** I want to meet.
(이분은 내가 만나고 싶은 사람입니다.)

2. 관계대명사가 전치사의 목적어일 경우: 전치사를 관계대명사가 이끄는 문장의 끝에 위치시켰을 경우에만 생략 가능하다.

- That is **the tower**. + I wrote ***about*** it.
= That is the tower **(that[which])** I wrote ***about***.
(저 탑이 내가 글로 썼던 그 탑이다.)
- **The river** was very deep. + We swam ***in*** it.
= The river (***which***[***that***]) *we swam* ***in*** was very deep.
(우리들이 수영한 그 강은 매우 깊었다.)

3. 관계대명사가 주격 보어로 사용된 경우: 관계대명사가 주격 보어일 경우 관계대명사 'that'만을 사용해야 하며, 주격 보어로 사용된 관계대명사 'that'은 생략 가능하다.

- He is not **the man**. + He used to be **the man** ten years ago.
= He is not the man **(that)** he used to be ten years ago.
(그는 10년 전에 그가 아니다.)
- She is not **the cheerful woman**. + She was **the cheerful woman** before.
= She is not the cheerful woman **(that)** she was before.
(그녀는 예전의 활기찼던 그녀가 아니다.)

4. '관계대명사 + there is[are]'로 이루어진 문장의 경우

- This is **the best dictionary**. + there is **the best dictionary** in the library.
= This is the best dictionary **(that) there is** in the library.
(이것은 도서관에 있는 가장 뛰어난 사전이다.)

5. 주격 관계대명사 'who'는 원칙적으로 생략할 수 없으나, 다음과 같은 경우에는 생략할 수가 있다.

(1) 'There is[was] ~'나 'It is[was] ~'의 뒤에 올 경우 생략할 수 있다.

- **There is** a student. + He wants to see you.
= **There is** a student (who) wants to see you. (어떤 학생이 당신을 뵙고 싶다고 합니다.)

(2) 삽입절 앞에서 생략할 수 있다.

• They gave attention to the children. + *The children* **they believed** *were clever.*
= They gave attention to the children (*who*) **they believed** *were clever.*
(그들은 영리하다고 생각되는 아이들에게 주목했다.)

G 유사 관계대명사

본래 접속사로 사용되는 'as, than, but' 등이 다른 어구를 동반하여 관계대명사와 유사한 역할을 하며 접속사 구실을 한다. 이것들을 유사[의사] 관계대명사라고 부른다.

1. as: 주로 선행사에 'as, such, the same' 등이 올 때 사용된다.

• **Such** ***as*** *are rich* will not want for friends. (돈이 많은 사람은 친구의 부족을 느끼지 않는다.)
• She is not a student **such as** would cut her classes.
= She is not **such** a student **as** would cut her classes.
(그녀는 수업을 빼먹고 할 그런 학생이 아니다.)
• This is **the same** watch **as** I lost yesterday.
(이것은 내가 어제 잃어버렸던 것과 같은 종류의 시계이다.)
• **As** many men ***as*** *came* were excited. (왔던 모든 이들이 흥분되었다.)

2. than: 선행사 앞에 비교급이 있을 때는 'than'이 관계대명사로 쓰여 비교 구문이 된다.

• Children should not have **more** money **than** is needed.
(아이들은 필요 이상의 돈을 가져선 안 된다.)
• Don't use **more** words **than** are necessary. (필요 이상의 말을 하지 말라.)
• She spends **more** money **than** she earns. (그녀는 수입보다 더 많은 돈을 쓴다.)

3. but: '~하지 않는 ~은 없다'의 의미로 항상 부정문 또는 부정의 뜻을 포함하는 문장에 사용된다. 'that[who, which] ~ not ~'의 형태로 풀어 쓸 수 있다.

• There is **no** one **but** knows Sarah. (사라를 알지 못하는 사람은 없다.)
= There is **no** one **that does not** know Sarah.
= Everybody knows Sarah.
• Who is there **but** commits errors? (잘못을 저지르지 않는 사람이 누가 있겠는가?)
= Who is there **that does not** commit errors?
= Everyone commits errors.

H 관계대명사의 한정적 용법과 계속적 용법

1. 한정적[제한적] 용법: 관계대명사 절이 선행사[명사]를 수식하는 용법으로 관계대명사 앞에는 콤마를 붙이지 않는다.

• He had **three sons who** became doctors. (그에게는 의사가 된 3명의 아들이 있었다.)

해설 이 경우는 의사가 된 3명의 아들 외에도 다른 직업을 가진 몇 명의 아들이 있었다는 것을 암시하고 있다.

2. 계속적[비제한적] 용법

(1) 계속적 용법으로 사용되는 관계대명사는 'who, which'뿐이다. 관계대명사 절이 선행사를 수식하지 않는다. 앞에서부터 해석하고 관계대명사 앞에는 반드시 콤마가 있어야 하며, 관계대명사는 '접속사(and, but, for, though) + 대명사'로 바꾸어 쓸 수 있다. 계속적 용법은 문장 속에 놓일 때도 있다.

• He had **three sons, who** became doctors.
= He had **three sons, and they** became doctors.
(그에게는 아들이 3명 있었는데, 그들은 의사가 되었다.)

• I went to call for **Mr. Trump, whom** I found sick in bed.
= I went to call for **Mr. Trump, but I found him** sick in bed.
(나는 트럼프 씨를 부르러 갔지만, 그는 아파서 누워 있었다.)

• I will lend you **this book, which** is very funny.
= I will lend you **this book, for it** is very funny.
(네게 이 책을 빌려 줄게, 왜냐하면 너무 재미있으니까.)

• **The children, who** were lucky, got presents. (그 아이들은 운이 좋아서 선물을 받았다.)

비교 **The children who** were lucky got presents. (운이 좋았던 아이들은 선물을 받았다.)

(2) 'which'는 앞에 나온 구·절·문장의 내용을 받을 수 있다.[8)]

• I tried **to open the door, which[and this]** I found impossible.
(나는 문을 열려고 했지만, 그게 불가능하다는 것을 알았다.)

• He said **he was rich, which[but it]** was a lie. (그는 부자라고 말했지만, 그건 거짓말이었다.)

• **I lost my way, which[and this]** delayed me considerably.
(나는 길을 잃었다. 그래서 상당히 늦었다.)

---

8) 'as'도 문장 전체를 선행사로 받을 수 있다: **He was late for school, as[which]** is often the case (with him). (그는 학교에 지각했다. 그것은 그에게는 종종 있는 일이다.)

Ⅱ 관계부사

ENGLISH GRAMMAR

관계부사에는 'where, when, why, how'가 있고, 이 중 'where'와 'when'은 제한적 용법과 계속적 용법으로 쓰인다. 관계부사는 의문부사와 형태가 같으므로 혼동하지 않도록 주의해야 한다. 관계부사는 선행하는 명사를 수식하는 형용사절을 이끌며 문장 속에서 '접속사 + 부사(구)'의 역할을 한다:

• This is *the apartment*. (여기가 그 아파트입니다.)
  + *And*
• Sarah lives *there*[*in the apartment*]. (사라가 이 아파트에 살고 있습니다.)
= This is *the apartment where* Sarah lives. (여기가 사라가 살고 있는 아파트입니다.)

위의 예문에서 보듯이 2개의 문장은 접속사 'and'와 부사 'there'를 'where'로 바꿔 쓰고 있다. 이 'where'처럼 선행하는 명사를 받아 다음에 오는 절에 결합시키는 접속사 역할과 부사(구) 역할을 겸하는 부사를 관계부사라고 한다. 관계부사가 수식하는 단어를 관계부사의 선행사라고 한다. 관계부사는 '전치사 + 관계대명사'로 고쳐 쓸 수 있는 경우가 있다:

• This is *the apartment*. (여기가 그 아파트입니다.)
  + *And*
• Sarah lives in *the apartment*. (사라가 이 아파트에 살고 있습니다.)
= This is *the apartment in which* Sarah lives.
= This is *the apartment (which)* Sarah lives *in*. (여기가 사라가 살고 있는 아파트입니다.)

A where

선행사가 '장소'를 나타내는 단어일 경우에 사용된다.

종류	선행사	전치사 + 관계대명사
where	장소를 나타내는 명사(the place)	at[in, on, to] + which

• Tell me about **the town**. + You were born **in the town**.
= Tell me about **the town in which** you were born.
= Tell me about **the town (which)** you were born **in**.
= Tell me about **the town where** you were born. (당신이 태어난 마을에 대해 말해 주세요.)

- The **place** is not very far. + The treasure is buried **at the place**.
= The **place** ***at which*** *the treasure is buried* is not very far.
= The **place** ***where*** *the treasure is buried* is not very far.
(보물이 묻혀 있는 장소는 그다지 멀지 않다.)

B when

선행사가 '때'를 나타내는 단어일 경우에 사용된다.

종류	선행사	전치사 + 관계대명사
when	시간을 나타내는 명사(the time)	at[in, on, during] + which

- That was **the day**. + He arrived here **on the day**.
= That was **the day on which** he arrived here.
= That was **the day** (which) he arrived here **on**.
= That was **the day when** he arrived here. (그날은 그가 여기 도착한 날이었다.)
- **The time** was very late. + He came home **at the time**.
= **The time** ***at which*** *he came home* was very late.
= **The time** ***when*** *he came home* was very late. (그가 귀가한 시간은 매우 늦었다.)

C why

선행사가 '이유'를 나타내는 단어일 경우에 사용된다.

종류	선행사	전치사 + 관계대명사
why	이유를 나타내는 명사(the reason)	for which

- There is no **reason**. + I should apologize **for the reason**.
= There is no **reason for which** I should apologize.
= There is no **reason** (which) I should apologize **for**.
= There is no **reason why** I should apologize. (내가 사과해야 할 이유가 없다.)
- Do you know **the reason**? + The sky is blue **for the reason**.
= Do you know **the reason for which** the sky is blue?

= Do you know **the reason** (which) the sky is blue **for**?
= Do you know **the reason why** the sky is blue? (하늘이 파란 이유를 아세요?)

D how

원래 'the way(방법)'가 선행사이었으나 현재는 선행사 없이 사용되며 '방법'을 나타내는 경우에 사용된다. 또한 'how'가 이끄는 절은 명사절이다.

종류	선행사	전치사 + 관계대명사
how	방법을 나타내는 명사(the way)	in which

- This is **the way**. + I cook fish **in the way**.
= This is **the way in which** I cook fish.
= This is **the way** (which) I cook fish **in**.
= This is **how** I cook fish. (이것이 내가 생선을 요리하는 방법이다.)
- He was very much interested in **the way**. + The child spoke **in the way**.
= He was very much interested in **the way in which** the child spoke.
= He was very much interested in **the way** (which) the child spoke **in**.
= He was very much interested in **how** the child spoke.
(그는 그 아이가 말한 방법에 큰 관심이 있었다.)

> 심화학습
> 'the way'와 'how'는 함께 사용할 수 없다:
> - *This is **the way how** he caught fish. (x)
> ↳ This is **the way in which** he caught fish. (o)
> ↳ This is **how** he caught fish. (o) (이것이 그가 물고기를 잡은 방법이다.)

E that

'장소 · 시간 · 이유 · 방법' 등을 나타내는 명사를 선행사로 하는 경우에 사용된다. '선행사 + where[when, why, in which]'의 형태로 이루어진 문장은 '선행사 + that'으로 바꾸어 사용할 수 있다. 그리고 선행사 뒤에 오는 관계부사 'that'은 생략할 수 있다.

종류	선행사	전치사 + 관계대명사
that	시간[장소 · 이유 · 방법]을 나타내는 명사	-

- Tell me about **the town where** you were born.

= Tell me about **the town (that)** you were born. (당신이 태어난 마을에 대해 말해 주세요.)
- **The** last **time when** I saw her, she was quite well.

= **The** last **time (that)** I saw her, she was quite well.
(내가 저번에 만났을 때 그녀는 아주 건강했다.)
- This is **the reason why** he came.

= This is **the reason (that)** he came. (이것이 그가 온 이유이다.)
- Nobody likes **the way in which** you behave.

= Nobody likes **the way (that)** you behave. (자네의 행동 방식은 아무도 좋아하지 않는다.)

F 관계부사와 선행사의 생략

관계부사나 선행사 중 어느 한쪽을 생략해도 문장의 뜻이 분명할 경우에는 두 가지 중 하나를 생략할 수 있다.

1. 선행사를 생략할 경우

(1) 명사절이 되는 경우: 목적어 · 보어 역할을 한다.
- This is **(the point) where** you are mistaken. (자네가 오해를 받는 것은 바로 그 점이야.)
- I remember **(the time) when** there was witch hunting.
(나는 마녀사냥이 있었던 시대를 기억한다.)
- This is **(the reason) why** she got angry. (이것이 그녀가 화를 낸 이유다.)

(2) 부사절이 되는 경우: 'where'의 경우 'at[in] the place' 등이 생략되어 부사절을 이끌 수 있다.
- Let's camp **(at the place) where** we can get water.
(물을 얻을 수 있는 장소에서 야영을 하자.)
- **Where** there's a will, there's a way. (뜻이 있는 곳에 길이 있다.)
- **Where** I come from in Germany, we have plenty of rain.
(독일에서 내가 태어난 곳은 비가 많이 온다.)

해설 'At[In] the place where' 구문에서 'At[In] the place'가 생략되면 'Where'로 이끌리는 문장이 형성된다. 이 경우 종속접속사로 볼 수 있는데, 특히 문장 첫머리에 올 때 이러한 독립된 접속사로서의 성격이 두드러진다.

2. 관계부사를 생략할 경우: 'where'를 제외한 모든 관계부사는 생략이 가능하다.
- Friday is the day (**when**) people feel happy. (금요일은 사람들이 행복감을 느끼는 날이다.)
- This is the reason (**why**) he came to see me. (이것이 그가 나를 만나러 온 이유다.)

3. 관계부사로서의 that: 관계부사의 제한적 용법에서 '선행사 + where[when, why, in which]'의 형태로 이루어진 문장은 '선행사 + that'으로 바꾸어 사용할 수 있으며 생략이 가능하다.
- He passed away on the day **that[when, on which]** she arrived.
  (그는 그녀가 도착한 그날 세상을 떠났다.)

G 관계부사의 한정적 용법과 계속적 용법

관계부사 'when, where'에도 관계대명사와 같이 한정적[제한적] 용법과 계속적[비제한적] 용법이 있다.

1. 한정적[제한적] 용법: 관계부사 절이 선행사[명사]를 수식하는 용법으로 관계부사 앞에는 콤마를 붙이지 않는다.
- She went into **the store where** they sold side dishes. (그녀는 반찬 가게 안으로 들어갔다.)

2. 계속적[비제한적] 용법: 관계부사 앞에 콤마가 있고 선행사나 문장 전체에 대해 부가적 설명을 하는 문장을 이끈다. 이 경우 'where'는 'and[but, for] there'로 'when'은 'and[but, for] then'으로 해석하면 된다.
- She went into **the store, where** they sold side dishes.
= She went into **the store, for there** they sold side dishes.
  (그녀는 가게 안으로 들어갔다. 왜냐하면 그곳은 반찬을 파는 곳이었다.)
- I went to **London, where** I stayed for three nights.
= I went to **London, and there** I stayed for three nights.
  (나는 런던에 가서 거기서 3일 동안 머물렀다.)
- **I was about to reply, when** he cut in.
= **I was about to reply, and then** he cut in. (내가 대답하려고 했다. 그러자 그가 끼어들었다.)
- You had better call **at six, when** she will be at home.
= You had better call **at six, for then** she will be at home. (너는 6시에 전화를 하는 게 좋겠다. 왜냐하면 그때는 그녀가 집에 있을 거니까.)

Ⅲ 복합 관계사

ENGLISH GRAMMAR

A 복합 관계대명사

'관계대명사[who, which, what] + ever'의 형태로 그 자체에 선행사를 포함하고 있는 복합 관계대명사는 명사절과 양보의 부사절을 유도한다. 복합 관계대명사는 'what'과 마찬가지로 '선행사 + 관계대명사'이므로 선행사의 역할과 관계대명사의 역할을 동시에 한다. 또한 'whoever'는 주격(whoever), 소유격(whosever), 목적격(whomever)으로 격 변화를 한다. 격은 뒤에 오는 문장 속에서 다른 단어와의 관계로 결정된다.

1. 명사절을 이끄는 경우: '선행사 + 관계대명사'로 풀어 쓸 수 있다.

- **Anyone** will take it. + **He** comes first.
- = **Anyone** ***who*** *comes first* will take it.
- = **Whoever** *comes first* will take it.
  〈'whoever'는 'comes'와 'take'의 주어 역할을 함〉
  (누구라도 먼저 온 사람이 그것을 차지할 것이다.)

- Give it to **anyone**. + **He** wants it.
- = Give it to **anyone who** wants it.
- = Give it to **whoever** wants it.
  〈'whoever'는 'wants'의 주어 역할을 함〉
  (그것을 원하는 누구에게나 그것을 주어라.)

- Give it to **anyone**. + You like **him**.
- = Give it to **anyone whom** you like.
- = Give it to **whomever** you like.
  〈'whomever'는 'like'의 목적어 역할을 함〉
  (네가 좋아하는 누구에게나 그것을 주어라.)

- You may choose **anything**. + You like **it**.
- = You may choose **anything that** you like.
- = You may choose **whichever** you like.
  〈'whichever'는 'like'의 목적어 역할을 함〉
  (네가 원하는 것은 무엇이든지 골라도 좋다.)

심화학습

'whichever'는 동사의 성격이 선택적인 면을 가지고 있을 때 주로 사용된다는 점에서 'whatever'와 구분된다:

• I will give you **anything**. + You need **it**.
= I will give you **anything that** you need.
= I will give you **whatever** you need.
〈'whatever'는 'need'의 목적어 역할을 함〉
(나는 네가 필요로 하는 것은 무엇이든지 줄 것이다.)

2. 양보의 부사절을 이끄는 경우: 'may'를 수반할 경우가 많다. 'no matter who[which, what]'의 형태로 풀어 쓸 수 있으며 '~하더라도, ~하든지'의 의미로 양보의 부사절을 이끈다.

• **Whoever may** come, he will be warmly welcomed.
= **No matter who may** come, he will be warmly welcomed.
(누가 오더라도 따뜻한 환영을 받을 것이다.)
• **Whichever** you **(may)** take, it will serve your purpose.
= **No matter which** you **(may)** take, it will serve your purpose.
(어떤 것을 선택해도 당신의 목적에 맞을 것입니다.)
• **Whatever** happens, I will do it.
= **No matter what** happens, I will do it. (무슨 일이 일어나도 나는 그것을 하겠다.)

B 복합 관계형용사

'what' 또는 'which'가 주격 또는 목적격으로 쓰이지 않고 다음에 오는 명사를 수식하는 형용사 역할을 하는 것을 관계형용사라고 한다. 또한 'whatever' 또는 'whichever'가 주격 또는 목적격으로 사용되는 대신 다음에 오는 명사를 수식하는 형용사 역할을 하는 것을 복합 관계형용사라고 한다.

• I gave him **what money** I had.
= I gave him **all the money** that I had. (내가 가진 돈을 모두 그에게 주었다.)
• He spoke to me in German**, which language** I could not understand.
= He spoke to me in German**, and this language** I could not understand.
(그는 내가 이해할 수 없는 독일어로 나에게 말을 걸었다.)

- Return it to **anyone**. + **His** address is on it.
= Return it to **anyone whose** address is on it.
= Return it to **whosever** address is on it. (그 위에 적힌 것이 누구의 주소이든 주소대로 돌려주어라.)
- You may read **any book**. + You like **it**.
= You may read **any book that** you like.
= You may read **whatever book** you like. (좋아하는 책은 무슨 책이든 읽어도 좋다.)
- Buy **either of the two cameras**. + You like **it**.
= Buy **either of the two cameras that** you like.
= Buy **whichever camera** you like. (어느 카메라든 마음에 드는 것을 사세요.)

C 복합 관계부사

관계부사 'where, when, how'에 '-ever'가 붙은 'wherever, whenever, however'를 복합 관계부사라고 한다. 선행사를 포함한 관계부사로 부사절을 이끈다.

1. 부사절을 이끄는 경우: 복합 관계부사는 그 자체로 선행사를 포함하고 있고 부사절을 이끈다.
- My doggie follows me **wherever[to any place where]** I go.
(내 강아지는 내가 가는 곳은 어디든 따라온다.)
- Come **whenever[at any time when]** you like. (언제든지 당신이 좋을 때 오세요.)

2. 양보를 나타내는 부사절을 이끄는 경우: 'may'를 동반할 경우가 많다. 'no matter + 의문부사[where, when, how]'의 형태로 풀어 쓸 수 있으며 '~하더라도, ~하든지'의 의미로 양보의 부사절을 이끈다.
- **Wherever** you **(may)** go, I will follow you.
= **No matter where** you go, I will follow you. (당신이 어딜 가든 나는 따라 가리라.)
- **Whenever** you **(may)** go, I will follow you.
= **No matter when** you (may) go, I will follow you. (당신이 언제 가든 나는 따라 가리라.)
- Don't hesitate to call me **whenever** you feel like it.
= Don't hesitate to call me **no matter when** you feel like it
(기분이 내킬 때면 언제든 주저하지 말고 내게 전화하세요.)
- **Whenever** I am in trouble, I always consult my parents.
= **No matter when** I am in trouble, I always consult my parents.
(고민이 있을 때는 언제든지 나는 부모님과 상의를 합니다.)
- **However** you **(may)** go, I will follow you.

= **No matter how** you (**may**) go, I will follow you.
(당신이 어떤 방법으로 가든 나는 따라 가리라.)

- **However** humble it **may** be, there is no place like home.

= **No matter how** humble it **may** be, there is no place like home.
(아무리 누추하다 할지라도 집만 한 곳은 없다.)

- **However** much it costs, I am determined to buy it.

= **No matter how** much it costs, I am determined to buy it.
(그것이 아무리 비싸더라도 나는 그것을 사기로 결심했다.)

- **However** hard I worked, she was never satisfied.

= **No matter how** hard I worked, she was never satisfied.
(내가 아무리 열심히 공부하여도 그녀는 결코 만족하지 않았다.)

- **However** much he earns, I cannot make ends meet.

= **No matter how** much he earns, I cannot make ends meet.
(그가 아무리 많이 벌어도 나는 수지를 맞출 수 없다.)

m/e/m/o

실력평가문제

CRAMMING ENGLISH GRAMMAR

※ 다음 밑줄 친 곳에 가장 알맞은 것을 고르시오.

01 I met a young lady _____ I thought resembled Angelina Jolie.

① who ② whose

③ which ④ what

해설 선행사가 사람이며 동사(resembled)의 주어 자리가 비어있을 경우 주격 관계대명사가 필요하다. 여기서 'I thought'는 삽입 문장으로 문장 형식과는 관련이 없다. 수험생을 현혹시키기 위해 종종 이런 문제가 출제된다. • resemble 닮다

해석 나는 안젤리나 졸리를 닮은 젊은 아가씨를 만났다.

정답 ①

02 Who is the man _____ is coming over here?

① which ② that

③ whose ④ what

해설 의문사를 선행사로 취할 수 있는 관계대명사는 어떤 것이 있을까?

해석 여기로 오고 있는 저 사람은 누구입니까?

정답 ②

03 The city is now quite different from _____ was two months ago.

① that ② which

③ what ④ than

해설 'from' 뒤에 '선행사(the city) + 관계대명사'가 필요한데, 주어진 문제에는 선행사가 없다. 그러므로 선행사를 포함할 수 있는 관계대명사를 찾아야 한다. • be different from ~와는 다르다

해석 그 도시는 두 달 전과는 사뭇 다르다.

정답 ③

04 Look at the fantastic mountain _____ body is covered with autumnal tints

① whose ② that

③ which ④ of which

해설 '관계대명사 + 일반 명사' 뒤에 완전한 문장이 따라오면 관계대명사는 소유격 관계대명사이어야 한다. 주어진 문제는 'mountain'을 선행사로 받고 'body'와 연결될 수 있는 소유격 관계대명사가 필요하다:
Look at **the** fantastic **mountain**. + The body of **the mountain** is covered with autumnal tints. = Look at the fantastic mountain **the body of which** is covered with autumnal tints. = Look at the fantastic mountain **whose body** is covered with autumnal tints.

해석 산 전체가 단풍으로 물든 환상적인 저 산을 바라보라.
정답 ①

05 The student _____ I believed to be honest deceived me.

① who ② whom
③ whose ④ which

해설 목적격 관계대명사를 찾는 문제이다: **The student** deceived me. + I believed **him** to be honest. = The student (**whom**) I believed to be honest deceived me.
해석 정직하다고 믿었던 그 학생이 나를 속였다.
정답 ②

06 In the train I saw a man _____ I believed was a detective.

① whom ② whose
③ what ④ who

해설 1번 문제와 동일한 성격의 문제. • detective 형사, 탐정; 탐정의
해석 열차 안에서 내 생각으로는 형사로 보이는 한 남자를 보았다.
정답 ④

07 _____ as the most important of crops in Korea is rice.

① what ranks ② The rank
③ It is ranked ④ Its rank

해설 The thing ***which*** *ranks as the most important of crops in Korea* **is** rice. → **What ranks** as the most … **is** rice. 관계대명사 'what'은 문장 내에서 두 개의 동사를 지배한다. 주어진 문제에서도 관계대명사 'what'은 동사 'ranks'와 'is'를 지배하는 주어 역할을 하고 있다. • rank 계급, 계층, 열, 줄; 정렬시키다, 등급을 매기다, 평가하다
해석 한국에서 가장 중요한 곡물로 평가되는 것은 쌀이다.
정답 ①

08 It was raining in the mountain, _____ made the fresh air all the more precious.

① which ② that
③ those ④ what

해설 계속적 용법에서 문장 일부나 문장 전체를 선행사로 받을 경우에는 관계대명사 'which'를 사용한다.
• precious 귀중한, 값비싼, 고귀한, 사랑하는
해석 산에는 비가 내리고 있었고, 그것은 신선한 공기를 더욱더 고귀하게 만들어 주었다.
정답 ①

09 Choose _____ you think is suitable.

① which ② what
③ where ④ whom

해설 동사 'choose'의 목적어 역할도 하고 동시에 동사 'is'의 주어 역할도 할 수 있는 즉, 선행사를 포함하고 있는 관계대명사는? Choose **the thing which** (you think) is suitable. → Choose what (you think) is suitable. 여기서 'you think'는 삽입 문장으로 문장 형식과는 관련이 없다.
• suitable 적당한, 어울리는, ~에 알맞은

해석 여러분들이 생각하기에 알맞은 것을 선택하시오.

정답 ②

10 I know a boy _____ father is a soldier.

① who ② whose

③ whom ④ what

해설 4번 문제와 동일한 성격의 문제: I know **a boy**. + **His** father is a soldier. = I know a boy **whose** father is a soldier. 이처럼 '관계대명사 + 일반 명사' 뒤에 완전한 문장이 따라오면 관계대명사는 소유격 관계대명사이어야 한다.

해석 나는 아버지가 군인인 한 소년을 안다.

정답 ②

11 I will employ the lad _____ they say is a fluent speaker of Russian.

① who ② that

③ which ④ when

해설 6번 문제와 동일한 성격의 문제. • fluent 유창한, (말 · 글이) 거침없는; (수학) 변수(變數), 변량(變量)

해석 러시아어를 유창하게 구사한다는 그 친구를 나는 고용할 것이다.

정답 ①

12 _____ she saw sympathized with her.

① Whoever ② Whom

③ That ④ Whomever

해설 복합 관계부사에 대한 문제: **Anyone** sympathized with her. + She met **him**. = **Anyone whom** she met sympathized with her. = **Whomever** she met sympathized with her.
• sympathize 동감하다, 동정하다

해석 그녀가 만나 본 사람은 누구나 다 그녀를 동정했다.

정답 ④

13 Friendship is to man _____.

① just as sunshine to flowers

② what sunshine is to flowers

③ as the sun does to flowers

④ for which the sun does to flowers

해설 A is to B what[as] C is to D; What C is to D, A is to B; Just as C is to D, so is A to B: 'A와 B의 관계는 C와 D의 관계와 같다'로 해석된다.

해석 우정과 사람의 관계는 햇빛과 꽃의 관계와 같다.

정답 ②

14 Mr. Nunez's book would be helpful for anyone _____ wants an in-depth knowledge of how to read financial statements.

① who ② what

③ which ④ where

해설 주어는 Mr. Nunez'e book, 동사는 would be이며, 빈칸부터 statements까지는 문장 형태로 앞의 anyone을 수식하므로 빈칸은 관계대명사 자리이다. 선행사인 anyone(누구든지)은 사람을 가리키며 빈칸 뒤에 주어가 없으므로 사람을 수식하는 주격 관계대명사 who가 정답이 된다.
• in-depth 깊은, 심도 있는, 해박한 • knowledge 지식 • financial statement 재무제표(보고서)

해석 누네즈 씨의 책은 재무제표를 읽는 방법에 대한 깊은 지식을 원하는 사람 누구에게나 도움이 될 것이다.

정답 ①

15 The article features the biography of painter Jean Stemme, _____ work has been displayed in art galleries around the globe.

① who ② his

③ whose ④ which

해설 빈칸 앞뒤 연결 구조를 보아 빈칸은 Jean Stemme를 수식해서 그의 작품에 대한 설명이 이어지는 관계대명사 자리이다. 빈칸 뒤에 완전한 문장이 오고, 바로 뒤에 work라는 명사가 있고, '진 슈템메의 작품'이라고 해석할 수 있으므로 소유격 관계대명사가 와야 한다. 따라서 whose가 정답이다. his를 넣으면 빈칸 앞뒤로 독립적인 문장이 만들어진다. 접속사 없이 독립적인 두 문장을 쓸 수 없으므로 정답이 될 수 없다.
• feature 특집으로 다루다 • biography 전기, 일대기 • display 전시하다, 나타내다

해석 그 신문 기사는 화가 진 슈템메의 일대기를 특집으로 다루고 있다. 그리고 그의 작품은 전 세계의 미술관에서 전시되고 있다.

정답 ③

16 The shipping company _____ just launched its new express service is scheduled to open three new offices in downtown area this winter.

① who ② which

③ whose ④ this

해설 문장의 주어는 shipping company, 동사는 is scheduled이며, 빈칸부터 service까지가 문장 형태로 앞의 company를 수식하므로 빈칸은 관계대명사 자리이다. 선행사인 company(회사)가 사물이며 빈칸 뒤에 주어가 없으므로 사물을 수식하는 주격 관계대명사 which가 정답이 된다. • shipping 운송 • launch 시작하다, 착수하다 • be scheduled to + 동사원형 ~할 예정이다 • downtown 도심의

해석 자사의 새로운 특급 운송 서비스를 막 시작한 그 운송회사는 이번 겨울에 3개의 새로운 사무실을 시내에 개설할 예정이다.

정답 ②

17 With fourteen years of experience in the food industry, Pura Org is a Spain-based company, _____ specializes in natural snacks.

① which ② that

③ it ④ where

해설 주어는 Pura Org, 동사는 is이며, 빈칸부터 snacks까지는 문장 형태로 앞의 company를 수식하므로 빈칸은 관계대명사 자리이다. 선행사인 company(회사)가 사물이며 빈칸 뒤에 주어가 없으므로 사물을 수식하는 주격 관계대명사 which와 that이 가능하다. 선행사 뒤에 콤마(,)가 있으므로 that은 오답이며 which가 정답이 된다. • food industry 식품산업 • based ~에 기반[기초]를 둔 • specialize in ~을 전문으로 하다 • natural 자연[천연]의 • snack 과자, 간식

해석 식품산업에서 14년 동안의 경험을 보유한 푸라 오그는 스페인에 본사를 둔 회사로 천연 간식을 전문으로 한다.

정답 ①

18 After searching the warehouse this afternoon, Ms. Kim located the missing parts ______ were needed to complete the order for Zingy Computers.

① that ② what

③ there ④ who

해설 주어는 Ms. Kim, 동사는 located이며, 빈칸부터 Computers까지는 문장 형태로 앞의 parts를 수식하므로 빈칸은 관계대명사 자리이다. 선행사인 parts(부품)가 사물이며 빈칸 뒤에 주어가 없으므로 사물을 수식하는 주격 관계대명사 that이 정답이 된다. • search 찾아[살펴]보다, 수색[검사]하다 • warehouse 창고 • locate ~을 찾아내다 • complete 완성하다, 끝마치다

해석 오늘 오후에 창고를 살펴본 후에 김 씨는 징기 컴퓨터의 주문을 완성하기 위해 필요했던 분실된 부품들은 찾았다.

정답 ①

19 According to the terms of the contract the board ____, all office supplies will be provided by Office Supplies.

① was approved ② has approved

③ approving ④ is approved

해설 According to the terms of the contract (which) the board ...에서 목적격 관계대명사가 생략된 형태로, 빈칸은 문장의 동사 자리가 아니라 관계대명사절의 동사 자리이다. 따라서 빈칸은 the board와 함께 앞의 contract(계약서)를 수식하며, 문맥상 '위원회가 승인된 계약서'가 아니라 '위원회가 승인한 계약서'가 적절하므로 능동태인 has approved가 정답이 된다. • according to ~에 따르면 • term (계약 등의) 조건, 조항 • contract 계약(서) • approve 승인하다 • office supplies 사무용품

해석 이사회가 승인한 계약 조건에 따르면 모든 사무용품은 오피스 서플라이즈에 의해서 제공될 것이다.

정답 ②

20 The grant money, most of _____ will be spent on purchasing equipment, will be deposited into the account by the end of the business day.

① it ② whom

③ which ④ those

해설 주어는 The grant money, 동사는 will be deposited이므로 most of ... equipment는 앞의 money를 수식한다. “수량 표현 + of + 관계대명사” 형태는 앞의 명사를 수식할 수 있으며, 이때 of 뒤에는 관계대명사 중 which나 whom만 올 수 있다. 수식받는 명사가 사람이 아닌 사물(money)이므로 which가 정답이다.
• grant money 보조금 • equipment 장비 • deposit 예금하다 • account 계좌

해석 그 보조금은 대부분 장비를 구입하는 데 쓰일 것이고 근무 시간이 끝날 때까지 그 계좌로 예금될 것이다.

정답 ③

21 Mr. Moor is serving as the temporary replacement for our accountant _____ will be out of office for his summer vacation.

① who ② he
③ whoever ④ him

해설 동사 will be 앞에 빈칸이 있다. 동사 앞에는 who, he, whoever가 올 수 있으므로 문장 구조를 살펴봐야 한다. Mr. Moor가 주어, is serving이 동사이며, 빈칸부터 vacation까지가 앞의 accountant를 수식하므로 빈칸은 관계대명사 자리이다. 따라서 who가 정답이 된다. • serve as ~로 근무하다 • temporary 임시의, 일시적인 • replacement 대신할 사람, 후임자 • accountant 회계사

해석 무어 씨는 여름휴가 때문에 사무실을 비우게 될 우리 회계사의 임시 대리 근무자로 근무하고 있다.

정답 ①

22 The new CEO is likely to meet company executives next week, some of _____ were promoted just last year.

① whom ② he
③ who ④ then

해설 “수량 표현 + of + ----” 구조에 적합한 것을 찾는 문제이다. 빈칸에는 관계대명사가 들어가서 executives를 수식할 수 있는데, 전치사 of의 목적어 역할을 해야 하므로 목적격인 whom이 정답이다.
• be likely to + 동사원형 ~할 것 같다 • executive 임원, 중역 • promote 승진시키다, 판촉하다

해석 신임 CEO는 다음 주에 회사 중역들을 만날 가능성이 크다. 그리고 그 중역들 중 몇 명은 바로 작년에 승진했다.

정답 ①

23 The office supply store is located on Conway Road _____ a supermarket once was located.

① near ② beside
③ where ④ which

해설 주어는 store, 동사는 is located이며, 빈칸부터 was located까지는 앞의 Conway Road를 수식하여 ‘한때 슈퍼마켓이 있었던 콘웨이 로드’라는 의미가 된다. 수식을 받는 명사가 장소(Conway Road)이며, 뒤에 완전 문장이 있으므로 관계부사인 where가 정답이 된다. where는 뒤에 완전 문장이 와서 앞의 장소 명사를 수식할 수 있다.

해석 그 사무용품점은 한때 슈퍼마켓이 있었던 콘웨이 로드에 위치해 있다.

정답 ③

24 Amsterdam is a city _____ has a significant port and trade sector.

① beside ② near

③ which ④ where

해설 빈칸부터 sector까지는 앞의 city를 수식한다. 선행사인 city(도시)가 장소이므로 which와 where의 수식을 받을 수 있지만 where 뒤에는 완전 문장이 와야 한다. 여기서는 주어가 없으므로 where는 오답이다. 따라서 사물을 수식하는 주격 관계대명사 which가 정답이 된다. • significant 중요한 • port 항구 • trade 무역, 교역 • sector 부문, 지구

해석 암스테르담은 중요한 항구와 무역 지구(地區)를 가지고 있는 도시이다.

정답 ③

25 A delegation of officials from Cornell Services will arrive next Monday _____ the annual forum will kick off.

① which ② when

③ then ④ also

해설 빈칸부터 kick off까지는 앞의 next Monday(다음 주 월요일)를 수식한다. 선행사 next Monday는 시간을 나타내므로 which와 when의 수식을 받을 수 있지만 which 뒤에는 주어나 목적어가 없어야 한다. 빈칸 이하는 완전 문장(forum이 주어, will kick off가 동사)이므로 when이 정답이 된다. • delegation 대표단 • annual 연례의 • forum 공개 토론회, 토론 프로 • kick off (모임 · 회의 등이) 시작하다

해석 코넬 서비스 사(社)의 임직원 대표단은 연례 포럼이 시작될 다음 주 월요일에 도착할 것이다.

정답 ②

26 _____ willing to be involved in the downtown restoration project will receive tax credits from the government.

① Anyone ② Whatever

③ These ④ Whoever

해설 anyone(누구든지) whoever(누구든지)의 의미는 같지만, 문법적인 기능이 다르다. whoever 뒤에는 동사가 와야 하지만 빈칸 뒤 willing(~하고자 하는)은 동사가 아니므로 Whoever는 오답이다. 따라서 형용사 willing의 수식을 받을 수 있는 Anyone이 정답이다. • willing to + 동사원형 기꺼이 ~하는 • be involved in ~에 연관되다, ~에 참여하다 • restoration 복원 • tax credit 세금 공제

해석 누구든 중심가 복원 프로젝트에 기꺼이 참여하고자 하는 사람은 정부로부터 세금 공제를 받게 될 것이다.

정답 ①

27 Our hotel offers a concierge service that can take care of _____ you need during your stay in Montreal.

① whenever ② even

③ whatever ④ some

해설 "전치사 + [---- + 문장]" 형태이다. 즉, 전치사 of의 목적어가 문장 형태이므로 빈칸은 명사절 접속사 자리이지만 whenever, even, some은 명사절 접속사 역할을 하지 못한다. '무엇이든지'라는 의미인 whatever

(=anything which)가 들어가면 whatever you need(당신이 필요한 무엇이든지)가 되어 문맥상 자연스러울 뿐만 아니라 풀어 쓰면 anything which you need가 되어 어법상으로도 적절하다. 따라서 whatever가 정답이다. • concierge service 고객 담당 서비스 • take care of ~처리하다, 돌보다 • stay 머무름, 체류

해석 몬트리올에 머무시는 동안 당신이 필요한 건 무엇이든지 처리해 드릴 수 있는 고객 담당 서비스를 저희 호텔은 제공합니다.

정답 ③

28 Please let us know about ____ inconvenienced you during your stay at Cidar Bay Star Hotel.

① everything ② whatever

③ whenever ④ this

해설 "동사 + 전치사 + [---- + 문장]" 형태이다. 즉, 전치사 about의 목적어가 문장 형태이므로 빈칸은 명사절 접속사 자리이다. 보기에서 명사절 접속사 역할을 하는 것은 whatever밖에 없다. • inconvenience 불편하게 하다

해석 씨다 베이 스타 호텔에서 머무시는 동안 귀하를 불편하게 한 것은 무엇이든지 알려주세요.

정답 ②

29 The Taylor Building, ____ which DP Solutions has its office, is undergoing renovations that will last for the next three weeks.

① down ② from

③ until ④ in

해설 관계대명사 앞에 오는 전치사는 원래 관계대명사절에 있던 전치사가 관계대명사 앞으로 온 것으로, 의미상 관계대명사절의 동사나 선행사에 연결되어야 한다. 관계대명사절의 동사에 연결되는 전치사 표현이 없으므로 선행사 Building에 연결하면, '건물 안에 DP 솔루션스가 사무실을 가지고 있다'라는 문맥이 적절하다. 따라서 '~안에'를 의미하는 in이 정답이 된다. • undergo 겪다, 경험하다 • renovation 수리, 개조 • last 지속되다

해석 DP 솔루션스 사무실이 입주해 있는데 테일러 빌딩은 앞으로 3주간 지속될 예정인 수리를 하고 있는 중이다.

정답 ④

30 A successful team leader tries to create an environment ____ which team members freely express their ideas.

① to ② in

③ for ④ about

해설 관계대명사 앞에 오는 전치사는 의미상 관계대명사절의 동사나 선행사에 연결되어야 한다. 관계대명사절의 동사에 연결되는 전치사 표현이 없으므로 선행사인 environment(환경)와 연결되어 '환경 안에서 팀원들이 자신의 생각을 자유롭게 표현한다'는 의미를 나타내는 in이 정답이 된다. • successful 성공적인 • try to + 동사원형 ~하려고 노력하다 • environment 환경 • express 표현하다

해석 성공적인 팀장은 팀원들이 자유롭게 자신들의 생각을 표현하는 환경을 만들려고 노력한다.

정답 ②

31 Ms. Gupta is expected to transfer to the company's headquarters in March, ____ which time a few executives will retire.

① on ② at

③ within ④ off

해설 관계대명사 앞에 오는 전치사는 의미상 관계대명사절의 동사나 선행사에 연결되어야 하지만, which가 관계형용사로 쓰여 뒤의 명사를 수식할 경우에는 그 명사에 어울리는 전치사를 선택한다. time과 함께 쓰는 전치사는 at인데, at which time은 '그 시간에'라는 의미가 되어 적절하다. 따라서 at가 정답이다. • be expected to + 동사원형 ~할 것으로 예상되다 • transfer 옮기다, 이동하다 • headquarters 본사, 본부 • retire 은퇴하다, 퇴직하다

해석 굽타 씨는 3월에 회사 본사로 자리를 옮길 것으로 예상된다. 그리고 그때는 몇몇 중역이 퇴직할 예정이다.

정답 ②

32 ____ Mr. Smith has accepted should be good enough for the board of directors.

① Whenever ② Whichever

③ Whatever ④ However

해설 빈칸부터 accepted까지가 문자의 주부이고 should be가 동사이다. 문맥상 '스미스 씨가 받아들인 것은 무엇이든지(whatever)'가 적절하며, has accepted의 목적어가 없으므로 Whatever가 정답이 된다. 'whatever=anything which'이므로 풀어 쓰면 Anything [which Mr. Smith has accepted] should ....의 형태가 되어 어법상 적절하다. • whatever 어떠한 것이라도 • accept 받아들이다, 수락하다 • board of directors 이사회

해석 스미스 씨가 받아들인 것이면 무엇이든 이사회에게 충분히 좋을 것이다.

정답 ③

33 The award will be given to ____ vehicle passes those tests intended for safety.

① whoever ② above

③ everything ④ whichever

해설 전치사 to 뒤에 문장 형태가 이어지므로 빈칸은 명사절 접속사 자리이다. whoever와 whichever는 둘 다 명사절 접속사로 쓰이나 whoever(누구든지)는 문맥상 어울리지 않을 뿐만 아니라 'whoever=anyone who'이므로 뒤에 동사가 와야 한다. whichever vehicle passes(통과하는 어느 차량이든지)는 문맥상 적절한 데다 "whichever + 명사 = any + 명사 + that"이므로 어법상 자연스럽다. 따라서 whichever가 정답이다. • award 상(賞); 주다, 수여하다 • vehicle 차량 • pass 통과하다 • intended for ~을 목적으로 하는

해석 그 상은 어느 차량이든지 안전을 목적으로 하는 그 시험들을 통과하는 차량에게 주어질 것이다.

정답 ④

34 ____ is selected for the new job as administrative assistant should be available to work extra hours if the need arises.

① Whoever ② That

③ Anyone ④ Some

해설 빈칸부터 assistant까지가 통째로 주어 역할을 하고 동사가 should be인 구조이다. 따라서 빈칸 뒤 주어가 빠진 불완전한 문장을 이끌고 주어 역할을 할 수 있는 명사절 접속사가 필요하다. 이 사항에 해당되는 것은 Whoever뿐이다. That 뒤에는 완전한 문장이 온다. • select 고르다, 뽑다 • administrative assistant 행정 보조원 • extra 추가의 • arise 생기다, 발생하다

해석 행정 보조원으로 새 직장에 뽑힌 사람은 누구든지 필요하다면 초과 근무할 수 있어야 한다.

정답 ①

35 No matter _____ promising an applicant is, management will not hire anyone if they have a bad attitude.

① how ② if

③ when ④ rather

해설 no matter 뒤에 올 수 있는 것은 how와 when인데, 빈칸 뒤에 형용사가 올 수 있는 것은 how이다. No matter how promising은 '아무리 유망하다 할지라도'가 되어 문맥과 어법상 모두 자연스럽다. 따라서 how가 정답이 된다. • promising 촉망되는, 조짐이 좋은, 전도 유망한 • hire 고용하다 • attitude 태도, 자세

해석 지원자가 아무리 유망하다 할지라도, 그들이 불량한 태도를 보이면 경영진은 어떤 사람도 채용하지 않을 것이다.

정답 ①

36 _____ well he understands the subject of the presentation, the speaker might still get nervous in front of a big audience.

① However ② Whenever

③ Despite of ④ Therefore

해설 However는 '그러나'라는 의미뿐만 아니라 뒤에 형용사나 부사와 결합해서 '아무리 ~할지라도(no matter how)'라는 의미로도 쓰인다. 빈칸 뒤의 well(잘)은 부사이므로 However well은 '아무리 잘한다고 할지라도'가 되어 문맥과 어법상 모두 자연스럽다. 따라서 However가 정답이 된다. • subject 주제 • nervous 긴장한, 초조한 • in front of ~의 앞에서

해석 발표 주제를 아무리 잘 알고 있더라도 발표자는 많은 청중 앞에서는 여전히 초조해할지 모른다.

정답 ①

37 Online classes give you the flexibility to do the coursework _____ it is convenient for you.

① whatever ② whenever

③ before ④ whoever

해설 whatever(무엇이든지) 뒤에는 주어나 목적어가 없어야 하지만 빈칸 뒤 it is convenient for you는 완전한 문장이므로 whatever는 오답이다. whenever는 '~할 때면 언제든지'라는 의미이며 완전한 두 문장을 연결하므로 whenever가 정답이 된다. before는 문맥상 적합하지 않으며, whoever는 복합관계대명사로서 뒤에 불완전한 문장이 오므로 오답이 된다. • flexibility 유연함 • coursework 학습 과제 • convenient 편리한

해석 온라인 수업들은 언제든지 당신이 편할 때 과제를 할 수 있는 유연함을 당신에게 제공한다.

정답 ②

38 주어진 문장의 밑줄 친 것과 용법이 같은 것은?

> There was not a man ***but*** was present at the conference.

① It never rains ***but*** it pours

② It is not his expression ***but*** his gesture that pleases us.

③ I would like to go, ***but*** I don't have time.

④ We do not like a man ***but*** has tolerance.

해설 ① never ~ but .... ~하면 반드시 ....한다. 접속사. ② not A but B: A가 아니라 B다. 전치사. ③ 그러나. 접속사. ④ 관계대명사로 '~하지 않는 ~은 없다'의 의미로 항상 부정문 또는 부정의 뜻을 포함하는 문장에 사용된다.

해석 그 회의에 참석하지 않은 사람은 아무도 없다.

정답 ④(우리는 인내심이 없는 사람을 싫어한다.)

m/e/m/o

CHAPTER

14 형용사

출제경향

형용사는 한정 용법과 서술 용법에 따라 옳고 그름을 판단할 수 있어야 하고 형용사 위치와 어순, 기수와 서수의 활용 및 수사 읽는 법, 특히 명사 · 관사와 관련하여 그 위치를 묻는 문제는 주의 깊게 공부해야 한다. 수량 형용사에서 단위 취급하는 형용사를 알아야 하고, 사람을 주어로 쓸 수 있는 형용사와 쓸 수 없는 형용사, 'It ~ that'이 가능한 형용사와 불가능한 형용사는 출제 빈도가 가장 높으므로 반드시 숙지해야 한다.

I 형용사의 용법 및 어순

ENGLISH GRAMMAR

A 용법

1. 한정적 용법: 형용사가 명사의 앞이나 뒤에 위치해서 명사를 수식하는 용법이다.
   - This is a **good** *book.* (이것은 좋은 책입니다.)
   - Please give me *something* **cold** to drink. (시원한 음료 부탁드립니다.)

2. 서술적 용법: 주격 보어 및 목적격 보어로 쓰여 성질 · 상태 등을 설명하는 용법이다.
   - This book is **good**. (이 책은 좋다.)
   - She keeps the room **clean**. (그녀는 방을 깨끗이 해 둔다.)

심화학습

대부분의 형용사는 한정적 용법과 서술적 용법 2가지 용법으로 쓰인다.

1 afraid, alike, alive, alone, ashamed, asleep, awake, aware, fond, unable, worth 등은 서술적 용법으로만 쓰인다.

2 able, certain, ill, late, present 등은 한정적 용법과 서술적 용법으로 쓰일 때 의미가 달라진다.

- I met a **certain** *lady*. 〈한정적 용법〉 (어떤 아가씨를 나는 만났다.)
- Your success is **certain**. 〈서술적 용법〉 (당신의 성공은 확실하다.)

- **Ill** *weeds* grow apace. 〈한정적 용법〉 (잡초는 빨리 자란다.)
- He is **ill** with fever. 〈서술적 용법〉 (그는 열병에 걸려 있다.)

- The **present** *situation* is serious. 〈한정적 용법〉 (현재의 상황이 심각하다.)
- I was **present** at the meeting. 〈서술적 용법〉 (나는 그 집회에 참석했다.)

- My **late** *father* was a soldier. 〈한정적 용법〉 (내 선친께선 군인이셨지.)
- He was **late** for[at] school. 〈서술적 용법〉 (그는 학교에 지각했다.)

3. 명사적 용법

① 'the + 형용사[분사]'는 '~인 사람들'의 의미로 대개 복수 보통 명사가 된다. 그러나 문맥에 따라 단수 보통 명사로 취급되는 경우도 있다.

- **The rich** are not always happier than **the poor**.
= **Rich people** are not always happier than **poor people**.
(부자들이 가난한 사람들보다 언제나 더 행복한 것은 아니다.)
- **The curious** assembled and crowded round.
= **Curious people** assembled and crowded round.
(호기심 많은 사람들이 주위에 떼를 지어 모여들었다.)
- The field was covered with **the wounded and dying**.
= The field was covered with **wounded people and dying people**.
(전장은 부상자들과 죽어가는 사람들로 가득 차 있었다.)
- **The accused** was pardoned **his** crime. (피고인은 자신의 죄를 사면 받았다.)
- **The accused** were pardoned **their** crimes. (피고인들은 자신들의 죄를 사면 받았다.)
- **The deceased** left no will. (고인께선 유언을 남기지 않으셨다.)
- **The deceased** tell no tales. (죽은 자들은 말이 없다.)

② 'the + 형용사[분사]'는 문맥에 따라 추상 명사 대용으로도 쓰이는데 이 경우는 단수로 취급한다.

- **The sublime** is more meaningful than **the beautiful**.

= **Sublimity** is more meaningful than **beauty**. (숭고함이 아름다움보다 더 의미가 깊다.)

4. 대조 관계의 형용사가 접속사로 연결되어 관사 없이 복수 보통 명사의 의미를 지닌다.
- The plan satisfied **young and old**. (그 계획은 남녀노소 모두를 만족시켰다.)
- **Old and young**, be ambitious! (남녀노소 여러분들, 야망을 가지세요!)

B 형용사의 어순

1. (보통 3개 이상의) 여러 형용사가 겹칠 때는 흔히 명사 뒤에서 수식한다.
- She is a *civil servant* **good**, **polite**, **kind**, and **refined**.
  (그녀는 훌륭하고 공손하고 친절하며 세련된 공무원이다.)
- London was a very crowded *city*, **busy**, **wealthy**, but rather **dirty**.
  (런던은 매우 혼잡한 도시로, 북적대고 부유했지만 좀 더러웠다.)

2. 형용사가 다른 어구를 동반하여 수식어가 길어질 때는 명사 뒤에서 수식한다.
- The mayor came to the *streets* **full of people with horses and carts**.
  (시장은 마차를 끄는 사람들로 가득 찬 길에 이르렀다.)

3. '-one, -thing, -body'로 끝나는 명사는 형용사가 명사 뒤에서 수식한다.
- I have *nothing* **particular** to do now. (나는 지금 특별히 할 일이 없다.)
- She met *somebody* **strange** on the street. (그녀는 길에서 낯선 이를 만났다.)

4. '최상급, all, every, any, the only'의 수식을 받는 명사를 단어의 끝이 '-able, -ible'로 끝나는 형용사가 수식할 경우 명사 뒤에서 수식한다.
- We at last overcame *the greatest* difficulty **imaginable**.
  (우리는 결국 상상할 수 있는 가장 큰 어려움을 이겨냈다.)
- I resorted to *all* means **possible**. (나는 가능한 모든 방법을 다 강구하였다.)

5. '주격 관계대명사 + be 동사'가 생략된 구문에선 형용사가 명사의 뒤에서 수식하는 것처럼 보인다.
- I received a *letter* (which was) **written** in blue ink.
  (나는 파란색 잉크로 쓴 편지를 한 통 받았다.)
- *All* (who were) **present** burst into tears (참석한 모든 사람들이 울음을 터뜨렸다.)

심화학습

'선행사 + 주격 관계대명사 + be 동사 + (분사형) 형용사' 구문에서는 '주격 관계대명사 + be 동사'를 생략할 수 있다. 이러한 맥락에서 서술적 용법으로 쓰이는 형용사는 명사를 뒤에서 수식한다:

- This is a *shark* (which is) **alive**. (이것은 살아 있는 상어입니다.)
- Do not disturb a *guest* (who is) **asleep**. (투숙객의 수면을 방해하지 마시오.)

6. 여러 개의 형용사가 겹칠 경우 다음과 같은 어순을 따른다: 한정사 + 서수 + 기수 + 성질 + 대 · 소[모양] + 나이 + 색깔 + 분사형 형용사 + 재료 · 기원

- **Those two large old stone** buildings are museums.
  (저 두 개의 크고 낡은 석조 건물은 박물관이다.)

7. 관용적 표현

- Asia **minor**(소아시아)
- China **proper**(중국 본토)
- heir **female**(여자 상속자)
- the sum **total**(총계, 총액)
- the consul **general**(총영사)
- the court **martial**(군법회의)
- the things **Korean**(한국의 풍물)
- the authorities **concerned**(관계당국)
- from[since] time **immemorial**(태고부터)

Ⅱ 형용사의 종류

ENGLISH GRAMMAR

형용사는 의미에 따라 종류 · 성질 · 상태 등을 나타내는 성질 형용사와 수 · 양 · 정도 등을 나타내는 수량 형용사로 나눌 수 있다.

A 성질 형용사

1. 물질 형용사: 물질 명사는 그대로 형용사로 쓰일 수 있지만 어미에 '-en'을 붙여 형용사로 만드는 것도 있다.
- a **gold** watch: 금시계
- a **golden** opportunity: 절호의 기회

- a **mud** wall: 흙벽
- a **muddy** wall: 흙투성이 벽

2. 분사형 형용사: 현재분사 · 과거분사가 형용사로 사용되는 것을 말한다.
- an **exciting** film: 재미있는 영화
- a **boiled** egg: 삶은 계란

3. 고유 형용사: 고유 명사에서 만들어진 형용사를 말한다. 고유 형용사는 고유 명사와 마찬가지로 항상 첫 글자를 대문자로 쓴다. 나라 이름을 나타내는 고유 명사의 형용사 형은 그 나라 국어 · 국민 또는 개인을 나타낸다.

국명	형용사 형 · 국어	개인	국민(총칭)
Korea	Korean	a Korean	the Koreans
Spain	Spanish	a Spaniard	the Spanish
Finland	Finnish	a Finn	the Finns
Portugal	Portuguese	a Portuguese	the Portuguese

B 수량 형용사

1. 기수와 서수: 1 · 2 · 3 등과 같이 개수를 나타내는 수를 기수라고 하고, 첫째 · 둘째 · 셋째 등과 같이 순서를 나타내는 수를 서수라고 한다.

(1) dozen, score, hundred, thousand 등의 용법

① 막연한 수를 표시한다.

• **Hundreds of** students were gathered. (수백 명의 학생이 모였다.)

② 다른 수사와 결합하면 구체적인 수를 표시한다.

• **Three hundred** students were gathered. (삼백 명의 학생이 모였다.)

(2) 수사의 특별 용법: 기수가 복수형으로 쓰이거나 서수에 부정관사가 붙는 경우가 있다.

• The Green Berets climbed the rock wall by **twos and threes.**
(그린베레 특전사 요원들이 삼삼오오 짝을 지어 암벽을 올랐다.)

• You had better wait for **a second** chance.

= You had better wait for **another** chance. (다른 기회를 기다리는 게 좋겠다.)

• Habit is **a second** nature.

= Habit is **another** nature. (습관은 제2의 천성이다.)

• She was unhappy in her **thirties**. (그녀는 30대일 때는 불행했다.)

• Some of the novelists were born in the **1930s**.
(그 작가들 중 몇 사람은 1930년대에 태어났다.)

• The movie industry went into the depression in the **1990's**.
(영화 산업은 1990년대에 불황에 빠졌다.)

(3) 서수 앞에는 정관사 'the'를 수반하는 것이 원칙이다.

• March is **the third** month of the year. (3월은 일 년 중 세 번째 달이다.)

(4) every + 서수 + 단수 명사

= every + 기수 + 복수 명사: '매 ~마다'로 해석한다.

• Write your name on **every ninth line.**

= Write your name on **every nine lines.** (아홉 번째 줄마다 너의 이름을 써라.)

• The leap year comes **every fourth year.**

= The leap year comes **every four years.** (윤년은 4년에 한 번씩 온다.)

(5) 숫자를 읽는 방법: 소수 · 분수 · 연도 · 날짜 · 시간 등은 기수나 서수를 이용해서 다음과 같이 읽는다.

① 시간 읽는 법: 미국식과 영국식이 다른 점에 주의한다.

- It is seven five. (7시 5분입니다.) 〈미국식〉
- = It is five (minutes) past seven. (7시 5분입니다.) 〈영국식〉

- It is seven thirty. (7시 30분입니다.) 〈미국식〉
- = It is half past seven. (7시 30분입니다.) 〈영국식〉

- It is seven forty-five. (7시 45분입니다.) 〈미국식〉
- = It is a quarter to eight. (8시 15분 전입니다.) 〈영국식〉

② 날짜 읽는 법: 미국식과 영국식이 다른 점에 주의한다.

- It is April (the) fourth. (4월 4일이다.) 〈미국식〉
- It is the fourth (day) of April. (4월 4일이다.) 〈영국식〉

③ 소수점 읽는 법: 소수점은 'point' 또는 'decimal'로 읽고 소수점 이하는 한 자리씩 읽는다.

- 3.1405 = three point[decimal] one four nought[zero, o] five

④ 분수 읽는 법: 분자는 기수, 분모는 서수로 읽는다. 분자가 2 이상이면 분모는 복수형으로 읽는다. 그리고 분자와 분모 사이는 '-'로 연결한다.

- ½ = a[one] half
- ⅓ = a third / one-third
- ⅔ = two-thirds
- ¼ = a quarter / one-fourth
- ¾ = three quarters / three-fourths
- 3⅜ = three and three-eighths

⑤ 연도 읽는 법: 보통 숫자를 2단위씩 끊어서 기수로 읽는다.

- 1967 = nineteen sixty-seven
- 1500 = fifteen hundred
- 1990's = nineteen nineties
- 2002 = two thousand (and) two
- 1807 = eighteen (o) seven / eighteen hundred (and) seven 〈o = /ou/로 읽는다.〉

⑥ 전화번호 읽는 법: 숫자를 하나씩 읽는다. 국번 다음엔 콤마[쉼표]가 있다.

- 567-8901 = five six seven, eight nine o[zero] one 〈o = /ou/로 읽는다.〉

⑦ 화폐 단위 읽기

- $3.56 = three dollars (and) fifty-six (cents)
- £5.2s.6d = five pounds, two (shillings), (and) six (pence)

⑧ 사칙연산 읽는 법

- 3 + 4 = 7: Three and[plus] four is[are, make(s)] seven.
- 11 − 9 = 2: Nine from eleven is[leaves] two.
  = Eleven minus nine is[leaves] two.
- 2 × 4 = 8: Two times four is[are, make(s)] eight.
- 16 ÷ 2 = 8: Sixteen divided by two is[equals] eight.

⑨ 일반 숫자 읽는 법: hundred 다음에는 'and'를 넣는다. 단, 100자리가 0일 때는 'and'만 쓴다.

- 3021 = three thousand and twenty-one
- 5593 = five thousand five hundred and ninety-three

⑩ 기타

- p.10 = page ten
- No.5 = Number five
- Elizabeth II = Elizabeth the Second
- 32℃ = thirty-two degrees Centigrade[Celsius]
- World War II = World War Two / The Second World War

2. 배수사[수사 + times]: 배수를 나타내는 표현이다.

(1) 배수사 + as + 원급 + as ~
= 배수사 + 비교급 + than ~
= 배수사 + 명사(the size, the number, the amount) of ~

- The elephant is **three times as** *big* **as** the puma.
  = The elephant is **three times** *bigger* **than** the puma.
  = The elephant is **three times the** *size* **of** the puma. (코끼리는 몸집이 퓨마의 3배이다.)
- Sarah has **twice as many** *books* **as** Britta (has). (사라는 브리타보다 책이 2배 더 많다.)
- John spent **twice as much** *money* **as** Sarah (did).
  (요한이는 사라보다 돈을 2배나 더 많이 써 버렸다.)
- I am **half as** *old* **as** my mother (is). (내 나이는 우리 엄마 나이의 절반이다.)

(2) not + 배수사 + so[as] + 원급 + as

- The puma is **not three times so** *big* **as** the elephant. (퓨마는 몸집이 코끼리의 3배가 안 된다.)

3. many, much

모두 '많은'의 의미지만, 'many'는 셀 수 있는 명사에 붙어 수가 많은 것을, 'much'는 셀 수 없는 명사에 붙어 양·정도가 많은 것을 나타낸다.

(1) many

① many + 복수 명사 + 복수 동사
= many a + 단수 명사 + 단수 동사: '많은 ~'로 해석한다.
- **Many** *boys* **make** the same mistake.
= **Many a** *boy* **makes** the same mistake. (많은 학생들이 같은 실수를 범한다.)

② a great many ~: '수많은 ~'로 해석한다.
- **A great many** *teachers* **think** that only study is everything.
(수많은 선생님들이 공부만이 중요하다고 생각한다.)

③ as many ~: '같은 수의 ~'로 해석한다.
- She made **three** mistakes in **as many** *hours*. (그녀는 3시간에 3개의 실수를 범했다.)

(2) much

① much + 불가산 명사: 단수 취급한다.
- We have **much** *snow* in winter. (겨울에는 눈이 많이 내린다.)
- **Much** *money* **is** wasted. (많은 돈이 낭비되고 있다.)

② as much ~: '같은 양의 ~, 바로 그만큼'으로 해석한다.
- Here is **50** dollars, and I have **as much** at home.
(여기 50달러 있고 집에도 그만큼 더 있다.)

③ not so much as + ~: '~조차 않다'로 해석한다.
- The rude boy **didn't so much as** *greet* us. (그 무례한 소년은 우리에게 인사조차 하지 않았다.)
- The senile **cannot so much as** *write* his own name. (그 노인은 자신의 이름조차 쓰지 못한다.)

④ not so much A as B
= not A so much as B
= B rather than A: 'A라기보다는 오히려 B'로 해석한다.
- He is **not so much** *a scholar* **as** *a writer*. (그는 학자라기보다는 오히려 문인이다.)

4. few, little

'few'는 'many', 'little'은 'much'의 반의어로 'few'는 복수 명사에 붙어 수가 적은 것을, 'little'은 물질 명사 · 추상 명사에 붙어 양 · 정도가 적은 것을 나타낸다. 'a few, a little'은 '조금은 있는'이라는 긍정적인 의미를 나타낸다.

(1) 'few'는 'many'의 반대로, 수를 나타낸다.

① few + 복수 명사: 부정의 의미를 지닌다.
- He read **few** *books*. (그는 책을 거의 읽지 않았다.)

② a few + 복수 명사: 긍정의 의미를 지닌다.
- He read **a few** *books*. (그는 책을 몇 권 읽었다.)

③ not a few ~
= quite a few ~
= no few ~
= many ~: '많은 ~'로 해석한다.
- **Not a few** *people* denied the fact. (많은 사람들이 그 사실을 부인했다.)

④ only a few ~: '극히 소수의 ~'로 해석한다.
- **Only a few** *people* came here. (불과 소수의 사람만이 여기 왔다.)

⑤ **Few** is opposite to **many**; **a few** (is opposite) to **none** at all. ('거의 없다'는 '많다'의 반의어이고 '조금 있다'의 반의어는 '전혀 없다'이다.

(2) 'little'은 'much'의 반대로, 양을 나타낸다.

① little + 단수 명사: 부정의 의미를 지닌다.
- There is **little** *hope* of her recovery. (그녀가 회복될 희망은 거의 없다.)

② a little + 단수 명사: 긍정의 의미를 지닌다.
- There is **a little** *hope* of her recovery. (그녀가 회복될 희망은 조금 있다.)

③ not a little ~
= quite a little ~
= no little ~
= much ~: '많은 ~'로 해석한다.
- You've been **not a little** *help* to me. (당신이 나에게 큰 도움이 되었습니다.)
- Professor Lee has **not a little** *skill* in teaching.
  (이 교수님은 교수법에 많은 기술을 가지고 계십니다.)

④ little better than ~
= as good as ~
= no better than ~: '~와 다름없는' 것으로 해석한다.
- He is **no[little] better than** a beggar. (그는 영락없는 거지다.)
- He is **as good as** dead. (그는 죽은 거나 다름이 없다.)
- He **as good as** promised it. (그는 약속한 거나 마찬가지다.)

⑤ little short of ~: '~에 가까운, 거의 ~한(almost, nearly)' 것으로 해석한다.
- It is **little short of** a miracle. (그것은 거의 기적이다.)

실력평가문제

CRAMMING ENGLISH GRAMMAR

※ 다음 밑줄 친 곳에 가장 알맞은 것을 고르시오.

01 It is dangerous to catch such fierce animals _____.

① fresh ② live

③ lively ④ alive

해설 '선행사 + 주격 관계대명사 + be 동사 + (분사형) 형용사' 구문에서는 '주격 관계대명사 + be 동사'를 생략할 수 있다. 이러한 맥락에서 서술적 용법으로 쓰이는 형용사는 명사를 뒤에서 수식한다: This is a *shark* (which is) **alive**. (이것은 살아 있는 상어입니다.)

해석 그렇게 사나운 동물들을 생포하는 것은 위험하다.

정답 ④

02 Three _____ were present at the meeting.

① hundreds peoples ② hundred of peoples

③ hundred people ④ hundreds of people

해설 dozen, score, hundred, thousand, million 등이 수사 뒤에 올 때 그 수사가 복수일지라도 명사를 수식하는 형용사적인 성격이 강하기 때문에 단수형을 취한다. 이때는 정확한 수를 나타낸다. 막연한 수를 나타낼 때는 'dozens[scores, hundreds, thousands, millions] of ~'의 형태를 취한다.

해석 3백 명의 사람이 그 회의에 참석하였다.

정답 ③

03 They had _____.

① the imaginable greatest difficulty

② the greatest difficulty imaginable

③ the imaginable difficulty greatest

④ the greatest imaginable difficult

해설 '최상급, all, every, any, the only'의 수식을 받는 명사를 단어의 끝이 '-able, -ible'로 끝나는 형용사가 수식할 경우 명사 뒤에서 수식한다. • imaginable 상상할 수 있는

해석 그들은 가장 큰 어려움을 겪었다.

정답 ②

04 Right now he doesn't have _____ money.

① some ② few

③ any ④ little

해설 'money'는 불가산 명사이므로 양을 나타내는 수량 형용사가 필요하다. 'little'은 그 자체에 부정의 의미가 있으므로 부정어(doesn't)와 함께 사용하지 않는다.

해석 지금 당장 그는 한 푼도 없다.

정답 ③

05 Harald is going on a picnic with _____ boys.

① two little other ② two other little

③ other little two ④ other two little

해설 여러 개의 형용사가 겹칠 경우 다음과 같은 어순을 따른다: 한정사 + 서수 + 기수 + 성질 + 대 · 소[모양] + 나이 + 색깔 + 분사형 형용사 + 재료 · 기원

해석 하랄드는 두 명의 다른 소년들과 소풍을 갈 것이다.

정답 ②

06 The novel was twice _____ as the one that I had read before.

① longer ② more long

③ as long ④ the longest

해설 배수사 + as + 원급 + as ~. 배수사 문제를 이해하지 못해도 주어진 문장에 제시된 'as'와 연어(連語 · collocation)가 될 수 있는 단어가 무엇일까 생각해 보면 답이 보인다.

해석 그 소설은 내가 전에 읽었던 것보다 2배 더 길었다.

정답 ③

07 He is not a statesman _____ a scholar.

① as much as ② so much as

③ not so much as ④ as far as

해설 A라기보다는 오히려 B: not so much A as B = not A so much as B = B rather than A

해석 그는 정치가라기보다는 오히려 학자이다.

정답 ②

08 The number of students who come __㉠__ has __㉡__ increased.

① ㉠ late ㉡ lately

② ㉠ lately ㉡ late

③ ㉠ latter ㉡ lately

④ ㉠ latter ㉡ late

해설 • late 늦은, 늦게 • lately 최근에 • latter 후자의, 후반의

해석 늦게 오는 학생들의 수가 최근에 증가하였다.

정답 ①

09 Because of his _____ experience as a correspondent in Moscow, Mr. Armani was able to write an insightful work on the modern history of Russia.

① extend ② extending
③ extends ④ extensive

해설 빈칸 앞에 소유격, 뒤에 명사가 있으므로 빈칸은 형용사 자리다. "소유격/관사 + 형용사 + 명사"의 어순을 기억해 두자. 보기 중에 형용사는 extensive이다. • extensive 폭넓은, 광범위한 • correspondent 특파원, 통신원 • be able to + 동사원형 ~할 수 있다 • insightful 통찰력 있는 • modern history 근대사
해석 모스코바 특파원으로서 폭넓은 경험 때문에 알마니 씨는 러시아 근대사에 대한 통찰력 있는 글을 쓸 수 있었다.
정답 ④

10 We always make sure that all our customers' information is strictly _____.

① confidence ② confidential
③ confidentially ④ confidences

해설 빈칸에는 동사 is의 보어가 필요하다. 빈칸 앞의 부사 strictly는 빈칸에 들어갈 보어를 수식한다. 따라서 형용사인 confidential이 정답이 된다. • make sure (that)절 ~을 확실하게 하다, 반드시 ~하다 • strictly 엄격하게 • confidential 비밀의
해석 우리의 모든 고객 정보가 엄격하게 비밀로 유지되도록 우리는 항상 확실히 한다.
정답 ②

11 A clear and simple site layout will make your Web site _____ to clients.

① attraction ② attract
③ to attract ④ attractive

해설 5형식 동사 make 다음에 목적어(your Web site)가 있고 그 뒤에 목적격 보어 자리가 빈칸이다. 목적격 보어 자리에는 명사나 형용사가 올 수 있는데, 명사가 오면 목적어와 동일물이고 형용사가 오면 목적어의 성질을 설명한다. 'Web site≠attraction'이므로 빈칸에는 형용사인 attractive가 정답이다. • clear 분명한, 명백한 • layout 배치, 레이아웃 • attractive to ~에게 매력적인 • attraction 끌어당김, 매력, 인기 거리
해석 분명하고 단순한 사이트 레이아웃이 당신의 웹사이트를 고객들에게 매력적이도록 만들 것이다.
정답 ④

12 Flexible Technologies boasts a long history of building quality, cutting-edge products for a _____ group of customers.

① diversity ② diversifying
③ diversifies ④ diverse

해설 빈칸은 뒤의 group을 수식하는 형용사 자리이다. diverse는 언뜻 동사처럼 보이지만 형용사이며, 동사형은 diversify이다. 문맥상 group은 '다양화하는' 것이 아니므로 V-ing형인 diversifying은 오답이다. 또한, 일반 형용사가 V-ing 형태보다 우선적으로 쓰이므로 diverse가 정답이 된다. • boast 자랑하다 • cutting-edge 최첨단의 • diverse 다양한

해석 Flexible Technologies 사(社)는 다양한 고객군(顧客群)을 위한 고급의 최첨단 상품들을 만드는 것의 긴 역사를 자랑한다.

정답 ④

13 The book was enriched with _____ footnotes and lovingly detailed illustrations.

① lengthen ② length

③ lengthy ④ lengthens

해설 빈칸 앞에는 전치사(with)가, 뒤에는 명사인 footnotes(주석)가 있으므로 빈칸은 명사를 수식하는 형용사 자리이거나 복합명사를 이루는 명사 자리이다. length footnotes는 '길이 주석'이라는 어색한 의미의 복합명사가 되는 반면, lengthy footnotes는 '긴 주석'이 되어 문맥상 자연스럽다. 따라서 정답은 lengthy가 된다.
• enrich 풍부하게 하다, 품질을 높이다 • footnote 주석 • detailed 상세한, 자세한 • illustration 삽화, 설명, 해석, 예증

해석 그 책은 긴 각주들과 애정을 쏟은 세밀한 삽화들로 내용이 풍부해졌다.

정답 ③

14 The project was _____ when Dr. Prosser put the finishing touches on it this afternoon.

① completes ② completing

③ completion ④ complete

해설 빈칸 앞에 be동사인 was가 있으므로 빈칸은 주격 보어 자리이다. 보어로 명사나 형용사가 가능하지만 'The project≠completion'이므로 형용사 보어가 와야 한다. 보기 중 형용사는 completing(완료하는)과 complete(완성된)이며, 주어 project는 스스로 '완료하는 것'이 아니라 '완성되는 것'이므로 complete가 정답이 된다. • complete 끝내다, 완성하다; 완전한, 완성된 • put the finishing touches on[upon] ~의 마무리를 하다

해석 오늘 오후에 프로저 박사가 프로젝트의 마무리를 했을 때 그 프로젝트는 완성되었다.

정답 ④

15 It is _____ to inspect your tires for wear and check air pressure before, during and after long journeys.

① advise ② advisory

③ advisable ④ advising

해설 빈칸은 be동사(is)의 보어가 될 형용사 자리이다. advisory는 '고문의, 자문의', advisable은 '바람직한'이라는 의미로 둘 다 형용사이다. 빈칸 뒤의 to 부정사 이하가 진주어가 되므로 연결해서 해석해 보면 '당신의 타이어를 점검하는 것이 바람직하다'가 문맥상 적절하다. 따라서 advisable이 정답이 된다. • advisable 바람직한 • inspect A for B B를 찾기 위해 A를 검사하다[점검하다] • pressure 압력 • journey 여행

해석 장거리 여행 전과 도중, 그리고 후에 타이어의 마모 정도를 점검하고 공기압을 확인하는 것이 바람직하다.

정답 ③

16 On account of the sudden increase in diners during the past month, the restaurant DeMarco's announced _____ hours this morning.

① extend　　② extends

③ extensive　　④ extended

해설　빈칸은 명사 hours를 수식할 형용사가 들어갈 자리이다. 보기 중에 형용사로 가능한 것은 extensive와 extended이므로 해석해 본다. 손님이 늘어난 식당에서 발표할 만한 것은 '연장 영업시간'일 것이므로, '연장된, 늘어난'이라는 의미를 지닌 extended가 정답이다. '광범위한'이라는 의미를 지닌 형용사 extensive는 빈칸에 어울리지 않는다. • on account of ~ 때문에 • sudden 갑작스런 • diner 식사하는 사람[손님] • extended 연장된 • extensive 광범위한, 폭넓은

해석　지난달 손님들의 갑작스런 증가로 인해 드마르코 식당은 오늘 아침에 영업시간 연장을 발표했다.

정답　④

17 Truckee Motor Co. offers _____ reliable models of automobiles suitable to the needs of all consumers.

① variety　　② various

③ variable　　④ variation

해설　빈칸은 동사 offers의 목적어인 models를 수식하는 형용사가 와야 한다. 보기 중에 형용사가 various와 variable 두 개 있으므로 문장을 해석해 본다. reliable(믿을 만한)과 함께 자동차 모델을 수식하기에 적절한 형용사는 '다양한'이라는 의미의 various이다. variable은 '변동이 심한'이라는 뜻으로, 빈칸에 넣었을 때 의미가 어울리지 않는다. • offer 제공하다 • various 다양한 • reliable 믿을 만한 • automobile 자동차 • suitable to ~에 적합한 • needs 필요 • consumer 소비자 • variable 변동이 심한

해석　트러키 자동차 사(社)는 모든 고객들의 필요에 적합한 믿을 만한 다양한 자동차 모델을 제공합니다.

정답　②

18 Employees should have their supervisor's approval for _____ expenses for which they request reimbursement.

① every　　② theirs

③ all　　④ either

해설　every 뒤에는 가산 단수명사가, all 뒤에는 불가산명사나 가산 복수명사가 온다. 빈칸 뒤에는 복수명사(expenses)가 있으므로 정답은 all이 된다. • approval 승인 • expense 지출, 비용 • request 요청하다 • reimbursement 상환, 변제

해석　직원들은 상환을 요청하는 모든 비용에 대해 자신들의 상사의 승인을 받아야 한다.

정답　③

19 When you send us an e-mail with _____ billing question, please make sure to include your account number in your e-mail.

① any　　② many

③ few　　④ those

해설 빈칸 뒤에 나온 명사가 단수(billing question)임에 주의한다. 보기 중에 단수 가산명사를 수식할 수 있는 것은 any뿐이다. any 다음에 오는 명사의 수는 자유롭다. • billing 청구서 발부 • make sure to + 동사원형 꼭 ~하다 • include 포함하다 • account number 계좌 번호

해석 그 어떤 결제 관련 질문과 함께 귀하가 우리에게 이메일을 보내실 때, 귀하의 이메일에 귀하의 계좌 번호를 포함하는 것을 반드시 확인해 주세요.

정답 ①

20 During the seminar, you will learn several practical ____ for improving your communication and organizational skills.

① strategic ② strategy

③ strategically ④ strategies

해설 수량형용사 several(몇 개의, 몇 명의, 몇 번의, 여러 가지의) 뒤에는 반드시 복수명사가 와야 하므로 strategies가 정답이 된다. • during ~동안에 • practical 실제적인, 실용적인 • improve 개선[개량]하다, 향상시키다 • organizational 조직의

해석 세미나 동안에 당신의 의사소통과 조직 기술들을 향상하기 위한 여러 실용적인 전략들을 당신은 배울 것이다.

정답 ④

21 다음 문장의 밑줄 친 부분을 잘못 읽은 것은?

① Britta gets up at ***6:20*** every day. (six twenty)

② Water covers $\frac{3}{4}$ of the earth. (third quarter)

③ John was born in ***1995***. (nineteen ninety-five)

④ Sarah's phone number is ***92-7361***. (nine two, seven three six one)

해설 분수는 분자는 기수로, 분모는 서수로 표현한다. 기수가 2 이상의 복수인 경우에는 서수를 복수로 만든다.

해석 ① 브리타는 매일 6시 20분에 일어난다.
② 지구의 ¾은 물로 덮혀져 있다.
③ 요한은 1995년에 태어났다.
④ 사라의 전화번호는 92-7361이다.

정답 ②(three quarters 또는 three-fourths)

22 다음 숫자를 영문으로 읽는 법이 틀린 것은?

① 2 + 3 = 5: Two and three makes five.

② 23.27: Twenty-three point twenty-seven

③ $\frac{2}{3}$: Two-thirds

④ $25.50: Twenty-five dollars and fifty cents

해설 소수점 앞자리 숫자는 일반적으로 읽는 것과 동일하나, 소수점 뒷자리 수는 하나씩 따로 읽는다.

해석 ① 2 더하기 3은 5
② 이십 삼 점 이 칠
③ 삼분의 이

④ 25달러 50센트

정답 ②(Twenty-three point two seven)

23 밑줄 친 부분과 뜻이 같은 것은?

They have been partners in this project for ***a couple of*** years.

① many ② a few

③ recent ④ much

해설 복수형 명사 앞에만 쓸 수 있는 숫자 표시어: a couple of ~; a number of ~; a few of ~; many ~

해석 그들은 몇 년 동안 이번 계획의 파트너로 지내오고 있습니다.

정답 ②

24 밑줄 친 곳의 용법이 다른 하나를 고르면?

① We should respect ***the old***.

② The strong must help ***the weak***.

③ She has an eye for ***the beautiful***.

④ ***The rich*** are not always happy.

해설 'the + 형용사'는 흔히 복수 보통 명사로 사용되지만 문맥에 따라 추상 명사 또는 단수 보통 명사로 쓰일 수 있다.

해석 ① 우리는 노인들을 공경해야 한다. (the old = old people)
② 강한 자들은 약한 자들을 도와야만 한다. (the weak = weak people)
③ 그녀는 미에 대한 안목이 있다. (the beautiful = beauty)
④ 부자들이 언제나 행복한 것은 아니다. (the rich = rich people)

정답 ③

25 밑줄 친 부분의 어순이 바르게 된 것은?

① She seems to have lost ***her all money***.

② ***Those red large*** roses pleased her.

③ ***The first two*** lines of the poem are wonderful.

④ This is a ***written in German letter***.

해설 5번 문제와 동일한 성격의 문제

해석 ① her all money → all her money: 그녀는 가진 돈 전부를 분실한 것처럼 보인다.
② Those red large → Those large red: 저 크고 붉은 장미가 그녀를 기쁘게 만들었다.
③ 그 시의 첫 번째 두 줄이 아주 멋지다.
④ written in German letter → letter written in German: 이것은 독일어로 쓴 편지다.

정답 ③

CHAPTER

15 원급·비교급·최상급

출제경향

기본적인 어형 변화부터 철저히 숙지해야 하고 원급 · 비교급 · 최상급의 표현상의 특징과 이를 활용한 문장 전환, 관용적인 용법, 한국어 해석, 독해를 통한 내용 파악에 관련한 문제 등이 주된 출제 형식이다. 비교급 앞에 정관사 'the'를 붙이는 경우와 배수 표현법, 그리고 원급, 비교급을 활용한 최상급 표현은 출제 빈도가 아주 높다.

I 비교 변화

ENGLISH GRAMMAR

형용사 · 부사가 그 성질 · 정도 등의 차이를 나타내기 위해 일으키는 어형 변화를 비교라고 한다. 비교 표현에는 일정한 형태의 표현과 관용적인 구문에 의한 표현이 있다. 비교에는 다른 것과 비교하지 않는 형용사 · 부사의 원래의 형태인 원급, 둘을 비교해서 한 쪽이 다른 쪽보다 '더 ~' 정도가 높다는 것을 나타내는 비교급, 셋 이상의 것을 비교해서 그 하나가 다른 것들보다 '가장 ~' 정도가 높다는 것을 나타내는 최상급의 3가지가 있다. 형용사의 최상급에는 원칙적으로 정관사 'the'를 붙인다:

- 원급: He is tall. (그는 키가 크다.)
- 비교급: He is taller than his father. (그는 아빠보다 키가 크다.)
- 최상급: He is the tallest of all. (그는 전체에서 키가 제일 크다.)

비교급 · 최상급은 일정한 규칙에 의해 만들어지는 것과 그렇지 않은 것이 있다. 일정한 규칙에 의해 만들어지는 변화를 규칙 변화라 하고 그렇지 않은 변화를 불규칙 변화라고 한다.

A 규칙 변화

형용사나 부사의 원급의 어미에 '-er, -est'를 붙이는 것과 원급 앞에 부사 'more, most'를 붙이는 것이 있다.

1. 원급의 어미에 '-er, -est'를 붙이는 것: 대부분의 1음절어와 '-er, -le, -ly, -ow, -some' 등으로 끝나는 2음절어에는 '-er, -est'를 붙인다.

(1) 보통의 경우: 그대로 '-er, -est'를 붙인다.
- fast 〉 fast**er** 〉 fast**est**
- long 〉 long**er** 〉 long**est**
- clever 〉 clever**er** 〉 clever**est**
- narrow 〉 narrow**er** 〉 narrow**est**

(2) 어미가 '-e'로 끝나는 단어: 어미에 '-r, -st'를 붙인다.
- large 〉 large**r** 〉 large**st**
- noble 〉 noble**r** 〉 noble**st**

(3) '단모음 + 단자음'으로 끝나는 단어: 자음을 한 번 더 쓰고, '-er, -est'를 붙인다.
- hot 〉 hot**ter** 〉 hot**test**
- big 〉 big**ger** 〉 big**gest**

(4) '자음 + y'로 끝나는 단어: 'y'를 'i'로 고치고 '-er, -est'를 붙인다.
- easy 〉 eas**ier** 〉 eas**iest**
- lovely 〉 lovel**ier** 〉 lovel**iest**

2. 원급 앞에 'more, most'를 붙이는 것: 어미가 '-ful, -less, -ive, -ing, -able, -ous' 등의 2음절어, 3음절 이상의 형용사, '형용사 어근 + ly'로 끝나는 부사에는 원급 앞에 'more, most'를 붙인다.

(1) 3음절 이상의 형용사와 어미가 '-ful, -able, -ible, -al, -ous, -ish, -ive, -less, -ing'로 끝나는 2음절 형용사에는 원급 앞에 'more, most'를 붙인다.
- active 〉 **more** active 〉 **most** active
- useful 〉 **more** useful 〉 **most** useful
- useless 〉 **more** useless 〉 **most** useless
- famous 〉 **more** famous 〉 **most** famous

(2) 서술적 용법으로만 쓰이는 형용사는 음절 수에 관계없이 원급 앞에 'more, most'를 붙인다.

- fond 〉 **more** fond 〉 **most** fond
- alive 〉 **more** alive 〉 **most** alive
- alone 〉 **more** alone 〉 **most** alone
- afraid 〉 **more** afraid 〉 **most** afraid
- I am **more fond** of doggies **than** of cats. (나는 고양이보다 강아지가 더 좋아요.)

(3) '형용사 어근 + ly'로 끝나는 부사의 원급 앞에 'more, most'를 붙인다.

- **easy + ly** = easily 〉 **more** easily 〉 **most** easily
- **slow + ly** = slowly 〉 **more** slowly 〉 **most** slowly
- **quick + ly** = quickly 〉 **more** quickly 〉 **most** quickly

심화학습

'early'와 같은 부사는 '형용사 어근 + ly'로 구성된 단어가 아니므로 'y'를 'i'로 고치고 '-er, -est'를 붙인다. 그러나 '형용사 어근 + ly'로 끝나는 부사의 원급이라 할지라도 예외가 있다:

- early 〉 earl**ier** 〉 earl**iest**
- kind + ly = kindly 〉 kindl**ier** 〉 kindl**iest**

B 불규칙 변화

소수의 형용사 · 부사에 한정되므로 암기해 두어야 한다.

1. 불규칙 비교급과 최상급

- well 〉 better 〉 best
- ill 〉 worse 〉 worst
- many 〉 more 〉 most
- little 〉 less 〉 least
- good 〉 better 〉 best
- bad 〉 worse 〉 worst
- much 〉 more 〉 most

2. 비교급 · 최상급이 둘인 경우

- late 〉 later[latter] 〉 latest[last]
- old 〉 older[elder] 〉 oldest[eldest]
- far 〉 farther[further] 〉 farthest[furthest]

Ⅱ 원급의 용법

ENGLISH GRAMMAR

둘을 비교해서 정도가 같다는 것을 나타내는 비교 형식을 동등 비교라고 한다. 원급을 써서 비교를 나타낼 때는 'as'나 'so'가 함께 쓰인다.

A as ~ as

A, B 둘의 정도가 같다는 동등 비교를 나타낸다.

1. as + 원급(형용사 · 부사)+ as: '~만큼 ~하다'로 해석한다.
   - This is **as** *big* **as** that. (이것은 저것만큼 크다.)
   - He has **as** *many* books **as** I. (그는 내가 가진 만큼 많은 책을 가지고 있다.)
   - Does she study **as** *hard* **as** you? (그녀는 당신만큼 열심히 공부합니까?)
   - He is **as** *good* an officer **as** his father. (그는 아버지 못지않은 훌륭한 장교이다.)

   해설 'as + 형용사 + 부정관사 + 명사 + as'의 어순에 주의한다.

2. not as[so] + 원급(형용사 · 부사) + as: '~만큼 ~하지 못하다'로 해석한다.
   - I am **not as[so]** *old* **as** my father. (나는 아버지만큼 나이를 먹지 않았다.)
   - He **cannot** run **as[so]** *fast* **as** you. (그는 당신만큼 빨리 뛰지 못한다.)
   - Her condition is **not as[so]** *good* **as** (it was) yesterday. (그녀의 상태는 어제만큼 좋지는 않다.)

3. 배수사 + as + 원급(형용사 · 부사) + as: '몇 배 더 ~하다'로 해석한다.
   - India is **ten times as** *large* **as** Korea. (인도는 한국보다 10배 더 크다.)
   - I have **three times as** *much* money **as** you. (나는 당신이 가진 3배의 돈을 가지고 있다.)
   - I am **half as** *old* **as** my mommy. (내 나이는 우리 엄마 나이의 절반이다.)

B 관용적 표현

'as[so] ~ as' 구문을 포함하면서 동등 비교와는 다른 의미를 나타내는 것이 있다. 이 구문은 뒤에 오는 'as' 이하부터 먼저 해석한다.

1. as + 원급(형용사 · 부사) + as possible
= as + 원급(형용사 · 부사) + as one can: '가능한 한 ~'로 해석한다.
- Make the room as *dark* as possible.
= Make the room as *dark* as you can. (가능한 한 방을 어둡게 하세요.)
- Sarah studied as *hard* as possible.
= Sarah studied as *hard* as she could. (사라는 가능한 한 열심히 공부했다.)

2. as + 원급(형용사 · 부사) + as + (원급) + can be: '더할 나위 없이 ~, 그지없이 ~, 아주 ~'로 해석한다.
- I am as *happy* as (*happy*) can be. (나는 더없이 행복하다.)
- The weather was as *fine* as (*fine*) could be. (날씨가 아주 좋았다.)

3. as + 원급(형용사 · 부사) + as + 원급: '~하기도 하고 ~하기도 하다'로 해석한다. 뒤에 있는 원급부터 우선 해석한다.
- Britta is as *bright* as *beautiful*. (브리타는 아름답기도 하고 총명하기도 하다.)
- This room is as *wide* as *clean*. (이 방은 깨끗하기도 하고 넓다.)

4. as + 원급(형용사 · 부사) + as ever: '변함없이 ~, 여전히 ~'로 해석한다.
- He is as *healthy* as ever. (그는 변함없이 건강하다.)

5. 원급을 이용한 최상급 표현

(1) as + 원급(형용사 · 부사) + as ever + 과거 동사: '지금까지 ~한 누구 못지않게 ~하다'로 해석한다.
- He is as *brave* a soldier as ever shouldered a gun.
= He is the *bravest* soldier that has ever shouldered a gun.
(그는 지금까지 총을 멘 어느 병사 못지않게 용감한 병사다.)
- Jong-jin is as *great* a public officer as ever lived.
= Jong-jin is the *greatest* public officer that has ever lived.
(종진이는 지금까지 살았던 어느 공무원 못지않게 훌륭한 공무원이다.)

(2) as + 원급(형용사 · 부사) + as any + 단수 명사: '누구[어느 것] 못지않게 ~'로 해석한다.
- Dong-seob is as *brave* as any *man* in the village.
(동섭이는 마을 사람 어느 누구 못지않게 용감하다.)
- John works as *hard* as anybody. (요한이는 누구 못지않게 열심히 일한다.)
- She calculates as *quickly* as any. (그녀는 누구 못지않게 계산을 빨리 한다.)

- An airplane can fly over a dense forest **as** *easily* **as anywhere** else.
  (비행기는 밀림 위를 어떤 곳 못지않게 쉽게 비행할 수 있다.)

(3) 부정 주어 + so[as] + 원급 + as: '어떤 것도 ~만큼 ~한 것은 없다'로 해석한다.

- **Nothing** is **so** *precious* **as** time. (어떤 것도 시간만큼 소중한 것은 없다.)

= **Nothing** is **more** *precious* **than** time. (어떤 것도 시간보다 더 소중한 것은 없다.)

= Time is **more** *precious* **than** anything else. (시간은 그 어떤 것보다 소중하다.)

= Time is **the most** *precious* thing. (시간은 가장 소중한 것이다.)

- **No (other)** animal is **so** *large* **as** a whale. (고래만큼 큰 동물은 없다.)

= **No (other)** animal is *larger* **than** a whale. (고래보다 더 큰 동물은 없다.)

= A whale is *larger* **than any other** animal. (고래는 그 어떤 동물보다 크다.)

= A whale is **the** *largest* animal of all. (고래가 동물 가운데 가장 크다.)

m/e/m/o

Ⅲ 비교급의 용법

ENGLISH GRAMMAR

A 기본 용법

둘을 비교해서 한 쪽이 다른 쪽보다 '더 ~하다'는 정도를 나타내는 어법으로 '~보다'라는 의미의 접속사 'than'과 함께 쓰인다.

1. 우등 비교(비교급 + than): '~보다 더 ~하다'로 해석한다.
   - This is **bigger than** that. (이것은 저것보다 더 크다.)
   - She can sing **more** beautifully **than** I.
     (그녀는 나보다 더 아름답게 노래 부를 수 있다.)
   - I visited him **earlier than** she (did).
     (나는 그녀가 그를 방문한 것보다 더 일찍 그를 방문했다.)

2. 열등 비교(less + 원급 + than): '~만큼 그 정도로 ~하지 않은'으로 해석한다. 문어적 표현으로 주로 사용된다.
   - The heat was **less** *intense* **than** the day before. (더위는 전날보다 덜했다.)
   = The heat was **not so[as]** *intense* **as** the day before. (더위는 전날만큼 심하지 않았다.)

   해설 회화체에서는 보통 'less ~ than'보다는 'not so[as] ~ as'를 이용한다.

> **심화학습**
>
> **1 동일인, 동일물의 서로 다른 성질 비교에는 형용사의 음절수에 상관없이 'more + 원급 + than'을 쓴다.**
> - She is **more** *wise* **than** *intelligent*. (그녀는 지적이기보다는 현명한 사람이다.)
>
> **2 'less + 원급 + than'도 동일인, 동일물의 서로 다른 성질 비교에 사용된다.**
> - She is **less** *intelligent* **than** *wise*. (그녀는 지적이기보다는 현명한 사람이다.)

3. 비교급의 수식어: 비교급을 직접 수식하는 부사는 'very'를 쓰지 않고 'even, still, much, far, by far, a little, a lot' 등을 쓴다. '훨씬'으로 해석한다.
   - This is **much** *better* than that. (이것이 저것보다 훨씬 더 좋다.)
   - Health is **far** *more important* than wealth. (건강이 부보다 훨씬 더 중요하다.)

4. 라틴어의 비교급: 라틴어에서 온 'junior, senior, inferior, superior' 등 어미가 '-or'로 끝나는 형용사는 비교급에서 'than' 대신에 전치사 'to'를 사용한다.
- My wife is four years **junior to** me.
= My wife is four years **younger than** I. (집사람은 저보다 4살 어립니다.)
- Mr. Obama is far **superior to** Mr. Trump in personality.
(인성에 있어 오바마 씨가 트럼프 씨보다 훨씬 낫다.)

B 관용적 표현

비교급은 비교를 나타내는 외에 여러 가지 구문으로 비례나 최상급의 의미를 나타낼 수 있다.

1. 절대 비교급: 비교의 대상을 확실히 나타내지 않고 막연히 정도가 높다는 것을 나타내는 비교급을 말한다. 정관사가 붙는 경우와 붙지 않는 경우가 있다. 절대 비교급은 원급으로 바꾸어 사용해도 의미에는 큰 차이가 없다.
- He got a chance to have **higher** education. (그는 고등교육을 받을 기회가 있었다.)
- This magazine is very useful to the **younger** generation.
(이 잡지는 보다 젊은 세대에게는 매우 유익하다.)
- The **greater** part of this time was spent in Europe. (이 기간의 대부분은 유럽에서 소비되었다.)

2. 비교급 앞에 정관사 'the'를 사용하는 경우

(1) the + 비교급 + of the two: '둘 중에서 더 ~한'으로 해석한다. 'of the two'가 비교급을 한정해 주는 역할을 하므로 비교급 앞에 정관사 'the'를 붙인다.
- Nancy is **the** *more beautiful* **of the two** girls. (두 명의 소녀 중에서 낸시가 더 아름답다.)
- Harald is **the** *taller* **of the two**. (둘 중 하랄드가 키가 더 크다.)

(2) 이유 표시 전치사(for, because of) 또는 이유 표시 접속사(because, as)를 수반하는 경우에 비교급 앞에 정관사 'the'를 붙인다.
- I like the Germans **all the** *better*[*more*] **for** their honesty.
(나는 독일인들의 정직성 때문에 더더욱 독일인들을 좋아한다.)
- I believe him **none the** *less* **for** his faults. (나는 그의 결점에도 불구하고 그를 더더욱 믿는다.)
- John studied **the** *harder*, **because** his father praised him.
(요한은 아빠가 칭찬했기 때문에 더욱더 열심히 공부했다.)

3. the + 비교급, the + 비교급: '~하면 할수록 더욱더 ~하다'로 해석한다. 이때의 'the'는 정관사가 아니고 부사이다. 앞의 'the'는 관계부사로 '~할수록', 뒤의 'the'는 지시부사로 '그만큼 더 ~'라는 의미를 나타낸다. 보통 앞이 종속절, 뒤가 주절이다.

- **The sooner** you start, **the sooner** you will be back.
  (출발이 빠르면 빠를수록 그만큼 빨리 돌아올 것이다.)
- **The higher** prices rose, **the more money** the workers asked for.
  (물가가 오르면 오를수록 노동자들의 임금 요구도 증대했다.)

심화학습

이 구문은 주절에서 어순이 도치되거나 동사 또는 '주어 + 동사'가 생략되기도 한다:

- **The bigger** a crime is, **the more obvious** is the motive. (죄가 크면 클수록 동기는 더욱 분명해진다.)
- **The more** (we get), **the merrier** (we will be). (많으면 많을수록 흥겹다.)

4. 비교급 and 비교급: '점점 더 ~하게'로 해석한다.

- It is getting **warmer and warmer**. (날씨가 점점 따뜻해진다.)
- He became **more and more eloquent** toward the end of his speech.
  (그의 연설은 끝 부분으로 갈수록 점점 더 설득력이 있어졌다.)

비교 비교급이 하나라도 정도의 비례적 증가를 나타낼 수 있다:

- Night after night the comet grew **brighter**. (밤마다 그 혜성은 점점 더 밝게 빛났다.)

5. 비교급을 이용한 최상급 표현

(1) 비교급 + than any other + 단수 명사

- He is *taller* **than any other** *boy* in the class. (그는 학급의 다른 어떤 학생보다 키가 크다.)

= He is **the** *tallest boy* in the class. (그는 그 학급에서 가장 키가 큰 학생이다.)

(2) 비교급 + than all the other + 복수 명사

- He is *taller* **than all the other** *boys* in the class.
  (그는 학급의 다른 모든 학생들보다 키가 크다.)

(3) 부정어 + 비교급 + than

- **No** (other) **student** in the class is *taller* **than** he.
  (학급에서 그 어떤 학생도 그보다 키가 큰 사람은 없다.)

6. 기타 주요한 관용적 어법

(1) no more than

= only: '다만, 겨우'로 해석한다.

• He has **no more than** five books. (그는 책이 겨우 5권 있다.)

(2) no less than

① '~와 다름없는' 것으로 해석한다.

• It was **no less than** a fraud. (그것은 사기나 다름없다.)

② 'as many[much] as'와 같은 의미로 수사와 함께 사용해서 '(수 · 양이) 무려 ~(만큼)이나'로 해석한다:

• He has **no less than** 8 children. (그는 슬하에 자식이 무려 8명이나 된다.)

• He gave me **no less than** a million won. (그는 나에게 백만 원이나 주었다.)

(3) not more than

= at most: '많아야, 기껏해야'로 해석한다.

• He has **not more than** five books. (그는 책이 기껏해야 5권 있다.)

(4) not less than

= at least: '적어도'로 해석한다.

• It did **not** cost **less than** 10 dollars.

= It cost **not less than** 10 dollars. (적어도 10달러는 들었다.)

(5) 양자 부정

① no more + 원급 + than: '~이 아닌 것은 ~이 아닌 것과 같다'로 해석한다. 'as + 상대어 원급 + as'로 바꾸어 사용할 수 있다.

• I am **no more** *insane* **than** you (are).

= I am **not** *insane* **any more than** you (are).[9]

(내가 미치지 않은 것은 당신이 미치지 않은 것과 같다.)

= I am **as** *sane* **as** you (are). (나는 당신만큼 제정신입니다.)

• She is **no more** *beautiful* **than** her sister (is).

= She is **not** *beautiful* **any more than** her sister (is).

(그녀가 예쁘지 않은 것은 그녀의 언니가 예쁘지 않은 것과 같다.)

= She is **as** *ugly* **as** her sister (is). (그녀는 그녀 언니만큼 못생겼다.)

---

9) 다음 문장을 비교 참조할 것: I am **not insane more than** you (are). = I am **not more insane than** you (are). (나는 당신만큼 미치지는 않았습니다.)

② no more + 명사 + than: '~이 아닌 것은 ~이 아닌 것과 같다'로 해석한다.

• A home without love is **no more** *a home* **than** a body without soul is a man.

= A home without love is **not** *a home* **any more than** a body without soul is a man. (사랑 없는 가정이 집이 아닌 것은 영혼 없는 육체가 사람이 아닌 것과 같다.)

• A whale is **no more** *a fish* **than** a horse (is).

= A whale is **not** *a fish* **any more than** a horse (is).
(고래가 물고기가 아닌 것은 말이 물고기가 아닌 것과 같다.)

③ no more + 동사 + than: '~하지 못하는 것은 ~하지 못하는 것과 같다'로 해석한다.

• He can **no more** *do* it **than** (he) *fly*. (그가 그것을 하지 못하는 것은 날 수 없는 것과 같다.)

(6) 양자 긍정

① no less + 원급 + than: '~못지않게 ~한, ~와 마찬가지로 ~한'의 의미로 해석한다. 'quite as + 원급 + as'로 바꾸어 사용할 수 있다.

• She is **no less** *beautiful* **than** her sister (is). (그녀는 그녀 언니 못지않게 예쁘다.)

= She is **quite as** *beautiful* **as** her sister (is). (그녀는 그녀 언니만큼 꽤 예쁘다.)

② no less + 명사 + than: '~인 것은 ~인 것과 같다'로 해석한다.

• A whale is **no less** *a mammal* **than** a horse (is).
(고래가 포유동물인 것은 말이 포유동물인 것과 같다.)

③ no less a person than: '다름 아닌 바로'의 의미로 해석한다.

• He is **no less a person than** the king. (그 분은 다름 아닌 바로 왕이시다.)

④ not less + 원급 + than: '~만큼 ~하다'로 해석한다. 'as + 원급 + as'로 바꾸어 사용할 수 있다

• She is **not less** *beautiful* **than** her sister (is).

= She is **as** *beautiful* **as** her sister (is). (그녀는 그녀 언니만큼 예쁘다.)

(7) much[still] more

① 불가산 명사 · 형용사 · 부사와 함께 쓰여 '훨씬 더 많은[많이]'로 해석된다.

• He drinks **much more** *beer* than I do. (그는 맥주를 나보다 훨씬 많이 마신다.)

② 긍정문 사용되어 '하물며, 더군다나'로 해석된다.10)

• He can speak French, **much more** German.
(그는 독일어는 말할 것도 없고 불어도 할 수 있다.)

---

10) 동일한 의미로 긍정문 · 부정문에 관계없이 쓸 수 있는 표현들: 'let alone, not to speak of, to say nothing of, not to mention' 등이 있다.

- If he can do it well, **much more** can we.
(그가 그것을 잘 할 수 있다면 우리야 훨씬 더 잘 할 수 있다.)

(8) much[still] less

① 불가산 명사 · 형용사 · 부사와 함께 쓰여 '훨씬 더 적은[적게]'로 해석된다.
- She drinks **much less** *beer* than I do. (그녀는 맥주를 나보다 훨씬 적게 마신다.)

② 부정문에 사용되어 '하물며[더군다나] ~ 아니다'로 해석된다.
- He has no daily necessities, **much less** luxuries. (그는 생필품조차 없다, 하물며 사치품이야.)

(9) no[little] better than
= as good as: '~와 다름없는, 영락없는 ~'로 해석한다.
- He is **no[little] better than** a beggar. (그는 거지나 다름없다. 즉, 그는 영락없는 거지다.)

(10) get[gain, have] the better of
= defeat: '~을 이기다'로 해석한다.
- My temper sometimes **gets the better of** me. (가끔 나는 내 성질을 이기지 못한다.)

(11) no longer
= not ~ any longer: '더 이상 ~않다[아니다]'로 해석한다.
- I could wait for him **no longer**.
= I could **no longer** wait for him.
= I could **not** wait for him **any longer**. (나는 더 이상 그를 기다릴 수 없었다.)
- A visit to the moon is **no longer** a fantastic dream.
= A visit to the moon is **not** a fantastic dream **any longer**.
(달 여행은 이제 더 이상 공상적인 꿈이 아니다.)

(12) no more
= not ~ any more: '더 이상 ~않다[아니다]'로 해석한다.
- I can stand this **no more**.
= I can **no more** stand this.
= I can **not** stand this **any more**. (나는 이 이상 못 참겠다.)
- You are **no more** a baby.
= You are **not** a baby **any more**. (너는 더 이상 애기가 아니다.)

Ⅳ 최상급의 용법

ENGLISH GRAMMAR

최상급은 셋 이상 중에서 어느 하나가 '가장 ~하다'는 것을 나타낸다. 최상급 앞에는 원칙적으로 정관사 'the'를 붙인다.

A 기본 용법

'가장 ~하다'는 의미로 쓰인다. 전치사 'of'나 'in'을 뒤에 동반하는 경우가 많다.

1. the + 최상급 + of + all (the) + 복수 명사: 보통 부사의 최상급에는 'the'를 붙이지 않지만 형용사의 최상급에는 'the'를 붙인다.
   - He is **the** ***tallest*** **of all** (the) **students** in his class.
     (그는 그의 학급 학생들 가운데 가장 키가 크다.)

2. the + 최상급 + (명사) + in + 단수 명사[집합 명사]
   - He is **the** ***tallest*** (student) **in his class**. (그는 그의 학급에서 가장 키가 큰 학생이다.)

3. the + 최상급 + 명사 + that절
   - This is **the most** ***beautiful*** **sight** (that) **I have ever seen**.
     (이것은 내가 이제껏 본 것 중에서 가장 아름다운 광경이다.)

4. the second + 최상급 + 명사: '두 번째로 가장 ~한' 것으로 해석한다.
   - Tokyo is **the second** ***largest*** **city** in the world. (도쿄는 세계에서 두 번째로 큰 도시이다.)

B 최상급에 정관사 'the'를 사용하지 않는 경우

1. 최상급 형용사가 보어로 쓰인 경우
   - Jong-jin is **happiest** when he is with his best friend Dong-seob.
     (종진은 그의 절친인 동섭과 함께 있을 때 가장 행복하다.)

2. 동일인 · 동일물의 상태를 비교할 경우
   - The lake is **deepest** at this point. (이 호수는 이 지점이 가장 깊다.)

비교 The lake is **the deepest** in Korea. (이 호수는 한국에서 가장 깊다.)

3. 형용사의 최상급은 정관사 'the'를 붙이고, 부사의 최상급은 정관사 'the'를 붙이지 않는다.
   - Who is **the fastest** runner in your class? 〈형용사의 최상급〉
     (너의 학급에서 가장 빨리 달리는 사람이 누구니?)
   - Who runs **fastest** in your class? 〈부사의 최상급〉
     (너의 학급에서 누가 가장 빨리 달리니?)

4. 최상급 앞에 소유 형용사 또는 소유격이 오는 경우
   - **Goya's most excellent** work is exhibited in the gallery.
     (고야의 가장 뛰어난 작품이 화랑에 전시되어 있다.)
   - He is **my best** friend. (그는 나의 절친이다.)

C 관용적 표현

최상급이면서 최상급의 의미가 아닌 것, 'even'의 의미를 포함하는 최상급 등이 있다.

1. a most
   = **a very**: 'most'가 최상급의 의미를 잃고 'very'의 의미로 쓰이는 것을 말한다. 이를 절대 최상급이라고도 한다.
   - He was **a most** brave man.
   = He was **a very** brave man. (그는 매우 용감한 사람이었다.)

2. 최상급이 'even(~일지라도, ~조차도)'의 의미를 포함하는 경우: 문맥으로 판단해야 하는 까다로운 문장이다.
   - **The tallest** boy was unable to reach the bough.
   = **Even the tallest** boy was unable to reach the bough.
     (가장 키가 큰 소년조차도 그 가지에 닿을 수 없었다.)
   - **The wisest** man cannot know everything.
   = **Even the wisest** man cannot know everything.
     (아무리 현명한 사람일지라도 모든 것을 다 알 수 있는 것은 아니다.)

3. 'most'의 관용적 표현

(1) make the most[best] of: '~을 최대한 활용하다'로 해석한다.
- We must **make the most of** this opportunity. (우리는 이 기회를 최대한 활용해야 한다.)

(2) at (the) most
= at the very most: '기껏해야, 고작해야, 많아야'로 해석한다.
- He was nineteen **at most**. (그는 기껏해야 19살이었다.)

4. 'best'의 관용적 표현

(1) get[have] the best of
= defeat: '~을 이기다'로 해석한다.
- Britta **got the best of** her rivals in the on-line market.
  (브리타는 온라인 시장에서 그녀의 경쟁 상대들을 다 물리쳤다.)

(2) at one's best: '가장 좋은 상태에, 전성기에, ~이 한창인' 것으로 해석한다.
- The cherry blossoms are **at their best**. (벚꽃이 지금 한창이다.)

5. 'last'의 관용적 표현

(1) the last: '결코 ~할 것 같지 않은, 가장 부적당한[안 어울리는]' 것으로 해석한다.
- Donald is **the last** man (in the world) I want to see.
  (도날드는 내가 가장 만나고 싶지 않은 사람이다.)
- She is **the last** wife for a farmer. (그녀는 농부에게는 도무지 어울리지 않는 부인이다.)
- He is **the last** man to tell a lie. (그는 절대로 거짓말 할 사람이 아니다.)

심화학습

'the last + 명사 + to + 왕래발착 동사'가 오면 본래의 뜻인 '가장 마지막에 ~한'의 의미가 된다:
- He is **the last** man **to come** here. (그는 여기에 온 마지막 사람이다.)

(2) at last
= in the end
= finally: '마침내, 드디어, 끝에 가서'로 해석한다.
- My turn came **at last**. (드디어 내 차례가 왔다.)

6. 'least'의 관용적 표현

(1) at (the) least

= at the (very) least: 보통 수사 앞에 써서 '적어도'로 해석한다.

• We should study **at (the) least** three hours a day.
(우리는 적어도 하루 3시간은 공부해야 한다.)

(2) not in the least = not at all: '조금도 ~않다, 전혀 ~아니다'로 해석한다.

• She is **not in the least** anxious about it.
= She is **not at all** anxious about it. (그녀는 그것에 대해 전혀 걱정하지 않는다.)

m/e/m/o

실력평가문제

CRAMMING ENGLISH GRAMMAR

※ 다음 밑줄 친 곳에 가장 알맞은 것을 고르시오.

01 Your tennis racket is _____ in quality _____ mine.

① superior, to
② more superior, to
③ superior, than
④ inferior, than

해설 라틴어의 비교급은 'than' 대신에 어떤 전치사를 사용할까? • superior 뛰어난, (위치 · 계급이) 보다 위의
해석 당신의 테니스 라켓은 품질이 내 것보다 우수합니다.
정답 ①

02 A: I think she is wise.
B: No, she is _____ than wise.

① more kind
② kinder
③ more kindly
④ kind

해설 동일인 · 동일물의 성격 · 성향을 비교할 경우 음절수에 상관없이 'more + 원급 + than'의 형태를 취한다.
해석 A: 나는 그녀가 현명하다고 생각해. B: 아니야. 그녀는 현명하기보다는 친절해.
정답 ①

03 Britta is _____ of the two girls.

① young
② younger
③ the younger
④ the youngest

해설 비교급 앞에 정관사 'the'를 사용해야 하는 경우는?
해석 브리타는 두 명의 소녀 중 더 어리다.
정답 ③

04 A: It's very cold outside today.
B: Yes, it was _____ yesterday.

① the less cold
② less cold as this
③ not colder
④ not this cold

해설 보기에는 비교급 형태가 없다. 수량 · 정도[이만큼 · 그만큼]를 나타내는 말을 한정하는 지시부사가 필요하다.
해석 A: 오늘 바깥 날씨가 무척 춥다. B: 그래, 어제는 이렇게 춥지 않았는데.
정답 ④

05 He talked a lot but they liked him _____ for it.

① by far ② all the more

③ further more ④ for the better

해설 이유 표시 전치사(for, because of), 이유 표시 접속사(because, as)를 수반하는 경우 비교급 앞에 정관사 'the'를 붙인다. • all the better[more] 더욱더 • none the less = not the less = no less 그래도 역시, 그럼에도 불구하고

해석 그는 이야기를 많이 한다. 그러나 그것 때문에 사람들은 더욱더 그를 좋아한다.

정답 ②

06 He is _____ me by three years.

① older to ② senior than

③ old than ④ senior to

해설 1번 문제와 동일한 성격의 문제. 라틴어에서 온 'junior, senior, inferior, superior' 등 어미가 '-or'로 끝나는 형용사는 비교급에서 'than' 대신에 전치사 'to'를 사용한다.

해석 그는 나보다 세 살 더 나이가 많다.

정답 ④

07 Nothing is so valuable as health.

= Health is _____ valuable _____.

① more, than any other thing ② as, as any

③ a most, in the world ④ the most, than any other thing

해설 '부정 주어 + so[as] + 원급 + as'와 '비교급 + than any other + 단수 명사'는 최상급의 의미를 나타낸다.

해석 그 어떤 것보다도 건강이 더 소중하다.

정답 ①

08 She is healthier than _____ in her class.

① anyone ② anyone else

③ any boy ④ all the boys

해설 '비교급 + than any other + 단수 명사'의 응용 문장인 '비교급 + than anyone else', '비교급 + than anything else'도 최상급의 의미를 나타낸다.

해석 그녀는 자신의 학급에서 어떤 누구보다도 더 건강하다.

정답 ②

09 Staying in a hotel costs _____ renting a room in a dormitory.

① twice more than ② as much twice as

③ twice as much as ④ as much twice

해설 배수를 나타내는 문장은 '배수사 + as + 원급 + as'로 나타낸다.
해석 호텔에 숙박하는 것은 기숙사에서 방을 빌리는 것보다 두 배의 비용이 든다.
정답 ③

10 One would not wish to stay in such a desolate place even for a few days, _____ would one be willing to stay all one's life.

① still more ② even though
③ much more ④ still less

해설 much[still] less 부정문에 사용되어 '하물며[더군다나] ~ 아니다'로 해석된다. • desolate 황량한, 쓸쓸한; 황폐시키다, 쓸쓸[적적]하게 하다
해석 사람은 누구나 그러한 황량한 장소에서 단 며칠 동안이라도 머물고 싶어 하지 않을 것이며, 하물며 일생동안 그곳에 머물고 싶어 하진 않을 것이다.
정답 ④

11 The faulty machine needs to be replaced as _____ as possible so that the assembly line can start running again.

① quickly ② quicker
③ quickest ④ quick

해설 as ... as ~ 사이에는 형용사와 부사의 원급이 위치하여 '~만큼 … 한'이라는 의미를 나타낸다. 따라서 각각 비교급과 최상급인 quicker와 quickest는 오답이며, quickly와 quick 중 하나가 정답이다. 앞의 to be replaced를 수식하는 것은 부사이므로 quickly가 정답이 된다. • faulty 결함 있는, 불완전한 • replace 대신[대체]하다, 교환하다 • assembly line 조립라인
해석 조립라인이 다시 작동할 수 있도록 가능한 한 빨리 결함 있는 기계는 교체될 필요가 있다.
정답 ①

12 Since airlines are charging higher fees for checked luggage, you need to pack your suitcase as _____ as possible.

① efficiency ② efficient
③ efficiently ④ more efficient

해설 as ~ as 사이에 빈칸이 있으므로 형용사나 부사의 원급 중 하나가 정답이다. 빈칸 앞의 as를 없애도 앞 문장은 빠진 요소가 없는 완전한 문장이므로 부사가 정답이 된다. 문맥상으로도 '가능한 한 효율적으로 당신의 여행가방을 쌀 필요가 있다'가 되어 적절하므로 efficiently가 정답이다. • airline 항공사 • charge 요금을 부과하다 • fee 요금, 수수료 • luggage 수하물 • pack 짐을 꾸리다[싸다] • suitcase 여행 가방 • efficiently 효율적으로
해석 항공사들이 맡겨진 수하물에 더 높은 요금을 부과하기 때문에 당신은 가능한 한 효율적으로 여행 가방을 꾸릴 필요가 있다.
정답 ③

13 Sungard Corp. always explores new products and has recently implemented new recruitment procedures in order to remain as _____ as other leading companies.

① competitive ② competitiveness

③ competitively ④ most competitive

해설 as ~ as 사이에 빈칸이 있으므로 형용사나 부사의 원급 중 하나가 정답이다. 빈칸 앞의 as를 없애면 remain 동사와 빈칸이 연결되며, remain 동사는 2형식 동사로 형용사 보어를 취하므로 형용사인 competitive가 정답이 된다. • explore 탐구하다 • implement 시행하다 • recruitment 채용, 신병 모집, 원기 회복 • procedure 절차 • competitive 경쟁적인, 경쟁력 있는 • leading 선도의, 주도하는

해석 선가드 사(社)는 항상 신제품들을 탐구하고 최근에는 다른 선도 기업들만큼 경쟁력 있게 남아 있기 위해서 새 채용 절차를 실시했다.

정답 ①

14 All weekly reports must be written much _____ to avoid any possibility of misunderstanding.

① clearer ② clear

③ clearly ④ more clearly

해설 빈칸은 앞의 동사 must be written을 수식하는 부사 자리이다. clearly와 more clearly가 모두 부사이나 빈칸 앞의 much는 비교급을 강조하는 부사로서 일반 형용사나 부사를 수식하지 않으므로 clearly는 오답이다. 따라서 비교급인 more clearly가 정답이 된다. • weekly 주간의, 주 1회의 • clearly 분명하게, 명확하게 • avoid 피하다 • misunderstanding 오해

해석 어떤 오해의 소지도 피하기 위해서 모든 주간 보고서들은 훨씬 더 명확하게 쓰여야만 한다.

정답 ④

15 Even though the grand opening of the new Italian restaurant was later _____ expected, many people were happy with the quality of food it served.

① within ② than

③ instead ④ from

해설 빈칸 앞의 later는 비교급이므로 than이 와야 함을 알 수 있으며, 빈칸 앞뒤를 연결해보면 later than expected는 '예상했던 것보다 더 늦은'이 되어 문맥상으로도 적절하다. 따라서 than이 정답이다. • even though 비록 ~이지만 • grand opening 개장, 개점 • be happy with ~에 만족하다

해석 비록 새 이탈리아 식당의 개점이 예상했던 것보다 늦어졌음에도 불구하고 많은 사람들은 그 식당이 제공한 음식의 질에 만족했다.

정답 ②

16 Due to favorable exchange rate, foreign goods are now _____ more affordable.

① very ② too

③ such ④ much

해설 빈칸 뒤 more affordable은 비교급이므로 비교급을 강조하는 부사인 much가 정답이 된다. • due to ~ 때문에 • favorable 유리한, 우호적인 • exchange rate 환율 • foreign 해외의, 외국의 • affordable 비싸지 않은, (가격이) 알맞은

해석 유리한 환율 때문에 외국 상품들은 지금 더욱 더 저렴하다.

정답 ④

17 This flight ticket is not refundable and no changes are allowed because it is our ____ ticket available at this time.

① cheap ② cheapest

③ cheaply ④ cheaper

해설 "소유격 + ---- + 명사" 형태이며 빈칸에는 형용사와 형용사의 최상급 모두 올 수 있으므로 문맥에 어울리는 것을 찾는다. ticket 뒤에는 '현재 이용 가능한'이라는 비교 범위가 제시되어 있으므로 '가장 저렴한'이 적절하다. 따라서 '지금 이용 가능한 우리의 가장 저렴한 표이기 때문에 이 표는 환불이 불가능하다'가 문맥상 적절하므로 cheapest가 정답이 된다. • flight ticket 항공권, 비행기 표 • refundable 환불이 가능한 • cheap 값싼, 저렴한 • available 이용 가능한, 구입할 수 있는

해석 이 비행기 표는 환불되지 않으며 어떠한 변경도 허용되지 않는다. 왜냐하면 이 표는 지금 이용 가능한 우리의 가장 저렴한 표이기 때문이다.

정답 ②

18 The one-day trip to New York was the ____ of all the advertised activities at the language institute.

① popularity ② popular

③ popularly ④ most popular

해설 빈칸 앞의 the만 보고 명사를 정답으로 고르기 쉬우나 most도 the 뒤에 올 수 있다. 즉, 빈칸에 올 수 있는 것은 popularity와 most popular이다. 주어가 trip(여행)인데, '여행=인기(popularity)'는 성립하지 않으므로 popularity는 오답이다. 문맥상으로도 '뉴욕으로의 당일치기 여행이 가장 인기 있었다'가 되어 적절하므로 최상급 most popular가 정답이 된다. • advertised 광고된 • language institute 어학원

해석 뉴욕으로의 당일치기 여행은 어학원의 모든 광고된 행사들 중에서 가장 인기 있었다.

정답 ④

19 You should be well aware that ____ the smallest dust particle might be very harmful to your sensitive eye surface.

① less ② so much as

③ even ④ much

해설 빈칸 뒤 the smallest는 최상급이다. even은 '심지어'라는 의미로, 최상급 앞에서 최상급을 수식하여 '심지어 가장 ~라도'라는 의미를 나타낸다. even the smallest dust particle은 '심지어 가장 작은 먼지 입자라도'가 되어 문맥상 적절하므로 even이 정답이다. • aware 알고 있는, 인지하는 • dust 먼지 • particle 입자 • harmful 해로운 • sensitive 민감한, 예민한 • surface 표면

해석 가장 작은 먼지 입자라 할지라도 당신의 민감한 눈 표면에 매우 해로울 수 있다는 것을 당신은 잘 알아두어야 한다.

정답 ③

20 By investing hugely in infrastructure, the university has been trying harder than _____ to enhance its reputation recently.

① ever　　② once

③ even　　④ simply

해설 "비교급 + than ever"는 '그 어느 때보다 더 ~한'이라는 의미의 표현이다. harder than ever는 '그 어느 때보다 더 열심히'라는 의미가 되어 문맥에 적절하므로 ever가 정답이다. • invest in ~에 투자하다 • hugely 엄청나게 • enhance 향상시키다 • reputation 명성

해석 공공기반시설에 크게 투자함으로써 그 대학은 최근에 명성을 높이려고 그 어느 때보다 더 열심히 노력해왔다.

정답 ①

21 The presentation Mr. Raina delivered during the World Summit on the Information Society was the _____ as the one he presented during the conference last month.

① same　　② equal

③ once　　④ most

해설 same과 equal은 둘 다 '같은'이라는 뜻이지만, 용법이 다르다. same은 the same as의 형태로 쓰여 '~와 같은'이라는 의미를 나타낸다. 빈칸 앞에는 the, 뒤에는 as가 있으므로 same이 정답이 된다. • summit 정상, 꼭대기, 절정, 정점, 정상 회담 • the same as ~와 같은 • conference 회의, 컨퍼런스

해석 세계 정상 회담에서 레이나 씨가 한 정보 사회에 대한 그 발표는 지난달 회의에서 그가 발표했던 것과 똑같았다.

정답 ①

22 For security reasons, Lucky Stop Convenience Stores are _____ longer accepting cash for purchases exceeding $10.

① not　　② none

③ no　　④ neither

해설 no longer는 '더 이상 ~하지 않는'이라는 비교급 숙어 표현이다. 빈칸 뒤에 longer가 있으므로 no가 정답이다. • security 보안 • accept 받아 주다 • exceed 초과하다, 능가하다

해석 보안상의 이유로 럭키 스톱 편의점은 10달러를 넘는 구입 건에 대해 더 이상 현금을 받지 않는다.

정답 ③

23 밑줄 친 부분이 틀린 것은?

<u>No other</u>① quality is more important <u>for</u>② a scientist <u>to</u>③ acquire <u>as</u>④ to observe carefully.

해설 '부정어 + 비교급'은 최상급 의미를 나타낸다. 'more'가 앞에 있으니 'than'이 수반되어야 한다.

해석 과학자가 지녀야 할 가장 중요한 특성은 주의 깊게 관찰하는 것이다.

정답 ④ (as → than)

24 다음 중 밑줄 친 곳에 올 수 없는 것은?

He was as ______ as I.

① strong ② bigger

③ tall ④ old

해설 동등 비교에는 원급을 사용한다.
정답 ② (bigger → big)

25 밑줄 친 부분에 들어갈 알맞은 말을 고르시오.

- Mike has _____ books than Jane.
- There are _____ people today than yesterday.

① many, few ② more, less

③ more, fewer ④ much, little

해설 many, few: 모두 수를 나타내는 말에 쓰이며, 비교급은 'more, fewer'이다.
해석 Mike는 Jane보다 책을 더 많이 갖고 있다. / 오늘은 어제보다 사람이 더 적다.
정답 ③

26 우리말을 영어로 옮긴 것 중 어색한 것은?

① 나라를 사랑하지 않는 사람은 아무도 없다.
→ There is no man but does not love his country.

② 적은 지식은 네가 그것이 적다는 것을 알고 있는 한 위험하지 않다.
→ A little learning is not dangerous so long as you know that it is little.

③ 부모의 사랑만큼 그렇게 이타적인 사랑은 없다.
→ There is no love so unselfish as parental love.

④ 우리의 인생은 짧은 것이 아니라 우리가 그렇게 만드는 것이다.
→ Our life is not short, but we make it so.

해설 의사 관계대명사 'but'에는 부정의 의미가 포함되어 있다.
정답 ① (There is no man but loves his country.)

CHAPTER

16 부사

출제경향

부사에 관한 문제는 비교적 출제 빈도가 낮은 편이지만 부사의 기본적인 기능과 용법 및 위치를 알고 있으면 여러 문제를 해결하는 데 도움이 된다. 주의해야 할 부사의 어형과 의미, 빈도부사의 기능과 위치, 동사와 부사의 관계 등을 파악하면 된다.

I 부사의 종류와 용법

ENGLISH GRAMMAR

부사란 주로 동사 · 형용사 또는 다른 부사를 수식하는 말을 말한다. 부사는 의미상 장소 · 때 · 정도 · 상태 · 원인 · 확신 등을 나타낸다. 부사는 그 역할에 따라 다음의 3가지로 분류할 수 있다:

- 단순 부사: 보통의 부사
- 의문 부사: 의문을 나타내는 부사
- 관계 부사: 접속사 역할과 부사 역할을 겸하는 부사(where, when, why, how)

A 단순 부사

동사 · 형용사 또는 다른 부사를 수식하는 역할 외에 명사 · 대명사나 문장 전체를 수식할 수도 있다. 단순 부사는 형용사 어미에 '-ly'를 붙여 만들 때가 많다.

1. 부사의 기능

(1) 동사를 수식한다.

- Britta *sings* **beautifully**. (브리타는 아름답게 노래한다.)

- Politicians **often** *tell* lies. (정치가들은 종종 거짓말을 한다.)

(2) 형용사 · 부사를 수식한다.

- Sarah is **very** *intelligent*. (사라는 대단히 지적이다.)
- She studies Chinese **very** *hard*. (그녀는 중국어를 대단히 열심히 공부한다.)

(3) 명사 · 대명사 · 부사구를 수식한다: 특정한 부사에 한정된다.

- **Even** *a child* can solve the problem. (꼬마라도 그 문제는 풀 수 있다.)
- **Even** *Homer* sometimes nods. (원숭이도 나무에서 떨어진다.)
- **Only** *you* can do it. (당신만이 그 일을 할 수 있다.)
- The result can come out **only** *by prayer*. (기도 외에 다른 것으로는 결과가 있을 수 없다.)

(4) 부사절 또는 문장 전체를 수식한다.

- He failed **only** *because he was too proud*. (그는 단지 지나치게 자만했기 때문에 실패하였다.)
- **Happily** *he didn't die*. (다행히도 그는 죽지 않았다.)

  해설 위와 같이 문장 전체를 수식하는 부사를 문장 수식 부사라고 한다.

  비교 He didn't *die* **happily**. (그는 행복하게 죽지 못했다.)

2. 부사의 형태

(1) '형용사 + ly'형: 보통의 부사가 여기에 속한다. 단, '명사 + ly'형 가운데는 형용사 역할을 하는 것과 형용사 · 부사 둘의 역할을 겸하는 것들이 있다.

① 형용사 + ly: 보통의 부사 형태

- easy → easily(쉽게)
- chill → chilly(냉랭하게)
- noble → nobly(고상하게)
- dramatic → dramatically(극적으로)

② 명사 + ly: 형용사 또는 형용사 · 부사 역할

- man + ly = manly(남자다운)
- love + ly = lovely(사랑스러운)
- day + ly = daily(매일의, 매일)
- friend + ly = friendly(우호적인)
- order + ly = orderly(질서정연한)
- time + ly = timely(적시의, 적시에)

(2) 형용사 · 부사의 형태가 동일한 것

- late: 늦은, 늦게
- well: 건강한, 잘
- long: 긴, 오랫동안
- hard: 단단한, 열심히
- dear: 사랑하는, 비싸게
- last: 최후의, 마지막으로
- fast: 빠른, 빨리
- ill: 병든, 나쁘게
- early: 이른, 일찍이
- quick: 빠른, 신속하게
- straight: 수직의, 곧바로
- direct: 똑바른, 직접적으로

(3) '-ly'가 있는 부사와 없는 경우 뜻이 달라지는 경우

- late: 늦게
- most: 몹시
- hard: 열심히
- lately: 최근에
- mostly: 대부분
- hardly: 거의 ~않다

B 의문 부사

where, when, why, how 등 장소 · 때 · 이유 · 방법 · 정도를 나타내는 부사를 말한다.

1. 문두에서 의문문을 이끈다.

- **Where** do you live? (집이 어디세요?)
- **When** can you come? (언제 올 수 있어요?)
- **Why** is she late? (그녀가 왜 늦죠?)
- **How** do you come to school? (등교 시 어떤 교통수단을 이용하세요?)
- **How** old are you? (나이가 어떻게 되죠?)

2. 간접 의문문을 이끈다: 의문사가 이끄는 문장의 일부가 문장 속에서 의문의 의미를 나타내는 것을 간접 의문문이라고 한다. 간접 의문문은 명사절로 목적어 역할을 한다. 간접 의문문의 어순은 '의문사 + 주어 + 동사'이다.

- Do you know **who that lady is**? (저 아가씨가 누군지 아세요?)
- I don't know **when and where he was born**.
  (나는 그가 언제 어디서 태어났는지 모른다.)
- Tell me **why you feel tired**. (왜 피곤하신지 이유를 말씀해 주세요.)
- Show me **how the patient is**. (환자의 상태가 어떤지 제게 보여 주세요.)

C 부사의 다른 품사 전용

1. 어떤 부사는 다른 품사에 전용되어 명사 또는 형용사로 쓰일 수 있다.

• How far is it from **here[there]**? 〈명사로 전용〉
(여기서[거기서] 얼마나 멀죠?)

• **Now** is the time for you to speak. 〈형용사로 전용〉
(지금이 당신이 발언할 수 있는 시간입니다.)

2. here, below 등이 형용사로 전용될 때는 명사 뒤에 놓여 그 명사를 수식한다.

• The *climate* **here** is very severe. (이곳의 기후는 매우 혹독합니다.)

• That *man* **there** is my uncle. (저기 있는 저 사람은 우리 삼촌입니다.)

• They cut off the light from the *streets* **below** and from the *buildings* **next door**.
(그들은 아래의 거리와 옆 건물에서 오는 빛을 차단했다.)

• Not the *stars* **above** were to be seen that night.
(그날 밤 하늘의 별들은 보이지 않았다.)

3. 다음과 같이 형용사로 전용되어 보어로 쓰일 수 있다.

• School is **over**. (수업이 끝났다.)

• Is your mother **in**? (어머님이 댁에 계세요?)

• She is **out** just now. (그녀는 방금 나갔습니다.)

D 부사의 위치

부사의 위치는 예외가 많아 전부 설명하기란 어렵지만 대개 다음과 같은 원칙을 따른다.

1. 부사가 동사를 수식하는 경우

(1) 동사 뒤에 놓이는 경우: 때 · 장소 · 상태 등을 나타내는 부사는 보통 동사 뒤, 목적어나 보어가 있으면 그 뒤에 놓인다. 동사와 목적어 · 보어 사이에는 놓이지 않는 것이 보통이다.

• I *slept* **soundly** last night. (나는 어젯밤에 잘 잤다.)

• Sarah was *laughing* **happily** over the phone with Britta.
(사라는 브리타와 전화를 하면서 행복하게 웃고 있었다.)

• She *took* the news **quietly**.
(그녀는 평온한 기분으로 그 소식을 접했다.)

(2) 동사 앞에 놓이는 경우

① 회수 · 빈도를 나타내는 경우 부사는 동사 앞에 놓일 때가 많다.

- He **often** *comes* to see me. (그는 자주 나를 보러 온다.)
- My wife **rarely** *writes* to me. (집사람은 나에게 거의 편지를 쓰지 않는다.)

② 정도를 나타내는 부사도 동사 앞에 놓일 때가 많다.

- I **quite** *agree* with you. (나는 전적으로 너와 같은 입장이다.)
- She **totally[almost]** *forgot* me. (그녀는 나를 완전히 잊었다.)

(3) 조동사가 있는 경우

① be 동사가 있을 경우 부사는 그 뒤에 놓인다.

- He *is* **always** busy. (그는 항상 바쁘다.)

② be 동사 + 부사 + 현재분사[과거분사]

- I *was* **severely** *hurt* by her criticism. (나는 그녀의 비평에 무척 기분이 상했다.)
- The price of oil *is* **steadily** *going* up. (오일 가격이 꾸준히 올라가고 있다.)

③ 조동사 + 부사 + 본동사: 부사는 조동사와 본동사 사이에 놓인다. 둘 이상의 조동사가 있을 때는 최초의 조동사 다음에 부사가 오는 것이 보통이다.

- I *cannot* **possibly** *do* such a thing. (나는 그런 일은 도저히 할 수 없다.)
- You *should* **really** *have* been more careful. (너는 좀 더 신중해야 했다.)

2. 부사가 형용사 · 부사 · 구 · 절을 수식하는 경우

(1) 원칙: 형용사 · 부사 · 구 · 절을 부사가 수식할 경우 이들 앞에서 수식한다.

- Your answer is **very** *good*. (당신의 대답은 아주 좋아요.)
- She speaks **very** *slowly*. (그녀는 매우 느리게 말한다.)
- I felt **more** *at ease* when I heard it. (나는 그것을 듣고 기분이 더 편안해졌다.)
- Daddy came home **just** *when we finished dinner*.
  (아빠는 우리가 저녁식사를 막 끝냈을 때 돌아오셨다.)

(2) 형용사[부사] + enough: 예외로 'enough'는 형용사 · 부사 뒤에 놓인다.

- It is *good* **enough** for me. (나에게는 그만하면 됐습니다.)

3. 부사가 명사 · 대명사를 수식하는 경우: 명사 · 대명사를 부사가 수식할 경우 이들 앞 또는 뒤에서 수식한다.

- He is **quite** *a man*. (그는 이제는 어른이다.)

- **Only** *he* came.
  = *He* **only** came. (그만이 왔다.)

> **심화학습**
>
> 'only'는 동사뿐만 아니라 명사 · 대명사도 수식하는 특수한 부사다.
>
> (a) He **only** *answered* that question. (그는 그 문제에 대답만 했다.)[11]
>
> (b) **Only** *he* answered that question. (그만이 그 문제에 대답했다.)
>
> (c) He answered **only** *that question*. (그는 그 문제에만 대답했다.)

4. 초점부사(only, also, even)의 위치: 그 위치가 한정되어 있지 않고 보통 초점을 두는 어구 앞에 위치한다.

- **Only** *I* hoped to see you. 〈주어에 초점〉
  (단지 나만이 너를 만나기를 희망했다.)
- I **only** *hoped* to see you. 〈동사에 초점〉
  (나는 너를 만나기를 단지 희망했다.)
- I hoped **only** *to see* you. 〈부정사에 초점〉
  (나는 너를 만나기만을 원했다.)

5. 'still'의 위치

(1) 다른 부사, 형용사를 수식할 경우: 수식하는 단어 앞에 온다.

- He worked hard while **still** *young*. (아직 젊지만, 그는 열심히 노력했다.)

(2) 부정문의 경우: 조동사 앞에 온다.

- He **still** *hasn't* finished the work.
  = He hasn't finished the work so far. (그는 아직 그 일을 끝내지 못했다.)

(3) 의문문의 경우: 조동사와 일반 동사 사이에 온다.

- *Do* you **still** *love* me? (당신은 여전히 저를 사랑합니까?)

6. 부사구가 겹칠 때의 어순

(1) 때 · 장소를 나타내는 부사(구)는 '작은 단위 → 큰 단위'의 어순을 따른다.

---

11) (a)는 '그는 그 문제에 대답만 했다'의 의미이지만 'only'가 앞의 'He'를 수식한다고도 말할 수 있다. 이때는 'He'에 강세를 둔다. 그러면 (b)와 의미가 같아져서 '그만이 그 문제에 대답했다'의 의미가 된다.

- I will meet her **at a hotel / in Paris.** (나는 그녀를 파리에 있는 한 호텔에서 만날 것이다.)
- I was born **at 10 p.m. / on December 8 / in 1960.**
  (나는 1960년 12월 8일 오후 10시에 태어났다.)

(2) 시간 · 장소 · 양태 · 방법의 부사(구)가 겹칠 경우

① 일반적으로 '양태 · 방법 + 장소 + 시간'의 어순을 따른다.
- She sang a song **perfectly / at the concert / last night.**
  (그녀는 지난 밤 음악회에서 완벽하게 노래를 불렀다.)

② 왕래발착 동사(go, come, arrive, etc.)는 '장소 + 양태 · 방법 + 시간'의 어순을 따른다.
- I *arrived* **here / safely / yesterday.** (나는 어제 안전하게 이곳에 도착했다.)

7. '타동사 + 부사'의 경우

(1) 목적어가 일반 명사인 경우: '타동사 + 목적어 + 부사' 또는 '타동사 + 부사 + 목적어'의 어순을 따른다.
- Please **take** *your coat* **off.**
= Please **take off** *your coat.* (코트를 벗으시죠.)
- He **put** his shades **on.**
= He **put on** his shades. (그는 선글라스를 썼다.)

(2) 목적어가 대명사인 경우: '타동사 + 목적어 + 부사'의 어순을 따른다.
- I **saw** *him* **off** at the airport yesterday. (나는 어제 공항에서 그를 배웅했다.)
- **Turn** *it* **off**, please. (불을 좀 꺼 주세요.)

8. 문장 수식 부사: 문장 전체를 수식하는 부사의 위치는 비교적 자유롭게 문두나 문미 또는 문장 가운데도 올 수 있지만 보통 문두 또는 동사 앞에 놓일 때가 많다.
- **Perhaps** I was mistaken.
= I was, **perhaps**, mistaken.
= I was mistaken, **perhaps**. (아마 내가 틀렸을 것이다.)
- **Generally**, the first new lines come to me from something I'm thinking about.
= The first new lines **generally** come to me from something I'm thinking about.
  (대개 초반의 몇 줄은 내가 생각하고 있는 것으로부터 나온다.)

E 주의해야 할 부사의 용법

1. ago, before, since

(1) ago: '지금으로부터 ~전에'의 의미로 해석되며 과거형 동사와 함께 쓰인다.

- Father *died* five years **ago**. (제 선친께선 5년 전에 돌아가셨습니다.)

(2) before

① 단독으로 사용되면 '이전에'란 의미로 해석되며 주로 현재완료와 함께 쓰인다.

- I *have seen* you **before**. (전에 뵌 적이 있습니다.)

② 수사 + before: '(과거의 어느 때보다) ~전에'의 의미로 해석된다. 과거완료와 함께 쓰인다.

- Nancy *died* five years **ago** and Mary *had died two months* **before**.
  (낸시는 5년 전에 죽었고 메리는 그보다 2달 전에 죽었다.)

(3) since

① 과거완료 시제와 함께 쓰일 경우: '~그 이후부터 죽 ~했다'로 해석된다.

- We *had parted two years* **since**. (우리는 2년 이후로 죽 헤어져 있었다.)

② 현재완료 시제와 함께 쓰일 경우: '그 후(로)'의 의미로 해석된다.

- The old bridge *has* **since** *been* reconstructed. (그 낡은 다리는 그 후 다시 재건되었다.)
- I *have not seen* him **since**. (그 후로 나는 그를 만나지 못했다.)

2. quite a

(1) quite a + 형용사 + 명사: '아주 ~한'으로 해석한다.

- He is **quite a brave** soldier.

= He is **a very brave** soldier. (그는 아주 용맹한 군인입니다.)

(2) quite a + 명사: '정말 ~인, 훌륭한 ~인'으로 해석한다.

- She is **quite a** woman. (그녀는 이제 어른이다.)

3. hard, hardly: 'hard'는 '부지런한'이라는 형용사 용법과 '열심히'라는 부사 용법이 있다. 'hardly'는 'hard'에 '-ly'가 붙은 부사이지만 '거의 ~아니다[않다]'라는 부정의 의미[부정 부사]를 나타낸다. 'hard'와 'hardly'는 전혀 다른 의미를 나타낸다.

- He is a **hard** worker. 〈형용사〉
  (그는 부지런한 직원이다.)

- He works **hard**. 〈부사〉
  (그는 열심히 일한다.)
- He **hardly** works. 〈부정 부사〉
  (그는 거의 일하지 않는다.)

4. very, much: 'very'는 원급을, 'much'는 비교급 · 최상급을 수식한다.
- He is **very** *tall*. (그는 매우 키가 크다.)
- He is **much** *taller* than she. (그는 그녀보다 훨씬 키가 크다.)
- He is **much** *the tallest* boy in his class. (그는 자기 반에서 단연 키가 제일 큰 학생이다.)

심화학습

'very'는 현재분사를, 'much'는 과거분사를 수식하지만 과거분사가 완전히 형용사화한 것은 'very'가 수식한다:
- Today I heard **very** *surprising* news. (오늘 나는 매우 놀라운 소식을 들었다.)
- I was **much** *surprised* at receiving a telegram. (전보를 받고 나는 몹시 놀랐다.)
- This is a **very** *complicated* problem. (이것은 몹시 복잡한 문제이다.)
- She is **very** *tired*. (그 여자는 몹시 지쳐 있다.)

심화학습

원칙적으로 원급은 'very'가 수식하지만 'afraid, alike, aware' 등과 같이 서술적 용법으로만 쓰이는 형용사는 'much'가 수식을 한다:
- She is **much** *afraid* of snakes. (그녀는 뱀을 몹시 무서워한다.)

비교 다음과 같은 'The house is **much** *different* from that.' 문장에서 'different'의 경우는 'very different'라고 해도 되지만, 의미상 둘 이상의 것을 비교하는 문장이므로 비교급처럼 취급하여 'much'를 사용해도 된다.

5. 부분 부정: '부정어 + all[both, every, always, necessarily, quite, fully, enough, altogether, wholly, absolutely, completely, perfectly, entirely]' 등과 같은 문형은 다음과 같이 부분 부정으로 해석한다.

- What she said is **not altogether** true. 〈부분 부정〉
  (그녀가 말했던 것이 모두 진실은 아니다.)
- The rich are **not always** happy. 〈부분 부정〉
  (부자라고 해서 늘 행복한 것은 아니다.)

비교
- What she said is **not** true **at all**. 〈전체 부정〉
  (그녀가 말했던 것은 모두 진실이 아니다.)
- The rich are **never** happy. 〈전체 부정〉
  (부자들은 절대 행복하지 않다.)

6. already, yet

(1) already

① 긍정문: '이미, 벌써'로 해석한다.
- I have **already** seen him. (벌써 그를 만났다.)
- They are **already** there. (그들은 이미 거기에 있다.)

② 의문문: 의외의 놀람을 나타내어 '벌써'라고 해석한다.
- Is he back **already**? (그가 벌써 돌아왔어요?)

③ 부정문: '설마 벌써'로 해석한다.
- She isn't up **already**, is she? (설마 그녀가 벌써 일어나지는 않았겠지요? 그렇지요?)

(2) yet

① 긍정문: '아직(도)'로 해석한다.
- There is **yet** time. (아직 시간이 있다.)
- It's early **yet**. (아직 이르다.)
- The baby is crying **yet**. (아기는 아직도 울고 있다.)

② 의문문: '이미, 벌써'로 해석한다.
- Have you done your assignment **yet**? (벌써 숙제를 다 끝냈니?)
- Is it raining **yet**? (벌써 비가 오고 있습니까?)
  비교 Is it **still** raining? (아직도 비가 오고 있습니까?)

③ 부정문: '아직 (~않다), 아직[지금]까지는 (~않다), 아직 당장은 (~않다)'로 해석한다.
- The work is not **yet** finished. (일은 아직 끝나지 않았다.)
- I have never **yet** lied. (나는 이제까지 거짓말을 해 본 적이 없다.)

- He will not come just **yet**. (그는 지금 당장은 오지 않을 게다.)

7. too, either: '~도 또한[역시]'의 의미로 'too'는 긍정문에, 'either'는 부정문에 쓰인다.

- I like doggies, **too**. (나도 역시 강아지를 좋아합니다.)
- I *don't* like snakes, **either**. (나도 역시 뱀을 좋아하지 않습니다.)

m/e/m/o

실력평가문제

CRAMMING ENGLISH GRAMMAR

※ 다음 밑줄 친 곳에 가장 알맞은 것을 고르시오.

01 A: How does she behave?

B: She behaves _____.

① well ② nice

③ good ④ kind

해설 동사를 수식하는 품사는? • behave 행동하다, (기계가) 움직이다

해석 A: 그녀의 행동은 어떠한지요? B: 잘 하고 있습니다.

정답 ①

02 A: I have a headache.

B: That's _____ bad.

① enough ② too

③ many ④ either

해설 형용사 'bad'를 수식할 수 있는 품사는? 'enough'는 형용사 · 부사 뒤에서 수식한다. • headache 두통

해석 A: 머리가 아파요. B: 그것 참 안됐군요.

정답 ②

03 She doesn't like hunting, _____.

① too ② also

③ either ④ neither

해설 '~도 또한[역시]'의 의미로 'too'는 긍정문에, 부정문에는 어떤 것이 쓰일까? • hunting 사냥

해석 그녀도 역시 사냥을 좋아하지 않습니다.

정답 ③

04 _____ girls wanted to see the scene.

① Almost of all ② Almost

③ Almost all the ④ The almost

해설 ① 'Almost'는 부사이므로 'of all girls'의 수식을 받을 수 없다.

②, ④ 'Almost'는 부사이므로 명사를 직접 수식할 수 없다: Almost → Most; The almost → Most of the

해석 거의 모든 소녀들이 그 장면을 보고 싶어 했다.

정답 ③

05 A: Can you hear me?

B: _____.

① No, I can barely hear you

② No, I can't hardly hear you

③ Yes, I can hardly hear you

④ Yes, I can't barely hear you

해설 부정 부사는 이중 부정이 불가능하다. • barely 거의 ~않다

해석 A: 제 말이 들립니까? B: 아니요, 잘 안 들려요.

정답 ①

06 Graduate students at the School of International Development and Relief _____ engage in community development during their two years in the program.

① active ② activity

③ activate ④ actively

해설 문장의 주어가 Graduate students이고 동사는 engage이므로 빈칸은 주어와 동사 사이에서 뒤의 동사를 수식하는 부사 자리이다. actively engage는 '활발하게 참여하다'라는 의미가 되어 문맥상 적절하므로 actively가 정답이다. • graduate student 대학원생 • engage in ~에 종사[참가]하다 • community development 지역사회 개발

해석 국제개발구호 학교의 대학원생들은 2년간의 프로그램 기간 동안에 지역사회 개발에 활발히 참여한다.

정답 ④

07 It was reported that _____ half of the workers have another part-time job to supplement their financial needs.

① rough ② roughness

③ roughly ④ more rough

해설 half는 '절반'이라는 의미이며 양을 나타내는 대명사이다. 수나 양을 나타내는 말은 형용사가 아닌 부사가 수식하며, roughly half는 '대략 절반'이라는 의미로 문맥상 적절하므로 roughly가 정답이다. • roughly 대략, 약 • half 절반 • another 또 다른 • part-time 시간제의 • supplement 보충하다 • financial 재정상의, 금융상의, 회비를 내는

해석 근로자의 약 50%가 재정적 필요를 보충하기 위해 시간제 직업을 가지고 있다고 보도되었다.

정답 ③

08 The current economic situation is _____ a prime opportunity for the company to enter the European market.

① arguable ② argue

③ argued ④ arguably

해설 빈칸 뒤에 명사구가 있으므로 명사를 수식하는 형용사 arguable을 정답으로 선택하기 쉽다. 하지만 부정관사 a 앞에 형용사가 올 수 없으므로 형용사는 정답에서 제외된다. 드물지만 명사구 전체를 수식하는 부사가 있으며, 그중 하나가 arguably이다. arguably a prime opportunity는 '분명히 최고의 기회'라는 의미가 되어 문맥상 적절하므로 arguably가 정답이 된다. • current 현재의, 통용하고 있는; 경향, 추세 • arguably 아마, 틀림없이 • prime 최고의 • enter 들어가다, 입력하다

해석 현재 경제 상황은 그 회사가 유럽 시장에 진입하기에 분명히 최고의 기회다.

정답 ④

09 Of the three proposals, Mr. Frost was _____ impressed with the one Frank submitted.

① particular　　② particulars

③ particularly　　④ particularity

해설 "be동사 + ---- + p.p."의 형태이다. "be동사 + p.p."가 수동형 동사를 이루고, 이 사이에 들어가 동사를 수식하는 것은 부사이다. was particularly impressed는 '특히 감명을 받았다'가 되어 문맥상 적절하므로 particularly가 정답이다. • proposal 제안 • be impressed with ~에 감명을 받다 • submit 제출하다

해석 세 가지 제안 중에서 프로스트 씨는 프랭크가 제출한 그 제안에 특히 감명을 받았다.

정답 ③

10 Some serious fishing is available just off Acapulco's long coastline and sport fishing is becoming an _____ popular attraction for visiting tourists.

① increasing　　② increasingly

③ increased　　④ increases

해설 "---- + 형용사 + 명사"의 형태이다. 빈칸에는 형용사를 수식하는 부사나 명사를 수식하는 형용사가 올 수 있으므로 우선 형용사를 수식하는 부사를 넣어 의미를 확인해 본다. increasingly popular attraction은 '점점 더 인기가 있는 볼거리'라는 의미가 되어 문맥상 적절하므로 increasingly가 정답이 된다. • serious 신중한, 심각한 • increasingly 점점 더 • popular 인기 있는 • attraction 견인(牽引), 매력, 인기거리 • tourist 관광객

해석 아카풀코의 긴 해변 인근에서 일부 정식 낚시가 가능하며 스포츠 낚시는 방문객들을 위한 점점 더 인기 있는 볼거리가 되고 있다.

정답 ②

11 The new manager has worked _____ to create an atmosphere of trust among team members.

① persist　　② persistent

③ persistence　　④ persistently

해설 "자동사 + ----"의 형태이다. 자동사인 work는 목적어를 취할 수 없으므로 빈칸에는 자동사를 수식하는 부사가 온다. work persistently는 '끈기 있게 일을 하다'가 되어 문맥상 적절하므로 persistently가 정답이다. • persistently 끈기 있게 • atmosphere 분위기, (지구의) 대기(大氣) • trust 신뢰

해석 신임 관리자는 팀원들 간에 신뢰하는 분위기를 조성하기 위해 끈기 있게 일했다.

정답 ④

12 If you have _____ to file an income tax return, please complete the form below before submitting your claim.

① yet　　② already
③ still　　④ all

해설　have yet to + 동사원형(아직 ~하지 않다) 표현을 알고 있다면 쉽게 풀 수 있는 문제이다. have already p.p. 형태는 가능하지만 have already to + 동사원형 표현은 없으므로 yet이 정답이다.
• file 제출하다 • income 수입, 소득 • submit 제출하다 • claim 청구, 요구; 요구하다, 청구하다

해석　당신이 아직 소득세 신고를 하지 않았다면 청구서를 제출하기 전에 아래 양식을 작성해 주세요.

정답　①

13 After _____ two weeks in our department, Sam Lee has shown himself to be a reliable addition to the university recruiting team.

① quite　　② rather
③ more　　④ just

해설　빈칸 뒤의 two weeks를 수식하기에 적절한 부사는 '단지, 고작'이라는 뜻으로 얼마 안 되는 수량을 강조할 때 잘 쓰이는 just이다. • department 부서 • show oneself to be 스스로 ~라고 증명하다 • reliable 믿을 만한 • addition 추가, 부가 • recruiting 구인활동

해석　우리 부서에 있은 지 단 2주 만에 샘 리는 대학 채용팀에 자신이 믿을 만한 추가 인력이라고 스스로 증명해 보였다.

정답　④

14 The Anchorage Corporation's profits are higher than they _____ were due to a strong stock market and a high demand for their products.

① so　　② still
③ ever　　④ yet

해설　빈칸은 부사 자리로서, 문장이 비교급 형태인 것에 유의한다. 해석해 보면 '그 어느 때보다도'라는 의미가 되어야 어울리므로 비교급과 함께 쓰여 비교의 의미를 강조하는 부사인 ever가 정답이다. "비교급 + than + ever"를 기억해 두자. • corporation 회사, 기업 • profit 이익, 이윤 • than they ever were 그들이 이제껏 그랬던 것보다 • due to ~ 때문에 • stock market 주식 시장 • a high demand for ~에 대한 높은 수요 • product 제품

해석　앵커리지 사(社)의 이익은 강한 주식 시장 덕분에 그리고 그들의 상품에 대한 높은 수요로 인해 여느 때보다 더 높다.

정답　③

15 Even after failing to meet last year's sales target, Nakorn Auto Supply is _____ the number one wholesale automotive company.

① yet　　② ever
③ very　　④ still

해설 매출 목표를 달성하지 못한 뒤에도 '여전히, 아직도' 1위 기업이라는 의미가 되어야 하므로 빈칸에는 '여전히, 아직도'라는 뜻의 부사 still이 어울린다. • fail to + 동사원형 ~하지 못하다 • meet the sales target 매출 목표를 달성하다 • wholesale 도매의, 대규모의, 무차별의; 도매로, 대규모로, 대대적으로; 도매 • automotive 자동차의

해석 작년 매출 목표를 달성하지 못한 뒤에도 네이콘 오토 서플라이는 여전히 최고의 대규모 자동차 제조 회사이다.

정답 ④

16 The company requires that each employee conduct his own performance evaluation ____ a month.

① once ② every

③ only ④ much

해설 once는 '한 번'이라는 의미이며, once a month는 '한 달에 한 번'이라는 뜻이 된다. every 뒤에는 가산 단수명사가 오므로 every month가 되어야 한다. 따라서 once가 정답이 된다. • require 요구하다 • conduct 수행하다 • performance evaluation 수행 평가 • once a month 월 1회, 한 달에 한 번

해석 그 회사에서는 각 직원이 한 달에 한 번 자신의 업무평가를 수행할 것을 요구한다.

정답 ①

17 The public library on May Street will be closed until ____ notice due to renovation.

① extra ② more

③ further ④ late

해설 further가 형용사로 쓰이면 '더 많은'이라는 뜻이고, extra는 '추가적인, 여분의' 뜻으로 사용되는 형용사이므로 의미가 유사해 보인다. 하지만 until further notice는 '추후 공지가 있을 때까지'라는 의미로 관용적으로 쓰이는 표현이다. 따라서 further가 정답이다. • close 문을 닫다 • until further notice 추후 공지가 있을 때까지 • due to ~ 때문에 • renovation 개조, 보수

해석 메이 가(街)에 있는 공공도서관은 보수 공사로 인하여 추후 공지가 있을 때까지 폐관됩니다.

정답 ③

18 Your interest in our company is highly appreciated, and we will contact all applicants we would like to interview ____.

① nearly ② shortly

③ recently ④ presently

해설 nearly는 '거의', shortly는 '곧'이라는 의미이므로 앞의 will contact all applicants와 연결해서 해석해 보면 '거의(nearly) 모든 지원자들에게 연락할 것이다', '곧(shortly) 모든 지원자들에게 연락할 것이다'가 되어 둘 다 가능해 보인다. 하지만 nearly는 반드시 수식하는 단어 앞에 위치하며 문장 끝에는 올 수 없으므로 nearly all applicants의 형태가 되어야 한다. 따라서 shortly가 정답이다. • interest in ~에 대한 관심 • appreciate 고맙게 생각하다, 평가하다, (문학 · 예술 따위를) 감상하다 • contact 연락하다, 접촉하다 • applicant 지원자

해석 귀하의 우리 회사에 대한 관심에 매우 감사드리며 우리가 면접하고 싶은 모든 지원자들에게 회사에서 곧 연락을 드릴 겁니다.

정답 ②

19 Please be advised that all purchases will be charged to your division unless _____ noted.

① somehow ② instead

③ otherwise ④ else

해설 somehow는 '어떻게든, 왠지'라는 의미이고 otherwise는 '그렇지 않으면, (앞에 언급한 것과) 다르게'라는 의미이다. unless otherwise noted는 '달리 언급되지 않는다면'의 의미로 관용어처럼 잘 쓰이는 표현이다. 따라서 otherwise가 정답이 된다. • advise 충고하다, 알리다, 통지하다 • purchase 구입, 구매; 구입하다 • charge (요금을) 부과하다, 청구하다 • division 부서

해석 모든 구매는 달리 언급되지 않으면 당신의 부서로 청구된다는 사실을 알아두세요.

정답 ③

20 Tech industry analysts expect the new company MXT Wireless to be widely popular but their poor sales number suggests _____.

① in contrast ② instead

③ otherwise ④ in the end

해설 MXT Wireless라는 회사가 널리 인기 있을 거라 예상한다는 내용 다음에 접속사 but이 나오므로 but 이후에는 그와 반대되는 내용이 나와야 한다. 따라서 '저조한 매출 실적이 의미하는 바는 그와 다르다'는 의미가 되어야 하므로 '그와 다르게, 달리'라는 뜻의 otherwise가 오는 것이 알맞다. • tech industry 기술 산업 • analyst 분석가 • expect A to be A가 ~라고 예상하다 • widely 널리 • popular 인기 있는 • poor sales number 저조한 매출 수치 • suggest otherwise 다른 내용을 시사하다, 그와는 다르다, 그렇지 않다

해석 기술 업계 분석가들은 신생 회사인 MXT 와이어리스가 널리 인기 있을 것이라고 예상하지만 그들의 저조한 매출액은 그와는 다르다.

정답 ③

21 Our founding board members have worked incredibly _____ to provide us with a spacious workplace.

① hard ② hardly

③ hardness ④ harden

해설 빈칸은 앞의 동사 have worked(일했다)를 수식하는 부사 자리이다. '우리에게 넓은 근무 공간을 제공하기 위해서 매우 열심히(hard) 일했다'가 문맥상 적절하므로 hard가 정답이 된다. hardly는 '거의 ~하지 않다'라는 의미로 문맥상 부적절하며 have와 worked 사이에 위치하는 빈도 부사이므로 오답이다. • founding 창립 • board member 이사진 • incredibly 믿을 수 없을 만큼, 엄청나게 • provide A with B A에게 B를 제공하다 • spacious 공간이 넓은 • workplace 일터, 작업 공간

해석 우리의 창업 이사들은 넓은 근무 공간을 우리에게 제공하기 위해서 매우 열심히 일했다.

정답 ①

22 Mr. Aoki had to reschedule his business trip to Singapore because he arrived _____ to his flight and was prevented from boarding.

① late ② lateness

③ lately ④ latest

해설 빈칸은 앞의 동사 arrived(도착했다)를 수식하는 부사 자리이다. '아오키 씨는 비행시간에 늦게(late) 도착했기 때문에 출장 일정을 재조정해야 했다'가 문맥상 적절하며 '최근에'라는 의미인 lately는 어색하다. 따라서 late가 정답이 된다. • reschedule 일정을 변경하다 • business trip 출장 • arrive 도착하다 • flight 항공편 • prevent A from V-ing A가 ~하는 것을 막다[방해하다]

해석 아오키 씨는 그의 싱가포르 출장 일정을 변경해야 했다 왜냐하면 그는 그의 항공편에 늦게 도착했고 탑승을 제지당했기 때문이다.

정답 ①

23 Carl Hansen, the arts critic for *Young Magazine*, _____ recommended the upcoming guitar festival.

① high ② highness

③ higher ④ highly

해설 빈칸은 뒤의 동사 recommended(추천했다)를 수식하는 부사 자리이다. high는 '높게'라는 의미이며 high recommended는 '높게 추천했다'가 되어 문맥상 어색하다. highly는 '매우, 대단히'라는 의미이며 highly recommended는 '매우 추천하다'가 되어 문맥상 자연스럽다. 따라서 highly가 정답이 된다. • critic 비평가, 평론가 • recommend 추천하다 • upcoming 다가오는

해석 〈영 매거진〉의 예술 평론가인 칼 한센은 다가오는 기타 축제를 적극적으로 추천했다.

정답 ④

24 밑줄 친 부분이 잘못된 것은?

① The victory was *cheaply* bought.

② I love my son *dearly*.

③ I *nearly* missed the bus.

④ He raised his hand *highly*.

해설 ① • cheaply 쉽게 • cheap 싼, 싸게
② • dearly 극진히, 끔찍이, 값 비싸게 • dear 귀여운, 친애하는
③ • nearly 거의 ~할 뻔하다, 대략 • near 가까운, 가까이, ~의 가까이
④ • highly 매우, 대단히 • high 높은, 높이

해석 ① 그 승리는 쉽게 거두어졌다.
② 나는 내 아들을 진정으로 사랑한다.
③ 나는 기차를 거의 놓칠 뻔하였다.
④ 그는 그의 손을 높이 들었다.

정답 ④

25 다음 문장에서 부사 'hardly ever'가 들어갈 곳은?

He / has / had / a chance / to see her.

① ② ③ ④

해설 문장 내에서 빈도부사의 위치는?
해석 그는 그녀를 볼 기회가 거의 없었다.
정답 ②

26 다음 밑줄 친 낱말과 품사가 다른 것은?

> She looks *lovely*.

① The doctor's treatment of the patient was *timely*.

② We are not *likely* to get sunshine today.

③ It is going to be *partly* cloudy this afternoon.

④ We spent the whole morning making the untidy room *orderly*.

해설 ① 형용사: 그 환자에 대한 의사의 치료는 시기적절했다. • timely 시기적절한
② 형용사: 오늘은 날씨가 맑지 않겠습니다. • likely ~할 것 같은
③ 부사: 오늘 오후엔 구름이 약간 끼겠습니다. • partly 부분적으로, 약간
④ 형용사: 우리는 어수선한 방을 정돈하느라 아침나절을 다 보냈다. • orderly 정돈된
해석 그녀는 사랑스러워 보인다.
정답 ③

27 밑줄 친 부분과 바꾸어 쓸 수 있는 것을 고르면?

> The *late* Minister of Korea was punctual.

① recently dead ② modern

③ delayed ④ fired

해석 최근에 돌아가신 한국의 장관은 시간을 잘 지키는 사람이었다.
정답 ①

28 다음 밑줄 친 부분에 들어갈 말은?

> We have heard that Jack and Bill were excellent vocalists, so we asked them to sing for us at our party. But Jack didn't sing as well as I expected and _____.

① Bill did, too
② Bill did not, too
③ Bill did, either
④ Bill did not, either

해석 우리는 Jack과 Bill이 뛰어난 가수라고 들었다. 그래서 우리는 그들에게 우리의 파티장에서 우리를 위해 노래를 좀 불러달라고 부탁했다. 그러나 내가 예상했던 것보다 Jack은 노래를 잘 부르지 못했으며 Bill도 역시 잘 부르지 못했다.

정답 ④

29 Choose the one that will correctly complete the conversation.

> A: Did you finish your paper last night?
> B: _____. I still have ten more pages to write.

① Yes, already
② Not, yet
③ Of course
④ I don't know

해설 문맥상 아직 논문을 끝내지 못했음을 나타내는 말이 와야 하므로, 부정문에 사용되는 부사 'yet'이 와야 한다.

해석 A: 지난밤에 논문은 다 끝냈니?
B: 아직 못 끝냈어. 써야 할 것이 10장이 더 남았어.

정답 ②

30 밑줄 친 단어 중 문장에서의 위치가 어색한 것은?

① He *usually* goes out for a walk.
② Have you tried *ever* Korean dishes?
③ I cannot drive a car, *either*.
④ I am going to write a letter to my friend *soon*.

해설 빈도부사의 위치는 일반 동사의 경우엔 앞에, be 동사와 조동사의 경우엔 뒤에 위치한다.

정답 ② (Have you ever tried Korean dishes?)

CHAPTER

17 전치사

출제경향

전치사는 그 종류와 용법이 지나치게 광범위하지만 출제 빈도가 매우 높기 때문에 기본 개념과 용법상의 주의 사항 및 관용구를 철저하게 공부해야 한다. 일반적으로 동사와의 관계를 이용한 용법상의 정 · 오 문제, 그에 따른 어휘 문제, 전치사를 포함한 관용구를 묻는 문제가 주된 출제 형식이다.

I 전치사의 용법

ENGLISH GRAMMAR

전치사는 이름 그대로 명사 · 대명사, 그리고 이에 상당하는 어구 앞에 놓여 형용사구 · 부사구를 만든다.

A 전치사의 기능 및 목적어

1. 전치사의 기능

(1) '전치사 + 명사'가 형용사구가 되는 경우

① 명사 뒤에 놓여 형용사처럼 그 명사를 수식한다.

• The *man* **out of control** is of danger.
= The man (**who is**) out of control is dangerous. (통제 불능인 사람은 위험하다.)

• The *book* **on the desk** is mine.
= The book (**which is**) on the desk is mine. (책상 위에 있는 그 책은 내 것이다.)

• He is a *man* **of wisdom**.
= He is a **wise** man. (그는 현명한 사람이다.)

> **심화학습**
>
> 'of + 추상명사'는 그 추상명사의 형용사로 바꿀 수 있다:
> - of use = useful (유용한)
> - of wisdom = wise (현명한)
> - of value = valuable (소중한)
> - of importance = important (중요한)

② 주격 보어 · 목적격 보어 역할을 한다.

- The Bible is **of value[valuable]** to Christians. 〈주격 보어〉
  (기독교인에게 성경은 소중한 것이다.)
- We found the rink **in good condition**. 〈목적격 보어〉
  (우리는 스케이트 링크가 좋은 상태인 것을 알았다.)

(2) '전치사 + 명사'가 부사구가 되는 경우: 부사처럼 동사 · 형용사 또는 다른 부사를 수식한다.

- Time *flies* **like an arrow**. 〈동사 수식〉
  (시간은 화살처럼 빠르다.)
- Seoul is *famous* **for its skyscrapers**. 〈형용사 수식〉
  (서울은 초고층 빌딩으로 유명하다.)
- Sarah speaks Chinese *well* **for a beginner**. 〈부사 수식〉
  (사라는 초보자치고는 중국어를 잘한다.)

> **심화학습**
>
> 문장 내에서 'with[by, in, on, to, without] + 추상명사'는 그 추상명사의 부사로 바꿀 수 있다:
> - with ease = easily (쉽게)
> - to excess =excessively (매우)
> - by luck = luckily (다행히도)
> - without fail = surely (확실히)
> - in particular = particularly (특히)
> - on purpose = purposely (고의적으로)

(3) 자동사 + 전치사 = 타동사구

- I was **waiting for** her. (나는 그녀를 기다리고 있었다.)
- My flight **arrived at** Edinburgh. (내가 탄 비행기는 에든버러에 도착했다.)

(4) 군전치사: 전치사구라도도 한다.

- as to: ~에 대하여
- because of: ~ 때문에
- by means of: ~에 의해서
- in spite of: ~에도 불구하고

2. 전치사의 목적어

(1) 명사 · 대명사가 올 수 있다.

- The actress walked *along* **the street**. (그 여배우는 길을 따라 걸어갔다.)
- A strange person sat *between* **her** and **me**. (낯선 분이 그녀와 나 사이에 앉았다.)

(2) 동명사가 올 수 있다.

- He is proud *of* **being** a public officer. (그는 공무원인 것을 자랑스러워한다.)
- She left me *without* **saying** a word. (그녀는 말 한 마디도 없이 나를 떠났다.)

(3) 절이 올 수 있다.

- The witness talked *about* **what he had seen on the crime scene**. (그 목격자는 범죄 현장에서 보았던 것에 대해 말했다.)

(4) 형용사 · 부사가 올 수 있다.

- Things went *from* **bad** *to* **worse**. (상황이 점점 나빠졌다.)
- Sarah returned *from* **abroad** *to* **home**.

= Sarah returned **home** *from* **abroad**. (사라가 해외에서 집으로 돌아왔다.)

B 전치사의 위치

전치사는 보통 그 목적어 바로 앞에 오지만 다음과 같은 경우에는 목적어와 분리되어 뒤에 놓인다.

1. 일반적인 어순의 경우: 전치사 + 목적어

- I was aware **of** *the news*. (나는 그 소식을 알고 있었다.)

2. 의문사가 목적어인 경우: 전치사는 의문사 앞 또는 문미에 올 수 있다.
 • **For** *whom* are you waiting?
 = *Whom*[*Who*] are you waiting **for**? (누구를 기다리나요?)

3. 타동사구를 수동태로 만들 경우: 전치사와 목적어는 분리되지만 동사는 분리되지 않는다.
 • Everybody **laughed at** *him*. (모두가 그를 비웃었다.)
 = *He* was **laughed at** by everybody. (그는 모두에게서 비웃음을 당했다.)

4. '부정사 + 전치사'가 형용사구 역할을 하는 경우: 전치사는 문미에 놓인다.
 • He has no *friend* **to talk with**. (그는 대화할 친구가 없다.)
 • There is no *house* for me **to live in**. (내가 들어가 살 집이 없다.)

5. 관계대명사가 전치사의 목적어인 경우: 전치사는 관계대명사의 앞이나 동사 뒤에 위치한다. 관계대명사가 생략된 경우 그 전치사는 반드시 문미에 둔다.
 • He has no *friend* **on** *whom* he can depend.
 = He has no friend *whom* he can depend **on**.
 = He has no friend he can depend **on**. (그는 의지할 친구가 전혀 없다.)

6. 전치사의 목적어를 강조할 경우: 목적어만 문두에 둔다.
 • I am very fond **of** *apple pies*.
 = *Apple pie* I am very fond **of**. (나는 애플파이를 참 좋아한다.)
 • He would not listen **to** *the advice from his wife*.
 = *The advice from his wife* he would not listen **to**. (아내의 충고를 그는 들으려 하지 않았다.)

C 전치사와 다른 품사와의 관계

전치사 중에는 부사로 쓰이는 것과 접속사로 쓰이는 것이 있다.

1. **부사와의 관계**: 전치사는 보통 그 목적어 앞에 오지만 '전치사 + 목적어' 형태에서 목적어가 생략된 경우는 부사이다.
 • She put her hat **on** *her head*. 〈전치사〉
 (그녀는 머리에 모자를 썼다.)
 • She put her hat **on**. 〈부사〉
 (그녀는 모자를 썼다.)

2. 접속사와의 관계: 전치사는 구를 이끌고 접속사는 절을 이끈다.

- **After** *school* we played tennis. 〈전치사〉
  (방과 후 우리는 테니스를 했다.)
- **After** *school was over*, we played tennis. 〈접속사〉
  (방과 후 우리는 테니스를 했다.)

3. 2중 전치사: 전치사가 이끄는 구 앞에 또 전치사가 있는 경우를 말한다.

- A stranger appeared **from** *behind the curtain*. (낯선 이가 커튼 뒤에서 나타났다.)
- They were talking in the garden **till** *after sunset*. (그들은 해가 진 뒤까지 정원에서 이야기를 하고 있었다.)
- We have been living here **since** *before the war*. (우리는 전쟁 전부터 쭉 여기에 살고 있습니다.)

4. 군전치사: 전치사가 다른 어구와 연결되어 하나의 전치사 역할을 하는 것을 말한다. '전치사 + 명사 + 전치사' 형태를 취하는 것이 많다.

- There was a tree **in front of** the house. (저 집 앞에 나무가 한 그루 있었다.)
- We started **in spite of** the heavy rain. (폭우에도 불구하고 우린 출발했다.)
- I gave him advice **instead of** money. (나는 그에게 돈 대신 조언을 해 주었다.)
- The car runs **by means of** electricity. (그 차는 전기로 달린다.)
- I couldn't help it **on account of** the heavy rain. (폭우로 나는 어쩔 수 없었다.)
- I didn't go out **because of** the bad weather.
  (날씨가 나빴기 때문에 나는 외출하지 않았다.)
- Ambassadors are **on behalf of** their own countries.
  (대사란 자신들의 국가를 대표하는 사람들이다.)

  해설 2중 전치사와 군전치사를 전치사구라고 한다.

Ⅱ 전치사의 종류

전치사는 의미에 따라 시간 · 장소 · 원인 · 결과 · 목적 · 재료 등으로 분류할 수 있다. 이 경우 동일한 전치사라도 여러 가지 용법이 있다. 가장 자주 쓰이는 전치사로는 'at, by, for, front, in, of, on, to, with' 9가지가 있다.

A 때를 나타내는 전치사

극히 짧은 시간을 나타내는 것에서 긴 시간을 나타내는 것 등 여러 가지가 있다.

1. at, in, on

(1) at: 때의 한 점 · 시각 · 시절 등을 나타낼 때 쓰인다.

- School begins **at** nine and ends **at** four. (학교는 9시에 시작하여 4시에 끝난다.)
- **At** (the age of) ten I met my wife. (10살 때 나는 아내를 만났다.)
- I will meet you **at** midnight. (한밤중에 나는 그대를 만나겠어요.)

(2) in: 월 · 계절 · 년 · 세기 · 오전 · 오후 · 저녁 등과 같이 긴 시간을 나타낼 때 쓰인다.

- **in** spring: 봄에
- **in** January: 1월에
- **in** 2017: 2017년에
- **in** the 21st century: 21세기에
- **in** the morning[afternoon, evening]: 오전에[오후에, 저녁에]

(3) on: 날짜 · 요일 등 특정한 날을 나타낼 때 쓰인다.

- **on** the morning of June 10: 6월 10일 아침에
- **on** weekends[Monday morning]: 주말에[월요일 아침에]
- **on** Thanksgiving Day[my birthday]: 추수감사절에[내 생일에]

2. for, during, through

(1) for: 어느 일정한 기간을 나타내며 '~ 동안(에)'로 해석한다.

- He stayed here **for** *two weeks*. (그는 여기 2주 동안 머물렀다.)

  해설 'for + 수사 + 시간 명사'의 형태로 구성된다.

(2) during: 특정한 기간 내의 동작 · 상태의 계속을 나타내며 '~ 동안(에)'로 해석한다.

- I wrote a book **during** *the vacation*. (휴가 동안 나는 책을 한 권 썼다.)

  해설 'during + 특정한 기간 명사'의 형태로 구성된다.

(3) through: 처음부터 끝날 때까지의 계속을 나타내며 '~ 내내[줄곧]'으로 해석한다.

- The doggie barked **through** the night. (그 강아지는 밤새도록 짖어댔다.)

3. till[until], by

(1) till[until]: '~까지'라는 의미로 어느 시점까지의 동작 · 상태의 계속을 나타낸다.

- I will be here **till** six.

= I will stay here **till** six. (나는 6시까지 여기 있겠다.)

(2) by: '~까지는'이라는 의미로 동작 · 상태의 완료를 나타낸다.

- I will be here **by** six.

= I will come back here **by** six. (나는 6시까지는 여기 오겠다.)

> **심화학습**
>
> 'until'은 긍정문에서는 종료 시점을 나타내고, 부정문에서는 시작 시점을 나타낸다:
>
> - We slept **until** midnight. (우리는 자정까지 잠을 잤다.)
>
> = We stopped sleeping then. (우리는 자정이 되어서야 비로소 잠을 깼다.)
>
> - We **didn't** sleep **until** midnight. (우리는 자정까지 잠을 못 잤다.)
>
> = We started sleeping then (우리는 자정이 되어서야 비로소 잠을 잤다.)

4. in, within

(1) in: 현재를 기점으로 한 시간의 경과를 나타내며 '~ 지나면'으로 해석한다.

- He will be back **in** a week. (그는 1주일 뒤에 돌아온다.)

(2) within: 일정 기간 이내를 나타내며 '~ 이내에'라고 해석한다.

- He will be back **within** a week. (그는 1주일 이내에 돌아온다.)

5. after, since

(1) after: 과거를 기점으로 한 시간의 경과를 나타내며 '~ 후에'라고 해석한다.

- The construction work **was** finished **after** a month. (그 건축 공사는 한 달 후에 끝났다.)

(2) since: 과거 어느 시점부터 현재까지 계속되는 시간의 경과를 나타내며 완료형과 더불어 사용된다. '~ 이후로 (계속)'이라고 해석한다.

- She **has been** busy **since** last week. (그녀는 지난주부터 계속 바쁘다.)

B 장소를 나타내는 전치사

1. at, in

(1) at: 집 · 거리 · 마을 등 비교적 좁은 장소나 배와 비행기가 경유하는 지점을 나타낼 때 쓰인다.

- **at** the station: 그 역에서
- **at** his house: 그의 집에서
- On the way to London his flight will stop for two hours **at** Singapore.
  (그가 탄 런던 행 비행기는 싱가포르에서 2시간 머물 예정이다.)

(2) in: 도시 · 나라 등 비교적 넓은 장소를 나타낼 때 쓰인다.

- I live **in** Seoul, Korea. (나는 대한민국 서울에서 살고 있어요.)
- My flight stopped **at** Hong Kong and finally arrived **in** Australia.
  (내가 탄 비행기는 홍콩을 경유해서 마침내 호주에 도착했다.)

2. round, around, about

(1) round: 원래는 운동 상태에 있는 대상 주위를 나타낼 때 쓰인다.

- The earth moves **round** the *sun*. (지구는 태양 주위를 돈다.)

(2) around: 원래는 정지 상태에 있는 대상 주위를 나타낼 때 쓰인다.

- We sat **around** the *table*. (우리는 테이블 주위에 앉았다.)

(3) about: 막연한 주변을 나타낼 때 쓰인다.

- I walked **about** the *park*. (나는 공원 주변을 걸었다.)

3. behind, after

(1) after: 운동 상태에 있는 대상의 뒤를 나타낼 때 쓰인다.

- A puppy ran **after** a *rabbit*. (강아지가 토끼를 뒤쫓았다.)

(2) behind: 정지 상태에 있는 대상의 뒤를 나타낼 때 쓰인다.

- There is a tree **behind** the *house*. (집 뒤에 나무 한 그루가 있다.)

C 원인 · 이유를 나타내는 전치사

1. at: 감정의 원인 · 이유를 나타낼 때 쓰이며 '~을 듣고[보고]'로 해석한다.
  - I was surprised **at** the news. (그 소식을 접하고 나는 놀랐다.)

2. over: 감정의 원인 · 이유를 나타낼 때 쓰이며 '~에 대하여'로 해석한다.
  - She is crying **over** the loss of her son. (그녀는 아들의 죽음에 대하여 슬피 울고 있다.)
  - We rejoiced **over** his success. (우리는 그의 성공에 대하여 기뻐했다.)

3. with: 육체에 미치는 원인으로 '~으로'라고 해석한다.
  - His hands were frozen **with** cold. (그의 손은 추위로 얼었다.)

4. for: 이유 또는 마음의 원인으로 '~ 때문에'라고 해석한다.
  - He shouted **for** joy at his son's success. (그는 아들의 성공 소식을 접하고 기뻐서 소리쳤다.)

5. of: 사망 · 질병의 직접적인 원인을 나타낼 때 쓰이며 '~으로'라고 해석한다. 즉 사망의 원인이 신체 내부에서 발생된 경우에 사용한다.
  - Her illness comes **of** drinking too much. (그녀의 병은 과음으로 인한 결과이다.)
  - He died **of** lung cancer. (그는 폐암으로 사망했다.)

  해설 die of: (병 · 굶주림 · 노쇠 따위로) 사망하다

6. from: 사망 · 질병의 간접적인 원인을 나타낼 때 쓰이며 '~으로'라고 해석한다. 즉 사망의 원인이 신체 외부에서 발생된 경우에 사용한다.
  - She was taken ill **from** overwork. (그녀는 과로로 병이 들었다.)
  - He died **from** an accident. (그는 사고로 죽었다.)

  해설 die from: (사건 · 외상 · 피로 · 부주의 따위로) 사망하다

D 목적 · 결과 · 재료 · 원료 · 수단을 나타내는 전치사

1. for, on

(1) for: 목적을 나타낼 때 쓰이며 '~을 위하여'라고 해석한다.
  - I went abroad **for** study. (공부하러 나는 외국에 갔다.)

(2) on: 용무 · 여행의 목적을 나타낼 때 쓰이며 '~차, ~로'라고 해석한다.

- He went to Europe **on** business. (그는 사업차 유럽에 갔다.)
- I sent him **on** an errand. (나는 그를 심부름 보냈다.)

2. to, into

(1) to: 동작이나 상태의 결과를 나타낼 때 쓰이며 '~해서'라고 해석한다.

- He drank himself **to** death. (그는 과음으로 인해서 죽었다.)

(2) into: 어떤 변화의 결과를 나타낼 때 쓰이며 '~으로'라고 해석한다.

- The rain changed **into** snow. (비가 눈으로 바뀌었다.)

3. of, from, in

(1) of: 물리적 변화를 나타낼 때 쓰이며 '~으로 (만든), ~으로 (이루어진)'이라고 해석한다.

- This desk is made **of** wood. (이 책상은 나무로 만든 것이다.)

(2) from: 화학적 변화를 나타낼 때 쓰이며 '~으로, ~에서'라고 해석한다.

- Wine is made **from** grapes. (포도주는 포도로 만든다.)

(3) in: 도구 · 재료 · 표현 양식 등을 나타낼 때 쓰이며 '~으로, ~을 사용하여, ~을 가지고, ~으로 만든' 등으로 해석한다.

- The statue is done **in** marble. (이 조상은 대리석으로 만들어졌다.)
- You had better write a love letter **in** pencil.

= You had better write a love letter **with a** pencil. (연애편지는 연필로 쓰는 것이 좋다.)

E 기타 전치사

1. of, from

(1) of: 간접적인 관계 · 관련을 나타낼 때 쓰이며 '~에 관해서, ~에 대해서'라고 해석한다.

- I heard **of** you *from* your mother. (당신 어머님을 통해 당신 소식을 들었습니다.)
- I know **of** him *from* his friends. (나는 그의 친구들을 통해 그에 관해서 알고 있습니다.)

  비교 I know him. (나는 그를 직접 알고 있다.)

(2) from: 직접적인 관계 · 관련을 나타낼 때 쓰이며 '~에서 (직접 온, 따온)' 등으로 해석한다.

- I haven't heard **from** him since then. (나는 그때 이후로 그로부터 아무런 소식을 듣지 못했다.)

2. about, on

(1) about: 일반적인 내용에 대한 것을 나타낼 때 쓰이며 '~에 대하여[대한], ~에 관하여[관한]'라고 해석한다.

- She wrote a novel **about** the Civil War. (그녀는 남북 전쟁에 대한 소설을 썼다.)

(2) on: 학문적인 내용에 대한 것을 나타낼 때 쓰이며 '~에 대하여[대한], ~에 관하여[관한]'라고 해석한다.

- He is an authority **on** astronomy. (그는 천문학의 권위자입니다.)
- I am writing a book **on** English grammar. (나는 영문법에 관한 책을 집필 중입니다.)

3. by, for

(1) by: 정도 · 비율을 나타낼 때 쓰이며 '~만큼, ~씩, ~로' 등으로 해석한다.

- He is taller than she (is) **by** five inches. (그는 그녀보다 키가 5인치 크다.)
- Sugar is sold **by** the pound. (설탕은 파운드 단위로 판매된다.)

(2) for: 교환 · 대가 · 자격 · 속성을 나타낼 때 쓰이며 '~의 금액으로, ~대하여, ~으로' 등으로 해석한다.

- I bought this camera **for** $80. (나는 이 카메라를 80달러 주고 샀다.)
- I paid $80 **for** this camera. (나는 이 카메라에 80달러를 지불했다.)
- She chose me **for** her partner. (그녀는 파트너로 나를 선택했다.)

4. after: 모방 · 흉내 · 목적 · 추구 등을 나타낼 때 쓰이며 '~을 본받아, ~을 찾아, ~을 추구하여' 등으로 해석한다.

- He was named **after** his grandfather. (그는 할아버지의 이름을 따서 명명되었다.)
- I am **after** a better paying job. (나는 좀 더 보수가 좋은 일자리를 찾고 있다.)

5. off: 분리를 나타낼 때 쓰이며 '~에서 벗어나, ~에서 떨어져' 등으로 해석한다.

- He is **off** duty today. (그는 오늘 비번이다.)

Ⅲ 주의해야 할 전치사

1. 원인의 to

(1) owe A to B: A는 B의 덕택이다

- I **owe** much **to** my wife. (나는 집사람에게 많은 신세를 지고 있다.)

(2) refer A to B

= attribute A to B: A를 B의 탓으로 돌리다

- He **referred** his victory **to** Providence. (그는 승리를 신의 뜻으로 돌렸다.)

2. 제공 · 부여 · 부과의 with, on[upon]

(1) provide[supply] A with B

= provide[supply] B for[to] A: A에게 B를 제공하다

- Sheep **provide** us **with** fleece. (양은 우리에게 양털을 제공해 준다.)

(2) impose A on B: A를 B에게 부과[강요]하다

- Please do not **impose** your opinion **on** others. (자신의 의견을 타인에게 강요하지 마세요.)

3. 의존의 on[upon]

(1) rely on A for B

= depend on A for B: A에게 B를 의존하다

- I **relied on** my father **for** help. (나는 아버지의 도움에 의존했다.)

(2) live on: ~을 먹고 살다, ~에 의해서 살다

- Cattle **live[feed] on** grass. (소는 풀을 먹고 산다.)
- He **lives on** his pension. (그는 연금으로 생활하고 있습니다.)

(3) swear on: ~을 걸고 맹세하다

- I **swear on** the Bible. (성경에 손을 얹고 맹세합니다.)

4. 행동 방향의 into, out of

(1) persuade A into B: A를 설득하여 B하게 하다

- I can't **persuade** him **into** believing me. (나는 그를 설득하여 나를 믿게 할 수가 없다.)

(2) persuade A out of B: A를 설득하여 B하지 못하게 하다

- I can't **persuade** him **out of** those ideas. (나는 그를 설득하여 그런 생각들을 버리게 할 수가 없다.)

5. 방해 · 금지의 from

(1) ban A from ~ing
= hold A from ~ing
= keep A from ~ing
= hinder A from ~ing
= prevent A from ~ing
= prohibit A from ~ing: A로 하여금 ~하지 못하게 하다; A가 ~하는 것을 방해하다

- Illness **kept** me **from** *going* to school. (아파서 나는 학교에 갈 수 없었다.)
- Fear **held** me **from** *acting*. (공포 때문에 나는 행동을 못했다.)
- The sand **hindered** me **from** *walking*. (모래가 걷는 데 방해가 되었다.)
- Bad weather **prevented** them **from** *sailing*. (나쁜 날씨 때문에 그들은 항해하지 못했다.)

(2) abstain from ~ing[명사]
= refrain from ~ing[명사]: ~을 절제하다[삼가다]

- Vegetarians **abstain from** meat. (채식주의자들은 육식을 피한다.)
- I cannot **refrain from** *laughing*. (나는 웃지 않을 수가 없다.)

(3) protect A from[again] B
= guard A from[again] B
= defend A from[again] B: A를 B로부터 보호하다

- The police **protect** us **from** danger. (경찰은 우리를 위험에서 보호한다.)
- Religion **guards** its believers **from** temptations. (종교는 신자들을 유혹에서 보호해 준다.)
- We are obliged to **defend** our country **from** the enemy.
  (우리는 적으로부터 국가를 지킬 책임이 있다.)

6. 통보 · 확신 · 경고의 of

(1) inform A of B: A에게 B를 알리다

- I **informed** him **of** her success. (나는 그에게 그녀의 성공을 알렸다.)

(2) assure A of B
= convince A of B: A에게 B를 확신시키다

- I **assure** you **of** his innocence. (나는 당신께 그의 결백을 보증합니다.)

(3) warn A of B: A에게 B를 경고하다

- The Coast Guard **warned** all ships **of** the hurricane.
  (해안 경비대는 모든 선박들에 대해 허리케인 경보를 발령했다.)

7. 제거 · 분리 · 박탈 · 해소의 of

(1) rob A of B
= deprive A of B: A에게서 B를 박탈하다[빼앗다]

- A highwayman **robbed** the traveler **of** his money. (노상강도가 여행자에게서 돈을 강탈했다.)

(2) cure A of B: A의 B를 치료하다

- Time **cured** him **of** his grief. (시간은 그의 슬픔을 가시게 해 주었다.)

8. 목적보어를 이끄는 as

(1) regard A as B(명사)
= take A as B(명사)
= treat A as B(명사)
= consider A as B(명사)
= look upon A as B(명사): A를 B로 여기다

- I **regard** him **as** a fool. (나는 그를 바보라고 생각한다.)

(2) regard A as B(형용사)
= take A as B(형용사)
= treat A as B(형용사)
= consider A as B(형용사)
= look upon A as B(형용사): A를 B로 여기다

- Children **look upon** the middle-aged **as** extremely old.
  (아이들은 중년 사람들을 아주 늙은이로 간주한다.)

(3) regard A as B(분사)
= take A as B(분사)
= treat A as B(분사)
= consider A as B(분사)
= look upon A as B(분사): A를 B로 여기다

- She **took** his remark **as** insulting. (그녀는 그의 말을 모욕적인 것으로 받아들였다.)

9. 신체 접촉의 전치사: **by, in, on**

(1) 잡다 동사(take, catch, pull) + 사람 + by the + 신체의 일부분

- She **took** me **by the** hand. (그녀는 내 손을 잡았다.)

(2) 응시하다 동사(look, stare, gaze at) + 사람 + in the + 신체의 일부분

- He **looked** me **in the** face. (그는 내 얼굴을 응시했다.)

(3) 때리다 동사(hit, strike) + 사람 + on the + 신체의 일부분

- He **hit** me **on the** head. (그가 나의 머리를 때렸다.)

m/e/m/o

실력평가문제

CRAMMING ENGLISH GRAMMAR

※ 다음 밑줄 친 곳에 가장 알맞은 것을 고르시오.

01 She sang Old Black Joe _____ her piano.

① of ② with ③ to ④ on

해설 '~의 리듬에 맞추어'로 해석되는 전치사는?
해석 그녀는 자신의 피아노 리듬에 맞추어 Old Black Joe 노래를 불렀다.
정답 ③

02 The bumper-to-bumper traffic every morning resulted _____ this narrow road.

① on ② from ③ for ④ to

해설 기원 · 출처를 나타내는 전치사는? • bumper-to-bumper (자동차가) 꼬리를 문, (교통이) 정체된
해석 매일 아침 일어나는 교통 대란은 이 좁은 길로 인해 발생되었다.
정답 ②

03 I congratulate you _____ your graduation.

① with ② to ③ for ④ on

해설 A에게 B를 축하하다: congratulate A on B
해석 졸업을 축하해.
정답 ④

04 His latest novel leaves no room for criticism.
= His latest novel is _____ criticism.

① against ② about ③ beyond ④ for

해설 범위 · 한계를 넘어설 경우 쓰일 수 있는 전치사는?
해석 그의 최근 소설은 더 이상 비판의 여지가 없다.
정답 ③

05 A: When is your boss leaving?
B: He plans to leave _____ December 24.

① at ② in ③ on ④ to

해설 특정한 날짜를 나타낼 때 쓰일 수 있는 전치사는?
해석 A: 자네 사장은 언제 떠나신대? B: 12월 24일에 떠나실 계획이십니다.
정답 ③

06 Please give me a pencil to write ____.

① about ② with

③ on ④ to

해설 수단 · 도구를 나타내는 전치사는?
해석 필기구를 좀 빌려 주세요.
정답 ②

07 She was disappointed ____ the result.

① with ② to

③ at ④ in

해설 감정의 원인을 나타내는 전치사는?
해석 그녀는 그 결과를 접하고서는 실망했다.
정답 ③

08 From now on, the company cafeteria will be closed ____ 10 P.M. unless otherwise stated.

① lately ② soon

③ at ④ why

해설 빈칸 뒤 10 P.M.(저녁 10시)이라는 시각을 알려 주는 명사가 있으므로 명사 앞에 쓰일 수 있는 전치사 at이 정답이 된다. • from now on 지금부터 계속, 앞으로는 • unless ~하지 않는다면 • otherwise 달리, 다르게; 그렇지 않으면
해석 지금부터 회사 구내식당은 달리 명시되지 않은 경우 오후 10시에 폐장된다.
정답 ③

09 In ____ to your request, we agree to change the data and place of the conference that was planned for August 1 in Tokyo.

① respond ② responded

③ response ④ responds

해설 전치사 in 뒤에 올 수 있는 것은 명사뿐이다. 따라서 response가 정답이 된다. in response to는 '~에 응답하여'라는 의미의 전치사 관용어로 토익 시험에 자주 출제되는 표현이다. • request 요청, 요구 • agree to + 동사원형 ~하기로 동의하다
해석 당신의 요청에 대한 응답으로 8월 1일로 계획되어 있는 도쿄 회의의 날짜와 장소를 바꾸는 것에 우리는 동의한다.
정답 ③

10 Expanding our product line to international markets will keep profits from ____ excessively during economic downturns.

① decrease ② to decrease

③ decreasing ④ decreased

해설 빈칸 앞에 전치사 from이 있다. 전치사 뒤에 올 수 있는 것은 명사 형태인 명사/동명사/명사절이므로 보기 중에서는 명사인 decrease와 동명사인 decreasing이 올 수 있다. 빈칸 앞의 동사 keep은 keep A from V-ing의 형태로 'A가 ~하는 것을 막다[방해하다]'의 뜻으로 쓰이므로 decreasing이 빈칸에 오는 것이 적절하다. • keep A from V-ing A가 ~하는 것을 막다[방해하다, 하지 못하게 하다] • profit 이윤 • excessively 매우, 심히 • downturn (경기) 침체

해석 국제 시장으로 우리의 제품 라인을 확장하는 것은 경기 침체 동안에 이윤이 매우 감소하는 것을 막아줄 것이다.

정답 ③

11 Working at the biggest Thai restaurant in the city helped her to open her own restaurant _____ a year.

① during ② within

③ as ④ under

해설 during은 '~동안에'라는 의미이지만 뒤에 숫자 기간이 아닌 명사 기간이 와야 하므로 during은 오답이다. within은 '~이내에'라는 의미로 기간 명사와 어울려 쓰이며 within a year는 '1년 이내에'가 되어 문맥상 자연스럽다. 따라서 within이 정답이다. • help A to + 동사원형 A가 ~하는 데 도움을 주다

해석 시내에 있는 가장 큰 타이 식당에서 근무한 것이 그녀가 일 년 이내에 자신의 식당을 개점하는 데 도움이 되었다.

정답 ②

12 _____ his time at Michigan University, Mr. Brown began to take an interest in film.

① During ② Among

③ Into ④ About

해설 빈칸 뒤의 his time은 '그가 보낸 시간[시절]'의 의미로 기간을 나타낸다. among은 '(셋 이상의) 사이에'라는 의미로 뒤에 단수명사가 올 수 없으며, 기간 표현과도 함께 쓰이지 않는다. during은 명사 기간 표현과 함께 쓰이며, during his time은 '그가 보낸 시간 동안에'가 되어 문맥상으로도 적절하다. 따라서 During이 정답이다. • take an interest in ~에 관심을 두다 • film 영화

해석 미시간 대학에 있는 동안 브라운 씨는 영화에 관심을 두기 시작했다.

정답 ①

13 For twenty-four hours a day ____ the summer, the community center will remain open, so all area residents are welcome to drop by at any time.

① among ② throughout

③ without ④ down

해설 among은 뒤에 세 개 이상을 뜻하는 복수명사가 와야 하므로 오답이다. down은 주로 뒤에 높낮이가 있는 장소 표현과 함께 쓰이므로 오답이다. 따라서 throughout the summer(여름 내내), without the summer(여름 없이) 중 하나가 정답이 되는데, '여름 내내 24시간 동안 시민회관이 열려 있을 것이다'가 문맥상 적절하므로 기간과 함께 쓰여 '기간 내내'를 의미하는 throughout이 정답이 된다. • throughout ~동안 죽, ~에 널리; 줄곧, 내내 • community center 시민회관 • resident 주민, 거주자 • drop by ~에 들르다

해석 여름 내내 하루 24시간 동안 시민회관은 열려 있을 것이다. 그래서 모든 지역 주민들이 아무 때나 방문하는 것을 환영한다.

정답 ②

14 Chicken Shack has locations _____ North America and is planning to open some new restaurants in both Asia and Europe.

① despite ② across
③ behind ④ among

해설 빈칸은 뒤의 North America에 연결되어 '북미 전역에 지점들을 가지고 있다'는 의미를 나타내는 전치사 자리이다. 따라서 '전역에'라는 의미의 across가 정답이 된다. • location 지점, 위치, 장소 • plan to + 동사원형 ~할 계획이다. • both A and B A와 B 둘 다
해석 Chicken Shack은 북미 전역에 지점들을 가지고 있으며 아시아와 유럽 모두에 몇몇 새 식당을 열 계획이다.
정답 ②

15 Even though its headquarters are located in South America, the company produces manufacturing equipment _____ Europe.

① among ② at
③ in ④ besides

해설 빈칸은 Europe에 어울리는 전치사가 들어갈 자리이다. Africa나 Asia 같은 대륙 명칭 앞에는 전치사 in을 쓰므로 ③이 정답이 된다. • headquarters 본사, 본부 • be located 위치하다 • equipment 장비
해석 비록 본사는 남미(南美)에 위치해 있지만 그 회사는 유럽에서 제조 장비를 생산한다.
정답 ③

16 Academy Printing is conveniently located _____ SJC Urban University and offers 24-hour fax, copy, and printing services.

① among ② toward
③ near ④ next

해설 빈칸은 빈칸 뒤 SJC Urban University에 어울리는 전치사가 들어갈 자리이다. 빈칸 앞뒤 문맥을 고려했을 때 '대학 가까이에 아카데미 프린팅이 위치해 있다'가 알맞으므로 '가까이에'라는 의미의 near가 정답이다. next는 '~의 옆에'라고 할 때는 next to라고 써야 하므로 정답이 될 수 없다. • conveniently 편리하게 • locate 알아내다, (상점 · 사무소 등을) ~에 차리다
해석 아카데미 프린팅은 SJC 어번 대학 가까이 편리한 곳에 위치해 있으며 24시간 팩스, 복사, 그리고 인쇄 서비스를 제공한다.
정답 ③

17 The pharmacists trained in clinical research are conducting tests to improve the effectiveness _____ a new Alzheimer's drug.

① at ② into
③ on ④ of

해설 빈칸 바로 앞뒤 또는 동사와 연결되는 관용 표현이 없으므로 해석해 본다. '새로운 약의 효과를 개선하기 위해서'가 문맥상 적절하므로 of가 정답이 된다. • pharmacist 약사 • clinical research 임상 연구 • conduct a teat 시험하다, 테스트하다 • effectiveness 효과, 유효(성)

해석 임상 연구 교육을 받은 약사들이 새로운 알츠하이머 치료제의 효과를 개선하기 위해 실험을 진행하고 있다.
정답 ④

18 All employees are required to come to the designated place ____ the mandatory training session.

① in　　② through
③ about　　④ for

해설 연결되는 전치사 관용 표현이 없으므로 해석해 본다. '의무 교육훈련을 위해 지정된 장소'가 문맥상 적절하므로 '~을 위해'라는 의미의 for가 정답이 된다. • be required to + 동사원형 ~하도록 요구받다 • designated 지정된 • mandatory 의무적인, 강제의
해석 모든 직원들은 의무 교육훈련을 위해 지정된 장소로 오도록 요구받았다.
정답 ④

19 In order to place an order, simply complete the enclosed order form and send it ____ your payment.

① to　　② with
③ on　　④ across

해설 빈칸 앞 동사 send는 send A to B의 형태로 쓰이므로 to를 정답으로 선택하기 쉽다. 하지만 빈칸 앞뒤를 연결해서 해석하면 '그것을 당신의 지불금에게 보내다'라는 어색한 의미가 되므로 오답이다. '주문서를 작성해서 그것을 당신의 지불금과 함께 보내세요'가 문맥상 적절하므로 '~와 함께'라는 의미의 with가 정답이 된다. • place an order 주문하다 • complete 완성하다 • enclosed 동봉된 • order form 주문서 • payment 납부금, 지불금
해석 주문을 하려면 동봉된 주문서를 작성해서 지불 금액과 함께 그것을 보내세요.
정답 ②

20 Ms. Yoon was very pleased to learn that she is ____ consideration for the vacant managerial position.

① before　　② under
③ above　　④ of

해설 under consideration은 '고려중에[의]'란 뜻으로 관용 표현이다. 빈칸 앞뒤를 연결해서 해석하면 '그녀는 공석인 관리직의 고려 대상이다'가 되어 문맥상 자연스럽다. 따라서 under가 정답이 된다. • be pleased to + 동사원형 ~하게 되어 기쁘다 • vacant 비어 있는, 공석의 • managerial 관리의
해석 윤 씨는 공석인 관리직에 자신이 고려 대상이라는 것을 알게 되어 매우 기뻤다.
정답 ②

21 ____ their arrival at the Maritime Conference Building, the delegation was informed of the event's itinerary.

① Toward　　② About
③ Upon　　④ Next

해설 대표단이 회의장에 도착한 것과 행사 일정에 관해 통보받은 것을 연결하는 전치사로 가장 알맞은 것은 '~하자마자'라는 의미의 Upon이다. 회의장에 도착하자마자 통보받았다는 문맥이 가장 알맞다.
• arrival 도착 • delegation 대표단 • itinerary 일정, 여정, 여행 일기, 여행안내서; 여정의, 순방하는
해석 마리타임 콘퍼런스 빌딩에 도착하자마자 대표단은 행사 일정에 관해 통보받았다.
정답 ③

22 ____ all online newspapers, a recent survey suggests that *News Today* is the most popular with readers.

① Of ② At
③ Yet ④ To

해설 of가 문두에 오면 '~중에서'라는 의미로 쓰인다. 모든 신문 중에서 〈뉴스 투데이〉 신문이 가장 인기가 있다는 문맥이 알맞으므로 Of가 정답이 된다. • recent 최근의 • survey 설문조사 • popular with ~에게 인기 있는
해석 모든 온라인 신문 중에서 〈뉴스 투데이〉가 독자들에게 가장 인기가 있다는 것을 최근 설문조사는 말해주고 있다.
정답 ①

23 The shuttle bus for the airport departing ____ our hotel will make a few more stops before it gets to the airport.

① from ② to
③ upon ④ on

해설 depart는 전치사 from이나 for와 결합하여 depart from(~로부터 떠나다), depart for(~을 향해 떠나다)로 쓰인다. 빈칸에 from을 넣어 해석하면 '우리 호텔에서 떠나 공항으로 가는 셔틀버스'가 되어 문맥상 자연스럽다. 따라서 from이 정답이다. • make a stop 정차하다, 멈추다 • get to + 장소 ~에 도착하다
해석 우리 호텔에서 출발하는 공항 행 셔틀버스는 공항에 도착하기 전에 몇 차례 더 정차할 것이다.
정답 ①

24 Conference attendees can receive special discounts on their flights and hotel rooms by registering early ____ the conference.

① at ② about
③ to ④ for

해설 register for는 '~에 등록하다'는 뜻으로 쓰인다. 빈칸 앞뒤를 연결해서 해석하면 '회의에 일찍 등록함으로써'가 되어 문맥상 자연스럽다. 따라서 for가 정답이 된다. • attendee 참석자 • register for ~에 등록하다
해석 총회 참석자들은 회의에 빨리 등록함으로써 자신들의 항공편과 호텔 방에 대해 특별 할인을 받을 수 있다.
정답 ④

25 All of the board members agreed ____ the plan to open ten new offices in Chicago in the next five years.

① upon ② by
③ as ④ over

해설 동사 agree는 전치사 to/with/on/upon과 함께 쓰인다. agree upon은 '~에 대해 동의하다'는 의미로 빈칸 앞뒤를 연결해서 해석하면 '모든 이사진은 계획에 동의했다'가 되어 문맥상 자연스럽다. 따라서 upon이 정답이 된다. • the board members 이사진 • agree upon ~에 동의[합의]하다

해석 모든 이사진은 향후 5년 안에 시카고에 열 곳의 사무실을 연다는 그 계획에 동의했다.

정답 ①

26 In the event ______ airline bankruptcy, your travel insurance will guarantee the full reimbursement of your ticket.

① of ② on

③ in ④ to

해설 in the event of는 '~의 경우에'라는 의미의 관용어로 of가 정답이 된다. • in the event of ~할 경우에는, 만약 ~하면 • airline 항공사 • bankruptcy 파산 • travel insurance 여행 보험 • guarantee 보장하다 • reimbursement 상환, 배상

해석 항공사가 파산할 경우에는 귀하의 여행 보험이 항공권의 전액 배상을 보장할 것입니다.

정답 ①

27 Our warranty allows you to exchange your device anytime within 30 days of purchase ______ another product of equal or lesser value.

① into ② by

③ for ④ of

해설 exchange는 exchange A for B(A를 B로 바꾸다)의 형태로 쓰이므로 exchange를 문장 중간의 for와 연결할 수 있어야 한다. A가 your device이며 B가 another product로 '당신의 기기를 다른 제품으로 바꾸다'라는 의미가 되면 문맥상 적절하므로 for가 정답이 된다. • warranty 품질보증서, 보증(서), 담보, 근거, 정당한 이유 • exchange A for B A를 B로 교환하다 • device 기기, 장치 • anytime 언제든지 • equal 동등한 • lesser 더 작은, 덜한

해석 우리 품질보증서는 당신이 구입 후 30일 이내에 당신의 기기를 동등한 또는 그보다 가치가 떨어지는 다른 제품으로 교환하는 것을 언제든지 허락합니다.

정답 ③

28 Those who registered ______ advance will be given an informative booklet detailing this year's new business seminar series.

① for ② in

③ at ④ with

해설 빈칸 앞의 동사 register를 보고 register for(~에 등록하다)로 생각해서 for를 정답으로 선택하기 쉽지만, advance는 등록하는 대상이 아니므로 for는 오답이다. in advance는 '미리, 사전에'라는 뜻의 관용어로 registered in advance는 '미리 등록했다'가 되어 문맥상 자연스럽다. 따라서 in이 정답이 된다. • register 등록하다 • in advance 미리, 사전에 • informative 유용한 정보를 주는, 유익한, 교육적인 • booklet 소책자 • detail 상세히 열거하다

해석 미리 등록한 사람들은 올해의 신규 사업 세미나 시리즈를 상세히 열거한 안내 소책자를 받게 될 것이다.

정답 ②

29 The building stays open ____ midnight, but anyone entering the building after eight must enter a 5-digit code to unlock the door.

① until ② by

③ for ④ during

해설 stay open은 '계속 문을 열다', midnight는 '자정'이라는 의미이므로 '자정까지 문을 열다'가 자연스럽다. until과 by는 둘 다 '~까지'라는 의미이지만 특정 시점까지 어떤 상태가 계속될 때는 until을 쓴다. 따라서 ①이 정답이 된다. • stay (상태 · 상황을 유지한 채로) 남아 있다 • midnight 자정 • enter ~에 들어가다, 입력하다 • digit 자릿수, 손가락, 발가락 • code 암호 • unlock 열다

해석 그 건물은 자정까지 열려 있지만 그 건물에 8시 이후에 들어가는 사람은 누구든 문을 열기 위해서는 5자리 암호를 입력해야 한다.

정답 ①

30 As a result of the contract renewal ____ Kanda Airlines and Pichot International Airport, France has seen a steady rise in the number of tourists from Asia.

① among ② between

③ about ④ until

해설 문맥상 '~사이의' 계약 갱신이 알맞은데, among과 between은 둘 다 '~사이에'로 의미가 같지만 '둘 사이'는 between, '셋 이상이나 불특정 다수 사이'는 among을 쓴다. 빈칸 뒤 명사는 A and B의 형태로 '둘 사이'를 나타내므로 between이 정답이 된다. • contract 계약 • renewal 갱신 • steady 꾸준한

해석 칸다 항공사와 피쇼 국제공항 사이의 계약 갱신의 결과로서 프랑스는 아시아 관광객들의 수에서 꾸준한 증가를 보였다.

정답 ②

31 From March through April, museum galleries will be open by appointment only ____ regular business hours.

① by ② since

③ for ④ during

해설 문맥상 정규 운영 시간 '동안에'라는 의미가 알맞은데, for와 during은 둘 다 '~동안에'라는 의미이지만 for 뒤에는 주로 숫자 기간이, during 뒤에는 명사 기간이 온다. 빈칸 뒤 regular business hours(정규 운영 시간)는 일반 명사 기간을 나타내므로 during이 정답이 된다. • from A through B A부터 B까지 • gallery 갤러리, 화랑 • appointment 예약, 약속 • regular 정규의, 규칙적인 • business hours 영업시간, 운영 시간

해석 3월부터 4월까지 박물관 갤러리는 정규 운영 시간 동안에 예약에 의해서만 개관될 예정이다.

정답 ④

32 다음 밑줄 친 부분에 들어갈 말을 알맞게 연결한 것을 고르시오.

(A) She was robbed _____ her belongings.
(B) I owe what I am _____ my parents.
(C) He is possessed _____ a strange feeling.

① with, to, at ② with, of, to
③ of, with, in ④ of, to, with

해설 (A) 제거 · 박탈을 나타내는 전치사; (B) 원인을 나타내는 전치사; (C) 소유를 나타내는 전치사
해석 (A) 그녀는 소지품을 강탈당했다.
(B) 오늘의 나는 부모님 덕택이다.
(C) 그는 이상한 감정에 사로잡혀 있다.
정답 ④

33 다음 밑줄 친 부분에 들어갈 말을 알맞게 연결한 것을 고르시오.

(A) I concentrated my attention _____ the issue.
(B) We are all looking forward _____ your visit.
(C) This marriage is likely to result _____ your happiness.

① to, in, from ② on, to, in
③ on, in, to ④ to, on, in

해설 (A) 관심 · 집중을 나타내는 전치사; (B) ~을 기대하다; (C) 결과를 나타내는 전치사
해석 (A) 나는 그 문제에 집중했다.
(B) 우리는 당신의 방문을 손꼽아 기다리고 있습니다.
(C) 이 결혼은 결국 당신의 행복으로 끝날 것입니다.
정답 ②

34 다음 밑줄 친 부분에 공통으로 들어갈 말을 고르시오.

(A) The doctor advised me to refrain _____ smoking.
(B) He is suffering _____ a bad headache.
(C) He must not be able to tell the right _____ the wrong.

① with ② from
③ to ④ about

해설 (A) ~을 삼가다; (B) ~을 앓다, ~로 고생하다; (C) ~을 구별하다
해석 (A) 의사는 나에게 금연을 권했다.

(B) 그는 심한 두통을 앓고 있다.
(C) 그는 옳고 그른 것을 구별할 수 없다.

정답 ②

35 다음 밑줄 친 부분에 들어갈 말을 알맞게 연결한 것을 고르시오.

(A) A coffee plant can grow _____ a height of thirty feet.
(B) He spent too much money _____ wine.
(C) The accident clearly resulted _____ your carelessness.

① on, on, in
② to, on, in
③ to, on, from
④ on, to, from

해설 (A) 정도 · 범위를 나타내는 전치사; (B) 대상을 나타내는 전치사; (C) 원인 · 이유를 나타내는 전치사

해석 (A) 커피나무는 30피트 높이까지 자랄 수 있다.
(B) 그는 와인에다 너무 많은 돈을 썼다.
(C) 그 사고는 명백히 당신의 부주의로 인해 발생된 것입니다.

정답 ③

36 다음 밑줄 친 부분의 용법이 잘못된 것은?

① I play tennis *on* Saturday.
② Do you get up early *in* the morning?
③ I go to school *by* bus.
④ I study *to* nine *from* eleven.

해설 ① 요일을 나타내는 전치사; ② 오전 · 오후를 나타내는 전치사; ③ 교통수단을 나타내는 전치사; ④ ~에서 ~까지

해석 ① 토요일에 나는 테니스를 한다.
② 아침에 일찍 일어나니?
③ 나는 버스를 타고 학교에 갑니다.
④ 나는 9시부터 11시까지 공부를 합니다.

정답 ④ (I study from nine to eleven.)

CHAPTER 18 접속사

출제경향

접속사의 단독적인 기능을 묻기보다는 접속사의 용법과 접속사가 이끄는 절에 의한 기능, 인칭 및 수의 일치 관계, 이를 이용한 문장 전환 등이 주된 출제 문제이다. 문법에서는 등위 접속사를 이용한 병렬 관계(parallelism)를 반드시 알아야 한다.

I 접속사의 종류

단어와 단어, 구와 구, 절과 절 등을 연결하는 역할을 하는 것을 접속사라고 한다. 접속사 중에서도 가장 중요한 것은 절과 절을 연결하는 경우이다. 접속사는 형태와 역할에 따라 다음과 같이 분류된다.

A 형태상의 분류

1. 단순 접속사: 한 단어로 된 접속사 and, but, or, when, before, if 등이 있다.

2. 군 접속사: 둘 이상의 단어가 하나의 접속사 역할을 하는 접속사 as well as, as soon as, so that 등이 있다.

3. 상관 접속사: 분리되어 있는 접속사 both ~ and, so ~ that 등이 있다.

B 의미상의 분류

1. 등위 접속사: 단어 · 구 · 절을 문법상 대등한 관계로 연결하는 접속사를 말한다. 대등 접속사라고도 한다.
  - He is rich, **but** he is not happy. (그는 부자이지만 행복하지 않다.)

2. 종위 접속사: 종속절을 이끌어서 그것을 주절에 연결하는 역할을 하는 접속사를 말한다.
  - **Though** he is rich, he is not happy. (비록 부자이지만, 그는 행복하지 않다.)

m/e/m/o

Ⅱ 등위 접속사

A 단순 접속사

and, but, for, or, while, so 등이 있고 단어와 단어, 구와 구, 절과 절을 연결한다. 구와 절 또는 단어와 구처럼 이질적인 것을 연결할 수는 없다. 등위 접속사는 문장 속에서 같은 역할을 하는 것을 연결하는 데 쓰인다.

1. and: 그리고, 그러면, ~와
- You **and** I are friends. (너와 나는 친구다.)

> 심화학습
>
> '명령문, and ~'는 '~하세요, 그러면 ~'의 의미를 나타낸다. 명령문은 조건절로 나타낼 수 있다:
>
> - Come here, **and** you will see better. (이쪽으로 오세요. 그러면 더 잘 보여요.)
>
> = **If you** come here, you will see better. (이쪽으로 오시면 더 잘 보여요.)

2. but: 그러나, 그렇지만
- She is small **but** strong. (그녀는 작지만 강하다.)

> 심화학습
>
> 'not A but B'는 'A가 아니라 B'라고 해석한다:
>
> - It is **not** a desk **but** a table. (그건 책상이 아니라 테이블이다.)

3. or: 또는, ~이나
- Is it in front of you **or** behind you? (그게 당신 앞에 있나요 아니면 뒤에 있나요?)

심화학습

(i) '명령문, or ~'는 '~하세요, 그러지 않으면 ~'의 의미를 나타낸다. 명령문은 조건절로 나타낼 수 있다.

- Use it carefully, **or** you will break it.
  (조심해서 그것을 사용하세요. 그러지 않으면 망가뜨릴 겁니다.)

= **If you don't** use it carefully, you will break it.

= **Unless you** use it carefully, you will break it.

(조심해서 그것을 사용하지 않으면 망가뜨릴 겁니다.)

(ii) 다음과 같은 문장에서도 'or'는 '그러지 않으면'의 의미로 해석한다.

- You must do as you were told, **or** you will be punished.
  (들은 대로 하세요. 그러지 않으면 벌을 받을 겁니다.)

비교 콤마 뒤에서 'or'는 '즉, 바꿔 말하면'의 의미를 나타낸다:

- The distance is two miles, **or** about three kilometers. (거리는 2마일, 즉 약 3킬로미터이다.)

4. nor: (앞의 'not, no, never'를 포함한 절 뒤에서 부정문의 연속을 나타내어) ~도 역시 ~아니다
   - You must **not** move **nor** speak. (너는 움직이지도 말고 말도 해선 안 된다.)
   - I am **not** a millionaire, **nor** do I wish to be one.
     (나는 백만장자가 아니고 그렇게 되고 싶지도 않다.)

5. for: (문두에는 쓸 수 없으며, 대개 콤마나 세미콜론을 앞에 찍고, 앞 문장의 부가적 설명 · 이유로서) 왜냐하면 ~이니까, 그 까닭은 ~이므로(문어적이며 회화에서는 쓰지 않음)
   - It is morning, **for** the birds are singing. (아침이다. 새들이 지저귀고 있으니까)
   - A fish cannot fly, **for** it has no wings. (물고기는 날 수 없어. 날개가 없어서)

6. while: (주절 뒤에서 반대 · 비교 · 대조를 나타내어) 그런데, 한편(으로는)
   - The walls are green, **while** the ceiling is white. (벽은 초록색인데 천장은 흰색이다.)

7. so: 그래서, 그러므로, ~이므로
   - It grew darker, **so** I went home. (날은 더욱 어두워졌으므로 나는 집으로 돌아갔다.)

B 상관 접속사

쌍을 이루는 어구가 전후 호응해서 접속사 역할을 하는 것이다. 여기에서는 등위 접속사적인 것을 다룬다. 예외적으로 편의상 접속사 구인 'as well as'도 언급하기로 한다.

1. **both** A **and** B: (주어로 쓰일 때는 복수 취급하여) A와 B 둘 다
   - **Both** you **and** I are well. (너와 나 우리 두 사람 모두 건강하다.)
   - She is **both** attractive **and** intelligent. (그녀는 매력적이고 지적이다.)

2. **not only** A **but (also)** B: (동사를 B에 일치시켜서) A뿐만 아니라 B도
   - **Not only** you **but (also)** he is a civil servant. (당신뿐만 아니라 그분도 공무원입니다.)
   - He is well known **not only** in Seoul **but (also)** in Daejeon.
     (그는 서울에서뿐만 아니라 대전에서도 잘 알려져 있다.)

3. B **as well as** A: (동사를 B에 일치시켜서) A뿐만 아니라 B도
   - He **as well as** you is a public officer. (당신뿐만 아니라 그분도 공무원입니다.)
   - Many things are moved by water **as well as** by land and by air.
     (많은 물건들이 육로나 항공뿐만 아니라 해상으로도 운반된다.)

4. **either** A **or** B: (동사를 B에 일치시켜서) A든가 B든가 어느 하나
   - **Either** you **or** he is a public servant. (당신이든 그분이든 어느 한 사람은 공무원입니다.)
   - **Either** come in **or** go out. (들어오든지 나가든지 하세요.)

5. **neither** A **nor** B: (동사를 B에 일치시켜서) A도 B도 둘 다 ~ 아니다[않다]
   - **Neither** you **nor** he is a government official. (당신도 그분도 두 분 다 공무원이 아닙니다.)
   - **Neither** he stays at home **nor** does he work at the factory.
     (그는 집에 있지도 않고 공장에서 일 하지도 않습니다.)

III 종위 접속사

ENGLISH GRAMMAR

종위 접속사는 종속 접속사라고도 한다. 종위 접속사는 종속절을 주절에 연결시키며, 접속사가 종속절을 이끌어 복문을 형성한다. 종위 접속사는 등위 접속사와는 달리 단어와 단어, 구와 구, 절과 절을 연결하는 기능은 없다. 종위 접속사에는 명사절을 이끄는 것과 부사절을 이끄는 것이 있다.

A 명사절을 이끄는 종위 접속사

종속절의 문장에서 명사의 역할을 하여 주어 · 목적어 · 보어 혹은 동격으로 쓰이는 것을 명사절이라고 한다.

1. that: '~하다는 것'으로 해석하며 문장에서 주어 · 보어 · 목적어로 쓰인다.

(1) 문장의 주어: 주부가 길 경우 가주어 'it'을 문두에 쓴다.

- **That** he will come is certain.

= **It** is certain **that** he will come. (그가 온다는 것은 확실하다.)

(2) 문장의 보어

- My wish is **that** my son will become a professor. (내 소원은 우리 아들이 교수가 되는 겁니다.)

(3) 문장의 목적어: 타동사 또는 전치사의 목적어

- I think **(that)** Harald will go fishing with John.
  (하랄드는 요한이와 같이 낚시하러 갈 거라고 나는 생각한다.)
- The conclusion is wrong **in that** it is based on false premises.
  (잘못된 전제에 입각하고 있다는 점에서 그 결론은 틀렸다.)

(4) 동격이 되는 절: 'that'은 명사 뒤에 와서 그 명사와 동격이 되는 절을 이끈다.

- There is no proof **that** the man is guilty. (그 남자가 유죄라는 증거는 없다.)

2. whether, if: '~인지 아닌지'라는 의미로 명사절을 이끈다. 'if'는 동사의 목적어가 되는 절만을 이끌고 'whether'는 'or not'을 동반할 때가 많다.

(1) 문장의 주어: whether ~ or not

- **Whether** he is still alive **(or not)** is doubtful.

= **It** is doubtful **whether** he is still alive **(or not)**. (그가 아직 살아있을지 잘 모르겠다.)

(2) 문장의 보어: whether ~ or not

- The question is **whether** he will come (**or not**). (문제는 그가 오는가이다.)

(3) 문장의 목적어: whether ~ or not / if

- I wonder **if[whether]** it will be fine tomorrow. (내일 날씨가 좋을지 궁금하다.)

B 부사절을 이끄는 종위 접속사

부사절을 이끄는 종위 접속사로는 때 · 이유 · 결과 · 목적 · 조건 · 양보 · 비교 · 양태 등을 나타내는 것들이 있다.

1. 때를 나타내는 종위 접속사: 종위 접속사 중에서 가장 많이 쓰인다. 문장 전환하는 용법에 주의한다.

(1) when: ~할 때에

- **When** the cat is away, the mice will play. (고양이가 물러가면, 쥐가 판을 친다.)

(2) while: ~하는 동안에, ~하는 반면

- Strike **while** the iron is hot. (쇠가 뜨거울 때 두들겨라. 즉, 기회를 놓치지 마라.)
- Wise men seek after truth, **while** fools despise it.
  (현명한 사람들은 진리를 탐구하는 반면 어리석은 사람들은 그것을 멸시한다.)

(3) as: ~하면서

- No one was seen **as** I opened the door. (내가 그 문을 열었을 때 아무도 보이지 않았다.)

(4) since: ~한 이래 (죽), ~한 지

- Six months have passed **since** I came here.

= It is[has been] six months **since** I came here. (내가 여기 온 지 6개월이 지났다.)

= I came here six months ago. (6개월 전 나는 여기로 왔다.)

(5) till[until]: (~할 때) 까지

- He **didn't** arrive **until** the dinner was half over. (그는 저녁이 반쯤 끝나고 나서야 도착했다.)
- We do **not** know the value of health **till[until]** we lose it.

= **Not until** we lose health **do** we know the value of it.

= **It is not until** we lose health **that** we know the value of it.
(우리는 건강을 잃고 나서야 비로소 건강의 중요성을 안다.)

(6) after: ~한 후에

- I arrived **after** the train (had) left. (나는 기차가 떠난 후에 도착했다.)

  해설 시간의 전 · 후가 분명할 때는 과거 시제가 과거완료 시제를 대신할 수 있다.

(7) before: ~하기 전에

- Look **before** you leap. (행동으로 옮기기 전 잘 생각해라. 생각하고 움직여라.)
- **It will not be long before** Beijing 2022 Winter Olympics **are** held in China.

  (머지않아 중국에서 베이징 2022년 동계올림픽이 개최될 예정이다.)

(8) so long as: ~하는 동안은, ~하는 한은, ~하기만 하면(if only)

- I will love you **so long as** I live. (내가 살아 있는 한 너를 사랑할 것이다.)

(9) whenever: ~할 때는 언제나(every time)

- **Whenever** he goes out, he takes his doggie with him.

  (그는 외출 시 언제나 강아지를 데리고 나간다.)

(10) as soon as: ~하자마자

- **As soon as** she **saw** me, she ran away.

= **No sooner had** she **seen** me **than** she ran away. (그녀는 나를 보자마자 도망쳤다.)

2. 원인 · 이유를 나타내는 종위 접속사: '~하기[이기] 때문에'라는 의미로 해석한다.

(1) as

- **As** I love her, I will marry her. (나는 그녀를 사랑하기에 그녀와 결혼할 것이다.)

(2) since

- **Since** you are here, I am happy. (그대가 여기 있어 나는 행복하노라.)

(3) now that

= seeing that

= considering that

= in as much as = inasmuch as

- **Now that** life is short, let's save time. (인생은 짧으니 시간을 아끼자.)

3. 목적 · 결과 · 양보 · 조건을 나타내는 종위 접속사

(1) (so) that ~ may: ~하기 위하여

= in order that ~ may

- He worked hard **that** he **might** succeed. (성공하기 위해 그는 열심히 일했다.)

(2) lest ~ should: ~하지 않도록

= (so) that ~ may not

• Take your umbrella **lest** you **should** get wet. (비 맞지 않도록 우산을 가져가거라.)

(3) so ~ that: 너무 ~해서 ~하다

= such ~ that

• It was **so** hot **that** we stayed indoors. (너무 더워서 우리는 실내에 있었다.)

= It was **so** *hot a day* **that** we stayed indoors. (너무 더운 날이라 우리는 실내에 있었다.)

= It was **such** *a hot day* **that** we stayed indoors.

(4) as: 양보의 부사절을 유도하여 '(비록) ~이[하]지만'라고 해석한다.

① Though + 주어 + 동사 + 형용사[부사]

= 형용사[부사] + as + 주어 + 동사

• **Though** she is *rich*, she is not happy.

= *Rich* **as** she is, she is not happy. (부자이긴 하지만 그녀는 행복하지 않다.)

• **Though** he works *hard*, he is still poor.

= *Hard* **as** he works, he is still poor. (열심히 일하지만 그는 여전히 가난하다.)

② Though + 주어 + 동사 + 부정관사 + 명사

= 무관사 명사 + as + 주어 + 동사

• **Though** she is *a girl*, she is brave.

= *Girl* **as** she is, she is brave. (소녀이지만 그녀는 용감하다.)

③ 원형동사 + as + 주어 + may[might, will, would]: (아무리) ~하여도

• *Try* **as** she *would*, she could not remember his phone number.
(아무리 애써 봐도 그녀는 그의 전화번호가 기억나지 않았다.)

• *Laugh* **as** they *would*, he maintained the story was true.
(그들은 웃었으나, 그는 그 이야기가 정말이라고 우겼다.)

(5) if: 조건의 부사절을 유도하며 '만약 ~면, ~의 경우에는'이라고 해석한다.

• **If** it is fine tomorrow, I will start. (만일 내일 날씨가 맑다면, 나는 출발할 것이다.)

(6) in case (that): '만일 ~라면(if), ~의 경우를 생각하여'라고 해석한다.

• You had better take an umbrella **in case** it rains. (비가 올 경우에 대비하여 우산을 갖고 가거라.)

실력평가문제

CRAMMING ENGLISH GRAMMAR

※ 다음 밑줄 친 곳에 가장 알맞은 것을 고르시오.

01 _____ large in volume, a comet is small in mass.

① It is generally ② Although generally

③ Generally it is ④ When is it generally

해설 앞 · 뒤 문장에서 상반되는 단어 'large'와 'small'이 있는 것으로 봐서 대조적 내용을 나타내는 접속사가 필요하다. Although (it is) generally large in volume, a comet is small in mass.

해석 혜성은 일반적으로 부피는 크더라도 질량은 작다.

정답 ②

02 The rich are not always happy, _____ are the poor always miserable.

① or ② and

③ as ④ nor

해설 앞의 'not, no, never'를 포함한 절 뒤에서 부정문의 연속을 나타낼 경우 어떤 접속사가 필요할까?

해석 부자라고 해서 늘 행복한 것은 아니다. 그리고 가난한 사람들도 늘 비참한 것은 아니다.

정답 ④

03 Be careful, _____ you will be hurt.

① and ② or

③ if ④ that

해설 '명령문, and ~', '명령문, or ~'의 차이점은?

해석 조심해라. 그렇지 않으면 다친다.

정답 ②

04 As a person becomes older, _____.

① he has gained wisdom

② him gaining wisdom

③ he gains wisdom

④ having gained wisdom

해설 종속 접속사 'as'는 완전한 문장을 이끌고 있고 주절은 명시되어 있지 않다. 그러므로 주절도 '주어 + 동사'의 형태를 갖추어야 한다.

해석 사람은 나이가 들어가면 지혜를 얻게 된다.

정답 ③

05 Physical training is good _____.

① for both body and mind

② both for body of for mind

③ for both body and for mind

④ both for body and mind

해설 병렬주의(parallelism)에 대한 문제로 'both for body and for mind'로 바꾸어 쓸 수 있다.

해석 신체 단련은 심신에 좋다.

정답 ①

06 He walked warily _____ he should fall.

① lest ② unless

③ except ④ before

해설 종속절의 조동사 'should'와 어울릴 수 있는 접속사는? • warily 조심하여, 방심 않고

해석 그는 떨어지지 않도록 조심스럽게 걸었다.

정답 ①

07 As you treat me, _____ will I treat you.

① as ② so

③ like ④ and

해설 '~하듯, ~ 하다'는 양태 접속사가 필요하다.

해석 네가 날 대하듯 나도 널 그렇게 대할 것이다.

정답 ②

08 Though he is rich, he works hard.

= Rich _____ he is, he works hard.

① though ② or

③ but ④ as

해설 양보 부사절에 사용될 수 있는 접속사는 'though' 이외에 어떤 것이 있을까?

해석 돈이 많지만 그래도 그는 열심히 일한다.

정답 ④

09 Internal communications are expected to improve _____ the new telephone system is installed.

① once ② following

③ along with ④ owing to

해설 once(일단 ~하면)는 접속사, following(~후에), along with(~와 함께), owing to(~덕분에)는 전치사로 쓰인다. 빈칸 앞뒤에 문장이 있으므로 접속사인 once가 정답이 된다. • internal 내부의 • be expected to + 동사원형 ~할 것으로 예상되다 • improve 개선하다, 좋아지다 • once 일단 ~하면 • install 설치하다
해석 일단 새 전화 시스템이 설치되고 나면 내부통신은 개선될 것으로 예상된다.
정답 ①

10 Funny Toy still leads the way in quality and craftsmanship _____ competition from rival toy manufacturers has increased significantly.

① however ② although
③ given ④ due to

해설 빈칸 앞뒤에 문장이 있으므로 빈칸은 문장과 문장을 연결하는 접속사 자리이다. however(그러나)는 접속부사, given(~을 고려해 볼 때)과 due to(~때문에)는 전치사이므로 문장과 문장을 연결하지 못하는 반면, although(비록 ~이긴 하지만, ~임에도 불구하고)는 접속사로 쓰이므로 ②가 정답이 된다. • lead the way 앞장서다, 선두에 서다 • craftsmanship 정교함, 솜씨 • competition 경쟁 • significantly 상당히, 꽤
해석 비록 타 완구업체와의 경쟁이 상당히 증가했음에도 불구하고 퍼니 완구는 여전히 품질과 솜씨 면에서 선두이다.
정답 ②

11 Company executives are trying to find a more efficient marketing campaign _____ the launch of its new product line.

① in case ② likewise
③ provided that ④ prior to

해설 in case(~의 경우를 대비해서)는 접속사로, likewise(마찬가지로)는 부사로, provided that(~한다면)은 접속사로, prior to(~이전에)는 전치사로 쓰인다. 빈칸 뒤의 the launch of its new product line은 문장이 아니라 명사구이므로 명사구와 결합하는 전치사 prior to가 정답이 된다. • executive 임원 • efficiently 효율적인 • prior to ~이전에 • launch 착수, 시작, 출시
해석 신상품을 출시하기 전에 더 효과적인 마케팅 캠페인을 찾으려 회사 임원들은 노력하고 있다.
정답 ④

12 The report was read by _____ the members of the board and the company's lawyers, but none of them found any errors concerning the company's profits from last year.

① yet ② either
③ whether ④ both

해설 빈칸 뒤의 and가 단서이다. and와 짝을 이루어 'A와 B 둘 다'라는 의미를 만들 수 있는 both가 정답이 된다. • report 보고서 • board 이사회 • lawyer 변호사 • error 실수, 오류 • concerning ~에 관한 • profit 수익(성)
해석 이사진과 변호사들 양쪽 모두가 그 보고서를 읽었지만 그들 중 누구도 지난해의 회사 수익과 관련하여 어떤 오류도 발견하지 못했다.
정답 ④

13 The registration fee will cover all travel and accommodation costs, _____ dining expenses are the participant's responsibility.

① instead ② but
③ and ④ than

해설 빈칸은 문장과 문장을 대응하게 연결하는 접속사 자리이다. and와 but의 문법적인 기능은 같으므로 보기에 and와 but이 동시에 나오면 문맥을 파악하여 문제를 풀어야 한다. 빈칸 앞 문장은 '등록비에 모든 여행 경비와 숙박비가 포함된다'이고 뒤 문장은 '식사비용은 참가자의 책임이다'이므로 문맥상 but이 정답이 된다.
• registration 등록, 접수 • fee 요금 • cover 포함하다, (무엇을 하기에 충분한 돈을[이] 대다[되다]
• accommodation 숙박 • cost 비용 • dining expenses 식비 • responsibility 책임, 의무

해석 등록비에는 모든 여행 경비와 숙박비가 포함되지만 식비는 참가자 부담이다.

정답 ②

14 The company has been aware of the problem for a while and _____ its server recently so that it will not happen again.

① update ② updates
③ updated ④ updating

해설 and 뒤에 빈칸이 있으므로 and가 무엇을 연결하는지 파악해야 한다. 빈칸 앞뒤 문맥을 살펴보면 빈칸은 동사 자리임을 알 수 있다. update는 단수주어(the company)와 수 일치되지 않아 오답이며, updates는 주어와 수 일치는 되지만 빈칸 뒤 recently와 시제가 어울리지 않으므로 오답이다. has been aware of ... and has updated에서 중복되는 has는 생략 가능하므로 updated가 정답이 된다.
• be aware of ~을 알고 있다, ~을 인지하다 • for a while 한동안, • recently 최근에

해석 회사는 그 문제점을 한동안 알고 있었으며 최근에 자사의 서버를 업데이트했다. 그래서 그 문제는 다시 발생하지 않을 것이다.

정답 ③

15 No employees are permitted to go home for the day _____ all of their tasks have been completed.

① upon ② that
③ while ④ until

해설 "문장 + ---- + 문장"의 형태로 빈칸은 두 문장을 연결하는 접속사 자리이다. 따라서 while과 until 중 문맥상 적절한 것을 선택해야 한다. while 뒤에는 계속되는 행위를 나타내는 동사가 와야 하므로 완료의 의미를 가진 동사가 올 수 없다. 따라서 while과 complete는 함께 쓸 수 없으며 '모든 업무가 완료될 때까지는 집에 갈 수 없다'는 의미가 되어야 문맥상 적절하므로 until이 정답이 된다. • permit 허락하다 • go home for the day 퇴근하다 • until ~까지 • task 업무, 일 • complete 끝마치다, 완성하다

해석 자신들의 모든 업무가 완료되었을 때 비로소 모든 직원은 퇴근이 허용된다.

정답 ④

16 _____ the company has hired new employees every year for the past ten years, there is no indication that it will do so this year.

① While ② When

③ Since ④ However

해설 "---- + 문장, + 문장"의 형태로 빈칸은 두 문장을 연결하는 접속사 자리이다. However는 접속부사, 양보의 부사절을 이끄는 접속사 두 가지 용법으로 쓰인다. 그러나 접속사로 쓰일 경우 '아무리 · · · 해도[할지라도]'의 뜻을 나타내며 However 뒤에는 형용사 또는 부사가 와야 하는데 주어진 문제에서는 명사(the company)가 왔으므로 However는 오답이다. 나머지 보기는 모두 어법상 적절하므로 문맥상 알맞은 것을 선택해야 한다. 앞 문장의 요지는 '회사가 신입 직원을 고용했다'이며 뒤 문장의 요지는 '올해에는 그렇게 할 것이라는 조짐이 없다'이므로 둘은 역접의 관계이다. 따라서 '반면에'라는 뜻의 While이 정답이 된다.
• past 지난 • indication 암시, 조짐

해석 지난 10년 동안 그 회사는 신입 직원들을 고용해 왔지만 이번 연도에는 그렇게 할 것이라는 조짐이 없다.

정답 ①

17 _____ it was damaged beyond repair, the equipment had to be sent back to the manufacturer.

① Since ② Rather

③ Before ④ Yet

해설 빈칸 뒤에 완전한 두 문장이 있으므로 문장과 문장을 연결하는 부사절 접속사인 Since와 Before 중에서 해석을 통해 골라야 한다. 장비를 되돌려 보내는 이유는 그 장비가 파손되었기 때문이므로 원인을 나타내는 Since가 정답이 된다. • damage 파손하다, 손상을 입히다 • beyond repair 수리할 수 없을 만큼 • manufacturer 제조업체

해석 수리할 수 없을 정도로 그 장비가 파손되었기 때문에 제조업체로 되돌려 보내야 했다.

정답 ①

18 The section chief was asked to give more specific instructions for the evacuation drill _____ staff members can be safe in the event of an evacuation.

① so that ② in case

③ as well as ④ whether

해설 빈칸은 두 문장을 연결하는 부사절 접속사 자리이다. as well as는 뒤에 절이 올 수 없고, whether가 부사절 접속사로 쓰이려면 whether ... or not 또는 whether A or B의 형태가 되어야 한다. so that(~하기 위해서)과 in case(~의 경우를 대비하여)는 둘 다 부사절 접속사로 쓰이므로 문맥을 파악해야 한다. '직원들이 안전할 수 있도록 좀 더 주체적인 지침을 제공하라는 요청을 받았다'가 적절하므로 so that이 정답이 된다.
• be asked to + 동사원형 ~하라는 요청을 받다 • specific 구체적인, 세부적인 • instruction 지시, 지침
• evacuation 대피 • drill 훈련, 연습 • in the event of ~의 경우에

해석 대피 시(時)에 직원들이 안전할 수 있도록 대피 훈련에 대한 더 구체적인 지침을 제공하라는 요청을 그 부서장은 받았다.

정답 ①

19 Technology has developed so rapidly over the last few decades _____ consumers expect companies to innovate and continually release new products.

① many　　② both
③ that　　④ which

해설 빈칸 앞뒤 문장을 연결해 줄 수 있는 접속사가 와야 한다. that은 빈칸 앞의 so와 함께 '너무 ~해서 …하다'라는 의미로 쓰이므로 의미와 문장 구조상 that이 가장 적합하다. • rapidly 빠르게 • decade 10년, 10개가 한 벌이 된 것 • innovate 혁신하다 • release 출시하다, 석방하다, 개봉하다, (폭탄을) 투하하다

해석 지난 몇십 년 동안 기술이 매우 빠르게 발전하여서 소비자들은 회사들이 혁신해서 지속적으로 신상품을 출시할 것이라고 기대한다.

정답 ③

20 All employees at Pitt Art Center are eligible for a 20 percent discount on art classes _____ they are management or general workers.

① whether　　② in spite of
③ as if　　④ so that

해설 빈칸은 앞뒤 문장을 연결해 줄 수 있는 부사절 접속사가 와야 한다. 전치사인 in spite of를 제외하고는 다 부사절 접속사로 쓰일 수 있는데, 빈칸 뒤에 or가 있으므로 or를 단서로 whether가 정답임을 알 수 있다. whether는 whether A or B의 형태로 'A이든지 B이든지'라는 의미로 쓰이므로 의미상, 문장 구조상 whether가 정답이다. • be eligible for ~할 자격이 있다 • discount 할인 • management 경영진

해석 피트 예술 센터의 모든 직원들은 그들이 경영진이든 일반 사원이든지 미술 수업에 대하여 20% 할인을 받을 수 있다.

정답 ①

21 Want to get top grades? Don't waste your time searching for a private tutor! ______, get convenient and affordable instruction from the experts at Web Tutors.

① Instead　　② Meanwhile
③ Afterwards　　④ Likewise

해설 "앞 문장. + ----, + 문장" 구조이므로 접속부사 자리이다. 보기가 다 접속부사이므로 해석을 통해 정답을 찾아야 한다. 개인 교사를 찾는 데 시간을 낭비하는 대신, 전문가에게 알맞을 교육을 받으라는 문맥이 적절하므로 '대신에'라는 의미의 Instead가 정답이다. • private 개인의, 사적인 • tutor 가정교사, 개인 지도 교사 • convenient 편리한 • expert 전문가

해석 최상의 성적을 받고 싶으신가요? 개인 교사를 찾는데 시간을 낭비하지 마세요. 대신에 웹 튜터즈 사(社)의 전문가로부터 편리하면서 알맞은 교육을 받으세요.

정답 ①

22 Our maintenance is currently scheduled for August 5-8. ______, we are able to adjust our dates according to your availability. Please let us know what days work best for you.

① Therefore ② Notwithstanding
③ In other words ④ Afterward

해설 "앞 문장. + ----, + 문장" 구조이므로 접속부사 자리이다. 보기가 다 접속부사이므로 해석을 통해 정답을 찾아야 한다. 빈칸 앞뒤로 점검일이 정해졌긴 하지만 날짜를 조정할 수 있다는 문장이 연결되므로 '양보'의 의미를 나타내는 접속부사가 필요하다. 따라서 '그래도'라는 의미의 Notwithstanding이 정답이 된다.
• maintenance 정비, 보수 관리 • adjust 조정하다 • availability 유효성, 이용할 수 있음

해석 8월 5일에서 8일로 정비일이 현재 예정되어 있습니다. 그래도 귀하가 시간이 되시는 것에 따라 날짜를 조정할 수 있습니다. 며칠이 가장 좋으신지 알려 주세요.

정답 ②

23 Generally, a credit check is required _____ you can open a savings account at this bank.

① during ② before
③ instead of ④ unlike

해설 during(~동안에), instead of(~대신에), unlike(~와 다른)는 전치사, before(이전에)는 전치사와 접속사로 쓰인다. 빈칸 앞뒤에 문장이 있으므로 빈칸은 문장과 문장을 연결하는 접속사 자리이다. 따라서 before가 정답이 된다. • generally 보통, 일반적으로 • credit 신용, 외상, 명예가 되는 것, 학점 • check 점검, 조사 • open 열다, 개설하다 • savings account 보통 예금 계좌

해석 이 은행에서 당신이 보통 예금 계좌를 개설하기 전에 일반적으로 신용조사가 요구됩니다.

정답 ②

24 The hiring board called Mr. Jerry and Ms. Caroline in for interviews _____ they reviewed all of the résumés that were submitted.

① after ② just
③ from ④ without

해설 빈칸 앞뒤가 문장으로 연결되어 있으므로 접속사가 들어가야 한다. after는 전치사와 접속사로 쓰인다. 나머지 보기에서 just는 부사, from과 without은 전치사로 쓰인다. 그러므로 after가 정답이 된다.
• board 위원회 • review 검토하다 • résumé 이력서

해석 고용 위원회는 제출된 모든 이력서를 검토한 후에 제리 씨와 캐롤라인 씨를 면접하기 위해 불렀다.

정답 ①

25 _____ Miyo Patel's role in her recent movie received such favorable reviews from audiences, movie directors and producers are now desperate to feature her in their movies.

① Since ② Whenever
③ If so ④ In order to

해설 빈칸은 두 문장을 이어주는 접속사 자리이다. If so는 접속사가 아니라 접속부사이므로 오답이고, In order to 뒤에는 동사원형이 와야 하므로 오답이다. Since(~이래로, ~ 때문에)와 Whenever(~할 때마다)는 둘 다 접속

사이므로 문맥을 파악해야 한다. '미요 파텔의 연기가 관객들로부터 좋은 평가를 받았기 때문에 영화감독들과 제작자들이 자신들의 영화에 그녀를 출연시키려고 필사적이다'라는 인과관계가 문맥상 적절하므로 Since가 정답이다. • receive 받다 • favorable 우호적인, 좋은 • review 평가, 비평, 재검토, 복습; 재검토하다, 복습하다 • audience 청중, 관객 • movie director 영화감독 • producer 제작자 • desperate 필사적인 • feature ~의 특색을 이루다, (배우를) 주연시키다, (사건을) 대서특필하다; 특징, 주요 프로, 주요 작품, 볼만한 것, 특집기사, 얼굴의 생김새

해석 자신의 최근 영화에서 미요 파텔의 역할은 관객으로부터 아주 좋은 평가를 받았기 때문에 영화감독들과 제작자들은 그녀를 자신들의 영화에 주연으로 출연시키려고 지금 필사적이다.

정답 ①

26 _____ applying for a passport, you need to have two forms of picture ID to confirm your identity.

① Since ② With

③ Or ④ When

해설 빈칸 뒤가 문장이 아닌 V-ing 형태(applying)이므로 접속사는 빈칸에 들어갈 수 없다고 생각하기 쉽지만, "접속사 + 문장" 형태에서는 문장의 주어와 동사가 축약되어 "접속사 + V-ing" 형태로 쓸 수 있다. 문맥상 '여권을 신청할 때 당신은 두 개의 신분증을 가지고 있어야 한다'가 적절하므로 When이 정답이 된다.
• apply for ~을 신청하다 • passport 여권 • form 서식, 종류 • ID(identification) 신분증
• confirm 확인하다 • identity 신분, 신원, 주체성

해석 여권을 신청할 때 신분 확인을 위해 사진이 있는 두 개의 신분증을 가지고 있어야 합니다.

정답 ④

27 _____ parked in the parking lot, the car should have a parking permit attached to it.

① As ② While

③ Despite ④ This

해설 빈칸 뒤에 parked가 있으므로 "---- + p.p."의 형태이다. As와 While이 둘 다 뒤의 문장이 축약되어 "As + p.p."(~된대로), "While + p.p."(~되는 동안)의 형태로 쓰이므로 문맥을 파악해야 한다. '주차장에 주차되어 있는 동안에는 차에 주차 허가증이 부착되어 있어야 한다'가 문맥상 적절한데, as는 '~할 때'라는 의미로만 쓰일 수 있으므로 While이 정답이 된다. • parking lot 주차장 • parking permit 주차증

해석 주차장에 주차되어 있는 동안은 그 차에 주차증이 부착되어 있어야 한다.

정답 ②

28 Please take enough time to thoroughly review all options _____ signing the contract.

① before ② so that

③ among ④ than

해설 빈칸 뒤에 signing이 있으므로 "---- + V-ing"의 형태이다. so that 뒤의 문장은 축약되지 않으므로 "so that + V-ing"는 틀린 표현이며, than은 앞뒤에 비교의 대상이 있어야 하는데 주어진 문장에서는 비교되는 대상이 없으므로 than 또한 오답이다. 전치사 among 뒤에는 복수명사가 와서 '~사이에'라는 의미가 되어야 하므로 빈칸에는 적합하지 않다. before는 "---- + V-ing" 형태를 취할 수 있으므로 ①이 정답이 된다.

• thoroughly 면밀하게 • review 검토하다 • contract 계약(서)
해석 계약서에 서명하기 전에 모든 선택 사항들을 면밀히 검토할 충분한 시간을 가지세요.
정답 ①

29 **밑줄 친 말과 뜻이 가장 가까운 것은?**

> *Now that* you are older, you must make up your mind.

① Though ② Since
③ When ④ Through

해설 이유 · 원인을 나타내는 접속사는 because, now that, 그리고 또 무엇이 있을까?
해석 점점 나이가 들어가기 때문에 당신은 결심을 해야 합니다.
정답 ②

30 **다음 문장에서 틀린 어구를 고르면?**

It is six years(①) when(②) I saw(③) him again(④).

해설 '~한 이래 (죽), ~한 지'로 쓰일 수 있는 때를 나타내는 종위 접속사는?
해석 내가 다시 그를 본 이후로 6년이 흘렀다.
정답 ② (when → since)

31 Choose the pair that the meaning is different from each other.

① They got married ten years ago.
= They have been married for ten years.
② Tom is taller than any other boy.
= No other boy is so tall as Tom.
③ He didn't arrive until it grew dark.
= He had scarcely arrived before it grew dark.
④ Whenever it rains, it pours.
= It never rains but it pours.

해설 이유 · 원인을 나타내는 접속사는 because, now that, 그리고 또 무엇이 있을까?
해석 ① 그들은 10년 전에 결혼했다.
② Tom은 키가 제일 크다.
③ 그는 어두워져서야 비로소 도착했다. ≠ 그가 도착하자마자 비로소 어두워졌다.
④ 비가 올 때마다 폭우가 쏟아진다.
정답 ③

32 빈 칸에 적당한 접속사를 넣으면?

> Not a flower _____ even a blade of grass will grow in this desert.

① and ② or

③ nor ④ but

해설 부정어 뒤에 사용되는 부정의 연속을 나타내는 등위 접속사는 'nor'밖에 없다.
해석 꽃 한 송이 혹은 심지어 풀 한 잎도 이 사막에서는 자랄 수 없을 것이다.
정답 ③

33 다음 중 틀린 것은?

My neighbor Sue(①) is(②) young, beauty(③), tall and talented(④).

해설 등위 접속사의 앞 · 뒤는 형태가 일치해야 한다(parallelism).
해석 나의 이웃인 Sue는 젊고, 아름답고, 키가 크고, 능력이 있다.
정답 ③ (beauty → beautiful)

34 다음 밑줄 친 부분이 틀린 것은?

The feathers(①) of birds are used to make stuffing(②) for pillows, guided(③) arrows in flight, and decorate garments(④).

해설 'and decorate'에 의해 'make, guided, decorate'가 모두 'used to'에 이어지는 것임을 알 수 있다. 따라서 'guided'를 원형동사 'guide'로 바꿔야 한다. • feather 깃털 • stuffing 채움, 채우는 물건 • pillow 베개 • garment 의복, (특히) 긴 웃옷; garments 옷, 의상
해석 새의 깃털은 베개의 솜을 만들고, 날아가는 화살의 방향을 잡고, 옷을 장식하는 데 이용된다.
정답 ③ (guided → guide)

CHAPTER

19 특수 구문

출제경향

특수 구문은 출제경향이 매우 높다. 도치 · 강조 · 생략 · 공통 관계 · 삽입과 동격 등의 기본 개념을 먼저 파악해야 한다.

I 도치

ENGLISH GRAMMAR

문장은 보통 '주어 + 동사 + 목적어 + 보어'의 어순을 취하지만 이 어순이 바뀌어 동사 · 목적어 · 보어 · 기타 어구 등이 문두로 나가는 것을 도치라고 한다.

A 구문상의 도치

1. 'There'로 시작하는 문장에서의 어순 도치: 'There'가 '거기에'라는 의미를 나타내지 않고 단순히 문장을 이끄는 역할을 하고 있을 때는 주어와 동사가 도치되어 'There + 동사(be, live, come, happen, seem, appear, etc.)+ 주어'의 어순이 된다.

- **There is** a **bird** in the cage. (새장 안에 새가 한 마리 있다.)
- Once **there** lived in the woods **an old hunter**. (옛날 숲 속에 한 늙은 사냥꾼이 살고 있었다.)
- **There** came to the village **a foreigner**. (그 마을에 한 외국인이 왔다.)
- **There** appeared to be **no end of his talk**. (그의 이야기는 끝이 없을 것 같았다.)

2. so 뒤에서의 어순 도치: '~도 역시 ~하다'로 해석한다. 'so + 조동사 + 주어'의 어순이 된다.

- My father **was** a soldier, and **so am** I. (우리 아버지는 군인이셨는데 나 역시 그렇다.)
- A: Britta **can** speak Chinese. (브리타는 중국어를 합니다.)

B: **So can** Sarah. (사라도 중국어를 합니다.)

- A: Harald **runs** the computer well. (하랄드는 컴퓨터를 잘 다룹니다.)

  B: **So does** John. (요한이도 잘 다룹니다.)

3. 'nor 뒤에서의 어순 도치: '~도 역시 ~않다'로 해석한다. 'nor[neither] + 조동사 + 주어'의 어순이 된다.

- He **will not** go tomorrow, **nor[neither] will** I.
  (그는 내일 가지 않을 것이고 나 역시 가지 않을 것이다.)
- There **was no** bridge, **neither[nor] had** we any boats.
  (다리는 없었고 우리에게는 배도 없었다.)

4. as 양보 구문에서의 어순 도치: 'as'를 써서 양보를 나타낼 때 보어(형용사 · 부사)나 부사가 문두에 놓여 '형용사(명사 · 부사) + as + 주어 + 동사'의 어순이 된다.

- **Young as** he is, he is reliable.

= **Though** he is **young**, he is reliable. (그는 어리지만, 믿을 수 있다.)

- **Much as** I once loved you, I don't love you now.

= **Though** I once loved you **much**, I don't love you now.
(한때 당신을 매우 사랑했지만, 지금은 사랑하지 않는다.)

심화학습

문장 속의 'as'가 양보를 나타내지 않고 이유를 나타낼 경우도 있기 때문에 문맥을 잘 이해해야 한다:

- **Tired as** he was, he went to bed earlier than usual.

= **Because** he was **tired**, he went to bed earlier than usual.
(그는 피곤해서 평소보다 일찍 잠자리에 들었다.)

심화학습

as 양보 구문에서 명사인 보어가 문두로 나갈 때 관사는 반드시 생략해야 한다:

- **Good fellow as** he was, he was a kind of idiot.

= **Though** he was **a good fellow**, he was a kind of idiot.
(그는 좋은 녀석이었지만, 바보라고 할 수 있었다.)

5. 가정법의 조건절에서 'if'의 생략에 따른 어순 도치: 'If' 생략 시 조동사가 문두로 나온다.

- If I **had** been there, I could have helped her.

= **Had** I been there, I could have helped her.
(내가 거기 있었더라면, 그녀를 도울 수 있었을 텐데.)

- If I **were** a bird, I could fly to you.

= **Were** I a bird, I could fly to you. (내가 새라면 당신께 날아갈 수 있으련만.)

- If you **practiced** tennis hard, you could become in good condition.

= **Did** you **practice** tennis hard, you could become in good condition.
(테니스를 열심히 하면 당신은 건강할 것인데.)

B 강조를 위한 도치

평서문에서 보어 · 목적어 · 부사(구) · 부정어구 등을 강조하기 위해 문장 앞으로 보내는 것을 '강조 도치'라고 한다. 이때의 어순은 일반적으로 '동사 + 주어'의 형태이며, 영어에서는 문장의 균형을 유지하기 위해 짧고 간결한 것을 앞에 두는 경향이 있다.

1. 보어를 강조할 경우: 강조되는 보어가 문두에 나와 '보어 + 동사 + 주어'의 어순이 된다.

- **Blessed** are *the poor in heart.* (마음이 가난한 자는 복이 있나니.)

> **심화학습**
>
> '보어 + 동사 + 주어' 형식의 도치문은 주어에 수식어가 붙어 길어질 때 또는 주어 뒤에 또 다른 문장이 따를 경우에 많이 쓰인다:
>
> - **Happy** is *the man who is content with his life.* (자신의 생활에 만족하는 사람은 행복하다.)
> - **Great** was *our surprise when we saw the lion.* (그 사자를 봤을 때 우리의 놀람은 컸다.)

2. 목적어를 강조할 경우: 강조되는 목적어가 문두에 나와 '목적어 + 주어 + 동사'의 어순이 된다. 그러나 목적어가 부정어를 수반하는 경우 '부정 목적어 + 조동사 + 주어 + 동사'의 어순이 된다.

(1) 목적어 + 주어 + 동사

- **His name** I can hardly remember. (그의 이름을 나는 도무지 기억해 낼 수 없다.)
- **The past** we can know, but **the future** we can only feel.
(우리는 과거를 알 수 있지만 미래는 느낌으로만 알 수 있을 뿐이다.)

- **That promise** he broke within a week. (그 약속을 그는 일주일도 못 가서 어겼다.)

(2) 명사절 목적어 + 주어 + 동사

- **Whether it is true or not** I don't know.

= I don't know **whether it is true or not**. (그것이 사실인지 아닌지 나는 모른다.)

(3) 부정 목적어 + 조동사 + 주어 + 동사

- He did **not** speak **a word**.

= **Not a word** *did* he *speak*. (한 마디 말도 그는 하지 않았다.)

- I did **not** see **a person** on the street.

= **Not a person** *did* I *see* on the street. (거리에는 사람 하나 보이지 않았다.)

- I had **no penny** in my pocket.

= **No penny** *did* I *have* in my pocket. (난 주머니에 땡전 한 푼 없었다.)

3. 부사(구)를 강조할 경우

(1) 부정의 의미를 나타내는 부사(구)를 강조할 경우: 의문문과 같이 '부정 부사(구) + 조동사(조동사가 없으면 'do'를 이용) + 주어 + 동사'의 어순이 된다.

- I **little** dreamed of ever seeing you today.

= **Little** *did* I *dream* of ever seeing you today. (오늘 당신을 만나리라고는 꿈에도 생각 못했다.)

- I **never** thought of him.

= **Never** *did* I *think* of him. (나는 그에 대해서 전혀 생각해 보지 않았다.)

- He did **not** know the fact **till this morning**.

= **Not till this morning** *did* he *know* the fact. (그는 오늘 아침이 되어서야 비로소 그 사실을 알았다.)

- He had **no sooner** arrived **than** he fell ill.

= **No sooner** *had* he *arrived* **than** he fell ill. (그는 도착하자마자 병이 났다.)

(2) 일반적인 부사(구)를 강조할 경우

① 주어가 일반 명사일 경우: '부사(구) + 동사 + 주어'의 어순이 된다. 주어와 동사가 도치된다.

- The bus comes **here**.

= **Here** comes *the bus*. (여기 그 버스가 오고 있습니다.)

- A big storm came **down**.

= **Down** came *a big storm*. (큰 폭풍이 다가왔다.)

- The difficulty lies **in this situation**.

= **In this situation** lies *the difficulty*. (이 상황에 그 난관이 있다.)

② 주어가 대명사일 경우: '부사(구) + 주어 + 동사'의 어순이 된다. 주어와 동사는 도치되지 않는다.

- He comes **here**.

= **Here** *he* comes. (여기 그 분이 오시네요.)

- She fell **down**.

= **Down** *she* fell. (그녀가 떨어졌다.)

- At last he hopped **out**.

= At last **out** *he* hopped. (마침내 그는 깡충깡충 뛰어 나갔다.)

- We left **in haste** at seven.

= **In haste** *we* left at seven. (우리는 7시에 급히 떠났다.)

m/e/m/o

Ⅱ 강조

ENGLISH GRAMMAR

강조에는 'it is ~ that' 구문에 의한 강조 표현 외에 특별한 말을 첨가해서 강조하는 표현과 말을 반복 사용하는 강조 표현이 있다.

A 'It is ~ that' 구문

'It is ~ that' 구문을 이용해서 문장 속의 주어 · 목적어 · 부사(구)를 강조할 수 있다. 'It is[was] + 강조 어구 + that'으로 나타내며 '~하는 것은 (바로) ~다'라고 해석한다. 'It is ~ that' 강조 구문에서 주어나 목적어를 강조할 때는 'that' 대신에 관계대명사 'who'나 'which'를 쓸 수도 있다. 시간의 부사(구)를 강조할 때는 'that' 대신에 'when'을 쓸 수도 있다.

1. 주어를 강조할 경우: 명사절도 강조될 수 있다.

• *Sarah* goes shopping today. (사라는 오늘 쇼핑하러 간다.)

→ It is *Sarah* **that[who]** goes shopping today. (오늘 쇼핑가는 사람은 바로 사라다.)

• *Not what we earn but what we save* makes us rich.
(벌어서가 아니고 절약했기 때문에 우리는 부자가 되었다.)

→ It is *not what we earn but what we save* **that** makes us rich.
(우리가 부자가 된 것은 벌어서가 아니라 절약했기 때문이다.)

2. 목적어를 강조할 경우

• Professor No specialized in *TESL*.12) (노 교수는 테슬을 전공했다.)

→ It was *TESL* **that** Professor No specialized in.
(노 교수가 전공한 것은 바로 테슬이었다.)

• My puppy Ruby is fond of *me*. (우리 집 강아지 루비는 나를 좋아한다.)

→ It is *me* **that[whom]** my puppy Ruby is fond of.
(우리 집 강아지 루비가 좋아하는 것은 바로 나다.)

• I will give Britta and Sarah *necklaces*. (나는 브리타와 사라에게 목걸이를 주려고 한다.)

→ It is *necklaces* **that[which]** I will give Britta and Sarah.

→ It is *necklaces* **that[which]** I will give to Britta and Sarah.
(내가 브리타와 사라에게 주려고 하는 것은 바로 목걸이입니다.)

---

12) TESL: Teaching English as a Second Language(제2외국어로서의 영어 교수법)

3. 부사(구)를 강조할 경우: 부사절도 강조될 수 있다.
- I found the ball *here*. (나는 이곳에서 그 공을 찾았다.)

→ It was *here* **that** I found the ball. (내가 그 공을 찾은 곳은 여기였다.)
- She left Korea *only last week*. (그녀는 지난 주 한국을 떠났다.)

→ It was *only last week* **that[when]** she left Korea.[13]
(그녀가 한국을 떠난 것은 바로 지난 주였다.)

4. 의문사를 강조할 경우: 이 경우에는 의문사를 문두에 놓는다.
- *Where* did you leave your cellular phone? (어디서 핸드폰을 분실하셨죠?)

→ *Where* **was it that** you left your cellular phone? (핸드폰을 분실한 곳이 어디였죠?)
- *What* did you expect me to do? (무엇을 내가 해 주길 기대했나요?)

→ *What* **was it that** you expected me to do?
(내가 해 주길 기대했던 것이 무엇이었나요?)

심화학습

강조 구문의 'It is ~ that'과 가주어[형식 주어]를 사용한 문장 'It is ~ that'의 차이에 주의해야 한다:
- **It is** *here* **that** he will come. 〈강조 구문〉

= He will come *here*. 〈It ≠ that he will come〉
(그가 올 곳은 바로 여기다.)
- **It is** certain **that** he will come. 〈가주어 구문〉

= *That he will come* is certain. 〈It = that he will come〉
(그가 오는 것은 확실하다.)

B 강조 어구를 이용한 강조

특정한 강조 어구를 첨가하거나 어구를 반복해서 강조할 수 있다.

1. 강조의 do: 동사를 강조할 때는 'It is ~ that' 구문을 이용하지 않고 조동사 'do'를 본동사 앞에 두는데 이때 'do'는 인칭과 시제에 일치시켜야 한다. 강조에 쓰인 'do'는 '정말로, 실제로, 참으로'의 의미로 해석되며 'do' 다음에는 '원형동사'가 와야 한다. 이 'do'는 강하게 읽는다.

---

13) 시간의 부사(구)를 강조할 때는 'that' 대신에 'when'을 쓸 수도 있다.

(1) 긍정문을 강조할 경우: 말하고 있는 것의 사실성을 강조한다.
- She *came* to see me yesterday.

→ She **did** ***come*** to see me yesterday. (그녀는 어제 나를 만나러 왔다.)
- He *comes* to see me every day.

→ He **does** ***come*** to see me every day. (그는 매일 나를 만나러 온다.)

(2) 명령문을 강조할 경우: 의뢰의 느낌을 강조한다.
- *Come* and *see* us again. → **Do** ***come*** and ***see*** us again. (꼭 다시 와 주세요.)
- *Be* quiet! → **Do** ***be*** quiet! (조용히 좀 해 주세요!)

2. 재귀 대명사에 의한 강조: 이 경우의 재귀 대명사는 강하게 읽는다.

(1) (대)명사를 강조할 경우: 재귀 대명사를 (대)명사 뒤에 놓아 '몸소, 스스로'라는 의미로 나타낸다.
- *Britta* bakes bread.

→ *Britta* bakes bread **herself**.

= *Britta* **herself** bakes bread. (브리타가 몸소 빵을 굽는다.)

(2) '추상명사 + itself'의 경우: '~ 자체, 매우 ~'라는 의미를 나타낸다.
- She is *kindness* **itself**. (그녀는 친절 그 자체다.)

= She is **all** *kindness*.

= She is **very** *kind*. (그녀는 매우 친절하다.)

3. 'very'를 이용한 강조

(1) 형용사나 부사를 강조할 경우: 'very'는 부사로 형용사나 부사를 수식하며 '매우, 대단히, 무척'의 의미로 쓰인다.
- She is **very** *brave*. (그녀는 대단히 용감하다.)
- He talks **very** *carefully*. (그는 매우 신중하게 말을 한다.)

(2) 명사를 강조할 경우: 'the[this, that] + very'의 형태로 명사를 강조하며 '바로 ~의, ~만 해도, ~조차' 등으로 해석한다.
- This is **the very** *book* (that) I have been looking for.
  (이것이 내가 찾고 있던 바로 그 책이다.)
- The phone rang at **that very** *moment*. (전화벨이 바로 그때 울렸다.)

4. 의문사를 강조할 경우: on earth, in the world, the hell, ever 등을 의문사 뒤에 붙인다. '도대체'라고 해석한다.
- *What* **on earth** are you doing now? (도대체 지금 뭐 하는 거니?)

• *Why* **ever** did you not say so? (도대체 왜 그렇게 말하지 않았느냐?)

5. 부정문을 강조할 경우: at all, in the least, by any means, whatever 등이 부정어 뒤에 붙어 부정의 의미를 강조한다. '조금도 ~'로 해석한다.

• He is *not* happy **at all**. (그는 조금도 행복하지 않다.)
• I can see *nothing* **whatever**. (나는 어떤 것도 전혀 볼 수 없구나.)
• It is *not* good **by any means**.
= It is **by no means** good. (그건 전혀 좋지 않구나.)

6. 어구의 반복에 의한 강조: 같은 어구를 반복 사용해서 어떤 성질 · 상태 등의 정도가 높다는 것을 강조하거나 계속을 나타낼 수 있다. 'and'로 연결하는 경우와 그렇지 않은 경우가 있다.

(1) A and B 형
• He tried it **again and again**. (그는 계속 시도해 보았다.)
• She **cried and cried**, but no one cared. (그녀는 계속 울었지만 아무도 관심을 가지지 않았다.)

(2) 비교급 + and + 비교급
• It is getting **darker and darker**. (날은 점점 더 어두워져 가고 있다.)
• She became **more and more beautiful**. (그녀는 점점 더 예뻐졌다.)

(3) 'and'를 사용하지 않는 경우
• It rained **every day, every night, every week**. (비는 매일 낮, 매일 밤, 매주 비가 왔다.)
• Everybody **talked, talked, talked**. (모두 마구 지껄여댔다.)

7. 분사 구문을 이용한 강조

(1) 현재 분사를 이용한 강조: '~ing + as + 주어 + do 동사'의 형태로 '사실 ~이기 때문에'라고 해석한다.
• Standing on the hill, my apartment commands a fine view.
(우리 아파트는 언덕 위에 있어서 경치가 좋아요.)
= **Standing as it does** on the hill, my apartment commands a fine view.
(우리 아파트는 사실 언덕 위에 있기 때문에 경치가 좋아요.)

(2) 과거 분사를 이용한 강조: '과거 분사 + as + 주어 + be 동사'의 형태로 '사실 ~이기 때문에'라고 해석한다.
• Wounded in the legs, he could not walk. (다리 부상으로 인해 그는 걸을 수가 없었다.)
= **Wounded as he was** in the legs, he could not walk.
(사실 다리 부상으로 인해 그는 걸을 수가 없었다.)

III 생략

ENGLISH GRAMMAR

문장을 간결하게 하기 위하여 문장의 전후로 보아 생략되어도 문장의 뜻이 명백한 부분을 생략할 수 있다. 생략은 이미 나온 어구의 반복을 피하기 위한 생략과 관용적인 생략이 있다.

A 반복을 피하기 위한 생략

앞에 나온 어구의 반복을 피하기 위해 의미의 전달상 지장이 없는 어구는 생략된다.

1. 명사를 생략할 경우: 형용사, 특히 수사 · 수량 형용사 뒤의 명사가 생략된다.
   - I have *two* **kids** and how *many* (**kids**) do you have? (전 애가 둘입니다만 당신은 몇 명인지요?)

2. 동사를 생략할 경우: 특히 조동사 뒤의 동사나 'to' 뒤의 동사가 생략된다. '동사 + 목적어'가 생략되거나 '주어 + 술어 동사' 또는 술어 동사의 일부가 생략될 수도 있다.
   - If you can't **come**, someone else *should* (**come**).
     (당신이 올 수 없으면, 누구 다른 사람이 와야 합니다.)
   - **Come** if you want *to* (**come**). (오고 싶으면 오세요.)[14)]
   - A: Can you **speak Chinese**? (당신은 중국어로 말할 수 있습니까?)
     B: Yes, I *can* (**speak Chinese**). (네, 할 수 있습니다.)
   - To some **life is** *pleasure*, to others (**life is**) *suffering*.
     (인생이란 어떤 이들에게는 즐거움이고, 다른 이들에게는 고통이다.)
   - A rubber factory **will be** *built* and tires (**will be**) *made* there.
     (고무 공장이 세워져서 거기서 타이어가 만들어질 겁니다.)

3. 보어를 생략할 경우: 주격 보어가 생략될 수 있다.
   - Drinking is not **evil**. It is being drunken that is (**evil**).
     (음주는 나쁘지 않다. 나쁜 것은 술에 취하는 것이다.)

4. 비교를 나타내는 문장에서의 생략: than 또는 as 뒤에서 주로 생략된다.
   - I am older *than* you (**are**). (나는 당신보다 나이가 많다.)
   - **Self-reliance is** as important in thought *as* (**it is**) in action.
     (독립심은 행동에서와 같이 사고에서도 중요하다.)

---

14) 동사가 생략된 이러한 경우의 부정사(to)를 특히 대부정사(代不定詞)라고 한다.

B 관용적인 생략

1. '주어 + be 동사'를 생략할 경우: though, while, when, if, as if, because, unless, till, before 등이 이끄는 부사절에서 주절의 주어와 부사절의 주어가 같을 때는 부사절의 '주어 + be 동사'는 종종 생략된다.15)

- *When* (**she was**) young, **she** was very cute. (어렸을 때 그녀는 참 깜찍했다.)
- *When* (**I was**) a boy, **I** played the guitar. (소싯적 나는 기타를 쳤다.)
- *Though* (**he is**) working there, **he** wants to quit.
  (지금 거기서 일하고 있지만 그는 그만두고 싶어 하지.)
- **He** fell down *as if* (**he had been**) shot. (마치 총에 맞은 것처럼 그는 쓰러졌다.)

2. '주격 관계대명사 + be 동사'를 생략할 경우: be 동사 뒤에 명사(구)가 오면 생략할 수 없다.

- I received a letter (**which was**) *written* in Greek. (나는 그리스어로 쓴 편지 한 통을 받았다.)
- I received a letter (**which was**) *from a man*. (나는 어떤 사람으로부터 편지 한 통을 받았다.)

> **심화학습**
>
> 아래의 문장과 같이 '주격 관계대명사 + be 동사' 뒤에 명사(구)가 오면 '주격 관계대명사 + be 동사'는 생략할 수 없다:
>
> - I received a letter **which was** *a kind of threat* from a man.
>   (나는 어떤 사람으로부터 일종의 협박 편지를 받았다.)

3. 주어가 달라도 관용적으로 'it is'는 생략될 수 있다

- *If* (**it is**) *necessary*, you may use this car. (필요하다면 이 차를 써도 좋다.)
- He is in good health *as* (**it is**) *usual*. (그는 평소와 같이 건강하다.)

4. 'It is'나 'There is'를 생략할 경우: 'It is ~ that' 구문이나 'There is ~' 구문에서 문두의 'It is'나 'There is'는 생략될 수 있다.

- (**It is**) No wonder (that) he failed. (그가 실패한 것은 당연하다.)
- (**There is**) No smoke without fire. (아니 땐 굴뚝에 연기 날까.)

---

15) 이와 같은 맥락에서 수동태 분사 구문의 'being'과 'having been'도 생략할 수 있다:
- As the rock was seen from a distance, it looked like a human face.
= (**Being**) seen from a distance, the rock looked like a human face.
(멀리서 보았을 때 그 바위는 사람의 얼굴처럼 보였다.)

Ⅳ 삽입과 동격

ENGLISH GRAMMAR

■ 삽입: 문장 속의 다른 부분과 문법적 관계가 없는 독립된 설명 · 비평 · 주석 등을 나타내는 낱말 · 구 · 절이 들어가 있는 것을 삽입이라고 한다. 읽을 때는 삽입 어구의 전 · 후에서 끊고 쓸 때는 콤마나 대시(–)를 붙이는 것이 보통이다.

■ 동격: 명사(상당 어구)가 다른 명사(상당 어구)와 나란히 놓여 설명을 보충하는 관계를 동격이라고 한다. 동격은 낱말일 때도 있고 구 · 절일 때도 있다.

A 삽입

1. 단어를 삽입할 경우: however, therefore 등의 접속사가 삽입된다.

- Her mind, **however**, did not change. (그러나 그녀의 마음은 변하지 않았다.)
- The government, **therefore**, has taken measures to preserve order. (그 결과 정부는 질서 유지 대책을 세웠다.)

2. 구를 삽입할 경우: 주로 부사구 또는 독립 부정사가 삽입될 때가 많다.

- He was, **after all**, a quack. (그는 결국 돌팔이 의사였다.)
- Sarah is, **to be sure**, a lady of ability. (사라는 확실히 유능한 아가씨다.)

3. 절을 삽입할 경우: 주절일 경우도 있지만 형용사절 · 부사절 · 독립절일 때도 있다.

(1) 주절을 삽입할 경우: 아래와 같은 3가지 형식이 쓰일 수 있다.

ⅰ) I think[admit, hope, say, believe, suppose, imagine, etc.]

ⅱ) I am sure[afraid, certain, etc.]

ⅲ) it seems[appears, looks, etc.]

- She was lucky, **she thought**, to have such a good friend. (그녀는 그런 좋은 친구가 있어 행운이라고 생각했다.)
- The book, **I am sure**, will sell well. (그 책은 잘 팔릴 것이라 나는 확신한다.)
- This, **it seems**, is your purpose of writing a book. (이것이 당신이 책을 쓰는 목적인 것 같군요.)

(2) 형용사절을 삽입할 경우

- My nephew, **who is an engineer**, is now in Spain. (내 조카는 엔지니어인데 지금 스페인에 있다.)

(3) 부사절을 삽입할 경우: when, if, though, as 등이 이끈다.

- The earth, **as you know**, rotates on its axis.
  (알다시피 지구는 자전(自轉)한다.)
- My doggie Coco, **as it were[so to speak]**, is a grown-up baby.
  (우리 집 강아지 코코는 말하자면 몸은 어른인데 속은 어린애다.)

(4) 독립절을 삽입할 경우: 'what is more', 'what is called' 등이 삽입된다.

- He is **what is called** a man of charities.
  (그는 소위 자선사업가란 사람이다.)

B 동격

1. 단어일 경우: 인칭 대명사와 동격일 때는 그대로 앞에서부터 해석한다.

- **You Germans** admire him; **we English** do not.
  (당신들 독일인들은 그를 존경하지만 우리 영국인들은 그렇지 않다.)
- They were **all** working hard. (그들 모두는 열심히 일하고 있었다.)
- They have **each** told me the same story. (그들 각자는 나에게 같은 얘기를 했다.)
- **We both** want to go. (우리는 둘 다 가기를 원한다.)
- **She herself** bought it. (그녀 자신이 그것을 샀다.)
- **We** shall **none of us** forget her kindness.
  (우리는 아무도 그녀의 친절을 잊지 못할 것이다.)

2. 구일 경우: 관직 · 신분을 나타내는 어구나 부정사인 경우가 많다.

- Do you know *Mr. Smith*, **principal of this school**?
  (이 학교 교장인 스미스 씨를 아세요?)
- I had *the high ambition*: **to be a great statesman**.
  (나에겐 야망이 있었다. 즉, 위대한 정치가가 되는 것이 나의 큰 꿈이었다.)
- I have but *one wish* in life, **to live in honesty**.
  (나는 인생에 있어서 성실하게 산다는 단 하나의 소원을 가지고 있다.)
- I have but *one purpose* in my work, **to be entirely professional**.
  (나는 내 일에 있어 단 하나의 목적이 있다. 즉 완전히 전문가가 되는 것이다.)
- **The master** *Tom* was standing there.

= *Tom*, **the master**, was standing there.
  (주인인 톰이 저기 서 있었다.)

심화학습

1 동격 + 명사

- in the year *2000* (2000년의 해에)
- the American writer *Alvin Toffler* (미국인 작가 앨빈 토플러)
- my son *John* (나의 아들 요한)
- Captain *Cook* (쿠크 선장)

2 명사 + 동격: 보통 콤마로 끊어서 명시한다.

- *Hamlet*, Prince of Denmark (덴마크의 왕자 햄릿)
- *Steve Race*, the broadcaster (방송인 스티브 레이스)

3 동격 표현과 관사

i) 신분 · 자격 · 직업 · 관직명 등에는 일반적으로 관사가 붙지 않는다.

- *Moon Jae-in*, President of the South Korea (문재인 대한민국 대통령)
- *Ernest Hemingway*, author of *A Farewell to Arms*
  (『무기여 잘 있거라』의 작가 어니스트 헤밍웨이)
- The witness was *Albert Elmer*, gardner. (목격자는 정원사인 앨버트 엘머였다.)

ii) 동격 어구가 강조되거나 특정한 것을 가리킬 때는 정관사가 붙는다.

- *Solzhenitsyn*, the Russian novelist who won the Nobel Prize
  (노벨상 수상 작가인 러시아의 소설가 솔제니친)

iii) 동격 명사가 소유격일 때는 아래 두 형태 중 어느 것을 써도 좋다.

- I bought it at *Smith*, the bookseller's

= I bought it at *Smith's*, the bookseller's (나는 그것을 스미스 서점에서 샀다.)

3. 절일 경우: 접속사 'that'이 이끈다.

- There is no *proof* that *he did it himself.*
  (그가 직접 그것을 했다는 증거는 없다.)
- He received the *news* that *gold had been discovered.*
  (그는 금이 발견되었다는 소식을 접했다.)

실력평가문제

CRAMMING ENGLISH GRAMMAR

※ 다음 밑줄 친 곳에 가장 알맞은 것을 고르시오.

01 The rhinoceros has a rather poor sense of smell, nor _____.

① can it see well
② it well can see
③ it can see well
④ well can it see

해설 'nor, neither, so'가 문두에 올 때 그 문장에는 어떤 변화가 생길까? • rhinoceros 무소, 코뿔소
해석 코뿔소는 냄새를 잘 맡지도 못하고 잘 보지도 못한다.
정답 ①

02 _____ how much suffering he has caused.

① Little he knows
② Little knows he
③ Little does he know
④ Little does know he

해설 부정 부사가 문두에 올 때 그 문장에는 어떤 변화가 생길까? • suffering 고통, 고난, 고생, (종종 복수형으로) 재해, 수난, 손해
해석 그는 자신이 얼마나 많은 고통을 야기했는지 거의 알지 못한다.
정답 ③

03 Rarely _____ a character in fiction exactly like yourself.

① meet
② you meet
③ do you meet
④ you do meet

해설 2번 문제와 동일한 성격의 문제. • rarely 드물게, 좀처럼 ~하지 않는
해석 소설 속에서 정확하게 당신 자신 같은 인물을 보는 것은 매우 드물다.
정답 ③

04 This job is offered to those who are able and _____.

① have it carry out to the will
② have the will to carry it out
③ the will have to carry it out
④ the will to carry it out it have

해설 접속사는 병렬구조를 이루어야 하며, '동사 + 목적어 + 부사'의 문형에서 목적어가 일반 명사일 경우와 대명사일 경우 그 문형에는 어떤 변화가 생길까?
해석 이 일은 능력 있고 일을 수행할 의지가 있는 사람들에게 제공됩니다.
정답 ②

05 She didn't know whether to sell her books or _____.

① to keep them for reference

② if she should keep them for reference

③ keeping them for reference

④ kept for reference

해설 4번 문제와 동일한 성격의 문제. • reference 언급, 참고 문헌[도서], 참조, 문의, 신원 보증인, 신원 증명서
해석 그녀는 책들을 팔 것인지 아니면 참고 서적으로 간직할 것인지 고민했다.
정답 ①

06 Under no circumstances _____ unlocked.

① must the door be left　② the door must be left

③ must be left the door　④ the door be left

해설 부정의 부사어구가 문두에 있을 경우 그 문장에는 어떤 변화가 생길까? 2, 3번 문제와 유사한 문제
해석 그 어떤 상황에서도 그 문을 열어 놓아서는 안 된다.
정답 ①

07 He wants not only to play tennis _____.

① but also playing golf　② but also he played golf

③ but also played golf　④ but also to play golf

해설 4번 문제와 동일한 성격의 문제. • not only A but also B A뿐만 아니라 B도 (또한)
해석 그는 테니스뿐만 아니라 골프도 하고 싶어 한다.
정답 ④

08 Who _____ can believe such a case?

① on earth　② in world

③ at all　④ if possible

해설 의문사를 강조할 수 있는 어구들은 어떤 것이 있을까?
해석 그런 경우를 도대체 누가 믿을 수 있을까?
정답 ①

09 _____ notice that our teacher had his blue coat on.

① Until then did not I　② Did until then I not

③ Not did I until then　④ Not until then did I

해설 2, 3, 6번 문제와 유사한 문제. 뜻을 강조하기 위해 부정의 부사구를 도치시킨 문장이다.
해석 그때서야 비로소 나는 선생님이 파란색 외투를 입고 계신 것을 알아챘다.
정답 ④

10 _____ under a microscope, a fresh flake has a delicate six-pointed shape.

① Seen ② Sees

③ Seeing ④ To see

해설 분사 구문에서 생략이 일어날 수 있는 경우는 어떤 경우이며 또 이 경우 어떤 것을 생략할 수 있을까?
해석 현미경으로 보면 깨끗한 눈송이는 정교한 육각형으로 이루어져 있다.
정답 ①

11 You had better wait here, _____ you?

① wouldn't ② won't

③ didn't ④ hadn't

해설 'had better + 원형동사'의 부가 의문문은?
해석 너는 여기서 기다리는 것이 좋겠다. 그렇지 않겠니?
정답 ④

12 Had the company _____ of the possibility of a hostile takeover, the board of directors would have taken extra measures to prevent it.

① warning ② been warned

③ warns ④ warn

해설 문장이 Had로 시작하면 가정법 구문에서 If가 생략된 구조라 보면 된다. "If + 주어 + had + p.p." 형태에서 If가 생략되고 주어와 동사가 도치되면 "Had + 주어 + p.p." 형태가 되므로 정답은 been warned이다. • warn A of B A에게 B를 경고하다 • hostile 적대적인, 반대하는 • takeover 인계, 인수 • take a measure 조치를 취하다 • extra 추가적인 • prevent 막다, 방지하다, 예방하다
해석 그 회사가 적대적 기업 인수의 가능성에 대해 경고를 받았더라면 이사회는 그것을 예방하기 위해서 추가 조치를 취했을 것이다.
정답 ②

13 Should _____ need access to the Internet while visiting Mary Cran Island, you can just log on with the code that you receive from our staff.

① you ② your

③ yourself ④ yours

해설 If의 생략으로 주어와 동사가 도치되어 Should가 문두에 오면 "Should + 주어 + 동사원형" 형태가 되므로 빈칸은 주어 자리이다. 따라서 주격 인칭 대명사인 you가 정답이 된다. • access 접근, 접속, (정보 등의) 이용 권한 • log on 접속하다; log onto ~에 접속하다
해석 메리 크랜 아일랜드를 방문하는 동안 인터넷 접속이 필요하다면 우리 직원으로부터 받는 그 암호로 당신은 접속할 수 있다.
정답 ①

14 Hardly did the tour groups _____ free time to explore and shop on their own during their trip to Italy.

① had ② has

③ to have ④ have

해설 hardly(거의 ~하지 않다)는 부정어로, 부정어가 문두에 오면 주어와 동사가 도치된다. 즉, "주어 + 과거동사"가 "did + 주어 + 동사원형"이 되므로 빈칸은 동사원형이 들어갈 자리이다. 따라서 have가 정답이 된다.
• hardly 거의 ~하지 않는 • explore 답사하다, 탐험하다, 둘러보다 • on one's own 직접, 스스로

해석 이탈리아 여행 동안 관광 단체들은 그들 스스로 답사하고 쇼핑하는 자유 시간을 거의 갖지 않았다.

정답 ④

15 _____ with the letter is an application form that needs to be completed and returned within ten business days.

① Enclosed ② Enclosing

③ Enclosure ④ Enclose

해설 빈칸을 주어 자리, 즉 명사 자리고 보고 Enclosure를 정답으로 선택하기 쉬우나 'enclosure(동봉)=application form(지원서)'는 동격 관계가 성립하지 않으므로 Enclosure는 오답이다. 이 문장은 be동사의 보어가 문두로 와서 주어와 동사가 도치된 형태로, 원래 문장은 An application form that ... is enclosed with the letter이다. 따라서 be동사 뒤의 보어인 Enclosed가 정답이 된다. • enclosed 동봉된 • application form 지원서 양식 • complete 완성하다, 끝마치다 • return 반환하다, 돌려보내다 • business day 영업일, 평일

해석 편지에 동봉된 것은 영업일 10일 이내에 작성되어 다시 보내져야 하는 지원서 양식이다.

정답 ①

16 Starlight Metal, Inc. does not ship any of its products abroad, _____ does it provide bulk discounts for any buyers.

① and ② which

③ whether ④ nor

해설 빈칸 뒤 문장이 "does + 주어 + 동사원형"(does it provide) 형태이므로 주어와 동사가 도치되었음을 알 수 있다. 문두에 부정어가 오면 주어와 동사가 도치되므로 '~도 아니다'는 의미의 부정어 nor가 정답이 된다.
• ship 운송하다, 실어 보내다 • provide A for B A를 B에게 제공하다 • bulk discount 대량 구입 할인
• buyer 구매자

해석 스타라이트 메탈 사(社)는 자사의 어떤 제품도 해외로 운송하지 않으며 어떤 구매자에게도 대량 구입 할인을 제공하지도 않는다.

정답 ④

17 As the number of the people traveling by air grows, _____ the demand for aircraft maintenance engineers.

① as long as ② so will

③ despite ④ also

해설 문장 맨 앞에 부사절 접속사인 As가 있으므로 또 다른 부사절 접속사는 들어갈 수 없다. 따라서 as long as는 오답이고, 앞 문장이 부사절 접속사가 이끄는 부사절이므로 빈칸이 있는 문장은 주어와 동사가 있는 주절이 되어야 한다. 빈칸 뒤에 명사구 형태만 남아 있으므로 전치사인 despite, 부사인 also도 들어갈 수 없다. '~도 역시 그러하다'는 의미의 so가 문두에 오면 주어와 동사가 도치되므로 so will이 정답이 된다. • as ~하면서, ~함에 따라 • by air 비행기로 • demand for ~에 대한 수요[요구] • aircraft 항공기 • maintenance 정비, 유지

해석 비행기로 여행하는 사람들의 수가 늘어나면서 항공기 정비 엔지니어에 대한 수요도 증가할 것이다.

정답 ②

18 The employees are likely to become frustrated _____ overtime work on the weekend be required to complete this project prior to the deadline.

① through ② when
③ in fact ④ should

해설 "문장 + ---- + 문장" 형태이므로 빈칸을 접속사 자리라고 생각하여 when을 정답으로 선택하기 쉽다. if절에서 if가 생략되어 주어와 동사가 도치되면 "should + 주어 + 동사원형"이 되기 때문에 문맥과 용법을 확인해야 한다. 빈칸 뒤 문장의 동사가 동사원형(be required)이므로 when은 오답이다. 따라서 should가 정답이 된다.
• be likely to + 동사원형 ~할 것 같다 • frustrate 좌절하다, 낙심하다, 실망시키다 • overtime work 초과근무 • be required to + 동사원형 ~하도록 요구되다, ~해야 한다 • prior to ~이전에 • deadline 마감일

해석 마감일 이전에 이 프로젝트를 완료하기 위해 주말에 초과근무를 해야 한다면 직원들이 낙심할 것 같다.

정답 ④

19 _____ Porter Williams been elected governor, he would have insisted on raising taxes to pay for a number of government programs.

① Have ② Had
③ Having ④ Has

해설 주절의 동사가 would have p.p.일 경우 If절은 과거완료 시제가 되고 "If + 주어 + had + p.p." 형태에서 If가 생략되어 주어와 동사가 도치되면 "Had + 주어 + p.p." 형태가 된다. 따라서 Had가 정답이다.
• governor 주지사 • elect A B A를 B로 선출하다 • insist on ~하는 것을 고집[고수]하다 • pay for ~에 대한 비용을 지불하다

해석 포터 윌리엄스가 주지사로 선출되었다면 많은 정부 프로그램들에 대한 비용을 지불하기 위해 그는 세금 인상을 고수했을 것이다.

정답 ②

20 Only recently has the local government _____ to offer tax incentives to small businesses in order to encourage investment.

① decides ② decided
③ decide ④ will decide

해설 "only + 부사(구, 절)" 표현이 문두에 오면 주어와 동사가 도치된다. 원래 "has + p.p." 형태에서 has가 주어 앞으로 가면 p.p. 형태만 뒤에 남게 된다. 따라서 decided가 정답이 된다.
• only recently 최근에야 • local 지방의, 지역의 • offer 제공하다 • tax incentive 세금 감면 혜택

• encourage 격려하다, 장려하다 • investment 투자

해석 최근에서야 지역 정부는 투자를 장려하기 위해 소규모 기업에 세금 감면 혜택을 주기로 결정했다.

정답 ②

21 다음 중 강조하는 문장이 아닌 것은?

① Crises there will continue to be.
② Mike did love to go to the museum.
③ Never did I see Mr. Smith again.
④ It is certain that he should come.

해설 ① There will continue to be crises. → **Crises** there will continue to be.
② 'did'가 'love'를 강조
③ I never saw Mr. Smith again. → **Never** did I see Mr. Smith again.
④ 가주어 'It'과 진주어 'that'절에 대한 문제

해석 ① 위기는 계속될 것이다.
② Mike는 박물관에 진정 가고 싶어 했다.
③ 나는 결코 Smith 씨를 다시 볼 수 없었다.
④ 그가 올 것이라는 것은 확실하다.

정답 ④

22 다음 밑줄 친 곳에 알맞은 것을 고르시오?

> _____ Vermont, threatened with invasion, declared its freedom.

① In 1777 that it was
② It was in 1777 that
③ Because in 1777
④ That is 1777

해설 'It is ~ that' 구문에서 'It is'와 'that'을 뺐을 때 문장이 성립하면 강조 구문, 성립하지 않으면 형식 주어로 가주어와 진주어에 관한 구문이 된다. • threaten 위협[협박]하다, ~할 우려가 있다, ~할 것 같다, ~의 징후를 보이다 • invasion 침입, 침공, 침략, (권리 등의) 침해 • declare 선언[포고]하다, 공표하다, 단언하다, (세관에서) 신고하다

해석 버몬트 주가 외세의 침입으로 인한 위협을 받아 독립을 선언한 것은 1777년이었다.

정답 ②

23 다음 중 국제기구 약어를 설명한 것이 틀린 것은?

① OECD: Operation for Economic Cooperation and Development
② WHO: World Health Organization
③ UNHCR: United Nations High Commissioner for Refugees
④ UNICEF: United Nations International Children's Emergency Fund

해석 ① 경제협력개발기구 ② 세계보건기구
③ 유엔난민기구 ④ 유엔아동기금

정답 ① (Organization for Economic Cooperation and Development)

저자
약력

노이균

KBS 제1라디오 '노이균의 생활영어' 진행
고려대학교에서 영문학(영시) 전공
The University of Edinburgh에서 영문학(영시) 전공
The University of California, Los Angeles에서 TESL(Teaching English as a Second Language) 전공

벼락치기 영문법

2021년 2월 20일 초판 1쇄 인쇄
2021년 2월 25일 초판 1쇄 발행

지은이 노이균
펴낸이 진욱상
펴낸곳 (주)백산출판사
교 정 편집부
본문디자인 구효숙
표지디자인 오정은

저자와의 합의하에 인지첩부 생략

등 록 2017년 5월 29일 제406-2017-000058호
주 소 경기도 파주시 회동길 370(백산빌딩 3층)
전 화 02-914-1621(代)
팩 스 031-955-9911
이메일 edit@ibaeksan.kr
홈페이지 www.ibaeksan.kr

ISBN 979-11-6567-254-6 13740
값 27,000원